Das vorgeprägte und intendierte Ermessen im Steuerrecht

FINANZ- UND STEUERRECHT IN DEUTSCHLAND UND EUROPA

Herausgegeben von Klaus-Dieter Drüen, Hanno Kube und Rainer Wernsmann

Band 40

Zur Qualitätssicherung und Peer Review der vorliegenden Publikation

Die Qualität der in dieser Reihe erscheinenden Arbeiten wird vor der Publikation durch Herausgeber der Reihe geprüft.

Notes on the quality assurance and peer review of this publication

Prior to publication, the quality of the work published in this series is reviewed by editors of the series.

Jan Popel

Das vorgeprägte und intendierte Ermessen im Steuerrecht

PETER LANG

Bibliografische Information der Deutschen Nationalbibliothek
Die Deutsche Nationalbibliothek verzeichnet diese Publikation in der Deutschen Nationalbibliografie; detaillierte bibliografische Daten sind im Internet über http://dnb.d-nb.de abrufbar.

Zugl.: Passau, Univ., Diss., 2018

D 739
ISSN 1863-141X
ISBN 978-3-631-76988-1 (Print)
E-ISBN 978-3-631-76992-8 (E-PDF)
E-ISBN 978-3-631-76993-5 (EPUB)
E-ISBN 978-3-631-76994-2 (MOBI)
DOI 10.3726/b14749

Peter Lang – Berlin · Bern · Bruxelles · New York · Oxford · Warszawa · Wien

Diese Publikation wurde begutachtet.

www.peterlang.com

Meinen Eltern
und
Louisa

Inhaltsverzeichnis

Vorwort XV

Abkürzungsverzeichnis XVII

§ 1. Problemaufriss 1
I. Das vorgeprägte Ermessen 1
II. Das intendierte Ermessen 3
§ 2. Gang der Untersuchung und Eingrenzung 3

Kapitel 1 – Grundlagen – Ermessen und Begründung 5

§ 3. Das Ermessen der Verwaltung 5
I. Begriff und Funktion des Ermessens 5
1. Ermessensbegriff 5
2. Funktionen des Ermessens 10
3. Vorgehen der Finanzbehörden bei Treffen einer Ermessensentscheidung 11
a. Rechtsentscheidung 12
b. Ermessensentscheidung 13
aa. Entschließungsermessen 14
bb. Auswahlermessen 14
4. Formulierungen der Ermessenseinräumung 15
5. Unbestimmter Rechtsbegriff und Beurteilungsspielraum 17
a. Unbestimmte Rechtsbegriffe ohne Beurteilungsspielraum 17
b. Unbestimmte Rechtsbegriffe mit einem Beurteilungsspielraum 20
aa. Normative Ermächtigungslehre 22
bb. Funktionell-rechtlicher Ansatz 25

cc. Einheitstheorie 28
dd. Stellungnahme 29
c. Ergebnis 32
6. Koppelung von unbestimmten Rechtsbegriffen und Ermessen 33
7. Ermessensreduzierung auf Null 37
8. Abgrenzung der Ermessensreduzierung auf Null von Soll-Vorschriften 40
9. Ergebnis 41
II. Ermessen im Steuerrecht 41
1. Gesetzmäßigkeit der Besteuerung als Ausfluss des Rechtsstaatsprinzips 42
a. Rechtsstaatsprinzip 42
b. Vorrang des Gesetzes 44
c. Vorbehalt des Gesetzes 44
d. Gesetzmäßigkeit der Besteuerung 46
2. Der Grundsatz der Gleichmäßigkeit der Besteuerung 49
3. Einfluss auf das Ermessen im Steuerrecht 52
4. Selbstbindung der Finanzbehörde 55
5. Ergebnis 57
III. Ermessensfehler 58
1. Ermessensüberschreitung 59
2. Ermessensfehlgebrauch 61
3. Ermessensnichtgebrauch 62
IV. Überprüfung von Ermessensentscheidungen 64
1. Überprüfung von Ermessensentscheidungen durch die Finanzbehörden 64
2. Finanzgerichtliche Überprüfung von Ermessensentscheidungen 64
a. Verfassungsrechtlicher Hintergrund, insbesondere Gewaltenteilung 65
b. Finanzgerichtliche Überprüfbarkeit von Ermessensentscheidungen 67

aa. Grundsatz 67
bb. Ausnahme: Ermessensreduzierung auf Null 69
cc. Ablauf 72
3. Ergebnis 73
V. Heilung von Ermessensfehlern 73
VI. Zusammenfassung 74
§ 4. Begründung eines Verwaltungsaktes im Steuerrecht 75
I. Begriff, Bedeutung und Funktion 75
1. Begriff 75
2. Bedeutung 77
a. Bedeutung für formelle Rechtmäßigkeit 77
b. Bedeutung für materielle Rechtmäßigkeit 77
3. Funktionen der Begründung 78
4. Zwischenergebnis 81
II. Verfassungsrechtlicher Hintergrund der Begründungspflicht 81
1. Rechtsstaatsprinzip und Begründungspflicht 82
2. Art. 19 Abs. 4 GG 85
3. Art. 1 Abs. 1 GG 87
4. Begründungspflicht und Effizienz der Verwaltung 88
a. Effizienz 90
b. Auswirkungen der Effizienz auf die Begründung 92
5. Ergebnis 96
III. Einfachgesetzliche Regelungen zur Begründung von Verwaltungsakten 96
1. Historische Entstehung der einfachgesetzlichen Regelungen 97
2. § 121 AO 98
a. Allgemeines 99
b. Inhalt und Umfang des § 121 Abs. 1 AO 99
aa. Abgrenzung zum Ausspruch 100
bb. Abgrenzung zu § 39 VwVfG und § 35 SGB X 101

(1.) § 39 VwVfG 101
(2.) § 35 SGB X 102
(3.) Unterscheidung 102
cc. Erforderlichkeit i.S.d. § 121 Abs. 1 AO 105
c. Ausnahmen von der Begründungspflicht 108
aa. Allgemein 108
bb. Ausnahmen des § 121 Abs. 2 AO 109
(1.) § 121 Abs. 2 Nr. 1 AO 109
(2.) § 121 Abs. 2 Nr. 2 AO 110
(3.) § 121 Abs. 2 Nr. 3 AO 114
(4.) § 121 Abs. 2 Nr. 4 AO 115
(5.) § 121 Abs. 2 Nr. 5 AO 115
3. Ergebnis 115
IV. Folgen einer Verletzung der Begründungspflicht 116
1. Heilung und Unbeachtlichkeit eines formellen Begründungsmangels nach §§ 126, 127 AO 116
2. Heilung einer inhaltlich unzutreffenden Begründung 117
a. Gebundene Entscheidung 117
b. Ermessensentscheidung 118
V. Zusammenfassung 119

Kapitel 2 – Vorgeprägtes Ermessen im Steuerrecht 121

§ 5. Vorgeprägtes Ermessen bei der Haftung im Steuerrecht 121
I. Ausgangspunkt: Urteil des BFH v. 13.04.1978 – V R 109/75 121
II. 1. Fallgruppe: Haftung im Steuerrecht nach § 118 RAO und § 191 AO 123
1. Haftung nach der RAO 124
a. § 118 RAO 1931 124
b. § 109 RAO 1931 125
c. § 112 RAO 1931 126
2. Haftung nach der AO 126

a. § 191 AO 126
aa. Formelle Voraussetzungen 127
bb. Materielle Voraussetzungen 128
(1.) Haftung für eine „Steuer“ 128
(2.) Haftung „kraft Gesetzes“ 128
(a.) § 69 AO 129
(b.) § 71 AO 132
(3.) Akzessorietät und Subsidiarität 133
b. Ermessen 135
aa. § 191 Abs. 1 Satz 1 AO und Ermessen 135
bb. Entschließungsermessen 136
cc. Auswahlermessen 141
dd. Zwischenergebnis 142
3. Ausgewählte Rechtsprechung 143
a. Rechtsprechung von 1978 bis 1984 143
aa. FG Hessen v. 07.11.1978 – VI 128/78 143
bb. BFH v. 24.10.1979 – VII R 7/77 144
cc. BFH v. 03.02.1981 – VII R 86/78 145
dd. Niedersächsisches FG v. 27.07.1982 – XI 351/81 146
ee. BFH v. 12.04.1983 – VII R 3/80 150
ff. BFH v. 12.04.1983 – VII R 4/80 150
gg. BFH v. 10.05.1983 – VII R 97/79 151
hh. BFH v. 12.01.1984 – VII R 111/80 152
ii. BFH v. 10.04.1984 – VII R 77/81 152
jj. BFH v. 17.07.1984 – VII S 9/84 153
kk. Weitere Entscheidungen 154
ll. Zwischenergebnis 154
b. Rechtsprechung 1985 bis 1991 155
aa. BFH v. 05.06.1985 – VII R 57/82 155
bb. BFH v. 29.09.1987 – VII R 54/84 155
cc. Weiterer Verlauf der Rechtsprechung bis 08.11.1988 157

dd. BFH v. 08.11.1988 – VII R 141/85 159
ee. BFH v. 12.09.1989 – VII R 37/87 159
ff. BFH v. 29.05.1990 – VII R 81/89 161
gg. BFH v. 13.11.1990 – VII R 96/88 162
hh. BFH v. 26.02.1991 – VII R 3/90 163
ii. Zwischenergebnis 164
c. Rechtsprechung ab 1996 164
aa. BFH v. 12.12.1996 – VII R 53/96 164
bb. BFH v. 13.06.1997 – VII R 96/96 165
cc. BFH v. 09.08.2002 – VI R 41/96 167
dd. BFH v. 08.09.2004 – XI R 1/03 168
ee. BFH v. 08.06.2007 – VII B 280/06 168
ff. BFH v. 12.02.2009 – VI R 40/07 171
d. Zusammenfassung der Rechtsprechung 173
aa. Entschließungs- und Auswahlermessen 173
bb. Vorprägung des Ermessens 173
cc. Bedeutung für die Ermessensdogmatik 174
dd. Unstimmigkeiten innerhalb der Rechtsprechung 175
(1.) Vorprägung und Ermessensreduzierung auf Null 175
(2.) Vorprägung und „Regelfall-Rechtsprechung“ 176
ee. Ergebnis 177
4. Vergleich: Intendiertes Ermessen nach der Rechtsprechung des BVerwG 177
a. Intendiertes Ermessen nach der Rechtsprechung des BVerwG 177
b. Vergleich der Rechtsprechung zu beiden Begriffen 180
5. Dogmatik des vorgeprägten Ermessens 182
a. Auslegung 182
aa. Wortlaut 183
bb. Historie 185

cc. Systematik ... 187
dd. Sinn und Zweck ... 190
(1.) Begriff der teleologischen Auslegung ... 190
(2.) Zweck der Haftung ... 191
ee. Zwischenergebnis ... 196
b. Teleologische Reduktion ... 197
aa. Regelungslücke und Lückenschluss ... 198
(a.) Verdeckte Regelungslücke ... 198
(b.) Lückenschluss ... 199
bb. Planwidrigkeit ... 202
cc. Unvergleichbarkeit der Interessenlage ... 202
dd. Zwischenergebnis ... 203
c. Umfang des vorgeprägten Ermessens ... 203
aa. Entschließungsermessen ... 203
bb. Auswahlermessen ... 203
d. Ergebnis ... 206
III. Vorprägung und Begründung ... 207
IV. Abgrenzung des vorgeprägten Ermessens von intendiertem Ermessen ... 210
V. Zusammenfassung ... 212

§ 6. Weitere mögliche Fallgruppen nach der Rechtsprechung ... 212
I. § 92 Satz 2 Nr. 1 i.V.m. § 93 Abs. 1 Satz 1 AO ... 213
II. § 129 AO ... 215
III. § 146 Abs. 2b AO ... 216
IV. § 367 Abs. 2a AO ... 217
V. § 48a EStG ... 219
VI. § 74 Abs. 1 EStG ... 220
VII. Ergebnis ... 221

§ 7. Zusammenfassung ... 221

Kapitel 3 – Intendiertes Ermessen im Steuerrecht ... 223

§ 8. Intendiertes Ermessen bei § 130 AO ... 223

I. Intendiertes Ermessen 223
1. § 130 Abs. 2 Nr. 4 AO 224
2. § 130 Abs. 2 Nr. 1, Nr. 2 und Nr. 3 AO 226
3. Abgrenzung zum vorgeprägten Ermessen 226
II. Intendiertes Ermessen und Begründung 227
§ 9. Intendiertes Ermessen bei § 172 Abs. 1 Satz 1 Nr. 2 lit. a AO 228
§ 10. Intendiertes Ermessen bei § 284 AO a.F. 229
§ 11. Intendiertes Ermessen bei § 227 AO 230
§ 12. Zusammenfassung 231

Kapitel 4 - Kritik und Stellungnahme 233
§ 13. Kritik 233
§ 14. Stellungnahme 234

Kapitel 5 - Thesen 239

Literaturverzeichnis 243

Vorwort

Die vorliegende Arbeit wurde im Sommersemester 2018 von der Juristischen Fakultät der Universität Passau als Dissertation angenommen. Sie entstand während meiner Zeit als wissenschaftlicher Mitarbeiter am Lehrstuhl für Staats- und Verwaltungsrecht, insbesondere Finanz- und Steuerrecht von Herrn Prof. Dr. Rainer Wernsmann.

Mein ganz besonderer Dank gilt zuerst meinem Doktorvater, Herrn Prof. Dr. Rainer Wernsmann, auf dessen Anregung diese Arbeit zurückzuführen ist. Er hat mich hervorragend betreut und unterstützt. Aus meiner Zeit an seinem Lehrstuhl nehme ich wertvolle Erfahrungen mit.

Frau Prof. Dr. Friederike Grube danke ich sehr herzlich für die zügige Erstellung des Zweitgutachtens.

Für die sorgfältige und zügige Durchsicht meines Manuskripts bedanke ich mich bei Frau Johanna Wernthaler.

Meinen Eltern, Ute Oeßelmann und Dieter Popel, danke ich besonders herzlich für Ihre bedingungslose Unterstützung. Auch meiner Verlobten, Louisa Lang, gebührt mein besonders herzlicher Dank für ihren Zuspruch und ständigen Rückhalt. Diese Arbeit widme ich ihnen.

Regensburg, im Juli 2018 *Jan Popel*

Abkürzungsverzeichnis

a.A.	anderer Ansicht
ABl.	Amtsblatt
Abs.	Absatz
a.E.	am Ende
Absch.	Abschnitt
Alt.	Alternative
Anm.	Anmerkung
AO	Abgabenordnung
AO-StB	Der AO-Steuer-Berater (Zeitschrift)
AöR	Archiv des öffentlichen Rechts (Zeitschrift)
Art.	Artikel
BB	Betriebsberater (Zeitschrift)
BayKAG	Bayerisches Kommunalabgabengesetz
BayVBl.	Bayerische Verwaltungsblätter (Zeitschrift)
BGB	Bürgerliches Gesetzbuch
BGBl.	Bundesgesetzblatt
BGH	Bundesgerichtshof
BFH	Bundesfinanzhof
BFH/NV	Sammlung nicht veröffentlichter Entscheidungen des Bundesfinanzhofs (Zeitschrift)
BMF	Bundesministerium der Finanzen
BR-Drs.	Bundesratsdrucksache
BSG	Bundessozialgericht
BStBl.	Bundessteuerblatt [Teil I, Teil II oder Teil III]
BT-Drs.	Drucksache des Deutschen Bundestages
BVerfG	Bundesverfassungsgericht
BVerfGE	Entscheidungen des Bundesverfassungsgerichts
BVerfGK	Kammerentscheidungen des Bundesverfassungsgerichts
BVerwG	Bundesverwaltungsgericht
BVerwGE	Entscheidungen des Bundesverwaltungsgerichts
bzw.	beziehungsweise
d.h.	das heißt
DB	Der Betrieb (Zeitschrift)
ders.	derselbe
dies.	dieselben

Diss.	Dissertation
DÖV	Die öffentliche Verwaltung (Zeitschrift)
DStJG	Veröffentlichungen der Deutschen Steuerjuristischen Gesellschaft e.V.
DStR	Deutsches Steuerrecht (Zeitschrift)
DStZ	Deutsche Steuer-Zeitung
DVBl.	Deutsches Verwaltungsblatt (Zeitschrift)
DVP	Deutsche Verwaltungspraxis (Zeitschrift)
EAO	Entwurf einer Abgabenordnung
EFG	Entscheidungen der Finanzgerichte (Zeitschrift)
EStG	Einkommensteuergesetz
EU	Europäische Union
EVwVfG	Entwurf eines Verwaltungsverfahrensgesetzes
f.	folgende (Singular)
ff.	folgende (Plural)
FA	Finanzamt
FG	Finanzgericht
FGO	Finanzgerichtsordnung
Fn.	Fußnote
FR	Finanzrundschau (Zeitschrift)
FS	Festschrift
GG	Grundgesetz für die Bundesrepublik Deutschland
ggf.	gegebenenfalls
GmS-OGB	Gemeinsamer Senat der Obersten Gerichtshöfe des Bundes
GmbH	Gesellschaft mit beschränkter Haftung
GmbHR	Die GmbH-Rundschau (Zeitschrift)
h.M.	herrschende Meinung
Habil.	Habilitationsschrift
HFR	Höchstrichterliche Finanzrechtsprechung (Zeitschrift)
Hrsg.	Herausgeber
HStR	Handbuch des Staatsrechts
HZA	Hauptzollamt
i.S.d.	im Sinne des
i.S.e.	im Sinne eines
i.S.v.	im Sinne von
i.V.m.	in Verbindung mit
JA	Juristische Arbeitsblätter (Zeitschrift)
Jura	Juristische Ausbildung (Zeitschrift)

JuS	Juristische Schulung (Zeitschrift)
JZ	Juristenzeitung
LS	Leitsatz
m.w.N.	mit weiteren Nachweisen
NJW	Neue Juristische Wochenschrift (Zeitschrift)
Nr.	Nummer
NVwZ	Neue Zeitschrift für Verwaltungsrecht (Zeitschrift)
NWVBl.	Nordrhein-Westfälische Verwaltungsblätter (Zeitschrift)
passim	überall
oHG	offene Handelsgesellschaft
RAO	Reichsabgabenordnung
RFH	Reichsfinanzhof
RGBl.	Reichsgesetzblatt
RStBl.	Reichssteuerblatt
Rz.	Randziffer
S.	Seite
s.o.	siehe oben
SGB X	Zehntes Buch Sozialgesetzbuch – Sozialverwaltungsverfahren und Sozialdatenschutz –
SKV	Staats- und Kommunalverwaltung (Zeitschrift)
sog.	sogenannt(e)
st.Rspr.	ständige Rechtsprechung
Stbg	Die Steuerberatung (Zeitschrift)
StBp	Die steuerliche Betriebsprüfung (Zeitschrift)
SteuerStud	Steuer und Studium (Zeitschrift)
StuW	Steuer und Wirtschaft (Zeitschrift)
StVj	Steuerliche Vierteljahresschrift (Zeitschrift)
u.a.	unter anderem, und andere
UR	Umsatzsteuer-Rundschau (Zeitschrift)
UBWV	Unterrichtsblätter für die Bundeswehrverwaltung (Zeitschrift)
UStG	Umsatzsteuergesetz
UZK	Zollkodex der Union
v.	vom
VBlBW.	Verwaltungsblätter für Baden-Württemberg (Zeitschrift)
VerwArch	Verwaltungsarchiv (Zeitschrift)
vgl.	vergleiche
VR	Verwaltungsrundschau (Zeitschrift)

VVDStRL	Veröffentlichungen der Vereinigung der Deutschen Staatsrechtslehrer
VwGO	Verwaltungsgerichtsordnung
VwVfG	Verwaltungsverfahrensgesetz
WRV	Weimarer Reichsverfassung
z.B.	zum Beispiel
ZfZ	Zeitschrift für Zölle und Verbrauchsteuern
zit.	zitiert
ZK	Zollkodex
ZRP	Zeitschrift für Rechtspolitik
zugl.	zugleich

§ 1. Problemaufriss

Der BFH verwendet in seiner Rechtsprechung die Begriffe des vorgeprägten und intendierten Ermessens, deren rechtliche Folgen Fragen in Bezug auf die Ermessenslehre aufwerfen.

I. Das vorgeprägte Ermessen

Der Haftungsbescheid nach § 191 Abs. 1 Satz 1 AO dient der Sicherung des Steueranspruchs. Haften im steuerrechtlichen Sinn bedeutet „Einstehenmüssen mit dem eigenen Vermögen für eine fremde Steuerschuld".[1] Der Haftungsbescheid muss nach § 191 Abs. 1 Satz 3 AO schriftlich ergehen. Daher ist der Haftungsbescheid nach § 121 Abs. 1 AO zu begründen, soweit es für das Verständnis erforderlich ist. Der Erlass eines Haftungsbescheids steht aber im Ermessen der Verwaltung, der dabei ein Entschließungs- und Auswahlermessen zukommt.[2] Das Ermessen gewährt der Verwaltung einen Handlungsspielraum, um auf Besonderheiten des Einzelfalles reagieren zu können.[3] Die Ermessensentscheidung selbst ist gerichtlich nach § 102 Satz 1 FGO nur beschränkt überprüfbar. Das Finanzamt muss bei Ermessensentscheidungen die Ermessenserwägungen dem Bürger in der Begründung mitteilen. Die Begründung der Ermessenserwägungen soll dem Adressaten die Gründe mitteilen und neben dem Rechtsschutz eine Selbst- sowie eine Fremdkontrolle ermöglichen.[4] Erfolgt keine Begründung, indiziert die mangelnde Begründung regelmäßig einen Ermessensnichtgebrauch.[5] Die Begründung dient somit vor allem dem Rechtsschutz des Bürgers.

An dieser Stelle setzt die Rechtsprechung des BFH zum vorgeprägten Ermessen an. Nach der Rechtsprechung soll keine Begründung der Ermessensausübung durch Mitteilung der Ermessenserwägungen erforderlich sein, wenn das Ermessen vorgeprägt sei, weil dann von einer stillschweigend sachgerechten Ermessensausübung ausgegangen werden könne.[6] Die Rechtsentscheidung auf erster Stufe präge nämlich die Ermessensentscheidung auf zweiter Stufe.[7] Ein

1 BFH v. 22.04.2015 – XI R 43/11, BStBl. II 2015, 755 (757); *Nacke*, Haftung für Steuerschulden, Rn. 1.1; *Boeker* in Hübschmann/Hepp/Spitaler, § 191 AO Rn. 4 f. (März 2012).
2 Siehe dazu unter § 5.II.2.b.
3 Siehe unter § 3.
4 Ausführlich unter § 4.
5 *Wernsmann* in Hübschmann/Hepp/Spitaler, § 5 AO Rn. 131 (April 2013).
6 BFH v. 13.04.1978 – V R 109/75, BStBl. II 1978, 508 (510).
7 BFH v. 13.04.1978 – V R 109/75, BStBl. II 1978, 508 (510).

vorgeprägtes Ermessen soll nach neuerer[8] Rechtsprechung vorliegen, wenn der Haftungsschuldner nach § 69 AO in vorsätzlicher Verschuldensform oder nach § 71 AO haften muss.[9]

Nach § 69 Satz 1 AO haften Vertreter i.S.v. § 34 und § 35 AO, soweit Ansprüche aus dem Schuldverhältnis (§ 37 AO) infolge vorsätzlicher oder grob fahrlässiger Verletzung der ihnen auferlegten Pflichten nicht oder nicht rechtzeitig festgesetzt oder erfüllt oder soweit infolgedessen Steuervergütungen oder Steuererstattungen ohne rechtlichen Grund gezahlt werden. Nach § 71 AO haftet, wer eine Steuerhinterziehung oder eine Steuerhehlerei begeht oder an einer solchen Tat teilnimmt, insbesondere für die verkürzten Steuern und die zu Unrecht gewährten Steuervorteile.

Die Rechtsprechung wirft verschiedene Fragen auf. Gibt es überhaupt ein vorgeprägtes Ermessen? Wenn ja, kann die Verwaltung dann auf die Begründung der Ermessenerwägungen nach § 121 AO verzichten? Wird der Anspruch auf einen effektiven Rechtsschutz des Haftungsschuldners verletzt? In welchem Verhältnis steht die Rechtsfigur zur Ermessensreduzierung auf Null und zu den Soll-Vorschriften?

Die Problematik wird verschärft durch die mangelnde gesetzliche Verankerung des Begriffs. Daher stellt sich die Frage, wie sich die Rechtsprechung in die herrschende Ermessenslehre einfügt. Eine Identifikation des vorgeprägten Ermessens ist auf den ersten Blick schwierig. Wann liegt ein vorgeprägtes Ermessen vor?

Problematisch ist auch, dass die Verfahrenspflicht der Verwaltung zur Begründung von Ermessensentscheidungen durch die Rechtsprechung reduziert wird. Sie vereinfacht damit das Verfahren für die Verwaltung. Es fragt sich aber, ob dies im Lichte des § 121 AO möglich ist und ob Effizienzgesichtspunkte zu berücksichtigen sind.

Wegen der angesprochenen Probleme und Fragen ist die Rechtsprechung in der Literatur auf Kritik gestoßen.[10] Die Rechtsprechung ist deswegen zu untersuchen.

Eine monographische Aufarbeitung der Rechtsprechung fehlt.

---

8 Nach alter Rechtsprechung (BFH v. 13.04.1978 – V R 109/75, BStBl. II 1978, 508) reichte auch grobe Fahrlässigkeit nach § 109 Abs. 1 RAO aus.

9 Siehe dazu ausführlich unter § 5.II.3.

10 *Wernsmann* in Hübschmann/Hepp/Spitaler, § 5 AO Rn. 139 ff. (April 2013); *Drüen* in Tipke/Kruse, § 5 AO Rn. 14 (August 2014); *Stapperfend* in Gräber, § 102 FGO Rn. 5; *Pahlke* in Schwarz/Pahlke, § 5 AO Rn. 24 (September 2016); *Schwarz* in Schwarz/Pahlke, § 69 AO Rn. 23 (Juni 2007); *Dumke* in Schwarz/Pahlke, § 191 AO Rn. 42a (Juni 2006); *Rüsken* in Klein, § 191 AO Rn. 43.

II. Das intendierte Ermessen

Problematisch ist nicht nur die Rechtsprechung zum vorgeprägten Ermessen, sondern auch die Rechtsprechung des BFH zum intendierten Ermessen.[11] Sie basiert auf der Rechtsprechung des BVerwG zum intendierten Ermessen.[12] Auch im Falle eines intendierten Ermessens muss die Ermessensentscheidung nach der Rechtsprechung nicht besonders begründet werden.

Fraglich ist daher, ob die Begriffe des vorgeprägten und intendierten Ermessens übereinstimmen. Teilweise verwendet der BFH beide Begriffe synonym. Somit stellen sich beim intendierten Ermessen die entsprechenden Fragen wie beim vorgeprägten Ermessen.

Bisher finden sich zum intendierten Ermessen drei Monographien zur Rechtsprechung des BVerwG.[13] Im Steuerrecht fehlt dagegen eine Analyse.

Eine genauere Untersuchung der Verwendung beider Begriffe in der Rechtsprechung des BFH ist angebracht.

§ 2. Gang der Untersuchung und Eingrenzung

Aufgrund der angesprochenen Problematik beider Begriffe für die Ermessenslehre ist in Kapitel 1 zunächst auf das Ermessen der Verwaltung genauer einzugehen. Insoweit ist zuerst zu untersuchen, was unter Ermessen zu verstehen ist und welche Funktionen es erfüllt. Anschließend ist das Vorgehen der Finanzverwaltung bei einer Ermessenentscheidung zu erörtern. Genauerer Klärung bedarf das Verhältnis von Ermessen und unbestimmtem Rechtsbegriff sowie die Ermessensreduzierung auf Null. Auch das Verhältnis der Ermessensreduzierung auf Null zu Soll-Normen muss untersucht werden. Die Verwaltung unterliegt im Steuerrecht vor allem den Grundsätzen der Gesetzmäßigkeit und Gleichmäßigkeit der Besteuerung, die sich auf das Ermessen auswirken. Deswegen wird der Frage nachgegangen, inwieweit überhaupt Ermessen im Steuerrecht bestehen kann. Die Ermessensfehler und die gerichtliche Überprüfung von Ermessensentscheidungen stellen weitere Unterpunkte dar. Die Heilung von Ermessensfehlern schließt § 3 ab.

---

11 Z.B. BFH v. 26.06.2007 – VII R 35/06, BStBl. II 2007, 742; v. 27.10.2009 – VII R 51/08, BStBl. II 2010, 382.

12 BVerwG v. 05.07.1985 – 8 C 22/83, BVerwGE 72, 1 (6).

13 *Beuermann*, Intendiertes Ermessen; *Kaffenberger*, Das intendierte Verwaltungsermessen; *Rudersdorf*, Das intendierte Ermessen.

Anschließend widmet sich Kapitel 1 unter § 4 der Begründung von Verwaltungsakten. Nachdem auf Begriff, Bedeutung und Funktion der Begründung eingegangen wird, stellt sich die Frage der verfassungsrechtlichen Verankerung der Begründung von Verwaltungsakten. Die Begründung von Verwaltungsakten im Steuerrecht unterscheidet sich von denen im allgemeinen Verwaltungsrecht und im sozialverwaltungsrechtlichen Verfahren. § 121 AO ist deswegen mit § 39 VwVfG und § 35 SGB X zu vergleichen. Danach müssen die einzelnen Ausnahmen von der Begründung behandelt werden. § 4 wird mit der Untersuchung der Folgen von Begründungsmängeln geschlossen.

Kapitel 2 untersucht die Rechtsprechung des BFH zum vorgeprägten Ermessen beim Haftungsbescheid. Vor allem die Haftung nach § 191 AO, die auch den Ausgangspunkt der Dogmatik des vorgeprägten Ermessens bildet, ist vertiefend zu behandeln. Die Rechtsprechung muss dabei im Detail analysiert werden, weil Unstimmigkeiten erkennbar sind. Daran anschließend ist das vorgeprägte Ermessen nach der Rechtsprechung des BFH mit der Rechtsprechung des BVerwG zum intendierten Ermessen zu vergleichen. Danach wird die Dogmatik des vorgeprägten Ermessens erörtert. Das Verhältnis von Vorprägung und Begründung bildet den nächsten Untersuchungsgegenstand. Zum Schluss des 2. Kapitels wird die Rechtsprechung zu den weiteren in Betracht kommenden Normen betrachtet.

Die Prüfung der Rechtsprechung des BFH zum intendierten Ermessen wird in Kapitel 3 vorgenommen. Zuerst rückt § 130 AO ins Blickfeld. Die Rechtsprechung zu § 130 AO ist vor allem wegen der Rechtsprechung des BVerwG zum intendierten Ermessen in § 48 VwVfG von Interesse. Sodann ist auf die weiteren Normen, die nach der Rechtsprechung intendiertes Ermessen enthalten, einzugehen.

Die Kritik an beiden Begriffen ist in Kapitel 4 zu behandeln und wird mit einer Stellungnahme abgerundet.

Kapitel 5 fasst die gefundenen Ergebnisse und Thesen zusammen.

Die Untersuchung ist auf das Steuerrecht begrenzt. Soweit angezeigt, wird auch Rechtsprechung und Literatur aus dem Verwaltungsrecht verwendet. Auf Entscheidungen aus anderen Gerichtsbarkeiten wird grundsätzlich nicht eingegangen.

Kapitel 1 – Grundlagen – Ermessen und Begründung

Das Ermessen der Verwaltung und die Begründung von Verwaltungsakten bilden in Kapitel 1 die beiden Schwerpunkte der Untersuchung. Beide Begriffe sind Kernelemente in der unter Kapitel 2 zu untersuchenden Rechtsprechung des BFH zum vorgeprägten und intendierten Ermessen.

§ 3. Das Ermessen der Verwaltung

Zunächst werden Begriff und Funktion des Ermessens behandelt (unter I.). Anschließend folgen die Besonderheiten des Ermessens im Steuerrecht (unter II.), die Ermessensfehler (unter III.) sowie die Überprüfung von Ermessensentscheidungen auf Ermessensfehler (unter IV.). Die Heilung von Ermessensfehlern bildet den Abschluss (unter V.).

I. Begriff und Funktion des Ermessens

Das Ermessen gibt der Verwaltung einen Handlungsspielraum auf Rechtsfolgenseite. Dieser Spielraum ist aber gemäß § 5 AO beschränkt (dazu 1.). Mit dem Ermessen verfolgt der Gesetzgeber verschiedene Zwecke (dazu 2.). Zuerst muss die Behörde die Tatbestandsvoraussetzungen prüfen, um anschließend ihr Entschließungs- und/oder Auswahlermessen ausüben zu können (dazu 3.). Der gesetzliche Wortlaut gibt grundsätzlich Aufschluss, ob ein Ermessensspielraum besteht (dazu 4.). Der Ermessensbegriff ist vom unbestimmten Rechtsbegriff abzugrenzen (dazu 5.). Der Gesetzgeber kann unbestimmte Rechtsbegriffe und Ermessen in einer Norm verbinden (dazu 6.). Einen Sonderfall bildet die Ermessensreduzierung auf Null (dazu 7.). Die Ermessensreduzierung auf Null muss von Soll-Vorschriften abgegrenzt werden (dazu 8.).

1. Ermessensbegriff

Der Begriff des Ermessens ist mehrdeutig, weil das Ermessen im Zusammenhang mit jeder Staatsgewalt anders verstanden wird.[14] Die Legislative verfügt über ein Ermessen bei der Gesetzgebung, während der Judikative in bestimmten Bereichen auch ein Ermessen zukommt. Daneben gibt es vor allem das administrative

---

14 Vgl. *Pache*, Tatbestandliche Abwägung und Beurteilungsspielraum, S. 21.

Ermessen. Die Voraussetzungen und Reichweiten eines Ermessens der jeweiligen Gewalt unterscheiden sich. Nachfolgend wird ausschließlich das Ermessen der Verwaltung betrachtet.

Die vollziehende Gewalt – somit auch die Finanzverwaltung – ist gemäß Art. 20 Abs. 3 GG an Gesetz und Recht gebunden. Es ist ihre Aufgabe, die Gesetze zu vollziehen und anzuwenden. Das Ermessen wird damit im Rahmen der Gesetzesanwendung relevant.[15] Die Verwaltung ist aber unterschiedlich stark gebunden.[16] Man differenziert zwischen der gebundenen Verwaltung und der Ermessensverwaltung.[17] Eine strikte Bindung liegt vor, wenn sie handeln muss und ihr keinerlei Handlungsspielraum verbleibt (sog. rechtlich gebundene Verwaltung).[18] Eine derartige strikte Bindung der Verwaltung ohne Handlungsspielräume wird vom Rechtsstaatsprinzip allerdings nicht gefordert.[19]

Dagegen verfügt die Verwaltung, wenn das Gesetz ihr Ermessen einräumt, über einen Handlungsspielraum (sog. Ermessensverwaltung).[20] Kennzeichen des Verwaltungsermessens ist die Möglichkeit der Verwaltung zwischen zwei oder mehreren rechtlich zulässigen Rechtsfolgen (Verhaltensweisen) zu wählen, wenn die Tatbestandsvoraussetzungen erfüllt sind.[21] Unter Ermessen ist eine besondere Zuständigkeit zur Rechtskonkretisierung im Rahmen einer vorgegebenen Zweckbestimmung zu verstehen.[22]

Das Ermessen findet sich vor allem bei konditional formulierten Rechtssätzen. Der Gesetzgeber ermächtigt die Verwaltung durch bestimmte Formulierungen (Bsp.: „kann") selbst zu entscheiden, ob und wie sie handeln möchte, wenn die tatbestandlichen Voraussetzungen erfüllt sind. Das Verwaltungsermessen ist somit stets ein *Rechtsfolgeermessen* („Handlungsermessen").[23] Es ist

---

15 *Maurer/Waldhoff*, Allgemeines Verwaltungsrecht, § 7 Rn. 1.

16 *Wernsmann* in Hübschmann/Hepp/Spitaler, § 5 AO Rn. 22 (April 2013); *Maurer/Waldhoff*, Allgemeines Verwaltungsrecht, § 1 Rn. 26.

17 *Wernsmann* in Hübschmann/Hepp/Spitaler, § 5 AO Rn. 23 ff. (April 2013); kritisch *Jestaedt* in Ehlers/Pünder, Allgemeines Verwaltungsrecht, § 11 Rn. 55.

18 *Maurer/Waldhoff*, Allgemeines Verwaltungsrecht, § 1 Rn. 26, § 7 Rn. 6; *Wernsmann* in Hübschmann/Hepp/Spitaler, § 5 AO Rn. 23 (April 2013).

19 *Robbers* in Bonner Kommentar, Art. 20 GG Rn. 2122 (Oktober 2009).

20 *Wernsmann* in Hübschmann/Hepp/Spitaler, § 5 AO Rn. 25 (April 2013).

21 BFH v. 10.11.1971 – I B 14/70, BStBl. II 1972, 222; siehe zum Schrifttum nur *Wernsmann* in Hübschmann/Hepp/Spitaler, § 5 AO Rn. 52 (April 2013) m.w.N.

22 *Starck* in FS Sendler, S. 167.

23 *Wernsmann* in Hübschmann/Hepp/Spitaler, § 5 AO Rn. 51 (April 2013); *Drüen* in Tipke/Kruse, § 5 AO Rn. 7 (August 2014); *Bartone* in Kühn/von Wedelstädt, § 5 AO Rn. 3; *Stapperfend* in Gräber, § 102 FGO Rn. 3.

gesetzesakzessorisch und gesetzesgelenkt.[24] Ob ein Gesetz der Verwaltung Ermessen einräumt, ist durch Auslegung zu ermitteln.[25] Dafür sind die allgemeinen Auslegungsmethoden anzuwenden.[26] Ein Ermessen auf Rechtsfolgenseite kann nur dann und nur soweit bestehen, wenn und wie es der Gesetzgeber der Verwaltung eingeräumt hat.[27] Für die Reichweite des Ermessens kommt es auf den Wortlaut der Norm an. Die Verwaltung hat daher zunächst die Reichweite der ihr zustehenden Entscheidungsfreiheit zu ermitteln, bevor sie ihr Ermessen ausüben kann.

Die genaue Abgrenzung und Einordnung von Tatbestand und Ermessen ist zwar bis heute umstritten, weil insbesondere ein Beurteilungsspielraum bei unbestimmten Rechtsbegriffen auf Tatbestandsseite ausnahmsweise möglich ist.[28] Überlegungen in der Literatur, die ein Ermessen auch auf Tatbestandsebene annehmen, können aber nicht überzeugen. *Jestaedt* versteht unter dem Verwaltungsermessen eine „Ermächtigung zur (normzweckgebundenen) Tatbestandsergänzung."[29] Er kritisiert, dass die gängige Definition des Ermessens als eine „Alternativenwahl auf Rechtsfolgenseite" das Kennzeichen des Verwaltungsermessens zu sehr einenge.[30] Jeder Rechtsanwender – und damit auch die Rechtsprechung – verfüge über Konkretisierungs- und Individualisierungsfreiräume.[31] Auch *Hoffmann-Riem* geht in eine ähnliche Richtung und meint, dass der Begriff des Ermessens „für den – auf der Tatbestands- und/oder der Rechtsfolgenseite der Norm verankerten – diskretionären Anteil am administrativen Verhalten reserviert" werden sollte.[32]

Ein Tatbestandsermessen kann es aber nicht geben. Das Verwaltungsermessen ist ein reines Rechtsfolgeermessen. Die verfassungsrechtlichen Anforderungen

---

24 BFH v. 18.09.1974 – II B 11/74, BStBl. II 1975, 41; *Drüen* in Tipke/Kruse, § 5 AO Rn. 5 (August 2014); *Stapperfend* in Gräber, § 102 FGO Rn. 3. Vgl. auch *Brinktrine*, Verwaltungsermessen, S. 23 m.w.N.

25 BFH v. 31.03.1981 – VII R 1/79, BStBl. II 1981, 507; v. 28.10.1982 – I R 156/78, BStBl. II 1982, 88 (89).

26 *Spanner* in FS von Wallis, S. 215.

27 *Jestaedt* in Ehlers/Pünder, Allgemeines Verwaltungsrecht, § 11 Rn. 56.

28 Ausführlich dazu unter § 3.I.5.

29 *Jestaedt* in Ehlers/Pünder, Allgemeines Verwaltungsrecht, § 11 Rn. 18; ähnlich wohl *Hoffmann-Riem* in Hoffmann-Riem/Schmidt-Aßmann/Voßkuhle, Grundlagen, Band I, § 10 Rn. 85; a.A. *Drüen* in Tipke/Kruse, § 5 AO Rn. 7 (August 2014).

30 *Jestaedt* in Ehlers/Pünder, Allgemeines Verwaltungsrecht, § 11 Rn. 55.

31 *Jestaedt* in Ehlers/Pünder, Allgemeines Verwaltungsrecht, § 11 Rn. 55.

32 *Hoffmann-Riem* in Hoffmann-Riem/Schmidt-Aßmann/Voßkuhle, Grundlagen, Band I, § 10 Rn. 85.

an ein Ermessen gewährendes Gesetz verbieten ein Ermessen der Verwaltung auf Tatbestandsebene. Das Bestimmtheitsgebot als Ausprägung des Rechtsstaatsprinzips fordert an das Gesetz, dass die Ermächtigung zur Vornahme belastender Verwaltungsakte Inhalt, Gegenstand, Zweck und Ausmaß hinreichend bestimmt und begrenzt, so dass die Eingriffe hinreichend voraussehbar und berechenbar sind.[33] Ein Ermessen auf Tatbestandsseite würde bedeuten, dass die Verwaltung selbst die Voraussetzungen bestimmen dürfte, die sie zum Handeln ermächtigen würden, und nicht der Gesetzgeber. Auch bei einem Beurteilungsspielraum auf Tatbestandsebene liegt nur die Subsumtion des Sachverhalts unter die Tatbestandsvoraussetzungen und nicht deren Auslegung in der Letztentscheidungskompetenz der Verwaltung.[34] Daneben fordert der Grundsatz vom Vorbehalt des Gesetzes eine derart konkrete Ermächtigung, damit die Verwaltung die Gesetze nur ausführt und nicht anstatt des Gesetzgebers entscheidet.[35] Es ist Aufgabe des Gesetzgebers, den Tatbestand hinreichend genau zu bestimmen. Erst anschließend kann die Verwaltung von ihrer Wahlmöglichkeit auf Rechtsfolgenebene Gebrauch machen, wenn der Tatbestand der anzuwendenden Norm erfüllt ist.[36] Dazu muss die Verwaltung den ermittelten Sachverhalt unter den vorgegebenen Tatbestand subsumieren und kann anschließend bei Vorliegen des Tatbestandes über die Rechtsfolge entscheiden. Daher läge bei einem Tatbestandsermessen sowohl ein Verstoß gegen den Grundsatz der Gewaltenteilung als auch ein Verstoß gegen den Grundsatz der Gesetzmäßigkeit der Verwaltung als Ausfluss des Vorbehalts des Gesetzes[37] vor.[38]

Die Verwaltung unterliegt einer „Ermessenssperre",[39] wenn die Tatbestandsvoraussetzungen einer Ermessensnorm nicht erfüllt sind.[40] Daher muss bei einer Ermessensentscheidung ein Rechtsanwendungsakt – die Subsumtion des

---

33 *Wernsmann* in Hübschmann/Hepp/Spitaler, § 5 AO Rn. 38 (April 2013); *Drüen* in Tipke/Kruse, § 5 AO Rn. 6, 17 (August 2014).

34 Siehe dazu ausführlich unten unter § 3.I.5. und *Schoch*, Jura 2004, 612 (616).

35 *Wernsmann* in Hübschmann/Hepp/Spitaler, § 5 AO Rn. 39 (April 2013).

36 *Stapperfend* in Gräber, § 102 FGO Rn. 3.

37 Siehe dazu *Drüen* in Tipke/Kruse, § 5 AO Rn. 6 (August 2014) und unten unter § 3. II.1.

38 *Stapperfend* in Gräber, § 102 FGO Rn. 3; *Drüen* in Tipke/Kruse, § 5 AO Rn. 6 f. (August 2014).

39 BFH v. 28.04.1977 – IV R 163/75, BStBl. II 1977, 553 (555); *Drüen* in Tipke/Kruse, § 5 AO Rn. 30 (August 2014); *Ossenbühl*, Verwaltungsvorschriften und Grundgesetz, S. 318.

40 BFH v. 28.04.1977 – IV R 163/75, BStBl. II 1977, 553 (555); v. 11.06.1997 – X R 14/95, BStBl. II 1997, 642 (644); v. 14.06.2001 – X R 56/98, BStBl. II 2001, 60 (62); *Drüen* in

festgestellten Sachverhalts unter die Tatbestandsvoraussetzungen der Ermessensnorm – zuerst vorgenommen werden.[41] § 5 AO stellt weiter klar, dass die Finanzbehörde ihr Ermessen entsprechend dem Zweck der Ermächtigung auszuüben und die gesetzlichen Grenzen des Ermessens einzuhalten hat, wenn sie ermächtigt ist, nach ihrem Ermessen zu handeln. § 5 AO selbst definiert den Ermessensbegriff nicht und ist keine gesetzliche Ermächtigung, sondern normiert einfachgesetzlich die Rechtmäßigkeitsanforderungen einer Ermessensentscheidung, indem lediglich die rechtlichen Grenzen der Ermessensausübung aufgezeigt werden.[42] Aus § 5 AO folgt deswegen, dass die Behörde ihr Ermessen *pflichtgemäß*, d.h. rechtlich gebunden,[43] ausüben muss.[44] Das Ermessen ist somit kein „freies Ermessen". Ein „freies Ermessen" gibt es nicht, denn selbst die freieste Verwaltung ist „immer noch an die verfassungsmäßigen Grenzen etwa des Gleichheitssatzes, der Verhältnismäßigkeit, der Rechts- und Sozialstaatlichkeit usw. gebunden".[45] Die Behörde unterliegt also stets den allgemeinen Rechtsstaatserfordernissen.[46] Daneben muss sie auch Billigkeitsgesichtspunkte, den Grundsatz von Treu und Glauben sowie das Willkürverbot als Ermessensschranken bei ihrer Ermessensentscheidung beachten.[47] Auch kann der gesetzliche Zweck einer gesetzlichen Regelung das Ermessen dirigieren. Die rechtliche Bindung bei der Ermessensausübung darf aber nicht mit der rechtlich – strikt – gebundenen Verwaltung verwechselt werden, bei der idealtypisch eine einzige Entscheidung rechtmäßig ist.[48]

Tipke/Kruse, § 5 AO Rn. 30 (August 2014); *Neumann* in Beermann/Gosch, § 5 AO Rn. 5 (Februar 1997); *Seer* in FS Streck, S. 403 (410).

41 *Ossenbühl* in Erichsen/Ehlers, Allgemeines Verwaltungsrecht, § 10 Rn. 11; vgl. auch *Pache*, Tatbestandliche Abwägung und Beurteilungsspielraum, S. 24. In diese Richtung auch BVerwG v. 25.07.1985 – 3 C 25/84, BVerwGE 72, 38 (53).

42 *Drüen* in Tipke/Kruse, § 5 AO Rn. 1 (August 2014); *Wernsmann* in Hübschmann/Hepp/Spitaler, § 5 AO Rn. 21, 30 (April 2013).

43 *Wernsmann* in Hübschmann/Hepp/Spitaler, § 5 AO Rn. 25 (April 2013); *Drüen* in Tipke/Kruse, § 5 AO Rn. 5 (August 2014); zu § 40 VwVfG *Maurer/Waldhoff*, Allgemeines Verwaltungsrecht, § 7 Rn. 17; *Schoch* in Hoffmann-Riem/Schmidt-Aßmann/Voßkuhle, Grundlagen, Band III, § 50 Rn. 270.

44 BVerfG v. 22.05.1962 – 1 BvR 301, 302/59, BVerfGE 14, 105 (114); v. 16.02.1965 – 1 BvL 15/62, BVerfGE 18, 353 (363).

45 *Bachof*, JZ 1972, 641 (642).

46 BVerfG v. 16.02.1965 – 1 BvL 15/62, BVerfGE 18, 353 (363); v. 08.08.1978 – 2 BvL 8/77, BVerfGE 49, 89 (147).

47 *Blesinger*, StuW 1995, 226 (227 f.) m.w.N.

48 *Sachs* in Stelkens/Bonk/Sachs, § 40 VwVfG Rn. 12.

Richtet die Finanzbehörde ihre Entscheidung nicht am gesetzlichen Zweck aus oder hält sie nicht die gesetzlichen Grenzen ein, liegt ein Ermessensfehler vor, aus dem die Rechtswidrigkeit des Verwaltungsaktes folgt.[49]

Ermessenstatbestände sind aus verfassungsrechtlicher Perspektive zulässig,[50] insbesondere kommt es zu keiner Durchbrechung des Gewaltenteilungsprinzips.[51] Es entspricht vielmehr dem grundsätzlichen Verhältnis von Legislative und Exekutive im Rechtsstaat, weil die Exekutive durch das eingeräumte Ermessen eine erweiterte Macht erhält.[52]

2. *Funktionen des Ermessens*

Das Ermessen besitzt vielfältige Funktionen, die vom Gesetzeszweck abhängen.[53] Es gilt das Opportunitätsprinzip.[54] Der Gesetzgeber will für die Verwaltung durch das eingeräumte Ermessen auf Rechtsfolgenseite einen Handlungsspielraum für eine gewisse Flexibilität und Elastizität schaffen.[55] Er versucht damit eine Einzelfallgerechtigkeit zu erreichen, indem die Verwaltung die Ermessensentscheidung grundsätzlich am konkreten Einzelfall auszurichten hat.[56] Eine abstrakt-generelle Regelung kann eine derartige Einzelfallgerechtigkeit grundsätzlich nicht erreichen. Durch die Orientierung am Einzelfall kann die Entscheidung situativ angemessen und sachgerecht erfolgen, wobei sie vor allem „durch die jeweiligen Umstände (vor)geprägt wird“.[57] Die Verwaltung kann auf neue Sachverhalte leichter reagieren. Eine Folge der Flexibilität ist aber zwangsläufig, dass die gerichtliche Kontrolle beschränkt sein muss.[58]

---

49 *Wernsmann* in Hübschmann/Hepp/Spitaler, § 5 AO Rn. 25 (April 2013). Siehe zu den Ermessensfehlern noch ausführlich unter § 3.III.

50 *Schmidt-Aßmann* in Maunz/Dürig, GG, Art. 19 Abs. 4 Rn. 189 (Juli 2014).

51 *Wernsmann* in Hübschmann/Hepp/Spitaler, § 5 AO Rn. 32 (April 2013).

52 *Robbers* in Bonner Kommentar, Art. 20 GG Rn. 2121 (Oktober 2009).

53 *Schoch* in Hoffmann-Riem/Schmidt-Aßmann/Voßkuhle, Grundlagen, Band III, § 50 Rn. 269; *ders.*, Jura 2004, 462 (463).

54 *Lange* in Hübschmann/Hepp/Spitaler, § 102 FGO Rn. 32 (Februar 2014).

55 *Wernsmann* in Hübschmann/Hepp/Spitaler, § 5 AO Rn. 27 (April 2013).

56 *Maurer/Waldhoff*, Allgemeines Verwaltungsrecht, § 7 Rn. 13 ff.

57 *Schoch* in Hoffmann-Riem/Schmidt-Aßmann/Voßkuhle, Grundlagen, Band III, § 50 Rn. 269.

58 Vgl. *Schoch* in Hoffmann-Riem/Schmidt-Aßmann/Voßkuhle, Grundlagen, Band III, § 50 Rn. 269 m.w.N.

Die Gewährung von Ermessen beruht nämlich auf der Erkenntnis, dass „die Existenz des Staates und sein Handeln [...] sich nicht inhaltlich voll normieren" lassen.[59] Mit Hilfe der Ermessensnormen delegiert der Gesetzgeber die Entscheidungsbefugnis über die in diesem Fall notwendigen einzelfallbezogenen Billigkeitserwägungen auf die Exekutive.[60] Die Entscheidung im Einzelfall soll zweckmäßig sein. Häufig können Abwägungen der im Einzelfall widerstreitenden, tatbestandlich nicht hinreichend zu erfassenden Interessen durch eine abstrakt-generelle Regelung nicht durch den Gesetzgeber vorab für allemal entschieden werden.[61] Dann gliedert der Gesetzgeber diese Gesichtspunkte aus dem Tatbestand aus und weist sie dem Ermessensbereich der Verwaltung zu, wenn der Normadressat nicht aus verfassungsrechtlichen Gründen einen Anspruch auf eine günstige Entscheidung hat.[62]

Die Ausnahme von der Ausrichtung am konkreten Einzelfall bilden ermessensdirigierende Verwaltungsrichtlinien, die eine generelle Ermessensausübung erzielen sollen, indem sie sich am typischen Einzelfall orientieren.[63] Gleichzeitig wird mit der Möglichkeit von Verwaltungsvorschriften die verfassungsrechtliche Eigenständigkeit der Exekutive respektiert, wenn die Verwaltung eigene Entscheidungsprogramme und -maßstäbe entwickeln können.[64] Durch die über Art. 3 Abs. 1 GG erzeugte Außenrechtswirkung der Verwaltungsrichtlinien kann eine Selbstbindung der Verwaltung entstehen[65] und die Ermessensausübung der Verwaltung gesteuert werden.[66]

3. *Vorgehen der Finanzbehörden bei Treffen einer Ermessensentscheidung*

Die Entscheidung über den Erlass eines Verwaltungsaktes, der im Ermessen der Behörde steht, vollzieht sich in zwei Stufen.[67] Die erste Stufe bildet die sog. Rechtsentscheidung und die zweite Stufe die Ermessensentscheidung.

---

59 *Flume* in FS Smend, S. 59 (85); *Stern*, Ermessen und unzulässige Ermessensausübung, S. 22; vgl. auch *Bachof*, JZ 1972, 641 (642).

60 *Hain/Schlette/Schmitz*, AöR 122 (1997), 32 (37).

61 BFH v. 29.10.2009 - VII R 51/08, BStBl. II 2010, 382 (386).

62 BFH v. 29.10.2009 - VII R 51/08, BStBl. II 2010, 382 (386).

63 *Maurer/Waldhoff*, Allgemeines Verwaltungsrecht, § 7 Rn. 14.

64 Vgl. *Pache*, Tatbestandliche Abwägung und Beurteilungsspielraum, S. 24; *Maurer/Waldhoff*, Allgemeines Verwaltungsrecht, § 7 Rn. 14.

65 *Wernsmann* in Hübschmann/Hepp/Spitaler, § 5 AO Rn. 183, 200 (April 2013).

66 *Schoch*, Jura 2004, 462 (465).

67 Grundlegend BFH v. 13.04.1978 – V R 109/75, BStBl. II 1978, 508 (509).

Wenn die Finanzbehörde ermächtigt ist nach ihrem Ermessen zu handeln, hat der Gesetzgeber ein „Einfallstor für das Schöpferische“[68] geschaffen, das sich in zwei Richtungen öffnen kann:[69] Der Gesetzgeber kann den Behörden ein Entschließungsermessen, aber auch bzw. oder ein Auswahlermessen zugestehen. Es gibt nämlich Ermessensnormen, die sowohl ein Entschließungs- als auch ein Auswahlermessen einräumen, aber auch Vorschriften, die nur eine der beiden Arten normieren.[70] Die zweifache Ermessensentscheidung ist die wohl häufigste Form, aber zugleich auch die problematischste.[71] Ob eine zweifache Ermessensbetätigung erforderlich ist, ist durch Auslegung zu ermitteln.[72]

a. Rechtsentscheidung

Bei der Rechtsentscheidung muss die Finanzbehörde überprüfen, ob die Tatbestandsvoraussetzungen der Norm erfüllt sind. Es handelt sich um eine gerichtlich voll überprüfbare Entscheidung.[73] Dazu ist insbesondere eine einwandfreie und erschöpfende Sachverhaltsermittlung unerlässlich.[74] Eine fehlerhafte Sachverhaltsermittlung würde sich regelmäßig auf die Grundlagen der Ermessensabwägung auswirken.[75] Die Finanzbehörde muss gemäß § 88 Abs. 1 AO den Sachverhalt von Amts wegen ermitteln und alle für den Einzelfall bedeutsamen, auch für den Beteiligten günstigen Umstände berücksichtigen. Sie hat dabei aber auch auf die Verwaltungsökonomie zu achten.[76] Dies hat der Gesetzgeber ausdrücklich in § 88 Abs. 2 AO geregelt. Danach bestimmt die Finanzbehörde Art und Umfang der Ermittlungen nach den Umständen des Einzelfalls sowie nach den Grundsätzen der Gleichmäßigkeit, Gesetzmäßigkeit und Verhältnismäßigkeit; an das Vorbringen und an die Beweisanträge ist sie nicht gebunden.

---

68 *Stern*, Ermessen und unzulässige Ermessensausübung, S. 22, mit Hinweis auf *Wittmayer* in HdbDStR II, S. 335.

69 *Stern*, Ermessen und unzulässige Ermessensausübung, S. 22.

70 Vgl. *Hain/Schlette/Schmitz*, AöR 122 (1997), 32 (38); *Pache*, Tatbestandliche Abwägung und Beurteilungsspielraum, S. 26.

71 Vgl. *Hain/Schlette/Schmitz*, AöR 122 (1997), 32 (38).

72 BFH v. 28.08.2012 – I R 10/12, BStBl. II 2013, 266 (268 f.).

73 BFH v. 03.08.1983 – II R 144/80, BStBl. II 1984, 321 (323).

74 BFH v. 15.06.1983 – I R 76/82, BStBl. II 1983, 672; v. 17.05.1995 – I R 8/94, BStBl. II 1996, 2 (3); v. 11.06.1997 – X R 14/95, BStBl. II 1997, 642 (644); v. 14.06.2000 – X R 56/98, BStBl. II 2001, 60 (62); *Wernsmann* in Hübschmann/Hepp/Spitaler, § 5 AO Rn. 59 (April 2013); *Drüen* in Tipke/Kruse, § 5 AO Rn. 30a (August 2014).

75 *Blesinger*, StuW 1995, 226 (229).

76 *Blesinger*, StuW 1995, 226 (228).

Die umfassende Pflicht der Verwaltung zur Sachverhaltsaufklärung besteht auch, wenn es Aufgabe des Rechtsunterworfenen war, den ihm bekannten Sachverhalt aufzuklären.[77] Daneben muss die Behörde das Gesetz auslegen und den Sachverhalt unter die Tatbestandsvoraussetzungen subsumieren. Sind die Tatbestandsvoraussetzungen der Ermessen einräumenden Norm nicht erfüllt, ist die Ermessensausübung gesperrt.[78] Die Finanzbehörde braucht jedoch nur die ihr zur Verfügung stehenden Aufklärungsmittel anzuwenden und nicht die Erkenntnismittel, die in einem finanzgerichtlichen Verfahren zur Verfügung gestanden hätten.[79] Nur die Gesichtspunkte, die ihr im Zeitpunkt der Entscheidung bekannt sein konnten, muss sie berücksichtigen.[80] Bringt der Bürger im Klageverfahren neue Tatsachen vor, bleibt die Ermessensentscheidung trotzdem rechtmäßig, wenn die Verwaltung ihrer Aufklärungspflicht nachgekommen ist und der Fehler allein in der Sphäre des Steuerpflichtigen liegt.[81] Wenn die Finanzbehörde den Sachverhalt zutreffend und ausreichend ermittelt hat, handelt sie trotzdem rechtswidrig, wenn sie den Sachverhalt falsch unter die Tatbestandsvoraussetzungen subsumiert oder eine nicht mehr vom Gesetz vorgesehene Rechtsfolge wählt (sog. falsche Gesetzesauslegung).[82] Ein weiterer Rechtsfehler liegt vor, wenn der Sachverhalt von der Finanzbehörde nicht umfassend oder unzutreffend ermittelt wird und sie diesen der Subsumtion zugrunde legt.[83]

b. Ermessensentscheidung

Liegen die Tatbestandsvoraussetzungen vor und hat die Finanzbehörde den Sachverhalt zutreffend sowie ausreichend ermittelt, hat sie das Recht und die Pflicht,[84] die Ermessensentscheidung unter Abwägung des Für und Wider[85] zu treffen. Die Finanzbehörde entscheidet auf zweiter Stufe damit über die Rechtsfolge. Nur wenn die ermessenseinräumende Norm dem Bürger zumindest auch

---

77 Vgl. *Lange* in Hübschmann/Hepp/Spitaler, § 102 FGO Rn. 88 (Februar 2014).

78 Siehe bereits oben unter § 3.I.1.

79 *Drüen* in Tipke/Kruse, § 5 AO Rn. 6 f. (August 2014); *Wernsmann* in Hübschmann/Hepp/Spitaler, § 5 AO Rn. 122 (April 2013).

80 *Wernsmann* in Hübschmann/Hepp/Spitaler, § 5 AO Rn. 122 (April 2013).

81 *Wernsmann* in Hübschmann/Hepp/Spitaler, § 5 AO Rn. 123 (April 2013).

82 *Wernsmann* in Hübschmann/Hepp/Spitaler, § 5 AO Rn. 121 (April 2013).

83 BFH v. 15.06.1983 – I R 76/82, BStBl. II 1983, 672; v. 14.06.2000 – X R 56/98, BStBl. II 2001, 60 (62); *Wernsmann* in Hübschmann/Hepp/Spitaler, § 5 AO Rn. 121 (April 2013).

84 BFH v. 09.02.1972 – II R 99/70, BStBl. II 1972, 503 (506); *Scholtz* in Koch/Scholtz, § 5 AO Rn. 8/2.

85 BFH v. 03.08.1983 – II R 144/80, BStBl. II 1984, 321 (323).

ein subjektives Recht vermittelt, hat er einen Anspruch auf eine ermessensfehlerfreie Entscheidung.[86] Ausnahmsweise hat er einen Anspruch auf eine Ermessensausübung in eine bestimmte Richtung.[87]

Die Verwaltung muss bei der Ermessensentscheidung die tatsächlichen und rechtlichen Gesichtspunkte berücksichtigen, die nach Sinn und Zweck der ermessenseinräumenden Norm maßgeblich sind.[88] Daneben hat die Verwaltung regelmäßig weitere tatsächliche Umstände bei ihrer Ermessensentscheidung zu berücksichtigen (sog. „Ermessenssachverhalt").[89]

aa. Entschließungsermessen

Ein Entschließungsermessen besteht, wenn es im Ermessen der Behörde liegt, *ob* sie die vom Gesetz angeordnete oder offen gelassene Rechtsfolge setzen soll oder nicht.[90] Diese Entscheidung ist grundsätzlich der erste Schritt innerhalb der Ermessensausübung. Hierbei muss die Finanzverwaltung aber gemäß § 5 AO stets die rechtlichen Grenzen einhalten und ihr Ermessen dem Normzweck entsprechend ausüben.[91]

bb. Auswahlermessen

Das Auswahlermessen[92] betrifft die Frage, *wie* die Finanzverwaltung – also die Art und Weise – handeln soll. Es kommt in persönlicher und sachlicher Art in Betracht. Die Verwaltung muss aber erst dann eine Entscheidung treffen,

---

86 *Wernsmann* in Hübschmann/Hepp/Spitaler, § 5 AO Rn. 278 (April 2013); *Drüen* in Tipke/Kruse, § 5 AO Rn. 44 (August 2014).

87 *Wernsmann* in Hübschmann/Hepp/Spitaler, § 5 AO Rn. 279 (April 2013).

88 St.Rspr.: BFH v. 01.07.1981 – VII R 84/80, BStBl. II 1981, 740 (744); v. 23.05.1985 – V R 124/79, BStBl. II 1985, 489 (490); v. 07.05.1993 – III R 43/89, BFH/NV 1994, 144 (147); v. 25.08.2010 – X B 149/09, BFH/NV 2011, 266; 14.03.2012 – III R 85/09, BStBl. II 2013, 19 (21); *Lange* in Hübschmann/Hepp/Spitaler, § 102 FGO Rn. 87 (Februar 2014).

89 *Sachs* in Stelkens/Bonk/Sachs, § 40 VwVfG Rn. 35.

90 BFH v. 18.11.1986 – VIII R 183/84, BFH/NV 1987, 416; v. 18.08.1988 – V R 19/83, BStBl. II 1988, 929 (930); v. 14.03.1989 – VII R 152/85, BStBl. II 1990, 363 (364); v. 20.01.1993 – I R 117/91, BFH/NV 1994, 359; *Lange* in Hübschmann/Hepp/Spitaler, § 102 FGO Rn. 41 (Februar 2014); *Drüen* in Tipke/Kruse, § 5 AO Rn. 15 (August 2014); *Englisch* in Tipke/Lang, Steuerrecht, § 5 Rn. 149; *Völlmeke*, DStR 1991, 1001 (1002); *Beermann* in FS Klein, S. 953 ff.

91 BFH v. 18.08.1988 – V R 19/83, BStBl. II 1988, 929 (930).

92 Auch als Gestaltungsermessen bezeichnet, vgl. *Jestaedt* in Ehlers/Pünder, Allgemeines Verwaltungsrecht, § 11 Rn. 57.

wenn sie das Entschließungsermessen – soweit dies eingeräumt wurde – positiv ausgeübt hat.[93] Dabei kann sie in sachlicher Hinsicht bei ein und derselben Person unterschiedliche Entscheidungen treffen.[94] So kann etwa die Höhe eines Anspruchs im Ermessen der Finanzbehörde stehen.[95] Auf persönlicher Ebene muss die Verwaltungsbehörde gegebenenfalls eine Auswahlentscheidung zwischen verschiedenen Personen treffen, wenn etwa mehrere Normadressaten als Gesamtschuldner nach § 44 AO in Betracht kommen.[96] Dies ist insbesondere bei der Haftung für eine Steuerschuld nach § 191 Abs. 1 AO häufig der Fall.[97] Die Ausübung des Auswahlermessens impliziert die Ausübung des Entschließungsermessens.[98]

4. *Formulierungen der Ermesseneinräumung*

Der Gesetzgeber regelt das Verwaltungsverfahren auf unterschiedliche Arten und Weisen. Auf der Rechtsfolgenseite einer Norm kann er entweder eine bindende Rechtsfolge anordnen oder eine Ermessensentscheidung. Dadurch versucht er, den entsprechenden Bedürfnissen und Anforderungen im Einzelfall gerecht zu werden.

In der Ausgestaltung der einzelnen Ermessensnormen stehen dem Gesetzgeber verschiedene Formulierungsmöglichkeiten offen, wodurch die gesetzgeberische Terminologie nicht einheitlich ist.[99] Es muss stets durch Auslegung des Gesetzes ermittelt werden, ob ein Ermessensspielraum besteht.[100] Der Gesetzgeber bindet die Verwaltung in ihrer Entscheidung, wenn er Formulierungen wie

---

93 *Schoch*, Jura 2004, 462 (463).

94 *Wernsmann* in Hübschmann/Hepp/Spitaler, § 5 AO Rn. 102 (April 2013).

95 BFH v. 18.08.1988 – V R 19/83, BStBl. II 1988, 929 (930); v. 20.01.1993 – I R 117/91, BFH/NV 1994, 359. Ob die Höhe der Haftungssumme bei einem Haftungsbescheid im Ermessen der Verwaltung steht, ist umstritten. Siehe dazu unter § 5.II.2.b.

96 Vgl. dazu *Blesinger*, StuW 1995, 226 (231).

97 BFH v. 12.05.1992 – VII R 15/91, BFH/NV 1993, 143; a.A. *Blesinger*, StuW 1995, 226 (231), der die Rechtsgrundlage für das Auswahlermessen bei einer Haftung für eine Steuerschuld nicht in § 191 Abs. 1 AO, sondern in § 44 AO i.V.m. § 421 BGB sieht.

98 *Völlmeke*, DStR 1991, 1001 (1002); *Lange* in Hübschmann/Hepp/Spitaler, § 102 FGO Rn. 42 (Februar 2014).

99 *Drüen* in Tipke/Kruse, § 5 AO Rn. 10 (August 2014).

100 BFH v. 31.03.1981 – VII R 1/79, BStBl. II 1981, 507; v. 27.01.1982 – VII B 141/81, BStBl. II 1982, 239 (240); *Drüen* in Tipke/Kruse, § 5 AO Rn. 10 (August 2014).

„muss" oder „hat" verwendet. In § 85 AO beispielsweise nutzt der Gesetzgeber die Formulierung „haben [...] festzusetzen und zu erheben".

Typische Formulierungen für Ermessensnormen sind „kann", „wird ermächtigt", „ist befugt" oder „nach pflichtgemäßen Ermessen".[101] Die Einräumung von Ermessensspielräumen kann in diesen Fällen grundsätzlich problemlos dem Wortlaut einer Norm entnommen werden. Aus dem Gesamtzusammenhang der Norm kann sich auch ein Ermessen ergeben.[102] Es gibt aber zwei Ausnahmen: Eine Ausnahme stellt die Ermessensreduzierung auf Null dar. Wenn diese vorliegt, wird im Einzelfall eine „Kann-Regelung" zu einer „Muss-Regelung" umprogrammiert.[103] Daneben besteht die Möglichkeit, dass eine Kann-Norm kein Ermessen einräumt, sondern eine bloße Kompetenzregelung darstellt, ein sog. „Kompetenz-Kann".[104] Dies kann gesetzessystematisch oder durch eine verfassungskonforme Auslegung bedingt sein.[105] Insbesondere kann ein „Kompetenz-Kann" angenommen werden, wenn ein unbestimmter Rechtsbegriff die Ermessensentscheidung „dirigiert".[106]

Eine besondere Form der Ermessenseinräumung stellen die Soll-Vorschriften dar, die ein Regel-Ausnahme-Verhältnis begründen.[107] Bei diesen ist der Ermessenspielraum enger als bei Kann-Vorschriften, wodurch die Verwaltung im Regelfall die vorgegebene Rechtsfolge setzen muss und nur im Ausnahmefall nach ihrem Ermessen handeln kann. Liegt ein Regelfall vor, sind keine weiteren Ermessenserwägungen erforderlich.[108] Um einen atypischen Fall zu ermitteln, muss der Gesetzeszweck ausgelegt werden. Er liegt vor, wenn der Fall an sich von der Norm erfasst ist, aber der Sinn und Zweck der Norm gegen eine Anwendung spricht.[109] Dagegen können Formulierungen wie „kann nur" in § 192 AO oder „dürfen nur" in § 227 AO das Ermessen nicht in eine bestimmte Richtung einengen. Der Ermessensspielraum ist auch hier nur eröffnet, wenn die Tatbestandsvoraussetzungen vorliegen.

---

101 Siehe dazu *Jestaedt* in Ehlers/Pünder, Allgemeines Verwaltungsrecht, § 11 Rn. 56.

102 *Maurer/Waldhoff*, Allgemeines Verwaltungsrecht, § 7 Rn. 9.

103 Siehe dazu unter § 3.I.7.

104 Siehe dazu *Wernsmann* in Hübschmann/Hepp/Spitaler, § 5 AO Rn. 55 (April 2013); *Drüen* in Tipke/Kruse, § 5 AO Rn. 9 (August 2014); *Thiel*, SteuerStud 2011, 425 (426).

105 *Gerhardt* in Schoch/Schneider/Bier, § 114 VwGO Rn. 16 (Mai 1997).

106 *Wernsmann* in Hübschmann/Hepp/Spitaler, § 5 AO Rn. 94 (April 2013).

107 *Drüen* in Tipke/Kruse, § 5 AO Rn. 11 (August 2014).

108 *Gerhardt* in Schoch/Schneider/Bier, § 114 VwGO Rn. 16 (Mai 1997).

109 *Gerhardt* in Schoch/Schneider/Bier, § 114 VwGO Rn. 16 (Mai 1997).

5. *Unbestimmter Rechtsbegriff und Beurteilungsspielraum*

Der unbestimmte Rechtsbegriff[110] und der Beurteilungsspielraum sind vom Ermessensbegriff abzugrenzen.[111] Sie sind eine Problematik des gesetzlichen Tatbestandes.[112] Es gibt unbestimmte Rechtsbegriffe mit einem Beurteilungsspielraum und unbestimmte Rechtsbegriffe ohne einen Beurteilungsspielraum.

a. *Unbestimmte Rechtsbegriffe ohne Beurteilungsspielraum*

Die Verwaltung ist gemäß Art. 20 Abs. 3 GG an das Gesetz gebunden, das Tatbestand und Rechtsfolge abschließend normiert.[113] Das Maß der Gesetzbindung ist von der Regelungsdichte und der Normstruktur abhängig.[114] Der Tatbestand ist aber unterschiedlich präzise formuliert.[115] Die Rechtsanwendung gestaltet sich – wie gezeigt – mehrstufig.[116]

Der Gesetzgeber verwendet auf Tatbestandsebene (mehr oder weniger) unbestimmte Rechtsbegriffe, weil er nicht alle möglichen Sachverhaltskonstellationen vorab regeln kann, die der Tatbestand erfassen soll.[117] Der Gesetzgeber stößt regelmäßig an sprachliche Grenzen. Aber auch das Bedürfnis nach der Allgemeinheit gesetzlicher Regelungen zwingt zum Verwenden unbestimmter Rechtsbegriffe.[118] Sie zeichnen sich durch eine besonders unpräzise Formulierung aus.[119] Ihr Sinn ist mit den gängigen Auslegungsmethoden zu ermitteln.[120]

Bei der Rechtsanwendung von unbestimmten Rechtsbegriffen können schwierige Abwägungen und Prognosen erforderlich oder eine besondere Sachkunde

---

110 Besser wäre vom *„unbestimmten Gesetzesbegriff"* zu sprechen, *Maurer/Waldhoff*, Allgemeines Verwaltungsrecht, § 7 Rn. 28. So auch *Bachof*, JZ 1955, 97 (98); *ders.*, JZ 1972, 641 (644 mit Fn. 19); *Kruse* in Liber amicorum Erichsen, S. 77 (81).

111 *Schoch* in Hoffmann-Riem/Schmidt-Aßmann/Voßkuhle, Grundlagen, Band III, § 50 Rn. 267; wohl auch *Schmidt-Aßmann* in Maunz/Dürig, GG, Art. 19 Abs. 4 Rn. 186 (Juli 2014).

112 *Maurer/Waldhoff*, Allgemeines Verwaltungsrecht, § 7 Rn. 26.

113 *Sachs* in Stelkens/Bonk/Sachs, § 40 VwVfG Rn. 147.

114 *Schoch*, Jura 2004, 612 (613).

115 *Maurer/Waldhoff*, Allgemeines Verwaltungsrecht, § 7 Rn. 27.

116 *Schoch*, Jura 2004, 612 (613).

117 *Schoch*, Jura 2004, 612 (613).

118 Vgl. *Jestaedt* in Ehlers/Pünder, Allgemeines Verwaltungsrecht, § 11 Rn. 23.

119 *Jestaedt* in Ehlers/Pünder, Allgemeines Verwaltungsrecht, § 11 Rn. 24.

120 *Kruse* in Liber amicorum Erichsen, S. 77 (81).

unerlässlich sein oder vielschichtige Sachverhalte vorliegen.[121] Die Verwaltung hat die unbestimmten Rechtsbegriffe grundsätzlich ohne einen eigenen Entscheidungsspielraum anzuwenden, die trotz der unvollkommenen Fassung aus rechtlicher Perspektive[122] ein einziges „richtiges“ Ergebnis beinhalten.[123] Die richtige Entscheidung ist in Grenzfällen durch Auslegung, Konkretisierung und Subsumtion zu ermitteln. Das Problem des unbestimmten Rechtsbegriffs befindet sich im Bereich der Erkenntnis.[124] Zunächst muss er, bevor der Sachverhalt unter den Tatbestand subsumiert werden kann, in besonders hohem Maße ausgelegt und konkretisiert werden.[125] Dadurch können „Spielräume“ des Rechtsanwenders entstehen.[126]

Die Rechtsanwendung ist die Hauptaufgabe der vollziehenden Gewalt.[127] Daher stellen sich Fragen hinsichtlich der Reichweite der gerichtlichen Überprüfbarkeit behördlicher Entscheidungen, die im Rahmen unbestimmter Rechtsbegriffe getroffen wurden: Darf das Gericht diese Entscheidung durch eine eigene ersetzen[128] oder steht der Verwaltung bei Auslegung und/oder Anwendung ein Beurteilungsspielraum zu?[129] Der unbestimmte Rechtsbegriff befindet sich somit in der Schnittstelle der Gewaltenteilung nach Art. 20 Abs. 3 GG. Problematisch ist bei unbestimmten Rechtsbegriffen, welcher Gewalt die Kompetenz zur Letztkonkretisierung zusteht.[130]

---

121 *Maurer/Waldhoff*, Allgemeines Verwaltungsrecht, § 7 Rn. 29; *Schoch*, Jura 2004, 612 (614).

122 *Maurer/Waldhoff*, Allgemeines Verwaltungsrecht, § 7 Rn. 29.

123 *Sachs* in Stelkens/Bonk/Sachs, § 40 VwVfG Rn. 147; *Schoch* in Hoffmann-Riem/Schmidt-Aßmann/Voßkuhle, Grundlagen, Band III, § 50 Rn. 263. Dies wird z.T. auch kritisiert und als Fiktion bezeichnet, vgl. *Gerhardt* in Schoch/Schneider/Bier, Vorb. § 113 VwGO Rn. 24 (Mai 1997). Auf die „neutralen Kandidaten“, also Sachverhaltskonstellationen, bei denen es bei verschiedenen Rechtsanwendern zu unterschiedlichen Abwägungsergebnissen kommen kann, wird noch einzugehen sein unter § 3.I.5.b.

124 *Schoch*, Jura 2004, 612 (614); *Maurer/Waldhoff*, Allgemeines Verwaltungsrecht, § 7 Rn. 29; einschränkend *Ossenbühl* in FS Redeker, S. 55 (59, 62).

125 Vgl. *Schoch*, Jura 2004, 612 (613).

126 *Schoch* in Hoffmann-Riem/Schmidt-Aßmann/Voßkuhle, Grundlagen, Band III, § 50 Rn. 263.

127 *Schoch*, Jura 2004, 612 (613).

128 *Maurer/Waldhoff*, Allgemeines Verwaltungsrecht, § 7 Rn. 30.

129 Diese Frage aufwerfend *Schoch*, Jura 2004, 612 (614).

130 *Schoch* in Hoffmann-Riem/Schmidt-Aßmann/Voßkuhle, Grundlagen, Band III, § 50 Rn. 263; *ders.*, Jura 2004, 612 (614).

Art. 19 Abs. 4 GG hilft bei der Klärung des Problems teilweise weiter. Art. 19 Abs. 4 GG verlangt nicht nur, dass der Rechtsweg garantiert wird, sondern auch, dass dem Grundrechtsträger ein wirksamer Rechtsschutz zugesichert wird.[131] Deshalb muss es schon wegen Art. 19 Abs. 4 GG eine wirksame gerichtliche Kontrolle der Verwaltung geben.[132] Dafür sprechen auch die verfahrensrechtlichen Gehalte der materiellen Grundrechte, die grundsätzlich einen effektiven Rechtsschutz gegen beeinträchtigende Maßnahmen der Verwaltung verlangen.[133] Einen „natürlichen Kompetenzvorsprung" der Verwaltung gegenüber der Rechtsprechung gibt es nicht, weil die Rechtsprechung bei mangelnder Sachkunde auf das Wissen von Sachverständigen zurückgreifen kann.[134] Weil es sich gerade auch um unbestimmte Rechtsbegriffe handelt, ist hier eine gerichtliche Kontrolle besonders wichtig, insbesondere wenn Grundrechte betroffen sind.[135] Im Grundsatz kommt es daher zu einer vollständigen Rechtsanwendungskontrolle, bei der Verwaltungsentscheidungen tatsächlich und rechtlich vollständig überprüft werden.[136] Das bedeutet, dass die Konkretisierung, also die Auslegung und Anwendung der unbestimmten Rechtsbegriffe, die Aufgabe der Rechtsprechung ist. Die unbestimmten Rechtsbegriffe sind gerichtlich grundsätzlich voll überprüfbar.[137]

Unbestimmte Rechtsbegriffe sind verfassungsrechtlich unbedenklich, weil sie durch die Rechtsprechung und die Verwaltungspraxis hinreichend bestimmt werden können, sofern Auslegungsprobleme mit „herkömmlichen juristischen Methoden bewältigt werden können."[138] Die Rechtsprechung muss jedoch nicht nur Einzelfälle entscheiden, sondern hat auch die Funktion, das Recht zu konkretisieren und weiterzuentwickeln.[139]

---

131 *Schoch* in Hoffmann-Riem/Schmidt-Aßmann/Voßkuhle, Grundlagen, Band III, § 50 Rn. 258; vgl. auch *Sachs* in Stelkens/Bonk/Sachs, § 40 VwVfG Rn. 147.

132 *Schoch* in Hoffmann-Riem/Schmidt-Aßmann/Voßkuhle, Grundlagen, Band III, § 50 Rn. 258.

133 *Schoch* in Hoffmann-Riem/Schmidt-Aßmann/Voßkuhle, Grundlagen, Band III, § 50 Rn. 259; *ders.*, Jura 2004, 612 (615).

134 BVerfG v. 16.12.1992 - 1 BvR 167/87, BVerfGE 88, 40 (59); *Schoch*, Jura 2004, 612 (615).

135 *Maurer/Waldhoff*, Allgemeines Verwaltungsrecht, § 7 Rn. 59.

136 *Schoch* in Hoffmann-Riem/Schmidt-Aßmann/Voßkuhle, Grundlagen, Band III, § 50 Rn. 260.

137 *Sachs* in Stelkens/Bonk/Sachs, § 40 VwVfG Rn. 147; *Schoch* in Hoffmann-Riem/Schmidt-Aßmann/Voßkuhle, Grundlagen, Band III, § 50 Rn. 260; *Wernsmann* in Hübschmann/Hepp/Spitaler, § 5 AO Rn. 65 (April 2013).

138 *Sachs* in Stelkens/Bonk/Sachs, § 40 VwVfG Rn. 153.

139 *Maurer/Waldhoff*, Allgemeines Verwaltungsrecht, § 7 Rn. 60.

Auch unbestimmte Rechtsbegriffe sollen wie das Ermessen eine Flexibilität im Einzelfall schaffen.[140] Sie können insbesondere das Ermessen auf Rechtsfolgenseite steuern.[141] Die Abgrenzung von unbestimmten Rechtsbegriff als Tatbestandsmerkmal und Ermessen als Rechtsfolge ist die Regel, sie darf aber nicht „verabsolutiert" werden, weil es bis zu einem gewissen Punkt eine Frage der Formulierung durch den Gesetzgeber ist, ob er einen unbestimmten Rechtsbegriff verwendet oder der Verwaltung Ermessen auf Rechtsfolgenseite einräumt.[142]

b. *Unbestimmte Rechtsbegriffe mit einem Beurteilungsspielraum*

Eine anerkannte Ausnahme vom Grundsatz der vollständigen gerichtlichen Überprüfbarkeit bilden unbestimmte Rechtsbegriffe mit einem Beurteilungsspielraum (auch als „begrenzter Entscheidungsfreiraum" bezeichnet[143]).[144]

Hier verfügt die Verwaltung nach der Rechtsprechung des BVerfG auf Tatbestandsebene über einen gewissen Handlungsspielraum,[145] wenn unbestimmte Rechtsbegriffe „wegen hoher Komplexität oder besonderer Dynamik der geregelten Materie so vage und ihre Konkretisierung im Nachvollzug der Verwaltungsentscheidung so schwierig" sind, dass die Rechtsprechung an ihre „Funktionsgrenzen […] stößt".[146] Anders formuliert: Es gibt unbestimmte Rechtsbegriffe, die nur unter Berücksichtigung von außerrechtlichen Kriterien angewendet werden können. Bei diesen „neutralen Kandidaten"[147] liegen Konstellationen zugrunde, in denen unsicher ist, ob die Regelung wegen der Unbestimmtheit einschlägig ist. Auch trotz Anwendung aller juristischer Methoden

---

140 *Sachs* in Stelkens/Bonk/Sachs, § 40 VwVfG Rn. 152.

141 *Schoch* in Hoffmann-Riem/Schmidt-Aßmann/Voßkuhle, Grundlagen, Band III, § 50 Rn. 263.

142 *Bachof*, JZ 1972, 641 (642); *Jestaedt* in Ehlers/Pünder, Allgemeines Verwaltungsrecht, § 11 Rn. 15; *Pache*, Tatbestandliche Abwägung und Beurteilungsspielraum, S. 112 m.w.N.

143 BVerfG v. 127.04.1991 – 1 BvR 419/81 und 213/83, BVerfGE 84, 34 (50) m.w.N.; *Wernsmann* in Hübschmann/Hepp/Spitaler, § 5 AO Rn. 66 (April 2013).

144 Unbestimmte Rechtsbegriffe mit Beurteilungsspielraum spielen im Steuerrecht eine eher untergeordnete Rolle. Siehe dazu *Wernsmann* in Hübschmann/Hepp/Spitaler, § 5 AO Rn. 66 ff. (April 2013).

145 *Wernsmann* in Hübschmann/Hepp/Spitaler, § 5 AO Rn. 52 (April 2013).

146 BVerfG v. 17.04.1991 – 1 BvR 419/81 und 213/83, BVerfGE 84, 34 (50); v. 10.12.2009 – 1 BvR 3151/07, BVerfGK 16, 418 (434); BVerwG v. 23.03.2011 – 6 C 6/10, BVerwGE 139, 226 (232); *Wernsmann* in Hübschmann/Hepp/Spitaler, § 5 AO Rn. 66 (April 2013); siehe auch *Maurer/Waldhoff*, Allgemeines Verwaltungsrecht, § 7 Rn. 62; *Schoch*, Jura 2004, 612 (615 f.).

147 *Poscher* in FS Wahl, S. 527 (528); *Schoch*, Jura 2004, 612 (614).

ist mangels rechtlicher Vorgaben eine einzig richtige Antwort nicht möglich. In diesen Fällen können nur außerrechtliche Kriterien, wie insbesondere Prognoseentscheidungen,[148] weiterhelfen und unterschiedliche Rechtsanwender können zu unterschiedlichen Ergebnissen kommen.[149]

Eine Ähnlichkeit von Ermessen und Beurteilungsspielraum fällt auf. Wie beim Ermessen stellt sich hier das Problem der Letztentscheidungskompetenz. Schon aus der bloßen Unbestimmtheit eines Rechtsbegriffs folgt noch kein Beurteilungsspielraum. Unbestimmtheit ist zwar notwendig, aber nicht ausreichend für die Folge eines Beurteilungsspielraums.[150] Es müssen weitere Umstände (hohe Komplexität oder besondere Dynamik der geregelten Materie) hinzutreten.[151] Die Ermittlung solcher Spielräume ist deswegen problematisch und nicht abschließend geklärt.[152]

Zur Ermittlung derartiger, nur beschränkt überprüfbarer Spielräume der Verwaltung wurden in der Literatur – in der Sache übereinstimmende[153] – Theorien vertreten: *Bachof* entwickelte die Lehre vom Beurteilungsspielraum,[154] *Ule* die Vertretbarkeitslehre[155] und *Wolff* vertrat die Ansicht, der Verwaltung komme eine Einschätzungsprärogative[156] zu.[157]

---

148 Vgl. *Wolff*, Verwaltungsrecht I, § 31 I C 4 (S. 167).

149 *Poscher* in FS Wahl, S. 527 (533 f.); *Schoch*, Jura 2004, 612 (614).

150 Vgl. BVerfG v. 10.12.2009 – 1 BvR 3151/07, BVerfGK 16, 418 (434); BVerwG v. 23.03.2011 – 6 C 6/10, BVerwGE 139, 226 (232); *Jestaedt* in Ehlers/Pünder, Allgemeines Verwaltungsrecht, § 11 Rn. 25; *Schoch* in Hoffmann-Riem/Schmidt-Aßmann/Voßkuhle, Grundlagen, Band III, § 50 Rn. 287.

151 *Jestaedt* in Ehlers/Pünder, Allgemeines Verwaltungsrecht, § 11 Rn. 25.

152 *Schoch*, Jura 2004, 612 (616).

153 *Maurer/Waldhoff*, Allgemeines Verwaltungsrecht, § 7 Rn. 31.

154 *Bachof*, JZ 1955, 97; *ders.*, JZ 1972, 641. Nach der Lehre vom Beurteilungsspielraum seien Beurteilungsspielräume ausnahmsweise bei unbestimmten Rechtsbegriffen anzunehmen. Regelmäßig sei die Verwaltung bei unbestimmten Rechtsbegriffen vollständig gebunden. Siehe dazu auch *Pache*, Tatbestandliche Abwägung und Beurteilungsspielraum, S. 56 ff.

155 *Ule* in GS Jellinek, S. 309 ff.; *ders.*, VerwArch 76 (1985), 1 (9 ff.); *ders.*, Verwaltungsprozeßrecht, S. 6 ff. Nach *Ule* sollten Gerichte eine von der Verwaltung getroffene Entscheidung, die sich im Rahmen des Vertretbaren hält, akzeptieren; *Wernsmann* in Hübschmann/Hepp/Spitaler, § 5 AO Rn. 64 (April 2013).

156 *Wolff*, Verwaltungsrecht I, § 31 I C 4 (S. 167 ff.), der vor allem bei Prognoseentscheidungen eine Entscheidungsprärogative erkannte. Die Überlegungen von *Wolff* weisen in eine ähnliche Richtung der Vertretbarkeitslehre *Ules*. Siehe dazu *Pache*, Tatbestandliche Abwägung und Beurteilungsspielraum, S. 63.

157 Im Folgenden wird zusammenfassend vom Beurteilungsspielraum gesprochen.

Daneben gibt es noch weitere Methoden zur Ermittlung von Beurteilungsspielräumen, insbesondere die „normative Ermächtigungslehre“, der „funktionell-rechtliche Ansatz“ und die „Einheitstheorie“.

aa. Normative Ermächtigungslehre

Die herrschende Ansicht fordert eine gesetzliche Ermächtigung der Verwaltung für die Annahme eines Beurteilungsspielraums, weil ein unbestimmter Rechtsbegriff allein für die Annahme eines Beurteilungsspielraumes nicht ausreicht.[158] Danach kann von einem gerichtlich begrenzt überprüfbaren Beurteilungsspielraum nur gesprochen werden, wenn und soweit eine normative Ermächtigung zur letztverbindlichen Entscheidung durch die Verwaltung besteht (sog. *normative Ermächtigungslehre*[159]).

Wegweisend für die normative Ermächtigungslehre war das Urteil des BVerfG vom 08.07.1982: „Unbeschadet normativ eröffneter Gestaltungs-, Ermessens- und Beurteilungsspielräume sowie der Tatbestandswirkung von Hoheitsakten schließt dies grundsätzlich eine Bindung der rechtsprechenden Gewalt an tatsächliche und rechtliche Feststellungen seitens anderer Gewalten hinsichtlich dessen, was im Einzelfall Rechtens ist, aus (vgl. auch BVerfGE 15, 275 [282]).“[160] Die Kernaussage der Entscheidung ist die Bestätigung, dass die Rechtsprechung im Grundsatz zwar umfassend kontrollbefugt ist.[161] Den Grundsatz modifiziert das BVerfG aber durch die Möglichkeit besonderer normativer Ermächtigungen.[162] Nach Ansicht des BVerfG muss sich ein Beurteilungsspielraum also „ausdrücklich aus dem Gesetz ergeben oder durch Auslegung hinreichend deutlich zu ermitteln sein.“[163] Insoweit gilt hier der Vorbehalt des Gesetzes.[164]

Die Einräumung eines Beurteilungsspielraums muss im Gegensatz zum Ermessen nach Auffassung des BVerfG aber wegen Art. 19 Abs. 4 GG die Ausnahme

---

158 *Maurer/Waldhoff*, Allgemeines Verwaltungsrecht, § 7 Rn. 33; vgl. auch *Poscher* in FS Wahl, S. 527 (537).

159 Siehe dazu *Maurer/Waldhoff*, Allgemeines Verwaltungsrecht, § 7 Rn. 34 m.w.N.; *Erichsen*, DVBl. 1985, 22 (26); *Schmidt-Aßmann* in Maunz/Dürig, GG, Art. 19 Abs. 4 Rn. 185 f. (Juli 2014).

160 BVerfG v. 08.07.1982 – 2 BvR 1187/80, BVerfGE 61, 82 (110).

161 *Schmidt-Aßmann* in Maunz/Dürig, GG, Art. 19 Abs. 4 Rn. 185 (Juli 2014).

162 *Schmidt-Aßmann* in Maunz/Dürig, GG, Art. 19 Abs. 4 Rn. 185 (Juli 2014).

163 BVerfG v. 31.05.2011 – 1 BvR 857/07, BVerfGE 129, 1 (22 f.) m.w.N.

164 *Schoch* in Hoffmann-Riem/Schmidt-Aßmann/Voßkuhle, Grundlagen, Band III, § 50 Rn. 287.

bleiben.[165] Der Gesetzgeber brauche für einen derartigen Spielraum einen hinreichend gewichtigen, am Grundsatz eines wirksamen Rechtsschutzes ausgerichteten Sachgrund.[166] Art. 19 Abs. 4 GG selbst kann aber keine subjektiven Rechte begründen. Sie sind vielmehr vorausgesetzt. Dies betont auch das BVerfG: „Die Pflicht zur vollständigen Überprüfung hat Grenzen. Die gerichtliche Überprüfung kann nicht weiter reichen als die materiell-rechtliche Bindung der Exekutive [...]; die geschützten Rechtspositionen selbst ergeben sich nicht aus Art. 19 Abs. 4 GG, sondern werden darin vorausgesetzt [...]. Gerichtliche Kontrolle endet erst dort, wo das materielle Recht der Exekutive in verfassungsrechtlich unbedenklicher Weise Entscheidungen abverlangt, ohne dafür hinreichend bestimmte Entscheidungsprogramme vorzugeben. [...] Normativ eröffneten Gestaltungs-, Ermessens- und Beurteilungsspielräumen der Behörden steht Art. 19 Abs. 4 GG daher nicht von vornherein entgegen."[167] Weil eben die gesetzliche Ermächtigung den Umfang bestimmt, in dem die Exekutive zur Letztentscheidung befugt ist, ist es besser, von einer Beurteilungsermächtigung als von einem Beurteilungsspielraum zu sprechen.[168] Administrative Beurteilungsspielräume beginnen nach Ansicht des BVerfG regelmäßig dort, wo das Recht keine „hinreichend bestimmten Entscheidungsprogramme" vorgibt, während die gerichtliche Kontrolle dort endet, „wo die Unbestimmtheit des Rechts beginnt."[169]

Nach der normativen Ermächtigungslehre muss, wie bereits erwähnt, durch Auslegung ermittelt werden, ob ein Beurteilungsspielraum vorliegt, wenn eine ausdrückliche gesetzliche Ermächtigung fehlt.[170] Dafür sind alle anerkannten Auslegungsmethoden anzuwenden.[171] Aus der besonderen Sachmaterie allein oder aus dem prognostischen Charakter einer Entscheidung folgt noch kein Beurteilungsspielraum.[172] Die gerichtliche Kontrolle wird aber nicht ausgeschlossen,

---

165 BVerfG v. 28.06.1983 – 2 BvR 539, 612/80, BVerfGE 64, 261 (279); *Sachs* in Stelkens/Bonk/Sachs, § 40 VwVfG Rn. 151.

166 BVerfG v. 31.05.2011 – 1 BvR 857/07, BVerfGE 129, 1 (22 f.) m.w.N.; v. 08.12.2011 – 1 BvR 1932/08, BVerfGK 19, 229 (234); *Rennert* in Eyermann, VwGO, § 114 Rn. 51; *Sachs* in Stelkens/Bonk/Sachs, § 40 VwVfG Rn. 151.

167 BVerfG v. 20.02.2001 – 2 BvR 1444/00, BVerfGE 103, 142 (156 f.). Siehe dazu auch BVerfG v. 09.01.1991 – 1 BvR 207/87, BVerfGE 83, 182 (194 f.); v. 10.12.2009 – 1 BvR 3151/07, BVerfGK 16, 418 (433 f.).

168 *Schmidt-Aßmann* in Maunz/Dürig, GG, Art. 19 Abs. 4 Rn. 184a (Juli 2014).

169 So *Poscher* in FS Wahl, S. 527 (530).

170 *Schoch* in Hoffmann-Riem/Schmidt-Aßmann/Voßkuhle, Grundlagen, Band III, § 50 Rn. 287 f.

171 *Schmidt-Aßmann*, Ordnungsidee, S. 218.

172 *Schmidt-Aßmann*, Ordnungsidee, S. 217; a.A. *Ossenbühl* in FS Redeker, S. 55 (61 f.).

sondern nur bezüglich der Rechtsanwendung reduziert.[173] Wenn keine Gründe für eine Letztentscheidungskompetenz der Verwaltung zu finden sind, verbleibt es beim Grundsatz der vollständigen gerichtlichen Überprüfbarkeit unbestimmter Rechtsbegriffe.[174]

Die Ermittlung des Beurteilungsspielraums ist aber oft nur schwer möglich.[175] Die Annahme eines unbestimmten Rechtsbegriffes mit Beurteilungsspielraum wird daher nur in wenigen Fallgruppen anerkannt.[176] Im Steuerrecht gibt es insbesondere bei der Prognose einer betriebsgewöhnlichen Nutzungsdauer eines Wirtschaftsgutes einen Beurteilungsspielraum.[177] Von einem Kanon an Beurteilungsspielräumen kann nicht gesprochen werden.[178] Schon die gesetzgeberische Gestaltungsfreiheit schließt eine „Kanonisierung" der Beurteilungsermächtigungen aus.[179] Vielmehr sollte man von einer „offenen Typenreihe" ausgehen.[180]

Ist der Verwaltung rechtlich zulässig durch den Gesetzgeber eine Letztentscheidungskompetenz eingeräumt worden, bezieht sich diese nur auf die Subsumtion – die konkrete Rechtsanwendung – und nicht auf die „Beurteilung der rechtlichen Maßstäbe, das heißt deren Auslegung und deren Rechtmäßigkeit."[181]

Die gerichtliche Kontrolle von Beurteilungsspielräumen ähnelt der von Ermessensentscheidungen.[182] Verwaltungsentscheidungen, die auf einer Anwendung unbestimmter Rechtsbegriffe mit einem Beurteilungsspielraum beruhen, sind dahingehend überprüfbar, „ob die Verwaltung den Gehalt der anzuwendenden Begriffe und den gesetzlichen Rahmen, in dem sie sich bewegen kann, erkannt hat."[183] Daneben hat die Rechtsprechung zu kontrollieren, ob der

173 *Schoch* in Hoffmann-Riem/Schmidt-Aßmann/Voßkuhle, Grundlagen, Band III, § 50 Rn. 296.

174 OVG Berlin-Brandenburg v. 06.04.2006 – 3 B 3/99, NVwZ 2006, 838 (840).

175 *Jestaedt* in Ehlers/Pünder, Allgemeines Verwaltungsrecht, § 11 Rn. 51 ff.; *Rennert* in Eyermann, VwGO, § 114 Rn. 54; *Wernsmann* in Hübschmann/Hepp/Spitaler, § 5 AO Rn. 67 (April 2013) am Beispiel der Prüfungsentscheidungen.

176 Siehe zu den anerkannten Fallgruppen ausführlich *Wernsmann* in Hübschmann/Hepp/Spitaler, § 5 AO Rn. 68 ff. (April 2013).

177 *Wernsmann* in Hübschmann/Hepp/Spitaler, § 5 AO Rn. 74 (April 2013).

178 BVerfG v. 10.12.2009 – 1 BvR 3151/07, BVerfGK 16, 418 (435).

179 *Gerhardt* in Schoch/Schneider/Bier, § 114 VwGO Rn. 57 (Mai 1997).

180 *Gerhardt* in Schoch/Schneider/Bier, § 114 VwGO Rn. 57 (Mai 1997).

181 BVerfG v. 10.12.2009 – 1 BvR 3151/07, BVerfGK 16, 418 (435). Siehe auch *Schmidt-Aßmann* in Maunz/Dürig, GG, Art. 19 Abs. 4 Rn. 184a (Juli 2014).

182 *Schmidt-Aßmann* in Maunz/Dürig, GG, Art. 19 Abs. 4 Rn. 192 (Juli 2014) m.w.N.

183 *Schmidt-Aßmann* in Maunz/Dürig, GG, Art. 19 Abs. 4 Rn. 192 (Juli 2014).

Sachverhalt, von dem die Verwaltung ausgegangen ist, zutreffend und vollständig ermittelt, die allgemein gültigen Beurteilungsmaßstäbe und die Regeln des inneren Entscheidungsverfahrens beachtet wurden sowie ob die Verwaltung sich nicht von sachfremden Erwägungen hat leiten lassen.[184]

Die normative Ermächtigungslehre wird jedoch auch kritisiert. Es bestehe nämlich schon ein rechtspraktisches Problem, weil der Gesetzgeber nur selten einen Beurteilungsspielraum ausdrücklich normiert.[185] Dagegen ist einzuwenden, dass der Beurteilungsspielraum auch durch eine Auslegung der Norm ermittelt werden kann, obwohl dann die normative Ermächtigungslehre wieder in die Richtung der Lehre vom Beurteilungsspielraum gerückt wird.[186] Schwierigkeiten bei der Auslegung gesetzlicher Regelungen zu bewältigen gehört zu den Standardaufgaben eines Juristen.[187]

Die Stärke der normativen Ermächtigungslehre ist, dass sie am Prinzip der Gewaltenteilung anknüpft und den Gesetzgeber verpflichtet, einen Beurteilungsspielraum einzuräumen.[188] Es wird ein Ausgleich zwischen den Gewalten erreicht, der mit Hilfe der Rechtsprechung und der Literatur fortentwickelt und angepasst werden kann.

bb. Funktionell-rechtlicher Ansatz

Neben der normativen Ermächtigungslehre wird noch ein *funktionell-rechtlicher Ansatz* für die Herleitung von Beurteilungsspielräumen vertreten.[189] Unklar ist

---

184 BVerfG v. 10.12.2009 – 1 BvR 3151/07, BVerfGK 16, 418 (435 f.); BVerwG v. 25.04.2007 – 1 WB 31/06, BVerwGE 128, 329 (332 f.); *Maurer/Waldhoff*, Allgemeines Verwaltungsrecht, § 7 Rn. 34; *Wernsmann* in Hübschmann/Hepp/Spitaler, § 5 AO Rn. 68 (April 2013); vgl. auch *Schmidt-Aßmann* in Maunz/Dürig, GG, Art. 19 Abs. 4 Rn. 92 (Juli 2014). Zu den Einzelheiten bei der gerichtlichen Überprüfung von Ermessensentscheidungen siehe unter § 3.IV.2.

185 *Schoch* in Hoffmann-Riem/Schmidt-Aßmann/Voßkuhle, Grundlagen, Band III, § 50 Rn. 288; *Maurer/Waldhoff*, Allgemeines Verwaltungsrecht, § 7 Rn. 34.

186 Vgl. *Maurer/Waldhoff*, Allgemeines Verwaltungsrecht, § 7 Rn. 34. Nach *Poscher* in FS Wahl, S. 527 (549 ff.) kann auf Basis eines rechtstheoretischen Ansatzes auf die „Ermächtigungsfiktion" verzichtet werden. Dieser Ansatz könne auch das Postulat der Theorien vom Beurteilungsspielraum erklären (S. 537).

187 *Schoch* in Hoffmann-Riem/Schmidt-Aßmann/Voßkuhle, Grundlagen, Band III, § 50 Rn. 288.

188 In diese Richtung schon *Redeker/von Oertzen*, § 114 VwGO Rn. 33a.

189 Vgl. dazu ausführlich *Schulze-Fielitz*, JZ 1993, 772 (778 f.) m.w.N.; *Pache*, Tatbestandliche Abwägung und Beurteilungsspielraum, S. 76 ff.

teilweise, ob es sich um einen eigenständigen Lösungsansatz oder um eine Auslegungsdirektive im Sinne der normativen Ermächtigungslehre handelt.[190]

Dieser Ansatz will die Beurteilungsspielräume der Verwaltung durch eine funktionelle Unterscheidung zwischen der gestaltenden Verwaltung und der nachvollziehenden Kontrolle der Rechtsprechung begründen.[191] Auch dieser Ansatz versucht die Begründung aus dem Gesetz herzuleiten.[192] Die Gerichte sind wegen ihrer unabhängigen Stellung und ihrer professionellen Arbeitsweise „Experten der Rechtskontrolle."[193] Beide Gewalten wenden dabei das Recht „strukturell gleich"[194] an. Während die Judikative das Recht „reagierend", also nachvollziehend[195] anwendet, handelt die Verwaltung dagegen „primär" und „originär".[196] Rechtmäßigkeitskontrolle ist immer nur Richtigkeitskontrolle, deren Maßstab nur das Recht sein kann.[197] Die Verwaltung hingegen gestaltet.[198] Sie kann im Gegensatz zur Rechtsprechung grundsätzlich Zweckmäßigkeitserwägungen anstellen. Bei einem Beurteilungsspielraum kann nämlich nicht garantiert werden, dass die gerichtliche Nachvollziehung zu einem besseren und angemesseneren Ergebnis führen könnte.[199] Es soll damit eine funktionsgerechte Aufgabenverteilung unter den verschiedenen Staatsgewalten insgesamt erreicht werden.[200]

---

190 Siehe dazu *Wahl*, NVwZ 1991, 409 (410 f.), der funktionell-rechtliche Gesichtspunkte für die normative Ermächtigungslehre zur Abgrenzung der Kompetenzen heranzieht. Vgl. auch *Pache*, Tatbestandliche Abwägung und Beurteilungsspielraum, S. 76. Trennend *Redeker/von Oertzen*, § 114 VwGO Rn. 33 f.

191 Ausführlich dazu *Pache*, Tatbestandliche Abwägung und Beurteilungsspielraum, S. 76 ff.; vgl. auch *Rennert* in Eyermann, VwGO, § 114 Rn. 54.

192 *Pache*, Tatbestandliche Abwägung und Beurteilungsspielraum, S. 77; *Redeker/von Oertzen*, § 114 VwGO Rn. 33.

193 *Hoffmann-Riem* in Hoffmann-Riem/Schmidt-Aßmann/Voßkuhle, Grundlagen, Band I, § 10 Rn. 81.

194 *Maurer/Waldhoff*, Allgemeines Verwaltungsrecht, § 7 Rn. 5.

195 BVerfG v. 20.02.2001 – 2 BvR 1444/00, BVerfGE 103, 142 (159); siehe auch *Schoch* in Hoffmann-Riem/Schmidt-Aßmann/Voßkuhle, Grundlagen, Band III, § 50 Rn. 263 m.w.N.

196 *Maurer/Waldhoff*, Allgemeines Verwaltungsrecht, § 7 Rn. 5.

197 *Bachof*, JZ 1972, 641 (644).

198 *Rennert* in Eyermann, VwGO, § 114 Rn. 54.

199 Siehe dazu *Brohm*, DVBl. 1986, 321 (326); *P. Kirchhof*, NJW 1986, 2275 (2279); *Gerhardt*, NJW 1989, 2233 (2236); *Wahl*, NVwZ 1991, 409 (411); *Rennert* in Eyermann, VwGO, § 114 Rn. 54.

200 *Ossenbühl* in FS Redeker, S. 55 (65).

Die Abgrenzung soll nach dem Prinzip optimaler Funktionswahrnehmung erfolgen.[201] Danach sollen die Entscheidungen von den Organen getroffen werden, „die dafür nach Organisation, Zusammensetzung, Funktion und Verfahrensweise über die besten Voraussetzungen verfügen."[202] Eine Voraussetzung für den funktionell-rechtlichen Ansatz ist somit, dass die Verwaltung über ein sachadäquates Verwaltungsverfahren verfügt.[203] Nicht zu bestreiten ist, dass die Verwaltung in bestimmten Bereichen mehr Sachkompetenz besitzt.[204] Der Verwaltung soll dann ein Beurteilungsspielraum zustehen, wenn sie „unter Heranziehung aller in Betracht kommende[n] normative[n] Gesichtspunkte nach ihrer Ausstattung, ihren Ressourcen, ihrem Entscheidungsverfahren oder sonstigen spezifischen Kriterien besser als die Verwaltungsgerichtsbarkeit zur Wahrnehmung einer Letztentscheidungsbefugnis geeignet ist."[205]

Auch das BVerfG hat in jüngerer Rechtsprechung schon auf die funktionale Komponente abgestellt, wenn wegen der hohen Komplexität oder der besonderen Dynamik der geregelten Materie die Konkretisierung im Nachvollzug der Verwaltungsentscheidung so schwierig sein kann, dass die Rechtsprechung an ihre Funktionsgrenzen stößt.[206]

Das BVerfG betont aber, dass nicht nur gewaltenteilend-funktionale Gesichtspunkte für eine Letztentscheidungsbefugnis der Verwaltung bedeutend seien, sondern auch Grundrechte für die gerichtliche Kontrollintensität von Bedeutung sein können.[207] Grundrechte können jedoch sowohl für eine Begrenzung als auch für eine Ausweitung der gerichtlichen Kontrollintensität sprechen.[208]

---

201 BVerfG v. 17.07.1996 – 2 BvF 2/93, BVerfGE 95, 1 (15); *Pache*, Tatbestandliche Abwägung und Beurteilungsspielraum, S. 77.

202 BVerfG v. 17.07.1996 – 2 BvF 2/93, BVerfGE 95, 1 (15) mit Verweis auf BVerfG v. 18.12.1984 – 2 BvE 13/83, BVerfGE 68, 1 (86).

203 *Rennert* in Eyermann, VwGO, § 114 Rn. 54.

204 Wobei dieses Argument auch entkräftet werden kann, weil die Rechtsprechung Sachverständige hinzuziehen kann. Siehe dazu schon oben unter § 3.I.5.a. und *Schoch*, Jura 2004, 612 (615).

205 *Pache*, Tatbestandliche Abwägung und Beurteilungsspielraum, S. 78.

206 BVerfG v. 17.04.1991 – 1 BvR 419/81 und 213/83, BVerfGE 84, 34 (50); *Wernsmann* in Hübschmann/Hepp/Spitaler, § 5 AO Rn. 66 (April 2013); siehe auch *Maurer/Waldhoff*, Allgemeines Verwaltungsrecht, § 7 Rn. 62; *Schoch*, Jura 2004, 612 (615 f.).

207 BVerfG v. 10.12.2009 – 1 BvR 3151/07, BVerfGK 16, 418 (434).

208 *Schmidt-Aßmann/Schenk* in Schoch/Schneider/Bier, Einleitung Rn. 187 (Januar 2012). Dies sieht das BVerfG insbesondere bei Prüfungsentscheidungen auch so, BVerfG v. 17.04.1991 – 1 BvR 419/81 und 213/83, BVerfGE 84, 34 (52).

Deswegen helfen die Grundrechte für eine Klärung des Problems der Letztentscheidungsbefugnis nur begrenzt weiter.

Die funktionell-rechtliche Unterscheidung schafft allein keine klare Aussage zur Abgrenzung von unbestimmten Rechtsbegriffen ohne und mit einem Beurteilungsspielraum.[209] Sie hängt von der „Beurteilungseignung" des konkreten Falles ab[210] und ist nicht der einzige Orientierungspunkt.[211] Dazu lassen sich die einzelnen funktionellen Grenzen nur schwer exakt ermitteln. Eine abstrakte Bestimmung von Prognosegehalt, der Sachkunde und der Komplexität einer Entscheidung sind nicht möglich.[212] Dies spricht eher für eine Auslegungshilfe als für eine geeignete Kompetenzabgrenzung.[213] Sie sollte daher zur Ermittlung der gesetzlichen Ermächtigungen zur Letztentscheidungskompetenz der Verwaltung als eine „wesentliche Auslegungsdirektive"[214] herangezogen werden.[215] Auf eine tatsächliche normative Verankerung kann nicht verzichtet werden,[216] weil Art. 19 Abs. 4 GG auch nicht unter einem Gesetzesvorbehalt steht.

cc. Einheitstheorie

In der Literatur wird die Unterscheidung zwischen Ermessen und Beurteilungsspielraum kritisiert (sog. *Einheitstheorien*[217]). Diese Einheitstheorien sind allerdings äußerst „ambivalent".[218] Während eine Auffassung nur die Kontrollmaßstäbe, die bei einer Ermessensentscheidung gelten, auf die Beurteilungsspielräume übertragen möchte,[219] geht eine striktere Ansicht davon aus, dass Ermessen und Beurteilungsspielraum gleichartig oder zumindest ähnlich seien.

---

209 *Pache*, Tatbestandliche Abwägung und Beurteilungsspielraum, S. 77 f.

210 *Maurer/Waldhoff*, Allgemeines Verwaltungsrecht, § 7 Rn. 34.

211 *Maurer/Waldhoff*, Allgemeines Verwaltungsrecht, § 7 Rn. 56. Dies spricht auch gegen die Gleichsetzung von Ermessen und unbestimmten Rechtsbegriffen.

212 Vgl. *Schmidt-Aßmann/Schenk* in Schoch/Schneider/Bier, Einleitung Rn. 188 (Januar 2012).

213 *Pache*, Tatbestandliche Abwägung und Beurteilungsspielraum, S. 108 (und insbesondere S. 77 Fn. 100 mit Verweis auf die grundlegenden Überlegungen von *Hesse* in FS Huber, S. 262 (264 ff.)).

214 *Schoch*, Jura 2004, 612 (616).

215 *Pache*, Tatbestandliche Abwägung und Beurteilungsspielraum, S. 108. So auch *Schoch* in Hoffmann-Riem/Schmidt-Aßmann/Voßkuhle, Grundlagen, Band III, § 50 Rn. 288; *Maurer/Waldhoff*, Allgemeines Verwaltungsrecht, § 7 Rn. 34.

216 So wohl *Pache*, Tatbestandliche Abwägung und Beurteilungsspielraum, S. 108.

217 Überblick bei *Pache*, Tatbestandliche Abwägung und Beurteilungsspielraum, S. 108 ff.

218 Ausdrücklich *Poscher* in FS Wahl, S. 527 (537).

219 Vgl. *Poscher* in FS Wahl, S. 527 (537).

Die Unterscheidung könne sogar ganz aufgehoben werden.[220] Bei beiden handele es sich um Kompetenzen zur Tatbestandsergänzung, deren Unterschied nur in der systematischen Stellung in der Norm liege.[221] Daneben sei es eine bloße gesetzgeberische Formulierungsfrage, ob eine Rechtsnorm mit identischen Regelungsgehalt als eine gebundene Norm mit einem unbestimmten Rechtsbegriff oder als eine Ermessensvorschrift ausgestaltet ist.[222] Daraus könne man entnehmen, dass „der Gesetzgeber durch eine Ermessenseinräumung und durch die Begründung eines Beurteilungsspielraums der Verwaltung aufgrund der Verwendung eines unbestimmten Rechtsbegriffs vergleichbare Entscheidungsfreiräume für die Verwaltung begründe, die auch in vergleichbarer Weise begrenzt sein und gerichtlich kontrolliert werden müßten."[223]

Als weiteres Argument wird das Unionsrecht angeführt. Ein einheitliches Verständnis würde die Anschlussfähigkeit der deutschen Verwaltungsrechtsdogmatik an die unionsrechtliche Dogmatik verbessern.[224] Hintergrund ist die mangelnde Differenzierung zwischen Ermessen und unbestimmten Rechtsbegriffen sowie Ermessen und Beurteilungsspielraum. Das Unionsrecht behandelt alle Begriffe nach einheitlichen Regeln.[225]

dd. Stellungnahme

Ermessen und Beurteilungsspielraum stimmen zwar dahingehend überein, dass jenseits äußerster gerichtlich überprüfbarer Grenzen eine Letztentscheidungskompetenz der Verwaltung besteht. Auch können beide Wertungen und

---

220 Siehe zu diesen *Einheitstheorien* ausführlich und m.w.N. *Pache*, Tatbestandliche Abwägung und Beurteilungsspielraum, S. 108 ff.

221 *Koch*, Unbestimmte Rechtsbegriffe und Ermessensermächtigungen im Verwaltungsrecht, S. 177 ff. So wohl auch *Jestaedt* in Ehlers/Pünder, Allgemeines Verwaltungsrecht, § 11 Rn. 27.

222 *Herdegen*, JZ 1991, 747 (749); *Pache*, Tatbestandliche Abwägung und Beurteilungsspielraum, S. 112; *Jestaedt* in Ehlers/Pünder, Allgemeines Verwaltungsrecht, § 11 Rn. 15.

223 *Pache*, Tatbestandliche Abwägung und Beurteilungsspielraum, S. 112, u.a. mit Hinweis auf die Überlegungen von *Herdegen*, JZ 1991, 747; *Bullinger*, JZ 1984, 1001 (1006 f.); *Koch*, Unbestimmte Rechtsbegriffe und Ermessensermächtigungen im Verwaltungsrecht, S. 126 ff.; 172 ff.

224 *Jestaedt* in Ehlers/Pünder, Allgemeines Verwaltungsrecht, § 11 Rn. 28.

225 *Pache*, Tatbestandliche Abwägung und Beurteilungsspielraum, S. 390 m.w.N.; siehe auch *Jestaedt* in Ehlers/Pünder, Allgemeines Verwaltungsrecht, § 11 Rn. 28.

Abwägungsvorgänge erfordern.[226] Eine Beurteilung nach einheitlichen Maßstäben kann damit aber nicht gerechtfertigt werden. Auch bei der Rechtsetzung und bei der Rechtsanwendung sind stets Wertungen nötig.[227] Sie sind aber nicht identisch, sondern nur strukturähnlich.[228] Dies sieht der Gesetzgeber auch so, weil er in seinen Gesetzesformulierungen zwischen dem Beurteilungsspielraum und dem Ermessen differenziert.[229] Eine Austauschbarkeit der Formulierungen ist zudem nur begrenzt möglich.[230]

Die Aufgabenbereiche von Exekutive und Judikative sind unterschiedlich. Die Rechtsprechung ist für die Klärung von Auslegungsfragen zuständig.[231] Auch bei Einräumung eines Beurteilungsspielraums bleibt die Auslegung der generell-abstrakten Norm und die verbindliche Festlegung des entscheidungserheblichen Sachverhalts Aufgabe der rechtsprechenden Gewalt.[232]

Es bestehen nicht nur graduelle, sondern kategoriale Unterschiede.[233] „Während die dogmatische Fortentwicklung unbestimmter Rechtsbegriffe den [...] besonderen Gesetzmäßigkeiten des spezifisch juristischen Argumentationsraums unterliegt, soll sich die Verwaltung bei der Ausübung des Ermessens – im Rahmen der Ermessensgrenzen – gerade auch an opportunistischen Kriterien der Zweckmäßigkeit orientieren, die sich nicht in den juristischen Argumentationsraum übertragen lassen."[234]

Ein weiterer Unterschied zwischen beiden Begriffen ist ihre Stufe in der Entscheidungsfindung. Während der Beurteilungsspielraum bei der Subsumtion des Sachverhalts unter den Tatbestand der Norm durch die Verwaltung eine Rolle

---

226 *Oster*, Normative Ermächtigungen im Regulierungsrecht, S. 63 ff.; *Pache*, Tatbestandliche Abwägung und Beurteilungsspielraum, S. 117.

227 *Maurer/Waldhoff*, Allgemeines Verwaltungsrecht, § 7 Rn. 55.

228 *Gerhardt* in Schoch/Schneider/Bier, § 114 VwGO Rn. 55 (Mai 1997).

229 Vgl. etwa § 71 Abs. 5 GWB. Siehe auch *Schoch* in Hoffmann-Riem/Schmidt-Aßmann/Voßkuhle, Grundlagen, Band III, § 50 Rn. 286 m.w.N.

230 Vgl. *Maurer/Waldhoff*, Allgemeines Verwaltungsrecht, § 7 Rn. 51.

231 BVerfG v. 10.12.2009 – 1 BvR 3151/07, BVerfGK 16, 419 (435); *Poscher* in FS Wahl, S. 527 (537), der die dogmatische Bewältigung rechtlicher Unbestimmtheit mit Hilfe einer „Rechtsetzung im Wege der dogmatischen Rechtsfortbildung" erreichen möchte.

232 BVerfG v. 10.12.2009 – 1 BvR 3151/07, BVerfGK 16, 419 (435); *Pache*, Tatbestandliche Abwägung und Beurteilungsspielraum, S. 44 f.; *Schmidt-Aßmann* in Maunz/Dürig, GG, Art. 19 Abs. 4 Rn. 184a (Juli 2014).

233 *Poscher* in FS Wahl, S. 527 (538); *Schoch* in Hoffmann-Riem/Schmidt-Aßmann/Voßkuhle, Grundlagen, Band III, § 50 Rn. 286.

234 So ausdrücklich *Poscher* in FS Wahl, S. 527 (538).

spielt, betrifft das Ermessen die Entscheidung über die Rechtsfolge aufgrund der Subsumtion.[235] Die Ermittlung des Tatbestandes ist damit kognitiver Art, während die Ausübung des Ermessens ein volitiver Akt ist.[236] Subsumieren ist nicht Abwägen.[237] Es handelt sich um einen anderen gedanklichen Vorgang.[238]

Indem der Gesetzgeber sich für einen unbestimmten Rechtsbegriff entschieden hat, macht er deutlich, dass eine grundsätzlich umfassende gerichtliche Kontrolle gewollt ist, weil nicht jeder unbestimmte Rechtsbegriff einen Beurteilungsspielraum enthält. Nicht jeder unbestimmte Rechtsbegriff mit Beurteilungsspielraum muss ein solcher auch zukünftig sein. Stets muss der Begriff ausgelegt werden und an die fortschreitende Judikatur und Dogmatik angepasst werden.[239] Beim Ermessen dagegen kommt es zu keiner Veränderung.

Daneben besitzt der Gesetzgeber die Möglichkeit, einen Beurteilungsspielraum ausdrücklich zu normieren.[240] Wenn die vereinheitlichende Ansicht anführt, es sei eine bloße Formulierungsfrage, verkennt sie, dass bei unbestimmten Rechtsbegriffen der Grundsatz der umfassenden gerichtlichen Überprüfbarkeit besteht, während bei Ermessensnormen die Ermessensentscheidung stets nur auf eine bloße Rechtsfehlerkontrolle beschränkt ist gem. §§ 114 VwGO, 102 FGO. Wenn sie beide Kategorien zusammenfassen möchte, dreht sie jedoch die Regel zur Ausnahme um. Dem kann schon wegen Art. 19 Abs. 4 GG, der eine umfassende gerichtliche Überprüfbarkeit administrativer Entscheidungen verlangt, nicht gefolgt werden.

Auch die grundgesetzlichen Normen sprechen gegen eine Gleichstellung. Art. 20 Abs. 2 Satz 2 GG trennt die einzelnen Staatsgewalten voneinander. Art. 20 Abs. 3 GG bindet die Judikative und die Exekutive an Recht und Gesetz, während Art. 19 Abs. 4 GG die Exekutive – soweit es um Grundrechte des Bürgers geht – der Rechtskontrolle der Judikative unterwirft.[241] Der Bürger hat also einen Anspruch aus Art. 19 Abs. 4 GG „auf eine möglichst wirksame gerichtliche Kontrolle in allen ihm von der Prozessordnung zur Verfügung gestellten

---

235 BVerwG v. 25.07.1985 – 3 C 25/84, BVerwGE 72, 38 (53).

236 *Rennert* in Eyermann, VwGO, § 114 Rn. 55.

237 *Alexy*, JZ 1986, 701 (710); *Pache*, Tatbestandliche Abwägung und Beurteilungsspielraum, S. 117; *Oster*, Normative Ermächtigungen im Regulierungsrecht, S. 61.

238 *Bachof*, JZ 1972, 641 (644).

239 In diese Richtung auch *Gerhardt* in Schoch/Schneider/Bier, § 114 VwGO Rn. 57 (Mai 1997).

240 Siehe dazu *Kment/Vorwalter*, JuS 2015, 193 (196 f.).

241 *Maurer/Waldhoff*, Allgemeines Verwaltungsrecht, § 7 Rn. 56.

Instanzen."[242] In Art. 19 Abs. 4 GG findet sich daher eine zentrale Kompetenzentscheidung zu Gunsten der Judikative über die Letztentscheidungsmacht bezüglich der Rechtmäßigkeit der administrativen Entscheidungen.[243] Die Rechtsprechung ist deswegen aufgrund des Art. 19 Abs. 4 GG weder an tatsächliche noch an rechtliche Feststellungen der Verwaltung gebunden.[244] Sie hat vielmehr die Pflicht, angefochtene Verwaltungsakte in rechtlicher und tatsächlicher Hinsicht vollständig nachzuprüfen. Abgesehen vom Ermessen kann nur im Einzelfall laut dem BVerfG eine reduzierte gerichtliche Kontrolle angenommen werden.[245] Die grundgesetzliche „Rollenverteilung" schreibt vor, dass der Gesetzgeber festlegen muss, wann eine Letztentscheidungsbefugnis der Exekutive besteht und wann nicht; die Judikative und die Exekutive dürfen die Grenzen der Gesetzesbindung und die grundsätzliche vollständige Rechtskontrolle nicht ohne gesetzliche Grundlage verschieben.[246]

Eine Gleichsetzung von Beurteilungsspielraum und Ermessen würde bedeuten, dass die Verwaltung die Voraussetzung für das Handeln bestimmen dürfte und gleichzeitig die Rechtsfolge auswählen könnte. Der Beurteilungsspielraum betrifft aber nur die Subsumtion und nicht die Ermittlung des Sachverhalts. Eine Gleichsetzung würde die Rechtsschutzgarantie in Art. 19 Abs. 4 GG aufweichen und gegen den Sinn und Zweck sowie den Wortlaut der Norm verstoßen. Ein Beurteilungsspielraum muss wegen Art. 19 Abs. 4 GG die Ausnahme bleiben und ist sachlich begründungsbedürftig.[247]

c. Ergebnis

Einen Beurteilungsspielraum der Verwaltung bei unbestimmten Rechtsbegriffen darf es nur ausnahmsweise und nur aufgrund eines Gesetzes geben. Eine normative Ermächtigung allein reicht aus verfassungsrechtlichen Gründen nicht aus.

---

242 BVerfG v. 31.05.2011 – 1 BvR 857/07, BVerfGE 129, 1 (20); v. 08.12.2011 – 1 BvR 1932/08, BVerfGK 19, 229 (232).

243 *Papier* in HStR VIII, § 177 Rn. 6.

244 BVerfG v. 08.07.1982 – 2 BvR 1187/80, BVerfGE 61, 82 (111); v. 20.02.2001 – 2 BvR 1444/00, BVerfGE 103, 142 (156); v. 31.05.2011 – 1 BvR 857/07, BVerfGE 129, 1 (20); *Sachs* in Stelkens/Bonk/Sachs, § 40 VwVfG Rn. 151.

245 BVerfG v. 28.06.1983 – 2 BvR 539, 612/80, BVerfGE 64, 261 (279); *Sachs* in Stelkens/Bonk/Sachs, § 40 VwVfG Rn. 151.

246 BVerfG v. 08.12.2011 – 1 BvR 1932/08, BVerfGK 19, 229 (234).

247 BVerfG v. 31.05.2011 – 1 BvR 857/07, BVerfGE 129, 1 (23); *Rennert* in Eyermann, VwGO, § 114 Rn. 51; *Schoch* in Hoffmann-Riem/Schmidt-Aßmann/Voßkuhle, Grundlagen, Band III, § 50 Rn. 260.

Es müssen zwingende Sachgründe vorliegen, die einen Beurteilungsspielraum verlangen, insbesondere wenn die Rechtsprechung an ihre Funktionsgrenzen stößt. Der funktionell-rechtliche Ansatz kann hierfür Anhaltspunkte liefern. Der normativen Ermächtigungslehre in Kombination mit dem funktionell-rechtlichen Ansatz ist deswegen zu folgen.

6. *Koppelung von unbestimmten Rechtsbegriffen und Ermessen*

Der Gesetzgeber kombiniert in zahlreichen Normen[248] unbestimmte Rechtsbegriffe auf Tatbestandsebene mit einem Ermessen auf Rechtsfolgenseite. Diese Normen bezeichnet man als Koppelungsvorschriften.[249] Der Begriff ist jedoch bei der Erfassung der Normstruktur wenig gewinnbringend.[250] Auch hier prüft die Verwaltung zunächst im Rahmen der Rechtsanwendung, ob die Tatbestandsvoraussetzungen erfüllt sind, um im zweiten Schritt bei Vorliegen der Voraussetzungen die Ermessensentscheidung zu treffen.[251] Grundsätzlich sind die unbestimmten Rechtsbegriffe nach den allgemeinen Regeln gerichtlich voll überprüfbar und die Ermessensentscheidung nur im Rahmen des § 102 FGO auf Ermessensfehler beschränkt überprüfbar.[252]

Probleme bei der Anwendung von Koppelungsvorschriften treten aber auf, wenn bereits im Tatbestand über alle relevanten Kriterien entschieden wird[253], die auf Rechtsfolgenseite für die Ermessensentscheidung im Einzelfall auch relevant sein können.[254] Eine weitere Abwägung kann nicht stattfinden.[255] Hier muss eine entscheidungserhebliche Verbindung zwischen Tatbestand und Rechtsfolge angenommen werden.[256] Einerseits können die unbestimmten Rechtsbegriffe

---

248 Z.B. für das Steuerrecht: §§ 129, 222, 227 AO.

249 *Bachof*, JZ 1972, 641; *Sachs* in Stelkens/Bonk/Sachs, § 40 VwVfG Rn. 36; vgl. auch *Wernsmann* in Hübschmann/Hepp/Spitaler, § 5 AO Rn. 90 (April 2013).

250 *Gerhardt* in Schoch/Schneider/Bier, § 114 VwGO Rn. 13 (Mai 1997).

251 *Pache*, Tatbestandliche Abwägung und Beurteilungsspielraum, S. 49 f.

252 *Drüen* in Tipke/Kruse, § 5 AO Rn. 25 (August 2014); *Sachs* in Stelkens/Bonk/Sachs, § 40 VwVfG Rn. 36. Kritisch zur Frage der Letztentscheidungsmacht aber *Hoffmann-Riem* in Hoffmann-Riem/Schmidt-Aßmann/Voßkuhle, Grundlagen, Band I, § 10 Rn. 95.

253 *Wernsmann* in Hübschmann/Hepp/Spitaler, § 5 AO Rn. 92 (April 2013).

254 *Pache*, Tatbestandliche Abwägung und Beurteilungsspielraum, S. 50; vgl. zu dieser Situation auch *Schulze-Fielitz*, JZ 1993, 772 (774) m.w.N.

255 Vgl. *Bachof*, JZ 1972, 641 (645).

256 *Pache*, Tatbestandliche Abwägung und Beurteilungsspielraum, S. 50.

als gerichtlich voll überprüfbare Tatbestandsmerkmale verstanden werden, wodurch auf Rechtsfolgenseite kein Ermessen verbleibt, sondern eine gebundene Entscheidung erfolgen muss. Andererseits könnte man die durch den unbestimmten Rechtsbegriff erfassten Kriterien nicht als Tatbestandsvoraussetzung, sondern als gesetzliche Ermessensdirektiven (also gesetzliche Wertungen oder Vorgaben) einordnet, die das Ermessen lenken und gerichtlich nur eingeschränkt überprüfbar sind.[257]

In diesem Zusammenhang befindet sich der Beschluss des Gemeinsamen Senats der Obersten Gerichtshöfe des Bundes vom 19.10.1971 zur Regelung des § 131 RAO (jetzt § 227 AO).[258] Der Gemeinsame Senat nahm eine reine Ermessensfehlerkontrolle an. Zwar bestehe nach Ansicht des Gemeinsamen Senats die rechtstheoretische Möglichkeit, dass der Begriff „unbillig" i.S.d. § 131 Abs. 1 Satz 1 RAO in die Kategorie der unbestimmten Rechtsbegriffe eingeordnet werden könne.[259] Dies vertrat das BVerwG,[260] während der BFH eine reine Ermessensvorschrift annahm.[261] Der Gemeinsame Senat aber sah in der Norm eine sog. einheitliche Ermessensentscheidung.[262] Der unbestimmte Rechtsbegriff der Unbilligkeit wirke in den Ermessensbereich derart hinein, dass er sowohl für das „ob" als auch für das „wie" der Entscheidung prägend sei.[263]

Im entschiedenen Fall war es dem Gemeinsamen Senat nicht möglich, zwischen dem gerichtlich vollständig überprüfbaren unbestimmten Rechtsbegriff und dem Ermessen zu differenzieren. Er meinte, dass zwischen dem Tatbestand und der Ermessensentscheidung auf Rechtsfolgenseite eine unlösbare Verzahnung zwischen Voraussetzung und Inhalt bestehe.[264] Der Begriff der

---

257 *Gerhardt* in Schoch/Schneider/Bier, § 114 VwGO Rn. 13 (Mai 1997); *Wernsmann* in Hübschmann/Hepp/Spitaler, § 5 AO Rn. 92 (April 2013); *Pache*, Tatbestandliche Abwägung und Beurteilungsspielraum, S. 50.

258 GmS-OGB v. 19.10.1971 – GmS-OGB 3/70, BStBl. II 1972, 603.

259 GmS-OGB v. 19.10.1971 – GmS-OGB 3/70, BStBl. II 1972, 603 (606).

260 Im Vorlagebeschluss mitgeteilt vom GmS-OGB v. 19.10.1971 – GmS-OGB 3/70, BStBl. II 1972, 603 (606).

261 Im Vorlagebeschluss mitgeteilt vom GmS-OGB v. 19.10.1971 – GmS-OGB 3/70, BStBl. II 1972, 603 (606); vgl. auch *Kruse* in Liber amicorum Erichsen, S. 77 (81).

262 GmS-OGB v. 19.10.1971 – GmS-OGB 3/70, BStBl. II 1972, 603 (607).

263 GmS-OGB v. 19.10.1971 – GmS-OGB 3/70, BStBl. II 1972, 603 (607); *Sachs* in Stelkens/Bonk/Sachs, § 40 VwVfG Rn. 38a; *Maurer/Waldhoff*, Allgemeines Verwaltungsrecht, § 7 Rn. 50.

264 *Gerhardt* in Schoch/Schneider/Bier, § 114 VwGO Rn. 13 (Mai 1997).

„Unbilligkeit“ stelle keine Tatbestandsvoraussetzung der Norm dar, sondern bestimme vielmehr Inhalt und Grenzen der Ermessensausübung.[265] Daher endet nach Ansicht des Gemeinsamen Senats das Verwaltungsermessen an der Grenze der Unbilligkeit, wodurch es zu einer weitgehenden Nachprüfbarkeit der Ermessensentscheidung komme,[266] denn „gerade da, wo nicht logische Subsumtion, sondern das an den Umständen des Einzelfalles orientierte Billigkeitsempfinden für die Entscheidung maßgeblich ist, zeigt das Ermessen [...] seine ‚großartige Seite‘ [...], indem es den Einzug der Einzelfallgerechtigkeit in das zwingende Recht ermöglicht.“[267] Der Gemeinsame Senat kommt damit im Ergebnis zu einer tatbestandslosen Ermessensnorm.[268]

Der BFH[269] hat in der Folge die Rechtsprechung zum einheitlichen Ermessen fortgeführt, während das BVerwG[270] grundsätzlich Abstand genommen hat. Dagegen ist die Rechtsprechung des BSG uneinheitlich.[271]

Der Rechtsprechung zum einheitlichen Ermessen ist dogmatisch nicht überzeugend[272] und in sich widersprüchlich. Zwar konnte der Gemeinsame Senat sich zur Unterstützung seiner These auf die Entstehungsgeschichte der

---

265 GmS-OGB v. 19.10.1971 – GmS-OGB 3/70, BStBl. II 1972, 603 (607); *Wernsmann* in Hübschmann/Hepp/Spitaler, § 5 AO Rn. 93 (April 2013).

266 GmS-OGB v. 19.10.1971 – GmS-OGB 3/70, BStBl. II 1972, 603 (607).

267 GmS-OGB v. 19.10.1971 – GmS-OGB 3/70, BStBl. II 1972, 603 (608).

268 Auf dieses Phänomen besonders hinweisend *Kruse* in Liber amicorum Erichsen, S. 77 (82).

269 Zuletzt BFH v. 19.03.2009 – V R 48/07, BStBl. II 2010, 92 (96). Vgl. *Wernsmann* in Hübschmann/Hepp/Spitaler, § 5 AO Rn. 93 (April 2013) m.w.N.

270 BVerwG v. 27.05.1981 – 8 C 51/79, BVerwGE 62, 230 (238 ff.). Vgl. auch *Sachs* in Stelkens/Bonk/Sachs, § 40 VwVfG Rn. 40 m.w.N. Eine „einheitliche Ermessensentscheidung“ anerkennend aber BVerwG v. 05.07.1985 – 8 C 22/83, BVerwGE 72, 1 (5 f.); v. 17.11.1999 – 11 C 7/99, NVwZ-RR 2000, 317.

271 BSG v. 26.09.1972 – 5 RKnU 21/70, BSGE 34, 269 (270 f.); dagegen BSG v. 27.01.1977 – 12 RAr 83/76, BSGE 43, 153 (159); *Wernsmann* in Hübschmann/Hepp/Spitaler, § 5 AO Rn. 93 (April 2013).

272 H.M.: *Bachof*, JZ 1972, 641; *Kruse*, Lehrbuch des Steuerrechts I, S. 196 f.; *ders.* in Liber amicorum Erichsen, S. 77 (82); *Wernsmann* in Hübschmann/Hepp/Spitaler, § 5 AO Rn. 93 (April 2013); *von Groll* in Hübschmann/Hepp/Spitaler, § 227 AO Rn. 114 (Januar 2016); *Drüen* in Tipke/Kruse, § 5 AO Rn. 27 (August 2014); *Pahlke* in Schwarz/Pahlke, § 5 AO Rn. 12 (September 2016); wohl a.A.: *Krabbe* in Koch/Scholtz, § 227 AO Rn. 8. Unklar: *Oellerich* in Beermann/Gosch, § 227 AO Rn. 100 (April 2015) geht bei Vorliegen einer Unbilligkeit im Regelfall von einer Reduzierung des Entschließungsermessens auf Null aus.

Norm berufen.[273] Im Jahr 1919 gab es aber noch keine Koppelungsvorschriften nach dem heutigen Verständnis.[274] Damals entschied die Verwaltung nach ihrem Ermessen sowohl über den Tatbestand als auch über die Rechtsfolge. Die Rechtsprechung beruht auf einem Zirkelschluss[275] und erlaubt keine Verallgemeinerung.[276]

Nach dem Wortlaut und der Systematik der Norm handelt sich um eine Koppelungsvorschrift.[277] Das Ergebnis einer tatbestandslosen Ermessensnorm ist wegen der besonderen Betonung der Unbilligkeit nicht möglich. Würde die Finanzverwaltung ihre Ermessensentscheidung nicht nur an der Unbilligkeit ausrichten müssen, müsste sie weitere Gesichtspunkte in die Ermessensentscheidung einbeziehen.[278] Bei § 131 Abs. 1 Satz 1 RAO war dies jedoch gerade nicht der Fall.[279] Die Ermessensnorm soll nach Sinn und Zweck der Norm gerade durch die Voraussetzung der Unbilligkeit gelenkt werden. Indem die Rechtsprechung erst eine Ermessensnorm annimmt, anschließend die darauf basierende Ermessensentscheidung aber einer weitgehenden Nachprüfung unterwirft, widerspricht sie sich.[280] Um dieses Dilemma zu lösen, bedarf es nach Ansicht des Gemeinsamen Senats einer „taktvollen und behutsamen Rechtskontrolle."[281] Wie genau diese taktvolle und behutsame Rechtskontrolle aussehen soll, erschließt sich nicht. Richterliche Entscheidungen können keine „Taktfragen" sein.[282] Die Rechtsprechung ist abzulehnen.

Nicht zu überzeugen vermag aber auch der Lösungsvorschlag *von Grolls*. Er schlägt als „versöhnende Lösung" vor, man könne bei einer Unbilligkeit von einer Ermessensreduzierung auf Null ausgehen.[283] Es bleibt dann aber die Frage offen, was von der Ermessensnorm verbleibt, weil eine Ermessensreduzierung auf Null nach allgemeinen Regeln nur im Ausnahmefall vorliegt. *Bachof* betont, dass es

273 GmS-OGB v. 19.10.1971 – GmS-OGB 3/70, BStBl. II 1972, 603 (606). Wohl ablehnend *von Groll* in Hübschmann/Hepp/Spitaler, § 227 AO Rn. 115 (Januar 2016).

274 *Kruse* in Liber amicorum Erichsen, S. 77 (82).

275 *Bachof*, JZ 1972, 641 (645); *Drüen* in Tipke/Kruse, § 5 AO Rn. 27 (August 2014).

276 *Sachs* in Stelkens/Bonk/Sachs, § 40 VwVfG Rn. 40.

277 *von Groll* in Hübschmann/Hepp/Spitaler, § 227 AO Rn. 115 (Januar 2016).

278 Vgl. *Bachof*, JZ 1972, 641 (644).

279 *Bachof*, JZ 1972, 641 (645).

280 *Kruse* in Liber amicorum Erichsen, S. 77 (82).

281 GmS-OGB v. 19.10.1971 – GmS-OGB 3/70, BStBl. II 1972, 603 (608); *Kruse* in Liber amicorum Erichsen, S. 77 (82).

282 *M. Beckmann*, DÖV 1986, 505 (508); *Redeker/von Oertzen*, § 114 VwGO Rn. 31.

283 *von Groll* in Hübschmann/Hepp/Spitaler, § 227 AO Rn. 118a (Januar 2016).

sich bei der Ermessensermächtigung bei Koppelungsvorschriften häufig – aber nicht immer – nur um eine scheinbare handele, wenn auf Rechtsfolgenseite die Gesichtspunkte bei der Abwägung identisch mit denen bei der Subsumtion seien.[284] Er geht aber von einem unbestimmten Rechtsbegriff mit Beurteilungsspielraum aus.[285] Zustimmung verdient die Ansicht von *Wernsmann*. Er versteht das „kann" in § 227 AO als „muss" und damit als ein „Kompetenz-Kann", weil der unbestimmte Rechtsbegriff die Ermessensentscheidung dirigiert.[286]

7. Ermessensreduzierung auf Null

Der Gesetzgeber kann den Ermessensspielraum auf bestimmte Handlungsmöglichkeiten in den Ermessensnormen begrenzen. Besondere Umstände des Einzelfalles können aber auch den Spielraum einengen und eine der ansonsten rechtmäßigen Alternativen rechtswidrig machen.[287] Als Ermessensreduktion kann „jede im Einzelfall eintretende Verengung eines durch den Gesetzgeber gewährten Ermessensspielraum der Verwaltung bezeichnet werden."[288]

Die sog. Ermessensreduzierung auf Null[289] ist die stärkste Form einer Ermessensreduktion[290] und bildet einen Sonderfall bei einer Ermessensentscheidung. Sie liegt vor, wenn aufgrund der Tatsachenlage[291] im konkreten Fall der Ermessensspielraum auf eine einzig verbleibende Entscheidungsmöglichkeit eingeschränkt ist. Jede andere Entscheidung wäre im konkreten Einzelfall ermessensfehlerhaft und damit rechtswidrig.[292] Der auf abstrakt-genereller Ebene bestehende Spielraum bleibt unberührt.[293] Die Ermessensreduzierung auf

---

284 *Bachof*, JZ 1972, 641 (645).

285 *Bachof*, JZ 1972, 641 (645).

286 *Wernsmann* in Hübschmann/Hepp/Spitaler, § 5 AO Rn. 94 (April 2013).

287 *Hain/Schlette/Schmitz*, AöR 122 (1997), 32 (39); *Laub*, Die Ermessensreduzierung in der verwaltungsgerichtlichen Rechtsprechung, S. 18.

288 *Hain/Schlette/Schmitz*, AöR 122 (1997), 32 (39).

289 Es finden sich verschiedene Bezeichnungen für diese Konstellation; sie wird auch Ermessensschrumpfung auf Null oder Ermessensreduzierung auf Eins genannt. Zur Kritik am Begriff der Ermessensreduzierung auf Eins siehe *Hain/Schlette/Schmitz*, AöR 122 (1997), 32 (41).

290 *Hain/Schlette/Schmitz*, AöR 122 (1997), 32 (40).

291 *Ruffert* in Knack/Henneke, § 40 VwVfG Rn. 46.

292 *Wernsmann* in Hübschmann/Hepp/Spitaler, § 5 AO Rn. 233 (April 2013).

293 *Hain/Schlette/Schmitz*, AöR 122 (1997), 32 (39).

Null findet auf der Ebene der Verwaltung statt. Es besteht eine „praktische Alternativenlosigkeit".[294] Ein Abwägen des Für und Wider kann daher zwangsläufig nicht stattfinden. Die Behörde ist in diesem Einzelfall verpflichtet, im Sinne der einzig verbleibenden Entscheidungsmöglichkeit zu handeln.[295] Verfahrens- und Abwägungsfehler sind unerheblich.[296] Zwar kann von einer Ausübung des Ermessens im wörtlichen Sinne nicht mehr die Rede sein,[297] die Ermessensentscheidung schlägt jedoch trotz der mangelnden Alternativen nicht in eine gebundene Entscheidung um.[298] Gleichzeitig bedeutet dies, dass in der gleichen Norm eine „gewöhnliche" als auch eine reduzierte Ermessensentscheidung möglich ist.[299] Auch besteht die Möglichkeit, dass zwar das Entschließungsermessen auf null reduziert ist, während das Auswahlermessen unberührt bleibt.[300] Räumt eine Norm sowohl Entschließungs- als auch Auswahlermessen ein, muss für die Annahme einer Ermessensreduzierung auf Null bei beiden Arten der Handlungsspielraum auf eine einzig verbleibende Alternative beschränkt sein, wobei in diesem Fall es letztlich auf die Reduzierung des Auswahlermessens ankommt.[301]

Verschiedene Umstände wirken sich auf den Ermessensspielraum aus, aber nur rechtliche Faktoren können eine Ermessensreduzierung auf Null bewirken.[302] Der Ermessensspielraum kann insbesondere durch verfassungsrechtliche Normen und Prinzipien reduziert sein.[303] Grundrechte, z.B. der Gleichheitssatz nach Art. 3 Abs. 1 GG, oder sonstiges Verfassungsrecht – wie der Verhältnismäßigkeitsgrundsatz – können den Ermessensspielraum in eine Richtung

---

294 *Gerhardt* in Schoch/Schneider/Bier, § 114 VwGO Rn. 27 (Mai 1997).

295 *Sachs* in Stelkens/Bonk/Sachs, § 40 VwVfG Rn. 102a.

296 *Gerhardt* in Schoch/Schneider/Bier, § 114 VwGO Rn. 27 (Mai 1997).

297 *Padberg*, StuW 1978, 47 (54); *Lange* in Hübschmann/Hepp/Spitaler, § 102 FGO Rn. 118 (Februar 2014).

298 *Gerhardt* in Schoch/Schneider/Bier, § 114 VwGO Rn. 27 (Mai 1997): Dies sei „dogmatisch nicht konstruierbar." Vgl. dazu *Gern*, DVBl. 1987, 1194 (1197 f.); *Di Fabio*, VerwArch 86 (1995), 214 (232). *Hain/Schlette/Schmitz*, AöR 122 (1997), 32 (34) sprechen von einer „zumindest angenäherten Rolle" der Behörde.

299 *Hain/Schlette/Schmitz*, AöR 122 (1997), 32 (34).

300 BVerwG v. 18.08.1960 – I C 42/59, BVerwGE 11, 95 (97); *Rennert* in Eyermann, VwGO, § 114 Rn. 32; vgl. auch *Hain/Schlette/Schmitz*, AöR 122 (1997), 32 (41).

301 *Hain/Schlette/Schmitz*, AöR 122 (1997), 32 (41 f.).

302 *Hain/Schlette/Schmitz*, AöR 122 (1997), 32 (42).

303 *Gerhardt* in Schoch/Schneider/Bier, § 114 VwGO Rn. 23 (Mai 1997); *Maurer/Waldhoff*, Allgemeines Verwaltungsrecht, § 7 Rn. 25.

einengen.[304] Aber auch der gemäß § 5 AO zu berücksichtigende Normzweck wirkt sich auf die rechtmäßigen Wahlmöglichkeiten aus,[305] weil es sonst zu einem Ermessensfehlgebrauch kommen könnte.[306] Der Normzweck besitzt stets eine wichtige Lenkungsfunktion.

Grundsätzlich besteht nur ein Anspruch auf eine ermessensfehlerfreie Ermessensausübung, wenn die Ermessensnorm den klägerischen, individuellen Interessen dienen soll.[307] Im Ausnahmefall aber kann sich der Anspruch auf eine ermessensfehlerfreie Entscheidung in einen Anspruch auf eine bestimmte Ermessensentscheidung wandeln. Dies wirkt sich auf die Erfolgsaussichten einer Verpflichtungsklage aus. Steht der Finanzbehörde ein Ermessensspielraum zu, ergeht grundsätzlich im Erfolgsfall bei einer Verpflichtungsklage ein Bescheidungsurteil nach § 101 Satz 2 FGO. Lediglich bei einer Ermessensreduzierung auf Null besteht eine Spruchreife nach § 101 Satz 1 FGO. Nur in diesem Fall setzt das Finanzgericht eine eigene Entscheidung an die Stelle der Verwaltung und verpflichtet die Finanzbehörde den begehrten Verwaltungsakt zu erlassen.[308]

Die Annahme einer Ermessensreduzierung auf Null muss stets die Ausnahme bleiben, weil von der eigentlichen gesetzlichen Zielrichtung der Ermesseneinräumung, der Verwaltung einen Handlungsspielraum zu schaffen, abgewichen wird.[309] Auch würden sonst die Entscheidungskompetenz und die Verantwortung im Einzelfall von der Verwaltung auf die Gerichte verlagert.[310] Aus diesen Gründen muss es gewiss und offensichtlich sein, dass nur eine einzige Entscheidung im konkreten Einzelfall rechtmäßig ist.[311] Es ist gerichtlich voll überprüfbar, ob im Einzelfall eine Ermessensreduzierung auf Null vorliegt.[312] Dies folgt aus der bloßen Rechtmäßigkeitskontrolle von Ermessensentscheidungen gemäß § 102 FGO.

---

304 *Gerhardt* in Schoch/Schneider/Bier, § 114 VwGO Rn. 23 ff. (Mai 1997); *Wernsmann* in Hübschmann/Hepp/Spitaler, § 5 AO Rn. 231 (April 2013).

305 Vgl. *Gern*, DVBl. 1987, 1194 (1198).

306 *Wernsmann* in Hübschmann/Hepp/Spitaler, § 5 AO Rn. 157 (April 2013).

307 *Ruffert* in Knack/Henneke, § 40 VwVfG Rn. 83 f.

308 BFH v. 27.09.2001 - X R 134/98, BStBl. II 2002, 176 (178); v. 29.03.2007 - IX R 9/05, BFH/NV 2007, 1617 (1618); v. 22.10.2014 - II R 4/14, BStBl. II 2015, 237 (238); *Stapperfend* in Gräber, § 101 FGO Rn. 8; *Lange* in Hübschmann/Hepp/Spitaler, § 101 FGO Rn. 34 (Februar 2014).

309 *Sachs* in Stelkens/Bonk/Sachs, § 40 VwVfG Rn. 102b.

310 *Gerhardt* in Schoch/Schneider/Bier, § 114 VwGO Rn. 27 (Mai 1997).

311 *Gerhardt* in Schoch/Schneider/Bier, § 114 VwGO Rn. 27 (Mai 1997).

312 *Wernsmann* in Hübschmann/Hepp/Spitaler, § 5 AO Rn. 233 (April 2013).

8. *Abgrenzung der Ermessensreduzierung auf Null von Soll-Vorschriften*

Bei einer Soll-Vorschrift[313] ist im Regelfall nur eine einzige Entscheidung rechtmäßig. Im Regelfall ist die Finanzbehörde gebunden[314] und verpflichtet entsprechend zu handeln.[315] Es besteht ein Regel-Ausnahme-Verhältnis.[316] Im atypischen Fall oder bei besonderen Gründen steht der Verwaltung ausnahmsweise ein Ermessensspielraum zu, in dem sie von der im Regelfall vorgesehenen Rechtsfolge abweichen kann.[317] Die Soll-Vorschrift bietet der Verwaltung für unvorhergesehene, atypische Fälle damit ein „Ventil".[318] Dieses „Ventil" öffnet sich nach dem jeweiligen Gesetzeszweck.[319] Die Annahme eines atypischen Falles ist gerichtlich vollständig überprüfbar.[320] Ebenso unterliegt die Sachverhaltsfeststellung eines atypischen Falles der vollen gerichtlichen Kontrolle.[321]

Soll-Vorschrift und Ermessensreduzierung auf Null werden als strukturell ähnlich bezeichnet.[322] Sie grenzen sich aber in einem wesentlichen Punkt voneinander ab: Die Ermessensreduzierung auf Null unterscheidet sich von der Soll-Vorschrift dahingehend, dass die Soll-Vorschrift einen Regelfall festlegt, in dem die Behörde keinen Spielraum hat, während die Ermessensreduzierung auf Null nur aufgrund der Umstände im Einzelfall vorliegt, in dem der Behörde kein Handlungsspielraum verbleibt.[323] Dagegen besteht bei der Soll-Vorschrift gerade im Ausnahmefall ein Ermessensspielraum. Ein weiteres Unterscheidungsmerkmal liegt darin, dass die Soll-Vorschrift durch den Gesetzgeber auf einer vorgelagerten Ebene normiert wird, während die Ermessensreduzierung auf Null erst auf einer späteren Ebene, der Ebene der Rechtsanwendung durch die Verwaltung, relevant wird.

---

313 Es finden sich auch noch ähnliche Formulierungen wie „in der Regel" oder „ist regelmäßig", vgl. *Sachs* in Stelkens/Bonk/Sachs, § 40 VwVfG Rn. 26a.

314 *Sachs* in Stelkens/Bonk/Sachs, § 40 VwVfG Rn. 26.

315 *Englisch* in Tipke/Lang, Steuerrecht, § 5 Rn. 146.

316 BFH v. 13.04.2010 – IX R 43/09, BStBl. II 2010, 815; *Drüen* in Tipke/Kruse, § 5 AO Rn. 11 (August 2014).

317 BFH v. 13.04.2010 – IX R 43/09, BStBl. II 2010, 815 (816); *Sachs* in Stelkens/Bonk/Sachs, § 40 VwVfG Rn. 26.

318 *Goppel*, BayVBl. 1998, 289 (292); *Hoppe* in FS Maurer, S. 625 (626).

319 *Gerhardt* in Schoch/Schneider/Bier, § 114 VwGO Rn. 16 (Mai 1997).

320 *Wernsmann* in Hübschmann/Hepp/Spitaler, § 5 AO Rn. 56 (April 2013).

321 *Redeker/von Oertzen*, § 114 VwGO Rn. 13.

322 *Borowski*, DVBl. 2000, 149 (158); *Hoppe* in FS Maurer, S. 625 (628).

323 *Wernsmann* in Hübschmann/Hepp/Spitaler, § 5 AO Rn. 230 (April 2013).

9. Ergebnis

Das Ermessen ist ein Rechtsfolgeermessen und von der Beurteilungsermächtigung abzugrenzen. Das Ermessen ist der Handlungsspielraum auf der Rechtsfolgenseite, indem die Verwaltung eine Letztentscheidungsbefugnis innerhalb eines rechtlichen Rahmens besitzt. Die Beurteilungsermächtigung dagegen gewährt der Verwaltung nur bei der Subsumtion eine Letztentscheidungskompetenz auf Tatbestandsebene. Unbestimmte Rechtsbegriffe und Ermessen können in sog. Koppelungsvorschriften verbunden werden. In jedem Fall muss überprüft werden, ob der unbestimmte Rechtbegriff das Ermessen auf Rechtsfolgenseite lenkt. Eine Sonderform des Ermessens bildet die Ermessensreduzierung auf Null, bei der im Einzelfall nur eine einzige Ermessensentscheidung rechtmäßig ist. Soll-Vorschriften sind von der Ermessensreduzierung auf Null abzugrenzen.

II. Ermessen im Steuerrecht

Der Staat will mit Hilfe von Steuern – „abgesehen von etwaigen Lenkungszwecken"[324] – Einnahmen erzielen. Für die Besteuerung müssen aber der Gesetzgeber und die Finanzbehörden zwei wichtige Prinzipien beachten: den Grundsatz der Gesetzmäßigkeit der Besteuerung und den Grundsatz der Gleichmäßigkeit der Besteuerung.

Der Grundsatz der Gesetzmäßigkeit der Besteuerung ist aus dem Rechtstaatsprinzip in Art. 20 GG zu entnehmen. Er bedeutet, dass für die Besteuerung eine gesetzliche Grundlage bestehen muss (dazu 1.).

Der Grundsatz der Gleichmäßigkeit der Besteuerung folgt verfassungsrechtlich aus Art. 3 Abs. 1 GG. Steuern stellen nach Art. 3 Abs. 1 GG und einfachgesetzlich nach § 3 Abs. 1 AO nämlich eine Gemeinlast dar, die alle gleichmäßig tragen sollen (dazu 2.).[325]

Beide Grundsätze bekräftigt § 85 AO einfachgesetzlich. Sie wirken sich auch auf die Möglichkeit der Normierung von steuerrechtlichen Ermessenstatbeständen aus. Die Folge ist, dass Ermessensspielräume im Steuerrecht nur beschränkt möglich sind. Die Finanzbehörden sind in der Regel in ihrem Handeln gebunden. Diese müssen auch bei der Ausübung des Ermessens die Prinzipien berücksichtigen (dazu 3.).

---

324 *Wernsmann* in Hübschmann/Hepp/Spitaler, § 5 AO Rn. 50 (April 2013).

325 BVerfG v. 27.06.1991 – 2 BvR 1493/89, BVerfGE 84, 239 (269); *Wernsmann* in Hübschmann/Hepp/Spitaler, § 3 AO Rn. 200 (März 2016).

Daneben beeinflussen auch Verwaltungsrichtlinien das Ermessen. Es kann zu einer sog. Selbstbindung der Verwaltung kommen (dazu 4.).

1. *Gesetzmäßigkeit der Besteuerung als Ausfluss des Rechtsstaatsprinzips*

Der Gesetzgeber ist – wie jede staatliche Gewalt[326] – gemäß Art. 1 Abs. 3 GG und Art. 20 Abs. 3 GG an die verfassungsmäßige Ordnung und die Grundrechte gebunden. Vor allem die verfassungsmäßige Ordnung prägt das Rechtsstaatsprinzip, das „eines der elementaren Prinzipien des Grundgesetzes"[327] ist.

a. *Rechtsstaatsprinzip*

Das Rechtsstaatsprinzip ist Bestandteil von Art. 20 GG.[328] Zahlreiche Normen konkretisieren das Rechtsstaatsprinzip, insbesondere Art. 1 Abs. 3 GG und Art. 19 Abs. 4 GG.[329] Das BVerfG stützt das Rechtstaatsprinzip vor allem auf

---

326 Vgl. *Schmidt-Aßmann* in HStR II, § 26 Rn. 42, der darauf hinweist, dass auch das Verfassungsgesetz ein „Gesetz" i.S.v. Art. 20 Abs. 3 GG ist und folglich auch Exekutive und Judikative bindet.

327 BVerfG v. 25.10.1966 – 2 BvR 506/63, BVerfGE 20, 323 (331); v. 25.07.1979 – 2 BvR 878/74, BVerfGE 52, 131 (144); v. 19.03.2013 – 2 BvR 2628, 2883/10, 2155/11, BVerfGE 133, 168 (198). So auch schon BVerfG v. 23.10.1951 – 2 BvG 1/51, BVerfGE 1, 14 (LS 28).

328 *Jarass* in Jarass/Pieroth, GG, Art. 20 Rn. 37, 40. Die genaue Herleitung des Rechtsstaatsprinzips aus dem Grundgesetz ist umstritten. Das Grundgesetz erwähnt den Rechtsstaat nur in Art. 23 Abs. 1 Satz 1 GG und in Art. 28 Abs. 1 Satz 1 GG. Für die Verankerung in Art. 20 GG spricht auch die Entstehungsgeschichte. Der Parlamentarische Rat hatte eine ausdrückliche Nennung in Art. 20 GG zunächst zwar vorgesehen. Der Grundsatzausschuss befasste sich am 14.10.1948 mit dem Entwurf zu Abs. 1: „Die Bundesrepublik Deutschland ist ein demokratischer und sozialer Rechtsstaat mit parlamentarischer Regierungsform und bundesstaatlichem Aufbau." In der Folgezeit problematisierte der Parlamentarische Rat insbesondere die Begriffe des Bundesstaates, der Republik oder Deutschlands. Er befasste sich in seinen weiteren Beratungen zu Art. 20 GG nicht mehr mit der Frage, ob der Begriff des Rechtsstaats ausdrücklich in die Formulierung mitaufgenommen werden sollte. Siehe dazu ausführlich *Matz* in Jahrbuch des öffentlichen Rechts, Band 1, S. 195 ff. Vielmehr ging er für die Schaffung des Grundgesetzes von diesem leitenden Prinzip aus; *Stern*, Staatsrecht I, S. 776; *Sachs* in Sachs, GG, Art. 20 Rn. 75; *Grzeszick* in Maunz/Dürig, Art. 20 GG, Teil VII, Rn. 33. Auch das BVerfG sah das Rechtsstaatsprinzip als eine das vorverfassungsmäßige Gesamtbild prägende Leitidee an, die der Verfassungsgesetzgeber vorfand; BVerfG v. 01.07.1953 – 1 BvL 23/51, BVerfGE 2, 380 (403).

329 BVerfG v. 01.07.1953 – 1 BvL 23/51, BVerfGE 2, 380 (403); v. 26.02.1969 – 2 BvL 15, 23/68, BVerfGE 25, 269 (290); v. 09.08.1978 – 2 BvR 831/76, BVerfGE 49, 148, (163 f.); v. 25.07.1979 – 2 BvR 878/74, BVerfGE 52, 131 (144).

Art. 20 Abs. 3 GG.[330] Art. 20 Abs. 3 GG enthält den Kerngehalt (Grundsatz der Bindung der Gesetzgebung an die verfassungsmäßige Ordnung, der vollziehenden Gewalt und der Rechtsprechung an Gesetz und Recht).[331] Die in Art. 1 GG und Art. 20 GG niedergelegten Grundsätze unterliegen dem Änderungsverbot von Art. 79 Abs. 3 GG. Das Rechtsstaatsprinzip ist damit änderungsfest.[332] Es enthält aber „keine für jeden Sachverhalt in allen Einzelheiten eindeutig bestimmten Gebote oder Verbote von Verfassungsrang".[333] Deswegen muss es besonders konkretisiert und ausgefüllt werden.[334]

Einen Teil des Rechtsstaatsprinzips bildet die Gesetzmäßigkeit von Verwaltung und Justiz, weil beide Gewalten nach Art. 20 Abs. 3 GG an „Gesetz und Recht" besonders gebunden sind.[335] Die Gesetzmäßigkeit von Verwaltung und Justiz ist gekennzeichnet durch Vorrang und Vorbehalt des Gesetzes (dazu b. und c.).[336] Einen Ausfluss des Grundsatzes der Gesetzmäßigkeit der Verwaltung stellt der Anspruch auf rechtliches Gehör dar.[337] Art. 20 Abs. 3 GG bedeutet auch, dass alle staatlichen Organe gesetzmäßige, also richtige Entscheidungen treffen müssen.[338] Daneben konkretisiert der Grundsatz der Gewaltenteilung nach Art. 20 Abs. 2 Satz 2 GG das Prinzip.[339]

Die Gesetzmäßigkeit der Verwaltung wird im Steuerrecht auch als Gesetzmäßigkeit der Besteuerung bezeichnet[340] und weist einige kennzeichnende Anforderungen an ein Steuergesetz auf (dazu d.).

---

330 BVerfG v. 03.04.2001 – 1 BvR 1681, 2491/94 und 24/95, BVerfGE 103, 271 (287); v. 05.02.2004 – 2 BvR 2029/01, BVerfGE 109, 133 (180). *Grzeszick* in Maunz/Dürig, Art. 20 GG, Teil VII, Rn. 22. Vgl. dazu ausführlich *Kunig*, Rechtsstaatsprinzip, S. 63 ff., insbesondere S. 72 ff.

331 BVerfG v. 15.12.1970 – 2 BvF 1/69, 2 BvR 629/68 und 308/69, BVerfGE 30, 1 (24 f.); *Schulze-Fielitz* in Dreier, GG, Art. 20 (Rechtsstaat) Rn. 40; *Jarass* in Jarass/Pieroth, GG, Art. 20 Rn. 37.

332 Vgl. *Schmidt-Aßmann* in HStR II, § 26 Rn. 90.

333 BVerfG v. 21.06.1977 – 1 BvL 14/76, BVerfGE 45, 187 (246) m.w.N.

334 *Stern*, Staatsrecht I, S. 780.

335 Vgl. *Grzeszick* in Maunz/Dürig, Art. 20 GG, Teil VII, Rn. 26.

336 *Jarass* in Jarass/Pieroth, GG, Art. 20 Rn. 41; *Grzeszick* in Maunz/Dürig, GG, Art. 20 GG Absch. VII Rn. 26 (November 2006).

337 *Ule*, DVBl. 1963, 475 (447); *ders.*, DVBl. 1968, 781 (785).

338 *Lücke*, Begründungszwang, S. 40.

339 *Grzeszick* in Maunz/Dürig, Art. 20 GG, Teil VII, Rn. 23.

340 Vgl. auch die Formulierung von § 3 Abs. 1 AO. Die Gesetzmäßigkeit der Besteuerung wird auch Tatbestandsmäßigkeit der Besteuerung genannt. Vgl. *Wernsmann* in

b. *Vorrang des Gesetzes*

Vollziehende Gewalt und Rechtsprechung sind an Gesetz und Recht nach Art. 20 Abs. 3 GG gebunden. Der Vorrang des Gesetzes bedeutet, dass ein Handeln der Verwaltung und der Justiz gegen das Gesetz verfassungswidrig ist.[341] Er gilt uneingeschränkt.[342]

c. *Vorbehalt des Gesetzes*

Auch der Vorbehalt des Gesetzes ist Teil der Gesetzmäßigkeit der Verwaltung. Er bedeutet, dass in bestimmten grundlegenden Bereichen ein staatliches Handeln nur durch eine parlamentsgesetzliche Grundlage legitimiert werden kann.[343] Der (allgemeine) Vorbehalt des Gesetzes wurzelt im Rechtsstaatsprinzip und im Demokratieprinzip gemäß Art. 20 Abs. 1, 2 GG.[344] Die Prinzipien bilden die tragenden Säulen des Vorbehalts des Gesetzes, wobei man wegen der demokratischen Komponente auch von einem Parlamentsvorbehalt[345] sprechen kann.[346] Der Vorbehalt des Gesetzes wirkt gleichzeitig als ein Element der Gewaltenteilung.[347]

Der Vorbehalt des Gesetzes gilt im Gegensatz zum Vorrang des Gesetzes nur beschränkt. Er entfaltet seine Wirkung, wenn ein Handeln von Verwaltung und Justiz ohne Gesetz verfassungsrechtlich ausgeschlossen ist und der Gesetzgeber beide Gewalten zum Handeln ausdrücklich durch Gesetz ermächtigen

---

Hübschmann/Hepp/Spitaler, § 3 AO Rn. 180 und 186 m.w.N. (März 2016). Kritisch zu diesem Begriff *Hey* in Tipke/Lang, Steuerrecht, § 3 Rn. 233.

341 *Wernsmann* in Hübschmann/Hepp/Spitaler, § 4 AO Rn. 650 (Februar 2015).

342 *Wernsmann* in Hübschmann/Hepp/Spitaler, § 4 AO Rn. 650 (Februar 2015).

343 BVerfG v. 14.07.1998 – 1 BvR 1640/97, BVerfGE 98, 218 (251); *Grzeszick* in Maunz/Dürig, GG, Art. 20 GG Absch. VI Rn. 75 (Dezember 2007).

344 BVerfG v. 06.07.1999 – 2 BvF 3/90, BVerfGE 101, 1 (34); BVerfGE 136, 69 (114); v. 05.11.2014 – 1 BvF 3/11, BVerfGE 137, 350 (363 f.). Früher entnahm das BVerfG den Grundsatz des Vorbehalts des (allgemeinen) Gesetzes auch ohne ausdrückliche Erwähnung aus Art. 20 Abs. 3 GG; BVerfG v. 28.10.1975 – 2 BvR 883/73 und 379, 497, 526/74, BVerfGE 40, 237 (248). Aber das BVerfG wies bereits in seinem Beschluss v. 08.08.1978 – 2 BvL 8/77, BVerfGE 49, 89 (126 m.w.N.) auf die demokratische Komponente im Rechtsstaatsprinzip hin. Vgl. auch *Jarass* in Jarass/Pieroth, GG, Art. 20 Rn. 69; *Ossenbühl* in HStR V, § 101 Rn. 46 ff.

345 *Ossenbühl* in HStR V, § 101 Rn. 14, der betont, dass nur Regelungen und Entscheidungen erfasst werden, die ausschließlich dem Parlament vorbehalten sind. Er gehe über den Gesetzesvorbehalt hinaus.

346 *Ossenbühl* in HStR V, § 101 Rn. 41 ff.

347 *Grzeszick* in Maunz/Dürig, GG, Art. 20 GG Absch. VI Rn. 83 (Dezember 2007).

muss.[348] Es existiert nämlich kein totaler Gesetzesvorbehalt.[349] Auch die Exekutive ist demokratisch legitimiert und verfügt über einen „Kernbereich der exekutiven Eigenverantwortung".[350] Während zunächst nur „Eingriffe in Freiheit und Eigentum" einer gesetzlichen Grundlage bedurften,[351] muss der Gesetzgeber nach der Rechtsprechung des BVerfG nun „in grundlegenden normativen Bereichen, zumal im Bereich der Grundrechtsausübung, soweit diese staatlicher Regelung zugänglich ist, alle wesentlichen Entscheidungen selbst treffen" (sog. Wesentlichkeitstheorie).[352] Die Wesentlichkeitstheorie substantiiert den Parlamentsvorbehalt.[353] Die grundlegenden Bereiche zu ermitteln, in denen der Gesetzgeber ein Gesetz erlassen muss, richtet sich nach dem jeweiligen Sachbereich und der Eigenart des betroffenen Regelungsgegenstandes,[354] insbesondere liefern die Grundrechte Orientierungshilfen mit ihren speziellen Vorbehalten und objektiven Wertentscheidungen.[355] Im grundrechtsrelevanten Bereich bedeutet wesentlich in der Regel „wesentlich für die Verwirklichung der Grundrechte".[356]

In der jüngeren Rechtsprechung des BVerfG zeigt sich dagegen eine restriktivere Handhabung der Wesentlichkeitstheorie.[357] Die Wesentlichkeitstheorie sieht sich vermehrter Kritik ausgesetzt, weil insbesondere das Demokratieprinzip überdehnt würde.[358] Von der Wesentlichkeit hängt auch ab, wie genau und

---

348 *Wernsmann* in Hübschmann/Hepp/Spitaler, § 4 AO Rn. 650 (Februar 2015).

349 BVerfG v. 18.12.1984 - 2 BvE 13/83, BVerfGE 68, 1 (109); *Ossenbühl* in HStR V, § 101 Rn. 23 ff.

350 BVerfG v. 17.07.1984 - 2 BvE 11, 15/83, BVerfGE 67, 100 (139); v. 18.12.1984 - 2 BvE 13/83, BVerfGE 68, 1 (87); *Grzeszick* in Maunz/Dürig, GG, Art. 20 GG Absch. VI Rn. 108 (Dezember 2007); *Ossenbühl* in HStR V, § 101 Rn. 23.

351 BVerfG v. 06.05.1958 - 2 BvL 37/56, 11/57, BVerfGE 8, 155 (167); v. 28.10.1975 - 2 BvR 883/73 und 379, 497, 526/74, BVerfGE 40, 237 (249); *Wernsmann* in Hübschmann/Hepp/Spitaler, § 4 AO Rn. 651 (Februar 2015).

352 BVerfG v. 08.08.1978 - 2 BvL 8/77, BVerfGE 49, 89 (126 f. m.w.N.); vgl. BVerfG v. 26.06.1991 - 1 BvR 779/85, BVerfGE 84, 212 (226); v. 06.07.1999 - 2 BvF 3/90, BVerfGE 101, 1 (34); v. 05.11.2014 - 1 BvF 3/11, BVerfGE 137, 350 (363 f.).

353 *Ossenbühl* in HStR V, § 101 Rn. 53.

354 BVerfG v. 14.07.1998 - 1 BvR 1640/97, BVerfGE 98, 218 (251).

355 BVerfG v. 28.10.1975 - 2 BvR 883/73 und 379, 497, 526/74, BVerfGE 40, 237 (249); v. 08.08.1978 - 2 BvL 8/77, BVerfGE 49, 89 (127).

356 BVerfG v. 14.07.1998 - 1 BvR 1640/97, BVerfGE 98, 218 (251) m.w.N.

357 BVerfG v. 14.07.1998 - 1 BvR 1640/97, BVerfGE 98, 218 (251 ff.); v. 26.06.2002 - 1 BvR 558, 1428/91, BVerfGE 105, 252 (268 f.); v. 26.06.2002 - 1 BvR 670/91, BVerfGE 105, 279 (301 ff.); *Grzeszick* in Maunz/Dürig, GG, Art. 20 GG Absch. VI Rn. 105 (Dezember 2007).

358 *Grzeszick* in Maunz/Dürig, GG, Art. 20 GG Absch. VI Rn. 102 f. (Dezember 2007).

bestimmt das förmliche Gesetz, also Gegenstand, Inhalt, Zweck und Ausmaß der gesetzlichen Ermächtigung, sein muss.[359] Dadurch überschneiden sich der Vorbehalt des Gesetzes und Bestimmtheitsgebot und sind nur schwer zu trennen.[360] Beide Elemente dienen damit der Rechtssicherheit.[361]

d. Gesetzmäßigkeit der Besteuerung

Die Steuern sind ein staatliches Finanzierungselement, das in das individuelle Vermögen eines Steuerpflichtigen eingreift,[362] ohne dass dieser eine Gegenleistung erhält. Der Steuergesetzgeber greift durch die Auferlegung öffentlich-rechtlicher Abgabeverpflichtungen in die wirtschaftliche Betätigungsfreiheit als Ausprägung der allgemeinen Handlungsfreiheit gemäß Art. 2 Abs. 1 GG ein.[363] Das Steuerrecht ist daher klassisches Eingriffsrecht.[364] Der Vorbehalt des Gesetzes ergibt sich für das Steuerrecht folglich aus Art. 2 Abs. 1 GG, „jedenfalls"[365] soweit die Besteuerung Vermögen belastet.[366] Das Vermögen wird nämlich nicht von Art. 14 Abs. 1 GG geschützt.[367] In besondere Freiheitsgrundrechte, insbesondere Art. 5 Abs. 3, 12 oder 14 GG, wird indes erst dann eingegriffen, wenn von der Besteuerung eine lenkende Wirkung ausgeht, die einen faktischen Eingriff in dieses Freiheitsrecht begründet.[368] Der Vorbehalt des Gesetzes bildet dabei eine verfassungsrechtliche Rechtmäßigkeitsvoraussetzung und stellt kein

---

359 *Jarass* in Jarass/Pieroth, GG, Art. 20 Rn. 78.

360 *Jarass* in Jarass/Pieroth, GG, Art. 20 Rn. 82.

361 *Jarass* in Jarass/Pieroth, GG, Art. 20 Rn. 82.

362 *P. Kirchhof* in HStR V, § 118 Rn. 90.

363 Vgl. BVerfG v. 08.04.1987 – 2 BvR 909, 934, 935, 936, 938, 941, 942, 947/82, 64/83 und 142/84, BVerfGE 75, 108 (154 f.); v. 31.05.1988 – 1 BvL 22/85, BVerfGE 78, 232 (244); v. 25.09.1992 – 2 BvL 5, 8, 14/91, BVerfGE 87, 153 (169); *Wernsmann* in Hübschmann/Hepp/Spitaler, § 4 AO Rn. 547 (November 2014).

364 *Wernsmann* in Hübschmann/Hepp/Spitaler, § 3 AO Rn. 186 (März 2016); *ders.* in Hübschmann/Hepp/Spitaler, § 4 AO Rn. 532 (November 2014); *P. Kirchhof* in HStR V, § 118 Rn. 80; so bereits schon *O. Mayer*, Deutsches Verwaltungsrecht I, S. 316.

365 BVerfG v. 25.09.1992 – 2 BvL 5, 8, 14/91, BVerfGE 87, 153 (169).

366 BVerfG v. 25.09.1992 – 2 BvL 5, 8, 14/91, BVerfGE 87, 153 (169); siehe dazu *Wernsmann* in Hübschmann/Hepp/Spitaler, § 3 AO Rn. 186 f. (März 2016); *Drüen* in Tipke/Kruse, § 3 AO Rn. 35 (April 2016). A.A. *Kruse*, Lehrbuch des Steuerrechts I, S. 58, der den Parlamentsvorbehalt aus dem Gewohnheitsrecht herleitet.

367 *Wernsmann*, NJW 2006, 1169 (1170 ff.) m.w.N.; a.A. *P. Kirchhof* in HStR V, § 118 Rn. 80. Offenlassend BVerfG v. 18.01.2006 – 2 BvR 21/94/99, BVerfGE 115, 97 (112).

368 *Wernsmann* in Hübschmann/Hepp/Spitaler, § 3 AO Rn. 186 (März 2016).

Begriffsmerkmal der Steuer dar.[369] Steuergesetze unterliegen deswegen stets dem Vorbehalt des Gesetzes und dem Grundrechtsschutz.[370]

Die Geltung des Gesetzesvorbehalts im Steuerrecht wurde schon früh als „selbstverständlich" bezeichnet.[371] Verwaltung und Rechtsprechung sind daran gehindert, Steuern zu erfinden.[372] Dies wird auch als die Gesetzmäßigkeit der Besteuerung bezeichnet.[373]

Die genauen Regelungen, die der Gesetzgeber treffen muss, werden durch die Eigenart des Steuerrechts bestimmt. Die Anforderungen an die Regelungsdichte des Gesetzes können aber nicht aus einer analogen Anwendung des Art. 110 Abs. 2 Satz 1 GG ermittelt werden, weil Regelungsvorbehalte des Grundgesetzes zur Ausgabenseite nicht auf Regelungsvorbehalte zur Einnahmenseite übertragbar sind.[374] Schon die Regelungslücke als eine Voraussetzung der Analogie fehlt.[375] Weil aber die Belastungsentscheidungen zu Belastungsgegenstand und Tarif weitgehend vom Willen des Gesetzgebers abhängen, gilt im Steuerrecht ein strenger Gesetzesvorbehalt.[376] Der Steuergesetzgeber muss daher alle wesentlichen Elemente der Steuerbelastung durch ein parlamentarisches Gesetz treffen.[377] Er muss bei einem Parlamentsvorbehalt Gegenstand, Inhalt, Zweck und Ausmaß der gesetzlichen Regelung bestimmen. Auf das Steuerrecht bezogen, muss er über Steuersubjekt, Steuerobjekt, Steuerbemessungsgrundlage und Steuertarif entscheiden.[378] Er hat also Tatbestand und Rechtsfolge im Steuergesetz zu regeln.[379] Der Verwaltung darf nicht die Letztverantwortung überlassen

---

369 *Wernsmann* in Hübschmann/Hepp/Spitaler, § 3 AO Rn. 185 (März 2016) m.w.N auch der Gegenauffassung.

370 *P. Kirchhof* in HStR V, § 118 Rn. 80.

371 So schon *O. Mayer*, Deutsches Verwaltungsrecht I, S. 316.

372 *Hey* in Tipke/Lang, Steuerrecht, § 3 Rn. 233. Auch der Gesetzgeber besitzt kein freies Steuererfindungsrecht, BVerfG v. 13.04.2017 – 2 BvL 6/13, JZ 2017, 941 (942 ff.) mit Anm. v. *Wernsmann*, JZ 2017, 954. Dies wird aus Art. 105 Abs. 2 GG i.V.m. Art. 106 GG hergeleitet, hat aber nichts mit dem Gesetzesvorbehalt zu tun.

373 *Wernsmann* in Hübschmann/Hepp/Spitaler, § 4 AO Rn. 650 (Februar 2015).

374 Wohl h.M.; *Wernsmann* in Hübschmann/Hepp/Spitaler, § 4 AO Rn. 661 (Februar 2015); *Jehke*, Bestimmtheit und Klarheit im Steuerrecht, S. 118 ff.; *Seiler*, Parlamentsvorbehalt, S. 285 ff.; *Osterloh*, Gesetzesbindung, S. 159 f. A.A. *Papier*, Die finanzrechtlichen Gesetzesvorbehalte, S. 93 ff. (insbesondere S. 100 ff.).

375 Siehe dazu ausführlich *Jehke*, Bestimmtheit und Klarheit im Steuerrecht, S. 118 ff.

376 BVerfG v. 05.11.2014 – 1 BvF 3/11, BVerfGE 137, 350 (364).

377 *Wernsmann* in Hübschmann/Hepp/Spitaler, § 4 AO Rn. 654 (Februar 2015).

378 *Hey* in Tipke/Lang, Steuerrecht, § 3 Rn. 234.

379 *Hey* in Tipke/Lang, Steuerrecht, § 3 Rn. 233.

werden.[380] Daher lebt das Steuerrecht „insoweit aus dem ‚Diktum des Gesetzgebers'",[381] der aber selbst an die verfassungsrechtlichen Grenzen gebunden ist.[382] Die gesetzlichen Regelungen müssen nach Ansicht des BVerfG so bestimmt sein, dass der Steuerpflichtige seine steuerliche Belastung – in gewissem Umfang[383] – vorausberechnen kann.[384]

§ 4 AO normiert zwar, dass ein Gesetz jede Rechtsnorm ist, sodass neben förmlichen Gesetzen auch Satzungen und Verordnungen Gesetze i.S. dieser Norm sind. Ein Steuergesetz muss aber ein formelles Gesetz oder eine kommunale Steuersatzung sein, soweit eine parlamentsgesetzliche Grundlage besteht (z.B. Art. 3 BayKAG).[385] Es kommt dabei zu keinem Widerspruch mit dem Parlamentsvorbehalt. § 4 AO normiert nur einen Rechtssatzvorbehalt.[386] Diese Regelung greift zu weit. Der Rechtssatzvorbehalt erfüllt nicht die grundrechtlichen Anforderungen eines Steuergesetzes.[387] Der Erlass von Rechtsverordnungen nach Art. 80 GG ist aber grundsätzlich nicht ausgeschlossen, solange und soweit der parlamentarische Gesetzgeber alle wesentlichen Entscheidungen in der ermächtigenden Grundlage gemäß Art 80 Abs. 1 Satz 2 GG hinreichend bestimmt hat. Regelungen der Exekutive können daher im Steuerrecht, insbesondere wegen der zu berücksichtigenden Grundrechtsrelevanz und der Besonderheiten des Sachbereichs,[388] nur in engen Grenzen geschaffen werden. Für eine hinreichende Bestimmtheit einer ermächtigenden Grundlage muss daher im Parlamentsgesetz grundsätzlich der steuerliche Belastungstatbestand,

---

380 *Wernsmann* in Hübschmann/Hepp/Spitaler, § 4 AO Rn. 662 (Februar 2015).

381 BVerfG v. 05.11.2014 – 1 BvF 3/11, BVerfGE 137, 350 (364) mit Hinweis auf BVerfG v. 24.01.1962 – 1 BvR 232/60, BVerfGE 13, 318 (328) m.w.N.

382 Vgl. *Hey* in Tipke/Lang, Steuerrecht, § 3 Rn. 231.

383 BVerfG v. 10.10.1961 – 2 BvL 1/59, BVerfGE 13, 153 (160).

384 BVerfG v. 12.10.1978 – 2 BvR 154/74, BVerfGE 49, 343 (362); v. 23.10.1986 – 2 BvL 7, 8/84, BVerfGE 73, 388 (400); v. 17.07.2003 – 2 BvL 1, 4, 6, 16, 18/99, 1/01, BVerfGE 108, 186 (235); *Jarass* in Jarass/Pieroth, GG, Art. 20 Rn. 84; *Robbers* in Bonner Kommentar, Art. 20 GG Rn. 2186 f. (Oktober 2009). Kritisch dazu *Wernsmann* in Hübschmann/Hepp/Spitaler, § 4 AO Rn. 683 (Februar 2015): „überspitzte Leitsätze".

385 *Wernsmann* in Hübschmann/Hepp/Spitaler, § 4 AO Rn. 670 (Februar 2015).

386 *Ossenbühl* in HStR V, § 101 Rn. 16; *Wernsmann* in Hübschmann/Hepp/Spitaler, § 3 AO Rn. 189 (März 2016).

387 *Wernsmann* in Hübschmann/Hepp/Spitaler, § 3 AO Rn. 189 (März 2016); a.A. wohl *Drüen* in Tipke/Kruse, § 3 AO Rn. 34 (April 2016).

388 *Wernsmann* in Hübschmann/Hepp/Spitaler, § 4 AO Rn. 667 (Februar 2015).

d.h. der Steuerschuldner, der Steuergegenstand, die Bemessungsgrundlage und der Steuersatz, festgelegt sein.[389]

Im Sinne der Gesetzmäßigkeit der Besteuerung fordert § 3 Abs. 1 AO[390] einfachgesetzlich, dass Steuern Geldleistungen sind, die „zur Erzielung von Einnahmen allen auferlegt werden, bei denen der Tatbestand zutrifft." § 3 Abs. 1 AO verlangt also für das Vorliegen einer Steuer ein Gesetz, an das eine Geldleistungspflicht als Rechtsfolge bei Tatbestandserfüllung geknüpft ist. Genauso entstehen gemäß § 38 AO Ansprüche aus dem Steuerschuldverhältnis, sobald der Tatbestand verwirklicht ist, an den das Gesetz die Leistungspflicht knüpft.

Der Grundsatz der Gesetzmäßigkeit der Besteuerung verpflichtet aber nicht nur den Gesetzgeber, sondern auch und gerade die Finanzbehörden. Er wendet sich gegen die Willkür der Verwaltung und ist ein rechtsstaatliches sowie freiheitssicherndes Prinzip.[391] Entsprechend wiederholt § 85 AO einfachgesetzlich die verfassungsrechtliche Pflicht der Finanzbehörden zur Gesetzmäßigkeit der Besteuerung, dass sie die Steuern nach Maßgabe der Gesetze gleichmäßig festzusetzen und zu erheben haben.

Der Grundsatz der Gesetzmäßigkeit gilt daher sowohl im Festsetzungs- als auch im Erhebungsverfahren, nicht aber im Steuerstraf- und im Steuerordnungswidrigkeitsverfahren (vgl. §§ 399, 410 AO). Die Gesetzmäßigkeit der Besteuerung bedeutet für die Finanzbehörden ein Abweichungsverbot und eine Anwendungsgebot.[392] Die Finanzbehörden sind nicht nur berechtigt, sondern auch verpflichtet, alle nach § 38 AO entstandenen Steueransprüche geltend zu machen.[393] Daneben haben sie gemäß § 85 AO insbesondere sicherzustellen, dass Steuern nicht verkürzt, zu Unrecht erhoben oder Steuererstattungen und Steuervergütungen nicht zu Unrecht gewährt oder versagt werden. § 85 AO selbst stellt derweil nur eine Aufgabennorm und keine generalklauselartige Befugnisnorm für Eingriffe dar.[394]

2. Der Grundsatz der Gleichmäßigkeit der Besteuerung

Einfachgesetzlich normiert § 3 Abs. 1 AO neben der Gesetzmäßigkeit auch die Gleichmäßigkeit der Besteuerung, weil Steuern „allen auferlegt" werden müssen,

---

389 BVerfG v. 05.11.2014 - 1 BvF 3/11, BVerfGE 137, 350 (365).

390 § 3 Abs. 1 AO bildet einfachgesetzlich den verfassungsrechtlichen Steuerbegriff zutreffend ab; *Wernsmann* in Hübschmann/Hepp/Spitaler, § 3 AO Rn. 37 (März 2016).

391 *Birk*, StuW 1989, 212 (213).

392 *Hey* in Tipke/Lang, Steuerrecht, § 3 Rn. 238.

393 *Söhn* in Hübschmann/Hepp/Spitaler, § 85 AO Rn. 32 (August 2016).

394 *Söhn* in Hübschmann/Hepp/Spitaler, § 85 AO Rn. 14 (August 2016) m.w.N.

bei denen der Tatbestand zutrifft. Der Steuergläubiger ist zur gesetzmäßigen Steuererhebung und der Steuerschuldner zur gesetzmäßigen Steuerzahlung verpflichtet.[395]

Neben der Gesetzmäßigkeit der Besteuerung ist der Grundsatz der Gleichmäßigkeit der Besteuerung nach Art. 3 Abs. 1 GG „das zweite große Prinzip eines rechtsstaatlichen Steuerrechts."[396] Der Gleichheitssatz bildet ein grundlegendes Merkmal der (Steuer-)Gerechtigkeit.[397]

Für das Steuerrecht betonte bereits Art. 134 WRV, dass alle Staatsbürger ohne Unterschied im Verhältnis ihrer Mittel zu allen öffentlichen Lasten nach Maßgabe der Gesetze beizutragen haben. Im Grundgesetz findet sich dagegen keine ähnliche Formulierung. Art. 3 Abs. 1 GG füllt diese „Lücke".

Der Gleichheitssatz wurde auch schon als die „Magna Carta des Steuerrechts" bezeichnet.[398] Er ist bereichsspezifisch anzuwenden.[399] Der Gesetzgeber muss entscheiden, welche Sachverhalte er im Rechtssinne als gleich bewerten möchte, an die er dieselbe Rechtsfolge bindet.[400] Er darf dabei nicht willkürlich vorgehen. Ob er willkürlich gehandelt hat, lässt sich nur anhand der Umstände des konkreten Sachverhalts ermitteln, der geregelt werden soll.[401] Entgegen dem Wortlaut folgt – wegen Art. 1 Abs. 3 GG – aus Art. 3 Abs. 1 GG auch die sog. Rechtssetzungsgleichheit.[402] Der Gleichheitssatz zwingt den Gesetzgeber deswegen zu einer gerechten und gleichmäßigen Besteuerung aller Steuerpflichtigen.[403]

---

395 BVerfG v. 27.06.1991 – 2 BvR 1493/89, BVerfGE 84, 239 (271).

396 *Künstler*, Ermessensentscheidungen im materiellen Steuerrecht, S. 54. Man kann die Gleichmäßigkeit der Besteuerung auch als einen Teil der gesetzmäßigen Besteuerung ansehen, so BFH v. 31.01.2013 – GrS 1/10, BStBl. II 2013, 317 (322) – „insbesondere".

397 *Wernsmann* in Hübschmann/Hepp/Spitaler, § 4 AO Rn. 411 (November 2014). A.A. wohl *Drüen* in Tipke/Kruse, § 3 AO Rn. 42 (April 2016).

398 *Herzog*, Bund der Steuerzahler, VI. Deutscher Steuerzahler-Kongreß 1991, S. 11; *Wernsmann* in Hübschmann/Hepp/Spitaler, § 4 AO Rn. 411 (November 2014).

399 Vgl. zur Rechtsprechung des BVerfG nur BVerfG v. 27.06.1991 – 2 BvR 1493/89, BVerfGE 84, 239 (268) m.w.N. – st.Rspr.; *Wernsmann* in Hübschmann/Hepp/Spitaler, § 4 AO Rn. 410 (November 2014).

400 *Kruse*, Lehrbuch des Steuerrechts I, S. 44.

401 BVerfG v. 08.04.1987 – 2 BvR 909, 934, 935, 936, 938, 941, 942, 947/82, 64/83 und 142/84, BVerfGE 75, 108 (157).

402 Siehe nur *Wernsmann* in Hübschmann/Hepp/Spitaler, § 3 AO Rn. 201 (März 2016).

403 St.Rspr.: zuletzt BVerfG v. 15.01.2008 – 1 BvL 2/04, BVerfGE 120, 1 (44); v. 09.12.2008 – 2 BvL 1, 2/07, 1, 2/08, BVerfGE 122, 210 (231); v. 06.07.2010 – 2 BvL 13/09, BVerfGE 126, 268 (278); v. 07.07. 2010 – 2 BvL 14/02, 2/04, 13/05, BVerfGE 127, 1 (28); vgl. auch *Wernsmann* in Hübschmann/Hepp/Spitaler, § 4 AO Rn. 479 (November 2014).

Der Vergleichsmaßstab im Steuerrecht kann aus der „Funktion der staatlichen Teilhabe am Erfolg privaten Wirtschaftens“ entnommen werden.[404] Den Maßstab – gemessen am Erfolg des privaten Wirtschaftens – bilden die persönlichen wirtschaftlichen Verhältnisse des Steuerpflichtigen.[405] Das Leistungsfähigkeitsprinzip stellt, jedenfalls für direkte Steuern,[406] für die Anwendung des Art. 3 Abs. 1 GG im Steuerrecht ein bereichsspezifisches Differenzierungskriterium für eine gleichmäßige und gerechte Besteuerung dar.[407] Daher bedeutet das Prinzip der Besteuerungsgleichheit nach h.M. unterschiedliche Besteuerung je nach der wirtschaftlichen (finanziellen) Leistungsfähigkeit.[408] Neben dem Leistungsfähigkeitsprinzip muss der Gesetzgeber nach der Rechtsprechung des BVerfG das Gebot der Folgerichtigkeit berücksichtigen, das auch eine bereichsspezifische Konkretisierung darstellt.[409] Danach muss er eine einmal getroffene Entscheidung folgerichtig im Sinne der Belastungsgleichheit umsetzen.[410]

Für ein Steuergesetz verlangt Art. 3 Abs. 1 GG daher eine rechtliche und tatsächliche Belastungsgleichheit.[411] Einer gleichmäßigen Besteuerung kommt somit ein hohes öffentliches Interesse zu,[412] die als ein „Allgemeingut von herausgehobener Bedeutung“ angesehen wird.[413] Die verfassungsrechtliche Verankerung des Prinzips der gleichmäßigen Besteuerung geht damit über das nur fiskalische Interesse an der Sicherung des Steueraufkommens hinaus.[414] Eine gleichmäßige Lastenzuteilung dient gerade der Rechtfertigung des Eingriffs in

---

404 *Wernsmann* in Hübschmann/Hepp/Spitaler, § 4 AO Rn. 479 (November 2014).

405 *Birk*, StuW 1989, 212 (213); *Söhn*, StuW 1985, 395 (400).

406 BVerfG v. 10.11.1998 – 2 BvR 1057, 1226, 980/91, BVerfGE 99, 216 (232).

407 *Drüen* in Tipke/Kruse, § 3 AO Rn. 43 (April 2016) m.w.N.

408 BVerfG v. 29.05.1990 – 1 BvL 20, 26/84 und 4/86, BVerfGE 82, 60 (86); *Birk*, Leistungsfähigkeitsprinzip, S. 169 ff.; *Lang* in FS Kruse, S. 313 ff.; *P. Kirchhof*, StuW 1984, 297 (298); *Wernsmann* in Hübschmann/Hepp/Spitaler, § 3 AO Rn. 201 (März 2016).

409 *Wernsmann* in Hübschmann/Hepp/Spitaler, § 4 AO Rn. 479 f. (November 2014).

410 St.Rspr.: Siehe nur BVerfG v. 18.07.2012 – 1 BvL 16/11, BVerfGE 132, 179 (189).

411 BVerfG v. 27.06.1991 – 2 BvR 1493/89, BVerfGE 84, 239 (268).

412 BFH v. 31.01.2013 – GrS 1/10, BStBl. II 2013, 317 (322).

413 BVerfG v. 13.06.2007 – 1 BvR 1550/03, 2357/04, 603/05, BVerfGE 118, 168 (196); BFH v. 18.01.2012 – II R 49/10, BStBl. II 2012, 168 (174); v. 16.05.2013 – II R 15/12, BStBl. II 2014, 225 (228).

414 BVerfG v. 27.06.1991 – 2 BvR 1493/89, BVerfGE 84, 239 (281); BFH v. 31.01.2013 – GrS 1/10, BStBl. II 2013, 317 (322); v. 16.05.2013 – II R 15/12, BStBl. II 2014, 225 (227).

die Vermögens- und Rechtssphäre des Einzelnen.[415] Das Gleichbehandlungsgebot bedeutet, dass alle Steuerpflichtigen grundsätzlich vor dem Gesetz gleich zu behandeln sind. Daher sind Finanzbehörden und Finanzgerichte zur gleichmäßigen Durchsetzung der Steuergesetze verpflichtet (sog. Rechtsanwendungsgleichheit),[416] weil es keine Lastengleichheit geben kann, wenn die Steuergesetze ungleich vollzogen würden.[417] Gemäß dem Gewaltenteilungsprinzip regelt der Gesetzgeber also den Maßstab der Lastengleichheit und verpflichtet die gesetzesvollziehende Verwaltung „die Besteuerungsvorgaben in strikter Legalität [...] umzusetzen und so Belastungsgleichheit zu gewährleisten."[418] Dadurch ist nach Ansicht des BVerfG gleichheitsrechtlich ausgeschlossen, dass eine Regelung der Steuererhebung besteht, die die Gleichheit des Belastungserfolgs prinzipiell verfehlt. Daher muss das normative Umfeld des materiellen Steuergesetzes den tatsächlichen Erfolg der Belastungsgleichheit prinzipiell gewährleisten.[419] Folglich zwingt das Ziel der Gleichheit im Belastungserfolg die Verwaltung zu einem gleichmäßigen Gesetzesvollzug.[420]

3. *Einfluss auf das Ermessen im Steuerrecht*

Die Gesetzmäßigkeit und die Gleichmäßigkeit der Besteuerung haben erheblichen Einfluss auf die Gewährung eines Ermessens durch den Gesetzgeber und die Ausübung der Ermessensspielräume durch die Verwaltung im Steuerrecht. So betont neben dem BVerfG auch *Birk*, dass die Lastengleichheit „nicht nur eine Frage verfassungskonformer Normgestaltung, sondern auch eine Frage gleichmäßigen Normvollzugs" ist.[421] Daher kann den Finanzbehörden ein Ermessen nur dann zustehen, wenn es ihnen durch eine gesetzliche Regelung wegen des Vorbehaltes des Gesetzes eingeräumt wurde. Auch der Gleichheitssatz strahlt auf die Möglichkeit von Ermessensspielräumen aus.

---

415 BVerfG v. 27.06.1991 – 2 BvR 1493/89, BVerfGE 84, 239 (281); *Wernsmann* in Hübschmann/Hepp/Spitaler, § 4 AO Rn. 411 (November 2014).

416 *Wernsmann* in Hübschmann/Hepp/Spitaler, § 3 AO Rn. 206 (März 2016); *Hey* in Tipke/Lang, Steuerrecht, § 3 Rn. 110.

417 *Wernsmann* in Hübschmann/Hepp/Spitaler, § 3 AO Rn. 206 (März 2016).

418 BVerfG v. 27.06.1991 – 2 BvR 1493/89, BVerfGE 84, 239 (271).

419 BVerfG v. 27.06.1991 – 2 BvR 1493/89, BVerfGE 84, 239 (271).

420 BVerfG v. 27.06.1991 – 2 BvR 1493/89, BVerfGE 84, 239 (LS 1); v. 09.03.2004 – 2 BvL 17/02, BVerfGE 110, 94 (LS 1); *Wernsmann* in Hübschmann/Hepp/Spitaler, § 3 AO Rn. 206 (März 2016).

421 *Birk*, StuW 1989, 212 (213).

Ein Kennzeichen einer rechtsstaatlichen Steuer liegt – wie erläutert – in der Gleichmäßigkeit der Besteuerung. Schon *O. Mayer* formulierte: „Die Steuerauflage bedarf, als Eingriff, selbstverständlich der gesetzlichen Grundlage. Sie muss überdies, dem Wesen der Steuer entsprechend, das einen allgemeinen Maßstab verlangt, rechtssatzmäßig geregelt sein, ohne Zutat irgend welchen freien Ermessens."[422]

Die §§ 85, 88 Abs. 1, 155 Abs. 1 Satz 1 AO geben den Finanzbehörden für ihre Tätigkeit eine klare Richtung vor. Eine Kernaufgabe der Finanzbehörde stellt die konkrete Durchführung des Steuervollzugs dar.[423] Gemäß § 88 Abs. 1 Satz 1 AO ermitteln sie den Sachverhalt von Amts wegen. Art und Umfang steht in ihrem pflichtgemäßen Ermessen gemäß § 88 Abs. 2 Satz 1 AO.[424] Sie bestimmen Art und Umfang der Ermittlungen nach den Umständen des Einzelfalls sowie nach den Grundsätzen der Gleichmäßigkeit, Gesetzmäßigkeit und Verhältnismäßigkeit. Dieser Gestaltungsspielraum soll es den Finanzbehörden ermöglichen, die zweckmäßigsten und mildesten Maßnahmen treffen zu können.[425] Hier kommt den Finanzbehörden also ein nicht unerhebliches Verfahrensermessen[426] zu.[427] § 88 Abs. 2 Satz 1 AO bringt dabei nun zum Ausdruck, dass die Behörden sich hier in einem verfassungsrechtlichen Dreieck aus Gesetzmäßigkeit, Rechtsanwendungsgleichheit und den betroffenen Freiheitsgrundrechten befinden.[428] Für eine sachgerechte Ermessensentscheidung müssen die Finanzbehörden – wie bei gebundenen Entscheidungen – aber zunächst den Sachverhalt sorgfältig aufklären.[429]

Dagegen herrscht bei der Festsetzung der Ansprüche aus dem Steuerschuldverhältnis eine strenge Gesetzesbindung.[430] Die Ansprüche aus dem Steuerschuldverhältnis entstehen gemäß § 38 AO, sobald der Tatbestand verwirklicht ist, an den das Gesetz die Leistungspflicht knüpft. § 85 AO greift die verfassungsrechtliche Pflicht zur gesetzmäßigen und gleichmäßigen Besteuerung einfachgesetzlich auf und betont diese finanzbehördliche Aufgabe besonders. Der Norm kommt damit Verfassungsrang zu.[431] Dieses Ziel kann nämlich nur

422 *O. Mayer*, Deutsches Verwaltungsrecht I, S. 316.
423 *Seer* in Tipke/Kruse, § 88 AO Rn. 6 (August 2013); *ders.*, DStJG 31 (2008), S. 7 (12 ff.).
424 Vgl. BFH v. 28.10.2009 – VIII R 78/05, BStBl. II 2010, 455 (457).
425 Siehe *Riewald* in Becker/Riewald/Koch, RAO I, § 2 StanpG Anm. 1 Abs. 2.
426 Zum Begriff vgl. *Hill*, NVwZ 1985, 449.
427 *Seer* in Tipke/Kruse, § 88 AO Rn. 6 (August 2013); *ders.*, DStJG 31 (2008), S. 7 (12 ff.).
428 Siehe ausführlich dazu *Seer*, DStJG 31 (2008), S. 7 (13 f.).
429 *Riewald* in Becker/Riewald/Koch, RAO I, § 2 StanpG Anm. 1 Abs. 2.
430 *Kruse* in Liber amicorum Erichsen, S. 77 (83).
431 *Birk*, StuW 1989, 212 (213).

erreicht werden, wenn die Finanzverwaltung bei ihren Entscheidungen über die Besteuerung einer Person gebunden ist. Art. 3 Abs. 1 GG hindert den Gesetzgeber im Steuerrecht zwar nicht daran, Ermessensnormen zu schaffen, er kann aber in materiellen Besteuerungstatbeständen aufgrund des Grundsatzes der gleichmäßigen Behandlung aller Steuerpflichtigen der Verwaltung kein Ermessen einräumen.[432] Im Rechtsstaat schließt dieses Kennzeichen der Besteuerung grundsätzlich[433] ein finanzbehördliches Ermessen auf die Höhe der geschuldeten Steuer daher aus.[434]

Würde den Finanzbehörden ein Ermessensspielraum bei der Steuerfestsetzung eingeräumt werden, droht die Gefahr, dass eine gleichmäßige Besteuerung aller Steuerpflichtigen nicht mehr gewährleistet sein könnte. Es würde ein Einfallstor für Missbräuche geschaffen werden. Bei einem Ermessen wäre die Höhe der Steuer damit – entgegen der Rechtsprechung des BVerfG[435] – nicht mehr voraussehbar und berechenbar. Eine zwangsläufige Folge ist, dass den Finanzbehörden bei der Erhebung der Ansprüche aus dem Steuerschuldverhältnis auch kein Ermessen zukommen kann. Deswegen spielt das Ermessen im Steuerrecht nur eine untergeordnete Rolle.[436] Wie in der Literatur häufig angemerkt wird, haben die Finanzbehörden wegen der wenigen Ermessenstatbestände häufig Probleme, eine rechtmäßige Ermessensentscheidung zu treffen.[437]

Daneben sprechen noch weitere wesentliche Erwägungen gegen einen Ermessensspielraum im Steuerrecht. Die Eigenheiten der Materie unterscheiden sich nämlich wesentlich von denen des allgemeinen und besonderen Verwaltungsrechts, insbesondere in Gestalt des Polizeirechts, weil das Steuerrecht sich vom Verwaltungsrecht losgelöst hat.[438] Während das Verwaltungsrecht flexibel ausgestaltet sein muss, weist das Steuerrecht in hohem Maße konstante Faktoren auf.[439] *Felix* hat hier einige Besonderheiten hervorgehoben: Erstens berühre kein

---

432 *Wernsmann* in Hübschmann/Hepp/Spitaler, § 5 AO Rn. 35, 41 (April 2013).

433 Nur in Ausnahmefällen kommt den Finanzbehörden ein Ermessensspielraum zu; so *Kruse* in Liber amicorum Erichsen, S. 77 (83 Fn. 33).

434 *Wernsmann* in Hübschmann/Hepp/Spitaler, § 5 AO Rn. 232 (April 2013); *Riewald* in: Becker/Riewald/Koch, RAO III, § 102 FGO Anm. 3 Abs. 1, mit Hinweis auf *Naumann*, DÖV 1953, 535 (536).

435 Siehe dazu oben unter § 3.II.2.

436 Vgl. *Kruse* in Liber amicorum Erichsen, S. 77 (82).

437 Vgl. *Kruse* in Liber amicorum Erichsen, S. 77 (83); *Pump/Leibner*, StBp 2006, 37.

438 *Kruse* in Liber amicorum Erichsen, S. 77; *Felix*, Ermessensausübung im Steuerrecht, S. 19.

439 *Forsthoff*, Lehrbuch des Verwaltungsrechts I, S. 78; *Felix*, Ermessensausübung im Steuerrecht, S. 19.

Teil des Verwaltungsrechts den Vermögensbestand in so empfindlicher Weise wie das Steuerrecht, weil verschiedenste Steuerpflichten durch eine Vielzahl von Sachverhalten hervorgerufen würden. Daneben würde der staatliche Eingriff im Gegensatz zum Polizeirecht nicht durch ein nicht zu billigendes Verhalten des Steuerpflichtigen ausgelöst. Drittens würden die Steuergesetze Steuerpflichtigen in ihrer Gesamtheit betreffen und nicht wie das übrige Verwaltungsrecht, das sich in der Regel nur mit Einzelfälle beschäftige. Als vierten Punkt hebt er hervor, dass übliche Lebenssachverhalte und keine Ausnahmefälle Grundlage für die Besteuerung bilden würden.[440] Zudem laufen Ermessenstatbestände den Anforderungen der steuerrechtlichen Regelungen an Vorhersehbarkeit und Berechenbarkeit der Belastungen grundsätzlich entgegen.[441]

Für den Gesetzgeber kommen aber Ermessensnormen nur im Steuerverfahrensrecht in Betracht, um eine möglichst zweckmäßige und eine dem Einzelfall gerecht werdende Verfahrensgestaltung zu ermöglichen.[442] Aber auch sie müssen grundsätzlich eine Ausnahme bleiben, weil die Verwaltung dann trotz Eingriff in Grundrechtspositionen nicht mehr einer strikten Gesetzesbindung unterliegt.[443] Ermessensnormen sind daher im Verfahrensrecht nur zu verwenden, wenn eine abstrakt-generelle Regelung den Umständen im Einzelfall nicht mehr gerecht werden kann. Dies ist der Fall, wenn eine Abwägung im Einzelfall erforderlich ist, um situationsbedingte Konflikte auflösen zu können.[444] Die Ermessensnormen im Steuerrecht sollen das gebundene Handeln der Finanzbehörden in gewisser Weise, vor allem bei der Ermittlung der Besteuerungsgrundlagen und bei der Festsetzung und Erhebung der Ansprüche aus dem Steuerschuldverhältnis begleiten.[445]

Ein Ermessen im Steuerrecht ist daher nur in begrenztem Umfang möglich.

4. Selbstbindung der Finanzbehörde

Eine Selbstbindung der Verwaltung bei Ermessensentscheidungen kann vor allem durch ein gleichmäßiges Verwaltungshandeln oder durch eine Verwaltungspraxis mit ermessenslenkenden Verwaltungsvorschriften entstehen.[446] Art. 3

---

440 *Felix*, Ermessensausübung im Steuerrecht, S. 19.
441 *Felix*, Ermessensausübung im Steuerrecht, S. 17.
442 *Wernsmann* in Hübschmann/Hepp/Spitaler, § 5 AO Rn. 36 (April 2013).
443 *Englisch* in Tipke/Lang, Steuerrecht, § 5 Rn. 150.
444 Vgl. *Englisch* in Tipke/Lang, Steuerrecht, § 5 Rn. 150.
445 *Kruse* in Liber amicorum Erichsen, S. 77 (82 f.).
446 *Gerhardt* in Schoch/Schneider/Bier, § 114 VwGO Rn. 22 (Mai 1997).

Abs. 1 GG ist die normative Grundlage für die Selbstbindung.[447] Rechtsnatur und Reichweite der Selbstbindung sind durch die Entscheidung des Gesetzgebers für ein Ermessen und gegen eine gebundene Verwaltung bestimmt. Daher darf die Selbstbindung der Verwaltung nicht so weit gehen, dass die gesetzgeberische Entscheidung durch Art. 3 Abs. 1 GG oder durch den Vertrauensschutzgrundsatz aufgehoben wird.[448] Die Rechtssicherheit ist ein systemleitender Aspekt bei der Selbstbindung.[449]

Eine Selbstbindung der Verwaltung entsteht schon, wenn die Verwaltung ihr Ermessen bisher in einer ständigen gleichmäßigen Übung betätigt hat.[450] In diesem Fall kann sie im Einzelfall nicht ohne Grund davon abweichen, wenn sie das bisherige Schema zukünftig beibehalten möchte.[451]

Auch durch die Anwendung von Verwaltungsvorschriften kann eine Selbstbindung der Verwaltung entstehen.[452] Die Finanzbehörden können in geeigneten Fällen Verwaltungsvorschriften erlassen. Verwaltungsvorschriften sind abstrakt-generelle Regelungen, die innerhalb einer Verwaltungsorganisation von übergeordneten Behörden oder Vorgesetzen kraft ihrer Organisations- und Geschäftsleitungsgewalt gegenüber nachgeordneten Behörden oder Bediensteten erlassen werden.[453]

Diese können in verschiedene Kategorien unterteilt werden. Eine wichtige Form sind ermessensdirigierende Verwaltungsvorschriften, die das Ermessen der nachgeordneten Behörden binden und lenken.[454] Sie geben der Verwaltung Entscheidungskriterien, -maßstäbe und -muster[455] und sind generelle Weisungen einer vorgesetzten Behörde an eine ihr nachgeordnete Behörde.[456] Damit sichern sie in diesem Bereich eine Voraussehbarkeit und Gleichmäßigkeit der

---

447 *Sachs* in Stelkens/Bonk/Sachs, § 40 VwVfG Rn. 104.
448 *Gerhardt* in Schoch/Schneider/Bier, § 114 VwGO Rn. 22 (Mai 1997).
449 *Schmidt-Aßmann* in HStR II, § 26 Rn. 84.
450 *Sachs* in Stelkens/Bonk/Sachs, § 40 VwVfG Rn. 105.
451 *Wernsmann* in Hübschmann/Hepp/Spitaler, § 5 AO Rn. 183 (April 2013).
452 *Wernsmann* in Hübschmann/Hepp/Spitaler, § 5 AO Rn. 183 (April 2013).
453 *Wernsmann* in Hübschmann/Hepp/Spitaler, § 4 AO Rn. 85 (August 2015).
454 *Lange* in Hübschmann/Hepp/Spitaler, § 102 FGO Rn. 107 (Februar 2014); siehe auch *Wernsmann* in Hübschmann/Hepp/Spitaler, § 5 AO Rn. 187 ff. (April 2013). Eine andere Kategorie stellen norminterpretierende Richtlinien dar. Diese geben die nach Ansicht der Verwaltung zutreffende Auslegung wieder und dienen einem gleichmäßigen Gesetzesvollzug.
455 BVerwG v. 12.06.1985 – 6 C 24/84, BVerwGE 71, 342 (347 f.); *Wernsmann* in Hübschmann/Hepp/Spitaler, § 5 AO Rn. 188 (April 2013).
456 *Jestaedt* in Ehlers/Pünder, Allgemeines Verwaltungsrecht, § 11 Rn. 59.

Ermessensausübung[457] und dadurch die Einheitlichkeit des Gesetzesvollzuges.[458] Unter bestimmten Voraussetzungen kann der Bürger bei der Ausübung des Ermessens eine Gleichbehandlung verlangen.[459] Voraussetzung ist aber stets, dass es einen Regelfall gibt, also einen typischen und damit typisierbaren Einzelfall.[460] Ermessensdirigierende Verwaltungsvorschriften regeln einen Bereich, in dem die Rechtsprechung gemäß § 102 FGO nur begrenzte Kontrollmöglichkeiten besitzt.[461] Verwaltungsvorschriften sind grundsätzlich Innenrechtssätze und entfalten daher keine Außenwirkung.[462] Eine durch Art. 3 Abs. 1 GG entstehende mittelbare Außenwirkung ist aber anerkannt.[463] Die Finanzgerichte können nur prüfen, ob die behördliche Auslegung der Richtlinie „möglich" ist.[464] Würden Gerichte Ermessensrichtlinien auslegen, würden sie eine eigene Ermessensentscheidung an die Stelle der Ermessensentscheidung der Verwaltung setzen.[465] Ist die Auslegung durch die Verwaltung möglich, so sind die Gerichte gebunden.[466] Daher prüfen die Gerichte bei Ermessensrichtlinien, ob sich die Behörde an die Richtlinie gehalten hat, ob die Richtlinie die gesetzlichen Ermessensgrenzen einhält und ob die Behörde von dem Ermessen in einer dem Zweck der Ermächtigung entsprechenden Weise Gebrauch gemacht hat.[467] Auch ermessensdirigierende Verwaltungsrichtlinien müssen sich in den Grenzen bewegen, die das Grundgesetz und die einfachen Gesetze der Ausübung des Ermessens setzen.[468]

5. *Ergebnis*

Die verfassungsrechtlichen Grundsätze der Gleichmäßigkeit und Gesetzmäßigkeit der Besteuerung beeinflussen die Einräumung von Ermessensspielräumen im Steuerrecht. Daher sind Ermessensnormen grundsätzlich nur im formellen

---

457 BVerwG v. 12.06.1985 – 6 C 24/84, BVerwGE 71, 342 (347 f.).
458 *Schoch* in Hoffmann-Riem/Schmidt-Aßmann/Voßkuhle, Grundlagen, Band III, § 50 Rn. 273.
459 *Wernsmann* in Hübschmann/Hepp/Spitaler, § 5 AO Rn. 200 ff. (April 2013).
460 *Jestaedt* in Ehlers/Pünder, Allgemeines Verwaltungsrecht, § 11 Rn. 59.
461 *Wernsmann* in Hübschmann/Hepp/Spitaler, § 5 AO Rn. 200 (April 2013).
462 *Wernsmann* in Hübschmann/Hepp/Spitaler, § 5 AO Rn. 189 (April 2013).
463 *Wernsmann* in Hübschmann/Hepp/Spitaler, § 5 AO Rn. 200 (April 2013).
464 BFH v. 13.01.2011 – V R 43/09, BStBl. II 2011, 610 (612) m.w.N.
465 *Drüen* in Tipke/Kruse, § 4 AO Rn. 93 (Oktober 2011).
466 BFH v. 13.01.2011 – V R 43/09, BStBl. II 2011, 610 (612).
467 BFH v. 11.04.2006 – VI R 64/02, BStBl. II 2006, 642 (643).
468 BFH v. 21.04.1983 – IV R 60/80, BStBl. II 1983, 529 (530); v. 10.10.2001 – XI R 52/00, BStBl. II 2002, 201 (202); v. 11.04.2006 – VI R 64/02, BStBl. II 2006, 642 (643).

Steuerrecht anzutreffen, um eine gleichmäßige und gerechte Besteuerung zu ermöglichen. Im materiellen Steuerrecht dagegen finden sich grundsätzlich keine Ermessensnormen. Die Verwaltung kann daneben ermessensdirigierende Richtlinien erlassen, die sich auf die Ermessensausübung auswirken.

III. Ermessensfehler

Nach § 5 AO muss eine Finanzbehörde ihr Ermessen entsprechend dem Zweck der Ermächtigung ausüben und die gesetzlichen Grenzen des Ermessens einhalten. Beachtet die Finanzbehörde diese Anforderungen nicht, liegt ein Ermessensfehler vor. Ein Ermessensfehler führt grundsätzlich nur zur materiellen[469] Rechtswidrigkeit, nicht aber zur Nichtigkeit der Verwaltungsentscheidung.[470]

Die genaue Einteilung der Ermessensfehler in Ermessensfehlerkategorien ist umstritten. Die Formulierungen der § 5 AO und § 102 Satz 1 FGO deuten zwei Ermessensfehlerkategorien an.[471] Die wohl herrschende Ansicht in Rechtsprechung und Literatur teilt dagegen die Ermessensfehler in drei Kategorien ein. Sie unterscheidet zwischen dem Ermessensfehlgebrauch[472], der Ermessensüberschreitung und der Ermessensunterschreitung. Der Ermessensnichtgebrauch wird sowohl als Unterfall der Ermessensüberschreitung[473] als auch ein Fall des Ermessensfehlgebrauchs[474] gesehen. Teilweise werden Verstöße gegen verfassungsrechtliche Grundsätze und allgemeine Verwaltungsgrundsätze als eine Art vierte Kategorie hinzugerechnet,[475] während andere Stimmen sie unter eine der drei Kategorien fassen.[476]

Derweil gibt es in der Literatur Stimmen, die eine andere Aufteilung der Ermessensfehler bevorzugen. *Alexy* etwa unterteilt die Ermessensfehler nach einem eigenen System. Nach dem Gegenstand des Fehlers liege entweder ein Ergebnisfehler oder ein Vorgangsfehler vor, während der Vorgangsfehler noch

---

469 Eine formelle Rechtswidrigkeit liegt insbesondere vor, wenn die Begründung des Verwaltungsaktes den Anforderungen des § 121 Abs. 1 AO nicht gerecht wird, *Wernsmann* in Hübschmann/Hepp/Spitaler, § 5 AO Rn. 130, 146 (April 2013).

470 *Wernsmann* in Hübschmann/Hepp/Spitaler, § 5 AO Rn. 245 f. (April 2013).

471 Vgl. *Alexy*, JZ 1986, 701 (702) m.w.N.; *Wernsmann* in Hübschmann/Hepp/Spitaler, § 5 AO Rn. 151 (April 2013).

472 Auch Ermessensmissbrauch genannt, siehe *Alexy*, JZ 1986, 701 (702).

473 *Brandt* in Beermann/Gosch, § 102 FGO Rn. 42 (Mai 2005).

474 *Wernsmann* in Hübschmann/Hepp/Spitaler, § 5 AO Rn. 152 (April 2013); *Lange* in Hübschmann/Hepp/Spitaler, § 102 FGO Rn. 100 (Februar 2014).

475 *Maurer/Waldhoff*, Allgemeines Verwaltungsrecht, § 7 Rn. 23.

476 Vgl. *Wernsmann* in Hübschmann/Hepp/Spitaler, § 5 AO Rn. 152 (April 2013).

in Begründungs- und Motivationsfehler eingeteilt werden könne.[477] Diese Unterscheidungen seien von „grundlegender Bedeutung" für die Ermessensfehlerlehre.[478] Ein Ergebnisfehler sei durch eine fehlerhafte Rechtsfolgenwahl gekennzeichnet, wenn die Verwaltung eine aus der Gesamtheit der möglichen Rechtsfolgen nicht enthaltene Rechtsfolge wähle.[479] Nach *Alexy* sind Ermessensfehler daher „alle gerichtlich kontrollierbaren Rechtsfehler des Ergebnisses und des Vorgangs der Ermessensbetätigung."[480]

Im Ergebnis besteht aber eine inhaltliche Einigkeit hinsichtlich der Ermessensfehler.[481] Die Unterscheidungen in verschiedene Systeme haben zudem keine praktische Bedeutung[482] und tragen zur „Frage der gerichtlichen Kontrolle nichts bei".[483] Eine genaue systematische Festlegung ist daher an dieser Stelle nicht erforderlich. In die Bearbeitung der einzelnen Ermessensfehler fließen sowohl die klassische Dreiteilung als auch die Systematik *Alexys* ein, um eine systematische Darstellung zu ermöglichen.

Zu beachten ist stets, dass der Bürger grundsätzlich nur einen Anspruch auf eine ermessensfehlerfreie Entscheidung und nicht auf ein bestimmtes Ergebnis hat.[484] Daher führen materiell-rechtliche Fehler einer Ermessensentscheidung auch immer zur Aufhebung des Verwaltungsaktes.[485] Die Pflicht der Verwaltung zur Ermessensausübung bedeutet aber nicht, dass sie einen Verwaltungsakt auch erlassen muss. Sie ist auch befugt, ihr Ermessen dahingehend auszuüben, dass sie nicht tätig wird.[486] Voraussetzung ist aber stets, dass das Gesetz der Verwaltung ein Entschließungsermessen einräumt.

1. Ermessensüberschreitung

Eine Ermessensüberschreitung liegt vor, wenn die Verwaltung eine Rechtsfolge wählt, die sich außerhalb der gesetzlichen Vorgaben bewegt, obwohl die Behörde gemäß § 5 AO die gesetzlichen Grenzen einhalten muss. Die gesetzlichen

---

477 *Alexy*, JZ 1986, 701 (707).

478 *Alexy*, JZ 1986, 701 (707).

479 *Alexy*, JZ 1986, 701 (707); *Wernsmann* in Hübschmann/Hepp/Spitaler, § 5 AO Rn. 153 (April 2013). Die h.M. bezeichnet diesen Fehler als eine Ermessensüberschreitung.

480 *Alexy*, JZ 1986, 701 (707).

481 *Maurer/Waldhoff*, Allgemeines Verwaltungsrecht, § 7 Rn. 19.

482 *Wernsmann* in Hübschmann/Hepp/Spitaler, § 5 AO Rn. 153 (April 2013).

483 *Gerhardt* in Schoch/Schneider/Bier, § 114 VwGO Rn. 15 (Mai 1997).

484 *Drüen* in Tipke/Kruse, § 5 AO Rn. 44 (August 2014).

485 *Blesinger*, StuW 1995, 226 (230).

486 *Drüen* in Tipke/Kruse, § 5 AO Rn. 42 (August 2014).

Grenzen des Ermessens normiert einerseits die jeweilige Ermächtigungsnorm,[487] andererseits bilden alle irgendwie einschlägigen Rechtsnormen aufgrund der Gesetzesbindung weitere mögliche Grenzen des Ermessens.[488]

Wenn die Finanzverwaltung den Sachverhalt nicht ausreichend erforscht, hat auch diese Pflichtverletzung eine Ermessensüberschreitung[489] zur Folge.[490] Trifft die Verwaltung eine Ermessensentscheidung, obwohl die gesetzlichen Tatbestandsvoraussetzungen nicht erfüllt sind, liegt kein Ermessensfehler vor. Der Fehler liegt auf Tatbestandsebene und nicht auf Rechtsfolgenseite.[491]

Auch bei einem Verstoß gegen verfassungsrechtliche Grenzen der Ermessensbetätigung, an die die Verwaltung gemäß Art. 1 Abs. 3, 20 Abs. 3 GG unmittelbar gebunden ist, handelt es sich um einen Ermessensfehler in Sinne einer Ermessensüberschreitung.[492] Wenn es sich bei der Überschreitung einfachgesetzlicher Regelungen schon um eine Ermessensüberschreitung handelt, muss dies erst recht gelten für das Überschreiten verfassungsrechtlicher Grenzen.[493] Auch können der Gleichheitssatz aus Art. 3 Abs. 1 GG und das Übermaßverbot aus Art. 20 Abs. 3 GG keinen Zweck des Ermessens bilden, sondern sie sind vielmehr die wichtigsten Ermessensgrenzen aus höherrangigem Recht.[494]

Die Ermessensüberschreitung ist nach der Konzeption *Alexys* ein Ergebnisfehler, im Gegensatz zum Ermessensfehlgebrauch und der Ermessensunterschreitung, die Vorgangsfehler bilden.[495] Ein Ergebnisfehler liegt vor, wenn die von der Verwaltung gewählte Rechtsfolge absolut unzulässig ist, sie niemals rechtmäßig sein kann.[496] Im Unterschied dazu kann bei einem Vorgangsfehler das Ergebnis zwar im zulässigen Bereich der Norm liegen, die Art und Weise des

---

487 *Drüen* in Tipke/Kruse, § 5 AO Rn. 35 (August 2014); *Sachs* in Stelkens/Bonk/Sachs, § 40 VwVfG Rn. 74.

488 *Sachs* in Stelkens/Bonk/Sachs, § 40 VwVfG Rn. 82.

489 *Drüen* in Tipke/Kruse, § 5 AO Rn. 37 (August 2014).

490 BFH v. 27.09.2001 – X R 134/98, BStBl. II 2002, 176 (179).

491 Vgl. *Wernsmann* in Hübschmann/Hepp/Spitaler, § 5 AO Rn. 126 (April 2013); a.A. *Sachs* in Stelkens/Bonk/Sachs, § 40 VwVfG Rn. 75; *Drüen* in Tipke/Kruse, § 5 AO Rn. 36 (August 2014).

492 *Wernsmann* in Hübschmann/Hepp/Spitaler, § 5 AO Rn. 162 (April 2013); *Lange* in Hübschmann/Hepp/Spitaler, § 102 FGO Rn. 95 (Februar 2014); *W.-R. Schenke* in Kopp/Schenke, § 114 VwGO Rn. 7.

493 *Englisch* in Tipke/Lang, Steuerrecht, § 5 Rn. 153.

494 *Wernsmann* in Hübschmann/Hepp/Spitaler, § 5 AO Rn. 162, 170 f. (April 2013).

495 *Alexy*, JZ 1986, 701 (702).

496 *Wernsmann* in Hübschmann/Hepp/Spitaler, § 5 AO Rn. 162 (April 2013).

Verfahrens für das Ergebnis hingegen war fehlerhaft.[497] Bei einer unverhältnismäßigen oder gleichheitswidrigen Entscheidung liegt daher immer ein Ergebnisfehler vor[498] und somit eine Ermessensüberschreitung.

2. *Ermessensfehlgebrauch*

Orientiert sich die Finanzverwaltung nicht am Zweck der Norm gemäß § 5 AO, liegt ein Ermessensfehlgebrauch vor. Die Finanzgerichte überprüfen, ob die Ermessenserwägungen und die getroffene Ermessensentscheidung unter Berücksichtigung des konkreten Falles mit dem Zweck der ermächtigenden Vorschrift übereinstimmen.[499] Der Zweck der ermächtigenden Norm ist im Einzelfall durch eine Auslegung des Gesetzes zu ermitteln.[500] Die Auslegung ist ein vorbereitender Schritt für die Ermessensentscheidung.[501] Die maßgeblichen Gesichtspunkte für eine zweckmäßige Entscheidung sind äußerst vielfältig.[502] Dabei beeinflussen insbesondere auch verfassungsrechtliche Wertentscheidungen den Zweck der ermächtigenden Norm. Die Verwaltung hat daher u.a. auch die Wertentscheidungen der Grundrechte zu berücksichtigen.[503] Verwendet die Verwaltung sachfremde oder zweckwidrige Erwägungen für die Ermessensentscheidung oder lässt sie Erwägungen außer Betracht, die sie hätte einbeziehen müssen, liegt grundsätzlich ein Ermessensfehlgebrauch vor.[504]

Derweil stellt es keinen Ermessensfehler dar, wenn die Behörde ihre Ermessensentscheidung auf mehrere Erwägungen gestützt hat, von denen zwar eine oder einzelne fehlerhaft sind, die Verwaltung aber betont hat, dass jede einzelne

---

497 *Alexy*, JZ 1986, 701 (702); *Wernsmann* in Hübschmann/Hepp/Spitaler, § 5 AO Rn. 153 (April 2013).

498 *Wernsmann* in Hübschmann/Hepp/Spitaler, § 5 AO Rn. 162 (April 2013).

499 *Lange* in Hübschmann/Hepp/Spitaler, § 102 FGO Rn. 99 (Februar 2014).

500 BFH v. 04.07.1972 – VII R 103/69, BStBl. II 1972, 806 (808); v. 01.07.1981 – VII R 84/80, BStBl. II 1981, 740 (744); v. 03.08.1983 – II R 144/80, BStBl. II 1984, 321 (323); v. 23.05.1985 – V R 124/79, BStBl. II 1985, 489 (491); v. 15.07.2010 – III R 89/09, BFH/NV 2011, 121 (122); *Wernsmann* in Hübschmann/Hepp/Spitaler, § 5 AO Rn. 157, 159 (April 2013); *Drüen* in Tipke/Kruse, § 5 AO Rn. 47 (August 2014).

501 *Drüen* in Tipke/Kruse, § 5 AO Rn. 47 (August 2014).

502 Siehe dazu *Sachs* in Stelkens/Bonk/Sachs, § 40 VwVfG Rn. 15.

503 *W.-R. Schenke* in Kopp/Schenke, § 114 VwGO Rn. 9; *Sachs* in Stelkens/Bonk/Sachs, § 40 VwVfG Rn. 63; *Maurer/Waldhoff*, Allgemeines Verwaltungsrecht, § 7 Rn. 23.

504 BFH v. 01.07.1981 – VII R 84/80, BStBl. II 1981, 740 (744); *Lange* in Hübschmann/Hepp/Spitaler, § 102 FGO Rn. 97 (Februar 2014).

Erwägung allein die Ermessensentscheidung tragen soll.[505] Nach Ansicht des BFH ist es also für eine ermessensfehlerfreie Entscheidung ausreichend, dass eine selbständig tragende Erwägung rechtsfehlerfrei ist.[506] Ergibt sich jedoch aus der Ermessensentscheidung, dass alle Gründe in ihrer Summe die Entscheidung tragen sollen und sind einzelne Erwägungen nicht tragfähig, dann ist die Ermessensentscheidung fehlerhaft.[507]

Eine rein unzweckmäßige Entscheidung ist rechtmäßig, solange sie nicht gegen den Zweck oder die gesetzlichen Grenzen verstößt,[508] auch wenn eine andere Entscheidung sinnvoller oder besser gewesen wäre.[509] Diese Entscheidung ist rechtlich nicht bedeutsam.[510] Die Letztentscheidungskompetenz, ob eine andere Maßnahme zweckmäßiger oder besser gewesen wäre, steht nicht den Gerichten zu,[511] sondern kann nur im Einspruchsverfahren nach § 367 Abs. 2 Satz 1 AO überprüft werden. Eine unzweckmäßige Entscheidung ist erst dann ein Ermessensfehler, wenn die Verwaltung den Zweck der Ermächtigung verkannt hat.[512] Die Zweckmäßigkeitserwägungen können für die Finanzgerichte nur bei der Frage der Verhältnismäßigkeit bei Eingriffen in geschützte Rechtspositionen eine Rolle spielen.[513]

3. *Ermessensnichtgebrauch*

Ein weiterer Ermessensfehler ist der sog. Ermessensnichtgebrauch (auch Ermessensunterschreitung genannt[514]). Man versteht darunter den vollständigen oder teilweisen erkennbaren Nichtgebrauch des Ermessens.[515] Nach Ansicht der Rechtsprechung und der Literatur kann ein Ermessensnichtgebrauch in verschiedenen Konstellationen gegeben sein. So ist er schon anzunehmen, wenn

505 BFH v. 16.09.2014 – X R 30/13, BFH/NV 2015, 150 (152); v. 18.02.2016 – V R 62/14, BStBl. II 2016, 589 (592) m.w.N.

506 BFH v. 16.09.2014 – X R 30/13, BFH/NV 2015, 150 (152); v. 18.02.2016 – V R 62/14, BStBl. II 2016, 589 (592).

507 BFH v. 16.09.2014 – X R 30/13, BFH/NV 2015, 150 (152); v. 18.02.2016 – V R 62/14, BStBl. II 2016, 589 (592 f.).

508 *Sachs* in Stelkens/Bonk/Sachs, § 40 VwVfG Rn. 72.

509 *Maurer/Waldhoff*, Allgemeines Verwaltungsrecht, § 7 Rn. 18.

510 *Maurer/Waldhoff*, Allgemeines Verwaltungsrecht, § 7 Rn. 18.

511 *W.-R. Schenke* in Kopp/Schenke, § 114 VwGO Rn. 1.

512 *Sachs* in Stelkens/Bonk/Sachs, § 40 VwVfG Rn. 72; *Maurer/Waldhoff*, Allgemeines Verwaltungsrecht, § 7 Rn. 18.

513 Vgl. *Wernsmann* in Hübschmann/Hepp/Spitaler, § 5 AO Rn. 151 (April 2013); *Alexy*, JZ 1986, 701 (706); *Gersch*, AO-StB 2007, 329 (331).

514 Siehe zu den weiteren Begriffen *Drüen* in Tipke/Kruse, § 5 AO Rn. 40 (August 2014).

515 Vgl. *Sachs* in Stelkens/Bonk/Sachs, § 40 VwVfG Rn. 77.

nicht erkennbar ist, dass die Verwaltung in der angefochtenen Entscheidung eine Ermessensentscheidung überhaupt getroffen hat.[516] Dies ist bei einer mangelnden Begründung regelmäßig anzunehmen.[517] Auch liegt ein Ermessensnichtgebrauch vor, wenn die Verwaltung verkennt, dass ihr ein Ermessen überhaupt zusteht und sie sich irrig oder aus Nachlässigkeit für gebunden hält.[518] Erkennt die Verwaltung zwar, dass ihr ein Ermessensspielraum zusteht, nimmt sie aber eine nicht bestehende Ermessensreduzierung auf Null an, liegt auch eine Ermessensunterschreitung vor.[519] Die Verwaltung ist nämlich berechtigt, aber auch verpflichtet, ihr Ermessen auszuüben.[520] Der erste Schritt dafür ist immer, dass die Finanzverwaltung überhaupt Ermessenserwägungen anstellt. Aber auch wenn die Verwaltung die Vorschrift schon fehlerhaft auslegt und anschließend ihre Ermessensentscheidung fällt, liegt eine Ermessensunterschreitung vor.[521] Dabei ist unerheblich, ob die gewählte Rechtsfolge rechtlich zulässig wäre, weil der Ermessensnichtgebrauch ein Vorgangs- und kein Ergebnisfehler ist.[522]

Die Verwaltung muss von ihrer Ermächtigung Gebrauch machen.[523] Der Ermessensnichtgebrauch kann deswegen nicht als ein Unterfall der Ermessenüberschreitung i.S.v. § 102 Satz 1 Alt. 1 FGO eingeordnet werden. Er ist ein Unterfall des Ermessensfehlgebrauchs i.S.v. § 102 Satz 1 Alt. 2 FGO, weil die

516 Vgl. BFH v. 05.03.1993 - VI R 79/91, BStBl. II 1993, 692 (693); v. 11.03.2004 - VII R 52/02, BStBl. II 2004, 579 (581); *Lange* in Hübschmann/Hepp/Spitaler, § 102 FGO Rn. 100 (Februar 2014).

517 *Wernsmann* in Hübschmann/Hepp/Spitaler, § 5 AO Rn. 131 (April 2013).

518 BFH v. 15.05.2013 - VI R 28/12, BStBl. II 2013, 737 (738); v. 23.07.2013 - VIII R 17/10, BStBl. II 2013, 820 (821); *Drüen* in Tipke/Kruse, § 5 AO Rn. 40 (August 2014); *Maurer/Waldhoff*, Allgemeines Verwaltungsrecht, § 7 Rn. 21; *Lange* in Hübschmann/Hepp/Spitaler, § 102 FGO Rn. 100 ff. (Februar 2014).

519 *Lange* in Hübschmann/Hepp/Spitaler, § 102 FGO Rn. 100 (Februar 2014); vgl. auch *W.-R. Schenke* in Kopp/Schenke, § 114 VwGO Rn. 14.

520 BFH v. 09.02.1972 - II R 99/70, BStBl. II 1972, 503 (506); v. 02.11.1994 - VII R 94/93, BFH/NV 1995, 754; v. 18.12.2001 - VIII R 27/96, BFH/NV 2002, 747 (748); v. 06.12.2012 - V R 1/12, BFH/NV 2013, 906; *Drüen* in Tipke/Kruse, § 5 AO Rn. 42 (August 2014).

521 BFH v. 11.03.2004 - VII R 52/02, BStBl. II 2004, 579 (580 f.); *Drüen* in Tipke/Kruse, § 5 AO Rn. 40 (August 2014).

522 *Alexy*, JZ 1986, 701 (702); *Drüen* in Tipke/Kruse, § 5 AO Rn. 41 (August 2014); *Wernsmann* in Hübschmann/Hepp/Spitaler, § 5 AO Rn. 153 (April 2013).

523 Vgl. BFH v. 02.11.1994 - VII R 94/93, BFH/NV 1995, 754; v. 18.12.2001 - VIII R 27/96, BFH/NV 2002, 747 (748).

Finanzverwaltung die Pflicht aus § 5 AO verletzt, das ihr zustehende Ermessen dem Normzweck entsprechend auszuüben.[524]

IV. Überprüfung von Ermessensentscheidungen

Bei der Überprüfung von Ermessensentscheidungen muss zwischen dem finanzbehördlichen und dem finanzgerichtlichen Verfahren differenziert werden. Beide Arten unterscheiden sich hinsichtlich ihrer Kontrolldichte. Während im finanzgerichtlichen Verfahren nur die Rechtmäßigkeit überprüft wird nach §§ 100 ff. FGO, sind im Einspruchsverfahren nach § 367 Abs. 2 Satz 1 AO sowohl die Rechtmäßigkeit als auch die Zweckmäßigkeit zu untersuchen.

1. Überprüfung von Ermessensentscheidungen durch die Finanzbehörden

Bei einem Einspruch gegen einen finanzbehördlichen Verwaltungsakt muss dieser von der zuständigen Finanzbehörde sowohl auf die Rechtmäßigkeit als auch auf dessen Zweckmäßigkeit überprüft werden, weil die Finanzbehörde nach § 367 Abs. 2 Satz 1 AO die Sache „in vollem Umfang“ erneut prüfen muss. Im Falle einer Ermessensnorm muss die Finanzbehörde eine (erneute) Ermessensentscheidung treffen.[525] Sie darf daher den Ausgangsbescheid nicht nur auf Ermessensfehler hin kontrollieren.[526] Gegebenenfalls muss sie für die eigene Ermessensentscheidung auch den Sachverhalt ermitteln.[527]

Der Bescheid in Gestalt der Einspruchsentscheidung bildet grundsätzlich im möglichen anschließenden finanzgerichtlichen Verfahren den Streitgegenstand.[528]

2. Finanzgerichtliche Überprüfung von Ermessensentscheidungen

Bei der finanzgerichtlichen Kontrolle von finanzbehördlichen Entscheidungen handelt es sich dagegen nur um eine Rechtmäßigkeits- und nicht auch um eine

---

524 *Lange* in Hübschmann/Hepp/Spitaler, § 102 FGO Rn. 100 (Februar 2014); *Wernsmann* in Hübschmann/Hepp/Spitaler, § 5 AO Rn. 152, 267 (April 2013).

525 BFH v. 05.03.1993 - VI R 79/91, BStBl. II 1993, 692 (693); v. 19.11.2007 - VIII B 30/07, BFH/NV 2008, 335 (336); v. 26.08.2010 – III R 16/08, BFH/NV 2011, 668 (669); *Wernsmann* in Hübschmann/Hepp/Spitaler, § 5 AO Rn. 266 (April 2013).

526 BFH v. 19.11.2007 - VIII B 30/07, BFH/NV 2008, 335.

527 FG Hessen v. 06.03.1989 - 10 K 4758/88, EFG 1989, 326 (327); FG Baden-Württemberg v. 10.11.1989 - IX K 67/88, EFG 1990, 184; *Wernsmann* in Hübschmann/Hepp/Spitaler, § 5 AO Rn. 266 (April 2013).

528 Vgl. BFH v. 26.08.2010 - III R 16/08, BFH/NV 2011, 668 (669); v. 14.03.2012 - XI R 33/09, BStBl. II 2012, 477 (483).

Zweckmäßigkeitskontrolle. Ermessensentscheidungen der Verwaltung sind daher nur auf Ermessensfehler gerichtlich überprüfbar. § 102 Satz 1 FGO stellt dies klar.[529] Der Kläger kann grundsätzlich – außer in den Fällen der Ermessensreduzierung auf Null – nicht verlangen, dass das Gericht die Behörde zum Erlass einer bestimmten Entscheidung verpflichtet.[530] In diesem Fall würden die Finanzgerichte die Kompetenzen der Verwaltung zu einer Ermessensentscheidung usurpieren.[531]

a. *Verfassungsrechtlicher Hintergrund, insbesondere Gewaltenteilung*

Art. 19 Abs. 4 GG garantiert demjenigen, der eine Verletzung in eigenen Rechten durch die öffentliche Gewalt geltend macht, neben dem Zugang zu den Gerichten auch einen effektiven Rechtsschutz.[532] Der Bürger hat einen Anspruch auf eine tatsächlich wirksame gerichtliche Kontrolle.[533] Daher kann die Judikative grundsätzlich nicht an Feststellungen und Wertungen der Verwaltung gebunden sein, sondern sie muss eine vollständige tatsächliche und rechtliche Überprüfung vornehmen.[534] Die gerichtliche Kontrolle muss deswegen neben der Rechtsfehlerkontrolle mindestens auch eine Tatsachenkontrolle – zumindest in der ersten Instanz – umfassen.[535] Der Verwaltung kann kein „Ermessen" hinsichtlich der Sachverhaltsfeststellungen zustehen, das eine gerichtliche Überprüfung der Ermessensentscheidung ausschließen würde.[536]

Der effektive Rechtsschutz ist eine normgeprägte Garantie, weil Art. 19 Abs. 4 GG keine geschützten Rechtspositionen enthält, sondern sie voraussetzt.[537] Das

---

529 *Drüen* in Tipke/Kruse, § 102 FGO Rn. 2 (Januar 2016); *Stapperfend* in Gräber, § 102 FGO Rn. 16.

530 *Stapperfend* in Gräber, § 102 FGO Rn. 16.

531 *Papier* in HStR VIII, § 177 Rn. 73.

532 BVerfG v. 18.07.1973 – 1 BvR 23, 155/73, BVerfGE 35, 382 (401); v. 17.04.1991 – 1 BvR 419/81 und 213/83, BVerfGE 84, 34 (49); v. 10.12.2009 – 1 BvR 3151/07, BVerfGK 16, 418 (433); siehe auch BVerfG v. 31.05.2011 – 1 BvR 857/07, BVerfGE 129, 1 (20); *Lange* in Hübschmann/Hepp/Spitaler, § 102 FGO Rn. 11 (Februar 2014); *Papier* in HStR VIII, § 177 Rn. 57, 90.

533 St.Rspr.: BVerfG v. 18.07.1973 – 1 BvR 23, 155/73, BVerfGE 35, 382 (401 f.); v. 17.04.1991 – 1 BvR 419/81 und 213/83, BVerfGE 84, 34 (49).

534 BVerfG v. 05.02.1963 – 2 BvR 21/60, BVerfGE 15, 275 (282); v. 08.07.1982 – 2 BvR 1187/80, BVerfGE 61, 82 (111); v. 31.05.1988 – 1 BvR 520/83, BVerfGE 78, 214 (226); v. 17.04.1991 – 1 BvR 419/81 und 213/83, BVerfGE 84, 34 (49); v. 20.02.2001 – 2 BvR 1444/00, BVerfGE 103, 142 (156); v. 08.12.2011 – 1 BvR 1932/08, BVerfGK 19, 229 (233).

535 *Papier* in HStR VIII, § 177 Rn. 68.

536 *Papier* in HStR VIII, § 177 Rn. 69.

537 BVerfG v. 17.04.1991 – 1 BvR 419/81 und 213/83, BVerfGE 84, 34 (49); v. 20.02.2001 – 2 BvR 1444/00, BVerfGE 103, 142 (156 f.).

einfache Recht – von den Grundrechten und anderen verfassungsrechtlichen Rechten abgesehen – bestimmt die Rechte, die der Bürger geltend machen kann.[538] Eine gerichtliche Kontrolle kann nur so weit reichen, wie die materiellrechtliche Bindung der Exekutive besteht.[539] Sie endet dort, wo das materielle Recht in verfassungsmäßiger Weise von der Verwaltung eine Entscheidung fordert, ohne dafür hinreichend bestimmte Entscheidungsprogramme zu enthalten.[540] Die gerichtliche Kontrolle ist folglich streng gesetzesakzessorisch, da es die legislative Aufgabe ist, die Macht der Exekutive zu beschränken.[541] Die Judikative darf die Verwaltungsentscheidung nur am Gesetz nachvollziehen, nicht aber die Grundlagen oder die Maßstäbe des Nachvollziehens schaffen.[542] Wann eine gerichtlich nur beschränkt überprüfbare Letztentscheidungsbefugnis der Verwaltung vorliegt, ist eine Frage der Auslegung.[543]

Eine anerkannte Ausnahme von der vollständigen gerichtlichen Letztentscheidungsbefugnis ist das Verwaltungsermessen.[544] Ermessenstatbestände sind verfassungsrechtlich zulässig.[545] Das Verwaltungsermessen ist aber ein pflichtgemäßes und kein freies Ermessen.[546] Die Verwaltung ist an die in § 5 AO normierten Rechtsmaßstäbe gebunden; sie hat ihr Ermessen entsprechend dem Gesetzeszweck auszuüben und die gesetzlichen Grenzen des Ermessens einzuhalten. Die gerichtliche Kontrolle von Ermessensentscheidungen muss sich an diesen Maßstäben orientieren (§ 102 FGO).

Sie ist somit auf Ermessensfehler beschränkt. Die Rechtsprechung ist „Rechtsschutzorgan" und nicht „Oberfinanzbehörde".[547] Der Gesetzesvollzug und die

538 BVerfG v. 31.05.1988 – 1 BvR 520/83, BVerfGE 78, 214 (226); siehe auch *Papier* in HStR VIII, § 177 Rn. 8.

539 BVerfG v. 16.12.1992 – 1 BvR 167/87, BVerfGE 88, 40 (56); v. 20.02.2001 – 2 BvR 1444/00, BVerfGE 103, 142 (156); v. 10.12.2009 – 1 BvR 3151/07, BVerfGK 16, 419 (433).

540 BVerfG v. 16.12.1992 – 1 BvR 167/87, BVerfGE 88, 40 (61); v. 20.02.2001 – 2 BvR 1444/00, BVerfGE 103, 142 (156 f.); v. 10.12.2009 – 1 BvR 3151/07, BVerfGK 16, 419 (433).

541 *Papier*, DÖV 1986, 621; *ders.* in HStR VIII, § 177 Rn. 7, 70.

542 *Papier*, DÖV 1986, 621; *ders.* in HStR VIII, § 177 Rn. 7, 70.

543 BVerfG v. 10.12.2009 – 1 BvR 3151/07, BVerfGK 16, 419 (434); *Schmidt-Aßmann* in Maunz/Dürig, GG, Art. 19 Abs. 4 Rn. 187 (Juli 2014). Siehe zur Überprüfbarkeit eines unbestimmten Rechtsbegriffs mit einem Beurteilungsspielraum unter § 3.I.5.b.

544 *Lange* in Hübschmann/Hepp/Spitaler, § 102 FGO Rn. 11 (Februar 2014).

545 BVerfG v. 08.08.1978 – 2 BvL 8/77, BVerfGE 49, 89 (145); *Schmidt-Aßmann* in Maunz/Dürig, GG, Art. 19 Abs. 4 Rn. 189 (Juli 2014).

546 Siehe dazu oben im Einzelnen unter § 3.I.1.

547 *Fleiner*, Institutionen des Deutschen Verwaltungsrechts, S. 258; *Drüen* in Tipke/Kruse, § 102 FGO Rn. 9 (August 2014); *Lange* in Hübschmann/Hepp/Spitaler, § 102

primäre Verantwortung für die rechtmäßige sowie richtige Entscheidung gehören zum Kernbereich administrativen Handelns.[548] Der Grundsatz der Gewaltenteilung wirkt sich daher auf die gerichtliche Kontrollierbarkeit einer Ermessensentscheidung aus. Sinn und Zweck der Beschränkung ist die Schaffung der gerichtstypischen und nötigen Distanz.[549]

Aus verfassungsrechtlicher Sicht kann und darf die Judikative also keine vollständige Überprüfung finanzbehördlicher Ermessensentscheidungen vornehmen.

b. Finanzgerichtliche Überprüfbarkeit von Ermessensentscheidungen

§ 102 FGO normiert einfachgesetzlich die gerichtliche Nachprüfbarkeit von Ermessensentscheidungen. Grundsätzlich ist nur eine Ermessensfehlerkontrolle möglich (dazu aa.). Nur bei einer Ermessensreduzierung auf Null kann die Rechtsprechung ausnahmsweise die Behörde zu einer bestimmten Ermessensentscheidung verpflichten gemäß § 101 FGO (dazu bb.). Der Ablauf einer gerichtlichen Kontrolle gestaltet sich zweistufig (dazu cc.).

aa. Grundsatz

In § 102 FGO kommt das Prinzip der Gewaltenteilung nach Art. 20 Abs. 3 GG zum Ausdruck.[550] Nach § 102 Satz 1 FGO prüft das Gericht „auch“[551], ob der Verwaltungsakt oder die Ablehnung oder Unterlassung des Verwaltungsaktes rechtswidrig ist, weil die gesetzlichen Grenzen des Ermessens überschritten sind oder von dem Ermessen in einer dem Zweck der Ermächtigung nicht entsprechenden Weise Gebrauch gemacht ist, soweit die Finanzbehörde ermächtigt ist, nach ihrem Ermessen zu handeln oder zu entscheiden.

§ 102 FGO sichert die materiell-rechtlichen Grenzen des Handelns nach Ermessen i.S.d. § 5 AO verfahrensrechtlich ab.[552]

FGO Rn. 114 (Februar 2014); siehe auch *Kopp*, Verfassungsrecht und Verwaltungsverfahrensrecht, S. 236.

548 *Kopp*, Verfassungsrecht und Verwaltungsverfahrensrecht, S. 234.

549 *Krebs*, Die Verwaltung 21 (1988), 155 (172); *Schmidt-Aßmann/Groß*, NVwZ 1993, 617 (618); *Gerhardt* in Schoch/Schneider/Bier, Vorb. § 113 VwGO Rn. 18 (Mai 1997).

550 *Lange* in Hübschmann/Hepp/Spitaler, § 102 FGO Rn. 114 (Februar 2014).

551 „Auch“ bedeutet, dass die Ermessensentscheidung neben der Frage geprüft wird, ob die Tatbestandsvoraussetzungen und die weiteren Voraussetzungen vorliegen, die die Rechtsordnung an den Erlass eines Verwaltungsakts stellt. Siehe *Wernsmann* in Hübschmann/Hepp/Spitaler, § 5 AO Rn. 267 (April 2013).

552 Zu § 114 VwGO *Gerhardt* in Schoch/Schneider/Bier, Vorb. § 113 VwGO Rn. 18 (Mai 1997).

Nach dem Wortlaut des § 102 Satz 1 FGO muss der Finanzbehörde ein Ermessen durch den Gesetzgeber im materiellen Steuerrecht eingeräumt worden sein. Die gerichtliche Ermessensüberprüfung ist im Ergebnis eine reine Rechtsfehlerkontrolle[553] und damit auf eine Ermessensfehlerkontrolle der Ermessensausübung beschränkt. Ein Ermessensfehler bewirkt grundsätzlich die Rechtswidrigkeit eines Verwaltungsaktes und nur ausnahmsweise die Nichtigkeit.[554] Liegt ein Ermessensfehler vor, muss das Gericht die Entscheidung grundsätzlich aufheben. Einen Anspruch auf eine bestimmte Ermessensausübung hat der Rechtsschutzsuchende grundsätzlich nicht. Er kann nur ein ermessensfehlerfreies, also rechtmäßiges Verwaltungshandeln verlangen, wenn ihm ein subjektives Recht zusteht.[555]

§ 102 Satz 1 FGO ist stets im Zusammenhang mit §§ 100, 101 FGO zu betrachten. Die Finanzgerichte überprüfen gemäß §§ 100, 101 FGO, ob die Entscheidung rechtswidrig und der Kläger dadurch in seinen Rechten verletzt ist. Sie kontrollieren also weder bei einer Anfechtungsklage noch bei einer Verpflichtungsklage, ob die Ermessensentscheidung auch zweckmäßig, unbillig oder angemessen ist.[556] Daher kann eine nach Meinung des Gerichts zwar nicht überzeugende, aber sich im rechtlichen Rahmen befindende Entscheidung der Verwaltung nicht aufgehoben oder geändert werden. Unerheblich ist, ob eine andere Entscheidung im Einzelfall nach Ansicht des Gerichts vertretbar bzw. zweckmäßiger gewesen wäre.[557]

Die Gerichte können deswegen keine eigenen Ermessenserwägungen anstellen.[558] Dafür fehlt es den Gerichten an rechtlichen Kontrollmaßstäben.[559] Eine Kontrolle ist nämlich immer eine Messung eines Ist-Wertes an einem Soll-Wert.

---

553 Vgl. auch BFH v. 19.11.2007 – VIII B 30/07, BFH/NV 2008, 335 (336).

554 *Wernsmann* in Hübschmann/Hepp/Spitaler, § 5 AO Rn. 245 (April 2013).

555 *Jestaedt* in Ehlers/Pünder, Allgemeines Verwaltungsrecht, § 11 Rn. 67 m.w.N.

556 *Wernsmann* in Hübschmann/Hepp/Spitaler, § 5 AO Rn. 269 ff. (April 2013); zu § 113 Abs. 1 VwGO *Gerhardt* in Schoch/Schneider/Bier, Vorb. § 113 VwGO Rn. 18 (Mai 1997).

557 Vgl. *Lange* in Hübschmann/Hepp/Spitaler, § 102 FGO Rn. 114 (Februar 2014).

558 Vgl. BFH v. 26.09.1968 – IV R 53/68, BStBl. II 1969, 77; v. 29.08.1991 – V R 78/86, BStBl. II 1991, 906 (909); v. 11.06.1997 – X R 14/95, BStBl. II 1997, 642 (644); v. 10.10.2001 – XI R 52/00, BStBl. II 2002, 201 (202); v. 10.10.2001 – XI R 41/00, BFH/NV 2002, 238 (239); v. 23.10.2003 – V R 2/02, BStBl. II 2004, 39 (40); v. 13.01.2005 – V R 35/03, BStBl. II 2005, 460 (463); v. 09.11.2011 – V B 43/11, BFH/NV 2012, 170; v. 14.03.2012 – XI R 33/09, BStBl. II 2012, 477 (484); v. 06.11.2012 – VII R 72/11, BStBl. II 2013, 141 (142).

559 Zu § 114 VwGO *Gerhardt* in Schoch/Schneider/Bier, Vorb. § 113 VwGO Rn. 18 (Mai 1997). Allgemein *Jestaedt* in Ehlers/Pünder, Allgemeines Verwaltungsrecht, § 11 Rn. 66.

Der Ist-Wert soll mit dem Soll-Wert in Übereinstimmung gebracht werden.[560] Bei einer Ermessensentscheidung hingegen ist der Soll-Wert nicht bestimmbar, weil der Soll-Wert – die Rechtsfolge – vom Gesetzgeber bewusst offengelassen wurde. Die Gerichte vollziehen die Verwaltungsentscheidung nur nach und entscheiden nicht.[561] Sie sind – wie schon erwähnt – ein Rechtsschutzorgan. Voraussetzung für eine Anwendung des § 102 Satz 2 FGO ist aber stets, dass der Verwaltungsakt noch wirksam ist.[562]

Die eingeschränkte gerichtliche Überprüfbarkeit von Ermessensentscheidungen ist vorteilhaft. Die Verwaltung ist spezialisiert und verfügt über Sachkenntnis sowie Erfahrung für einen schnellen und wirkungsvollen Gesetzesvollzug.[563] Es ist der Rechtsprechung dadurch verwehrt, neue Erwägungen in das Verfahren einzuführen, die die Verwaltung nicht bedacht hatte.[564]

bb. Ausnahme: Ermessensreduzierung auf Null

Nur im Falle der Ermessensreduzierung auf Null kann ein Gericht sein Ermessen an die Stelle der Finanzbehörde setzen.[565] Von einer Ermessensreduzierung auf Null spricht man, wenn aufgrund der konkreten Umstände des Einzelfalles nur eine einzige ermessensfehlerfreie Entscheidungsmöglichkeit verbleibt. In diesem Fall ist die Behörde verpflichtet entsprechend zu handeln.[566] Grundsätzlich sind Gerichte auf die Kassation einer ermessensfehlerhaften Entscheidung beschränkt.[567] Gemäß § 102 Satz 1 FGO kontrollieren Finanzgerichte Ermessenentscheidungen eigentlich nur darauf, ob ein Ermessensfehler vorliegt. Dagegen ist es gerichtlich voll überprüfbar, ob eine Ermessensreduzierung auf Null gegeben ist.[568] In diesem Fall liegt kein unzulässiger Eingriff in die Kompetenzen

---

560 *Krebs*, Die Verwaltung 21 (1988), 155 (156).

561 Siehe oben unter § 3.IV.2.a.; *Papier* in HStR VIII, § 177 Rn. 70; *Schmidt-Aßmann/Groß*, NVwZ 1993, 617 (618).

562 BFH v. 17.01.2017 – VIII R 52/14, BFH/NV 2017, 777; Niedersächsisches FG v. 26.09.2017 – 15 K 307/15, EFG 2018, 175 (180).

563 *Kopp*, Verfassungsrecht und Verwaltungsverfahrensrecht, S. 232.

564 *Kopp*, Verfassungsrecht und Verwaltungsverfahrensrecht, S. 232.

565 St.Rspr. seit BFH v. 17.04.1951 – GrS D 1/51 S, BStBl. III 1951, 107 (110); vgl. auch BFH v. 26.09.1968 – IV R 53/68, BStBl. II 1969, 77; v. 10.10.2001 – XI R 52/00, BStBl. II 2002, 201 (202); v. 09.02.2009 – III R 37/07, BStBl. II 2009, 928 (930); v. 14.03.2012 – XI R 33/09, BStBl. II 2012, 477 (484). Siehe auch *Drüen* in Tipke/Kruse, § 5 AO Rn. 76 (August 2014).

566 Siehe ausführlicher oben unter § 3.I.7.

567 *Drüen* in Tipke/Kruse, § 5 AO Rn. 75 (August 2014).

568 *Wernsmann* in Hübschmann/Hepp/Spitaler, § 5 AO Rn. 233 (April 2013).

der Exekutive vor.[569] Schließlich liegt ein Ermessensfehler vor, wenn die Finanzbehörde bei einer Ermessensreduzierung auf Null eine andere Entscheidung getroffen hat als die einzig mögliche.[570] Ist nur eine Entscheidung rechtmäßig, muss ein Gericht dies überprüfen können.

Das Vorliegen einer Ermessensreduzierung auf Null hat daher für die Erfolgsaussichten von Anfechtungs- und Verpflichtungsklagen weitreichende Folgen. Das finanzgerichtliche Verfahren zielt grundsätzlich bei einer Anfechtungsklage auf die Kassation von Verwaltungsakten nach § 100 Abs. 1 Satz 1 FGO ab, während bei der Verpflichtungsklage ein Bescheidungsurteil nach § 101 Satz 2 FGO ergeht. Bei einer Verpflichtungsklage nach § 101 Satz 1 FGO muss die Sache aber spruchreif sein, damit das Gericht die Finanzbehörde verpflichten kann, den begehrten Verwaltungsakt zu erlassen. Die Sache ist spruchreif, wenn nur eine einzige Rechtsfolge rechtmäßig ist.

Die Spruchreife kann aus zwei Gründen vorliegen. Entweder sind bei einer gebundenen Entscheidung die Tatbestandsvoraussetzungen erfüllt oder bei einer Ermessensentscheidung liegt eben eine Ermessensreduzierung auf Null vor.[571] Das Gericht kann in solchen Fällen die Finanzbehörde verpflichten, im Sinne des Gerichtes zu entscheiden.[572] In diesem Fall kommt es auf die Sach- und Rechtslage im Zeitpunkt der Entscheidung in der Tatsacheninstanz an.[573] Grundsätzlich muss ein Gericht nach Auffassung des BFH eine Spruchreife i.S.v. § 101 Satz 1 FGO durch eine eigene Sachaufklärung nicht erreichen.[574] Nimmt das Gericht eine Ermessensreduzierung auf Null an, muss es den Sachverhalt umfassender aufklären als bei einer Überprüfung der Ermessensentscheidung

569 BFH v. 07.02.1992 – III R 61/91, BStBl. II 1992, 592 (595); *Lange* in Hübschmann/Hepp/Spitaler, § 102 FGO Rn. 118 (Februar 2014).

570 *Drüen* in Tipke/Kruse, § 5 AO Rn. 76 (August 2014).

571 Zur Spruchreife bei einer Ermessensentscheidung siehe BFH v. 04.10.1989 – V R 106/84, BStBl. II 1990, 179 (180).

572 Vgl. zur Ermessensreduzierung auf Null BFH v. 25.11.1997 – IX R 28/96, BStBl. II 1998, 550 (552); v. 16.11.2005 – X R 3/04, BFH/NV 2006, 387 (388).

573 In diesem Fall stellt selbst die Rechtsprechung auf die maßgebliche Sach- und Rechtslage im Zeitpunkt der Entscheidung in der Tatsacheninstanz ab; vgl. BFH v. 14.03.2012 – XI R 33/09, BStBl. II 2012, 477 (480); *Lange* in Hübschmann/Hepp/Spitaler, § 101 FGO Rn. 27 (Februar 2014).

574 BFH v. 04.10.1989 – V R 106/84, BStBl. II 1990, 179 (180); *Stapperfend* in Gräber, § 101 FGO Rn. 6; *Gerhardt* in Schoch/Schneider/Bier, § 114 VwGO Rn. 27 (Mai 1997).

auf Ermessensfehler.[575] Nur so kann mit Sicherheit festgestellt werden, ob alle anderen Entscheidungen rechtswidrig wären. Wenn nur eine einzige Ermessensentscheidung im konkreten Fall als vertretbar erscheint und daher kein Raum für eine Rechtsfolgenauswahl mehr verbleibt, kann von einer Ermessensentscheidung im eigentlichen Sinne nicht mehr gesprochen werden.[576] In diesem Fall ist das Gericht nicht auf die Kassation der Verwaltungsentscheidung beschränkt, sondern es kann aufgrund der Spruchreife der Sache i.S.d. § 101 Satz 1 FGO die Verwaltung zum Erlass des begehrten Verwaltungsaktes verpflichten.[577]

Wenn ein angefochtener Verwaltungsakt ermessensfehlerhaft ist, dann ist die Anfechtungsklage nach § 100 Abs. 1 Satz 1 FGO schon begründet.[578] Die Ermessensreduzierung auf Null spielt dann keine Rolle.[579] Liegt jedoch eine Ermessensreduzierung auf Null vor und die Verwaltung war zum Erlass des Verwaltungsaktes verpflichtet, scheiden Ermessensnichtgebrauch, -fehlgebrauch und -überschreitung aus.[580] Ist dagegen der Erlass des Verwaltungsaktes im konkreten Einzelfall aufgrund einer Ermessensreduzierung auf Null ausgeschlossen, kann die Verwaltung den Verwaltungsakt auch auf keinem anderen Weg mit dem entsprechenden Inhalt nochmals erlassen.[581] Wenn die Ermessensreduzierung auf Null die materielle Rechtswidrigkeit aufgrund eines Ermessensfehlers ausschließt, der angefochtene Verwaltungsakt wegen eines Begründungsmangels aber an sich formell rechtswidrig ist, hat die Anfechtungsklage trotzdem keinen Erfolg, weil gemäß § 127 AO keine andere Entscheidung in der Sache getroffen werden kann.[582]

---

575 BFH v. 04.10.1989 – V R 106/84, BStBl. II 1990, 179 (180); v. 25.08.2010 – X B 149/09, BFH/NV 2011, 266 (267); *Thürmer* in Hübschmann/Hepp/Spitaler, § 76 FGO Rn. 102 (Juli 2013); *Drüen* in Tipke/Kruse, § 102 FGO Rn. 5 (August 2014); a.A. wohl *Stapperfend* in Gräber, § 102 FGO Rn. 19.

576 *Padberg*, StuW 1978, 47 (54); *Lange* in Hübschmann/Hepp/Spitaler, § 102 FGO Rn. 118 (Februar 2014).

577 *Lange* in Hübschmann/Hepp/Spitaler, § 102 FGO Rn. 118 (Februar 2014); *Wernsmann* in Hübschmann/Hepp/Spitaler, § 5 AO Rn. 233 (April 2013).

578 *Wernsmann* in Hübschmann/Hepp/Spitaler, § 5 AO Rn. 234 (April 2013).

579 *Wernsmann* in Hübschmann/Hepp/Spitaler, § 5 AO Rn. 234 (April 2013).

580 *Wernsmann* in Hübschmann/Hepp/Spitaler, § 5 AO Rn. 234 (April 2013).

581 *Wernsmann* in Hübschmann/Hepp/Spitaler, § 5 AO Rn. 234 (April 2013).

582 *Wernsmann* in Hübschmann/Hepp/Spitaler, § 5 AO Rn. 234 (April 2013). § 127 AO findet bei Ermessensentscheidungen nur bei der Ermessensreduzierung auf Null eine Anwendung; vgl. *Blesinger*, StuW 1995, 226 (235); kritisch *Seer* in Tipke/Kruse, § 127 AO Rn. 15 (Oktober 2015).

cc. Ablauf

Die gerichtliche Überprüfung einer Ermessensentscheidung ist zweistufig. Die Finanzgerichte müssen im ersten Schritt kontrollieren, ob die tatbestandlichen Voraussetzungen erfüllt sind. Die Finanzgerichte sind dabei zu einer vollständigen Überprüfung berechtigt.[583] Nach § 76 Abs. 1 FGO erforscht das Gericht den Sachverhalt von Amts wegen (sog. Untersuchungsgrundsatz). Ging die Finanzverwaltung von einem unzutreffenden Sachverhalt aus, liegt eine rechtswidrige Verwaltungsentscheidung vor. Eine fehlerfreie Ermessensausübung kann nämlich nur auf Grundlage eines einwandfreien und erschöpfend ermittelten Sachverhalts getroffen werden.[584] Die Finanzverwaltung muss die nach Sinn und Zweck der Ermessensnorm maßgeblichen Gesichtspunkte tatsächlicher und rechtlicher Art berücksichtigen.[585]

Den zweiten Schritt bildet dann die beschränkte Überprüfung der Ermessensentscheidung auf Ermessensfehler, wenn die tatbestandlichen Voraussetzungen erfüllt sind. Die Grundlage der gerichtlichen Überprüfbarkeit von Sachverhalt und Ermessensentscheidung ist die Begründung[586] des ursprünglichen Verwaltungsaktes und der Einspruchsentscheidung nach § 121 Abs. 1 AO. Aus der Begründung müssen die Beweggründe der Ermessenserwägungen erkennbar sein.[587] Gemäß §§ 366, 367 Abs. 1 AO muss das Finanzamt

583 *Lange* in Hübschmann/Hepp/Spitaler, § 102 FGO Rn. 86 (Februar 2014).

584 BFH v. 22.02.1972 – VII R 80/69, BStBl. II 1972, 544 (545); v. 11.06.1997 – X R 11/95, BStBl. II 1997, 642 (644); v. 14.06.2000 – X R 56/98, BStBl. II 2001, 60 (62); v. 22.05.2001 – VII R 79/00, BFH/NV 2001, 1369 (1370); v. 27.09.2001 – X R 134/98, BStBl. II 2002, 176 (179); v. 31.01.2002 – VII B 312/00, BFH/NV 2002, 889 (891); v. 25.08.2010 – X B 149/09, BFH/NV 2011, 266; v. 14.03.2012 – XI R 33/09, BStBl. II 2012, 477 (483); *Lange* in Hübschmann/Hepp/Spitaler, § 102 FGO Rn. 87 (Februar 2014); *Wernsmann* in Hübschmann/Hepp/Spitaler, § 5 AO Rn. 122 (April 2013); *Drüen* in Tipke/Kruse, § 102 FGO Rn. 1a (Oktober 2014).

585 BFH v. 01.07.1981 – VII R 84/80, BStBl. II 1981, 740 (744); v. 23.05.1985 – V R 124/79, BStBl. II 1985, 489 (490); v. 22.05.2001 – VII R 79/00, BFH/NV 2001, 1369 (1370); v. 25.08.2010 – X B 149/09, BFH/NV 2011, 266; v. 14.03.2012 – XI R 33/09, BStBl. II 2012, 477 (483); v. 19.04.2012 – III R 85/09, BStBl. II 2013, 19 (21); *Lange* in Hübschmann/Hepp/Spitaler, § 102 FGO Rn. 87 (Februar 2014).

586 Zur Begründung eines Verwaltungsaktes siehe ausführlich unter § 4. Eine Besonderheit bildet das vorgeprägte und das intendierte Ermessen im Steuerrecht. Wenn das Ermessen vorgeprägt bzw. intendiert sei, sei keine besondere Begründung der Ermessensentscheidung erforderlich.

587 BFH v. 06.08.2013 – VIII R 15/12, BFH/NV 2014, 80 (81); *Lange* in Hübschmann/Hepp/Spitaler, § 102 FGO Rn. 89 (Februar 2014).

seine Ermessenserwägungen tatsächlicher und rechtlicher Art grundsätzlich spätestens in der Einspruchsentscheidung darlegen, damit eine finanzgerichtliche Überprüfung möglich ist.[588] Anderenfalls ist die Ermessensentscheidung regelmäßig wegen eines Ermessensnichtgebrauchs fehlerhaft.[589] Scheidet eine gerichtliche Überprüfung mangels Begründung der Ermessenserwägungen aus, hat die Klage grundsätzlich schon deswegen Erfolg.[590] Es bestehen somit verstärkte Anforderungen an die Begründungspflicht in § 121 Abs. 1 AO.[591]

Im finanzgerichtlichen Verfahren können die Ermessenserwägungen gemäß § 102 Satz 2 FGO bis zum Abschluss der Tatsacheninstanz nur ergänzt, aber nicht nachgeholt werden. Gemeint ist damit eine „Nachbesserung" der spätestens in der Einspruchsentscheidung angestellten Ermessenserwägungen.[592] Daher kann eine völlig fehlende Begründung einer Ermessensentscheidung wegen § 102 Satz 2 AO nur bis spätestens zur Einspruchsentscheidung nachgeholt werden.[593]

3. *Ergebnis*

Die Judikative kann Ermessensentscheidungen der Verwaltung nach § 102 Satz 1 FGO nur auf Rechtsfehler hin überprüfen. Eigene Ermessenserwägungen können die Finanzgerichte nicht anstellen. Ein wichtiges Instrument für die gerichtliche Kontrolle bildet die Begründung eines Verwaltungsaktes nach § 121 AO, auf die im Abschnitt § 4 näher eingegangen wird.

V. Heilung von Ermessensfehlern

Ausgangspunkt jeder Kontrolle einer Ermessensentscheidung ist die Begründung des Verwaltungsaktes nach § 121 Abs. 1 AO. Danach ist ein Verwaltungsakt zu begründen, soweit dies für sein Verständnis erforderlich ist. Deswegen

---

588 Vgl. BFH v. 29.05.1990 – VII R 85/89, BStBl. II 1990, 1008 (1009); v. 02.12.2003 – VII R 17/03, BFH/NV 2004, 597 (599); v. 02.09.2005 – IV B 123/03, BFH/NV 2006, 11; v. 08.06.2007 – VII B 280/06, BFH/NV 2007, 1822 (1824); v. 01.07.2008 – II R 2/07, BFH/NV 2008, 1950; v. 10.12.2012 – II B 108/11, BFH/NV 2013, 344 (345); *Stapperfend* in Gräber, § 102 FGO Rn. 19.

589 BFH v. 29.05.1990 – VII R 85/89, BStBl. II 1990, 1008 (1009); v. 02.12.2003 – VII R 17/03, BFH/NV 2004, 597 (599); v. 08.06.2007 – VII B 280/06, BFH/NV 2007, 1822 (1824).

590 *Lange* in Hübschmann/Hepp/Spitaler, § 102 FGO Rn. 89 (Februar 2014).

591 *Stapperfend* in Gräber, § 102 FGO Rn. 19.

592 *Lange*, DB 2001, 2680 (2681). Siehe dazu ausführlich unter § 3.V.

593 Vgl. BFH v. 01.07.2008 – II R 2/07, BStBl. II 2008, 897 (898) m.w.N; *Lange* in Hübschmann/Hepp/Spitaler, § 102 FGO Rn. 90 (Februar 2014).

müssen die Ermessenserwägungen der Verwaltung grundsätzlich in der Begründung aufgeführt sein.[594] Bei einer fehlerhaften oder fehlenden Begründung der Ermessenserwägungen nach § 121 Abs. 1 AO ist dies aber nicht möglich. Es besteht der Verdacht, dass die Verwaltung ihr Ermessen nicht ausgeübt hat und deswegen der Verwaltungsakt wegen der fehlerhaften oder fehlenden Begründung formell und eben auch wegen eines Ermessensnichtgebrauchs materiell rechtswidrig ist.[595]

Problematisch ist, ob Erwägungen einer Ermessensentscheidung ausgetauscht, ergänzt oder sogar nachgeholt werden können. § 126 Abs. 1 Nr. 2 AO ermöglicht die Heilung einer mangelnden Begründung in einem gewissen Umfang, insbesondere kann eine völlig fehlende oder auch nur unvollständige Begründung nachgeholt werden.[596] Während im Einspruchsverfahren der ursprüngliche Verwaltungsakt und dessen Ermessenserwägungen daher überprüft, neu gewichtet und ausgetauscht sowie ergänzt werden können, ist im finanzgerichtlichen Verfahren nach § 102 Satz 2 FGO lediglich eine Ergänzung von Ermessenserwägungen möglich.[597] § 102 Satz 2 FGO ist Spezialvorschrift zu § 126 Abs. 1 Nr. 2, Abs. 2 AO.[598] Zudem ist eine mangelnde Ermessensausübung nicht nur ein Begründungsmangel i.S.v. § 126 Abs. 1 Nr. 2 AO.[599]

VI. Zusammenfassung

Das Ermessen gewährt der Verwaltung einen Handlungsspielraum auf Rechtsfolgenseite. Es ist ein pflichtgemäßes Rechtsfolgenermessen und unterscheidet sich vom unbestimmten Rechtsbegriff mit Beurteilungsspielraum. Soll-Vorschriften gewähren einen Ermessensspielraum im Ausnahmefall. Eine Ermessensreduzierung auf Null kann nur im Ausnahmefall vorliegen. Im Steuerrecht ist die Einräumung von Ermessen an die Verwaltung durch den Gesetzgeber wegen der Grundsätze der Gesetzmäßigkeit und Gleichmäßigkeit der Besteuerung nur begrenzt möglich.

Ermessensentscheidungen sind gerichtlich beschränkt auf Ermessensfehler überprüfbar. Ein Ermessensfehler ist gegeben, wenn die Verwaltung ihr

594 *Lange* in Hübschmann/Hepp/Spitaler, § 102 FGO Rn. 87 (Februar 2014).
595 *Wernsmann* in Hübschmann/Hepp/Spitaler, § 5 AO Rn. 253 (April 2013).
596 *Rozek* in Hübschmann/Hepp/Spitaler, § 126 AO Rn. 32 (November 2010).
597 Siehe zu diesem Punkt noch ausführlicher unter § 4.IV.2.
598 *Lange* in Hübschmann/Hepp/Spitaler, § 102 FGO Rn. 90 (Februar 2014); *Stapperfend* in Gräber, § 102 FGO Rn. 25.
599 BFH v. 11.03.2004 - VII R 52/02, BStBl. II 2004, 579 (582).

Ermessen nach § 5 AO nicht entsprechend dem Zweck der Ermächtigung ausübt oder die gesetzlichen Grenzen des Ermessens nicht einhält.

§ 4. Begründung eines Verwaltungsaktes im Steuerrecht

Die Begründung eines Verwaltungsaktes ist wegen der Rechtsprechung zum vorgeprägten und intendierten Ermessen relevant. Nach der Rechtsprechung ist eine Begründung der Ermessenserwägungen im Falle eines vorgeprägten oder intendierten Ermessens nicht erforderlich.[600]

Die Begründung erläutert die Entscheidungsfindung und ist damit ein wichtiges Verfahrensinstrument einer modernen Verwaltung.[601] Von der Begründung eines Verwaltungsaktes als formeller Rechtmäßigkeitsvoraussetzung muss die Frage unterschieden werden, ob der Verwaltungsakt auch materiell rechtmäßig ist, die Begründung also inhaltlich zutrifft und mit der Rechtslage im Einklang ist.[602] Bei Fehlern kommt es nämlich zu unterschiedlichen Rechtsfolgen.[603]

Zunächst ist auf den Begriff der Begründung einzugehen (unter I.). Anschließend ist der verfassungsrechtliche Hintergrund zu behandeln (unter II.). In der AO findet sich in § 121 AO eine Regelung zur Begründung von Verwaltungsakten für das Steuerrecht, während im allgemeinen Verwaltungsrecht § 39 VwVfG und im sozialverwaltungsrechtlichen Verfahren § 35 SGB X Anforderungen an die Begründung von Verwaltungsakten enthalten. Die Normen unterscheiden sich im Wortlaut. Auf diese Regelungen und deren Anforderungen an eine Begründung wird näher einzugehen sein (unter III.).[604] Abschließend ist die Heilung von Begründungsfehlern zu betrachten (unter IV.).

I. Begriff, Bedeutung und Funktion

1. Begriff

Schon nach dem allgemeinen Sprachverständnis weist der Begriff „Begründung" verschiedene Bedeutungen auf. Daher muss zunächst das hier zugrunde zu legende Verständnis für den Begriff „Begründung" geklärt werden.

Unter dem Verb „begründen" kann man „den Grund zu etwas legen, eine Grundlage für etwas schaffen", „sich von etwas herleiten" oder „Grund für etwas

600 Siehe dazu unter § 5 und unter § 8.

601 *Saurer*, VerwArch 100 (2009), 364; so auch schon *Dolzer*, DÖV 1985, 9 (10).

602 *Stuhlfauth* in Obermayer/Funke-Kaiser, VwVfG, § 39 Rn. 2.

603 Siehe dazu unter § 4.IV.

604 Siehe dazu unter § 4.III.2.b.bb.

angeben“ verstehen.[605] Diesen Begriffsverständnissen entsprechend legt auch das Substantiv „Begründung“ seinen Schwerpunkt auf das „Angeben, Herausstellen des Grundes“.[606]

Diese einzelnen Interpretationen des Begriffs helfen aber noch nicht weiter. Erst wenn man sie aus juristischer Perspektive betrachtet, eröffnen sich verschiedene rechtliche Interpretationsmöglichkeiten. Es kommt auf das Verständnis zur Begründung eines Verwaltungsaktes an.[607]

Ein Verwaltungsakt ist nach § 118 Satz 1 AO eine hoheitliche Maßnahme, die eine Behörde zur Regelung eines Einzelfalls auf dem Gebiet des öffentlichen Rechts trifft und auf unmittelbare Rechtswirkung nach außen gerichtet ist. Nach § 121 Abs. 1 AO ist ein schriftlicher, elektronischer sowie schriftlich oder elektronisch bestätigter Verwaltungsakt mit einer Begründung zu versehen, soweit dies zu seinem Verständnis erforderlich ist. Eine hoheitliche Maßnahme muss also eine davon getrennte Erläuterung enthalten, soweit es für das Verständnis erforderlich ist.

Die Definition „Angeben, Herausstellen des Grundes“ und den „Grund für etwas angeben“ trifft dies auf den Punkt. Aus den Definitionen des Verbs und des Substantivs kann man entnehmen, dass zwischen einer Handlung – der Angabe – und dem Grund unterschieden wird. Die Gründe sind „die Erwägungen, die die Behörde ‚subjektiv‘ zu ihrer Entscheidung veranlaßt haben oder doch veranlaßt haben könnten.“[608] Dies wird im Wortlaut des § 39 Abs. 1 Satz 2 VwVfG deutlich, der von „bewogen haben“ spricht. Die Gründe stellen daher sämtliche materiellen Erwägungen und Umstände der Verwaltung dar, die den Verwaltungsakt tragen, unabhängig davon, ob diese bewusst oder unbewusst, rechtmäßig oder rechtswidrig, nachweisbar oder nicht sind.[609] Dagegen umfasst die Handlung die (zumindest anteilige) Bekanntgabe der Gründe der Entscheidung.[610] Sie bildet eine formelle Voraussetzung im Sinne einer Formvorschrift für die Rechtmäßigkeit des Verwaltungsaktes. Begründung und die Gründe müssen folglich unterschieden werden. Unerheblich ist daher auch für die Begründungspflicht,

605 Duden, Das große Wörterbuch der deutschen Sprache, 3. Auflage, S. 494; *Kischel*, Begründung, S. 1; *Scheffler*, Pflicht zur Begründung, S. 78.

606 Duden, 24. Auflage, S. 236. In diese Richtung auch *Kischel*, Begründung, S. 1.

607 Andere Arten sind auch möglich: Etwa die Begründung eines Gesetzes oder die Begründung einer gerichtlichen Entscheidung.

608 *Schick*, JuS 1971, 1; siehe auch *Malorny*, Begründung, S. 5; *Scheffler*, DÖV 1977, 767 (769 f.).

609 *Malorny*, Begründung, S. 5.

610 *Schick*, JuS 1971, 1.

ob die rechtlichen Erwägungen und tatsächlichen Feststellungen objektiv zutreffend sind, weil dies eine Frage der Begründetheit einer sachlichen Überprüfung ist.[611] Je nach Art der Entscheidung kommt es zu verschiedenen Rechtsfolgen.[612] Folglich versteht man unter der Begründung eines Verwaltungsaktes die formale Bekanntgabe der materiellen Erwägungen der Behörde, die zum Erlass des Verwaltungsaktes geführt haben.

2. *Bedeutung*

Die Begründung eines Verwaltungsaktes enthält eine formell-rechtliche und eine materiell-rechtliche Seite. Sie ist Teil eines ordnungsgemäßen Verwaltungsverfahrens und soll zu einer nachvollziehbaren Entscheidung beitragen.

a. *Bedeutung für formelle Rechtmäßigkeit*

Zunächst stellt die Begründung eines Verwaltungsaktes nach § 121 Abs. 1 AO eine Verfahrenshandlung und damit eine formelle Voraussetzung für die Rechtmäßigkeit eines Verwaltungsakts dar, wobei verfügender Teil und Begründung zu unterscheiden sind.[613] § 121 AO ist eine Formvorschrift.

Für die formelle Seite ist nach dem Wortlaut des § 121 Abs. 1 AO unerheblich, ob der Inhalt der Begründung auch sachlich richtig ist.[614] Eine zwar erfolgte, aber inhaltlich falsche Begründung ist keine fehlende Begründung und verstößt nicht gegen § 121 Abs. 1 AO.[615] Wichtig ist nur, dass sie die wesentlichen tatsächlichen und rechtlichen Erwägungen angibt, die für das Verständnis erforderlich sind. Mit der Angabe der Begründung wird die formelle Rechtmäßigkeitsvoraussetzung erfüllt. Die Frage nach der sachlichen Richtigkeit betrifft erst die materielle Rechtmäßigkeit.[616]

Formelle Begründungsmängel sind unter Umständen nach § 126 Abs. 1 Nr. 2 AO heilbar oder nach § 127 AO unbeachtlich.

b. *Bedeutung für materielle Rechtmäßigkeit*

Daneben kommt der Begründung auf materieller Seite vor allem bei Ermessensentscheidungen eine wichtige Bedeutung zu. Grundsätzlich können der Adressat

---

611 *Scheffler*, DÖV 1977, 767 (769).
612 *Wernsmann* in Hübschmann/Hepp/Spitaler, § 5 AO Rn. 250 ff. (April 2013).
613 Siehe dazu § 4.III.2.b.aa. Wohl a.A. *Müller-Ibold*, Begründungspflicht, S. 9.
614 *Schoch*, DÖV 1984, 401 (403).
615 *Söhn* in Hübschmann/Hepp/Spitaler, § 121 AO Rn. 45, 212 (September 2014).
616 *Schoch*, DÖV 1984, 401 (403).

bzw. Betroffene des Verwaltungsaktes und die Gerichte nämlich nur mit Hilfe einer Begründung die einzelnen Ermessenserwägungen erkennen, die die Verwaltung bei ihrer Entscheidung angestellt hat. Dadurch wird der Adressat in die Lage versetzt, die Ermessensentscheidung auf mögliche Ermessensfehler überprüfen zu können. Wichtig ist dabei, dass es für die materielle Rechtmäßigkeit auf die sachliche Richtigkeit der angegebenen Erwägungen ankommt.[617]

Erfolgt keine Begründung, dann ist der Verwaltungsakt formell rechtswidrig. Das bedeutet zwar nicht zwingend, dass der Verwaltungsakt auch materiell rechtswidrig ist. Formelle Begründungspflicht und materielle Richtigkeit der Gründe eines Verwaltungsaktes müssen – wie erläutert – voneinander getrennt werden.[618] Eine mangelnde Begründung indiziert aber regelmäßig einen Ermessensnichtgebrauch bei einer Ermessensentscheidung und damit eine materielle Rechtswidrigkeit.[619]

3. *Funktionen der Begründung*

Im deutschen Verwaltungsrecht, in dem die Judikative zur Letztentscheidung im nachgelagerten gerichtlichen Verfahren befugt ist, sind die Anforderungen an die Begründungsvoraussetzungen bei Verwaltungsakten im Gegensatz zu einem System mit administrativer Entscheidungsprärogative strukturell schwächer ausgeprägt.[620] Inhalt und Umfang der Begründung hängen daher maßgeblich vom Zweckverständnis der Begründungspflicht ab.[621] Daneben entscheiden aber auch die jeweiligen Besonderheiten eines Rechtsgebietes über Inhalt und Umfang einer Begründung sowie die Umstände des Einzelfalls.[622]

Die Begründung eines Verwaltungsaktes ist von der Begründung gerichtlicher Entscheidung zu unterscheiden. Die Begründung gerichtlicher Entscheidungen ist gemäß § 105 FGO an strengere Voraussetzungen gebunden, die Begründungstiefe ist stärker ausgeprägt und sie unterliegt zudem einer anderen Zielsetzung. Die Rechtsprechung hat die Aufgabe, einen Streit zweier Parteien zu klären, während die Verwaltung ihre Hoheitsgewalt gegenüber dem Bürger ausübt.[623]

---

617 *Schoch*, DÖV 1984, 401 (403).

618 *Schoch*, DÖV 1984, 401 (403); *Söhn* in Hübschmann/Hepp/Spitaler, § 121 AO Rn. 45 (September 2014).

619 Siehe dazu oben unter § 3.III.3.

620 *Saurer*, VerwArch 100 (2009), 364 (367); *von Danwitz*, Europäisches Verwaltungsrecht, S. 262 f.

621 *Scheffler*, DÖV 1977, 767 (770).

622 *Schoch*, DÖV 1984, 401 (402).

623 Vgl. *Dolzer*, DÖV 1985, 9 (11).

Gemeinsam verfolgen beide Begründungen nur die Ziele der Transparenz und der Vermeidung von willkürlichen Entscheidungen, weil die einzelnen Gewalten unterschiedlichen Aufgaben und eigene Verfahren unterliegen.[624]

Für die Begründung von Verwaltungsakten kommt im Gegensatz zu gerichtlichen Entscheidungen Art. 19 Abs. 4 Satz 1 GG eine wichtige Bedeutung zu, weil Verwaltungsakte Handlungen der öffentlichen Gewalt im Sinne dieser Norm darstellen.[625] Art. 19 Abs. 4 GG gewährleistet neben dem Zugang zu den Gerichten auch einen effektiven Rechtsschutz.[626] Begründungen von Verwaltungsakten können wegen einer besseren Nachvollziehbarkeit der Entscheidung einem effektiveren Rechtsschutz dienen.

Die Begründung eines Verwaltungsaktes verfolgt mehrere Zwecke, die sich mitunter überschneiden. Sie ist Teil des „Grundrechtsschutzes durch Verfahren", weil den Grundrechten neben dem materiell-rechtlichen auch ein prozessualer Gewährleistungsgehalt zukommt.[627] Dadurch besteht ein Anspruch auf ein geordnetes Verwaltungsverfahren. Es dient damit als Vorstufe dem Grundrechtsschutz im (gerichtlichen) Verfahren, weil die Begründung die Nachprüfbarkeit einer Verwaltungsentscheidung verbessert. Aus den Grundrechten ergeben sich aber nur elementare, rechtsstaatlich unverzichtbare und keine definitiven Verfahrensanforderungen.[628] Das Verwaltungsverfahren ist somit nur in bestimmten Zügen „konkretisiertes Verfassungsrecht",[629] weshalb dem Gesetzgeber grundsätzlich ein weiter Gestaltungsspielraum zukommt.[630] Der gerichtliche Rechtsschutz darf aber durch Gestaltungen des Verwaltungsverfahrens nicht vereitelt oder unzumutbar erschwert werden.[631] Deswegen dient die Begründung vor allem einem besseren Rechtsschutz des Adressaten, der nur mit der Begründung eines Verwaltungsaktes etwa die Ermessenserwägungen überprüfen und entscheiden kann, ob er einen Rechtsbehelf einlegen will (Rechtsschutzfunktion).[632]

---

624 *Dolzer*, DÖV 1985, 9 (11).

625 *Kischel*, Begründung, S. 223.

626 Siehe dazu unter § 4.II.2.

627 *Pünder* in Ehlers/Pünder, Allgemeines Verwaltungsrecht, § 13 Rn. 15.

628 *Schmitz* in Stelkens/Bonk/Sachs, § 1 VwVfG Rn. 45.

629 *Pünder* in Ehlers/Pünder, Allgemeines Verwaltungsrecht, § 13 Rn. 12; *U. Koenig* in Koenig, Einführung Rn. 7. Die Formel geht zurück auf *Werner*, DVBl. 1959, 527.

630 *U. Koenig* in Koenig, Einführung Rn. 7.

631 BVerfG v. 08.07.1982 – 2 BvR 1187/80, BVerfGE 61, 82 (110).

632 Siehe dazu unter § 4.II.; *Söhn* in Hübschmann/Hepp/Spitaler, § 121 AO Rn. 11 (September 2014).

Sie hilft aber nicht nur den Rechtsschutz des Betroffenen zu verbessern, sondern dient noch weiteren, auch im Interesse der Verwaltung liegenden Interessen. Sie zwingt die Behörde, ihre Entscheidung nochmals nachzuvollziehen, wodurch eine Selbstkontrolle einsetzt (Selbstkontrollfunktion).[633] Eine weitere wichtige Funktion stellt die Fremdkontrollmöglichkeit durch die Rechtsprechung dar (Fremdkontrollfunktion).[634]

Daneben kann eine Begründung der Transparenz dienen, wenn dem Bürger gezeigt wird, dass die Behörde die Sach- und Rechtslage geprüft und sich mit den widerstreitenden Argumenten abwägend befasst hat.[635] Dadurch wird ausgeschlossen, dass die Behörde heimlich handelt und der Bürger als „bloßer Untertan" wahrgenommen wird.[636] Von der Begründung kann daher eine befriedende Wirkung ausgehen, wenn der Adressat durch die Begründung von der Entscheidung überzeugt wird (Befriedungsfunktion).[637] Wird der Betroffene – im Idealfall[638] – von der Entscheidung überzeugt und befriedet, entlastet dies die vollziehende Gewalt und die Rechtsprechung, soweit die Befriedung auf Seiten des Betroffenen reicht (Entlastungsfunktion).[639] Die Folge ist, dass der Betroffene seltener Rechtsbehelfe einlegen wird. Die Begründungspflicht ist für die Verwaltung damit auch vorteilhaft.[640]

Diese Funktionen werden vor allem bei Ermessensentscheidungen relevant. Die Verwaltung muss die Zwecke (insbesondere Fremdkontroll-, Selbstkontroll- und Rechtsschutzfunktion) in diesem Fall besonders beachten. Je weiter der gesetzlich eingeräumte Spielraum, desto umfassender und sorgfältiger müssen die Ermessenserwägungen begründet werden.[641] So muss die Begründung erkennen lassen, dass die Verwaltung ihr Ermessen überhaupt erkannt und ausgeübt hat.[642] Sie hat den gesetzlichen Rahmen für ihre Ermessensentscheidung

633 *Söhn* in Hübschmann/Hepp/Spitaler, § 121 AO Rn. 14 (September 2014).

634 *Söhn* in Hübschmann/Hepp/Spitaler, § 121 AO Rn. 15 (September 2014).

635 *Wernsmann* in Hübschmann/Hepp/Spitaler, § 5 AO Rn. 128 (April 2013).

636 *Kischel*, Begründung, S. 223.

637 Vgl. *Lücke*, Begründungszwang, S. 72.

638 Der Effekt der Überzeugung kann eintreten. In erster Linie verfolgt der Begründungszweck aber andere Funktionen. Für eine persönliche Überzeugung müsste die Begründung „eine ganz andere Sprache wählen". Deswegen stellt die Überzeugung ein Zweitziel dar, die wegen anderer Funktionen regelmäßig zurückweichen muss; *Luhmann*, Legitimation durch Verfahren, S. 214 f.

639 *Lücke*, Begründungszwang, S. 84.

640 *Scheffler*, DÖV 1977, 767 (769).

641 *von Walcke-Wulffen*, Begründungszwang, S. 80 ff.; *Kischel*, Begründung, S. 223.

642 *Müller-Ibold*, Begründungspflicht, S. 213.

darzustellen, den sie ihrer Entscheidung zugrunde gelegt hat.[643] Daneben sind die Gesichtspunkte zu offenbaren, die in die Abwägung eingeflossen sind, und das Abwägungsergebnis inklusive der Gewichtung der einzelnen Erwägungen.[644] Auffällig ist in diesem Zusammenhang die Nähe zu den Ermessensfehlern. Begründet die Verwaltung ihre Ermessensentscheidung nicht, liegt ein Indiz für einen Ermessensnichtgebrauch vor.[645]

4. Zwischenergebnis

Unter dem Begriff „Begründung" versteht man die Angabe der kausalen Erwägungen der Verwaltung. Die Verwaltung erklärt damit den Erlass des Verwaltungsaktes. Der Grund einer Entscheidung ist eine Frage des materiellen Rechts. Die Begründung als Verwaltungshandlung ist dagegen die Darlegung des Antriebs der Verwaltung, den Verwaltungsakt zu erlassen. Beide Aspekte müssen streng voneinander getrennt werden. Die Begründung wirkt sich damit auf die formelle und – bei Ermessensentscheidungen – auf die materielle Rechtmäßigkeit eines Verwaltungsaktes aus.

II. Verfassungsrechtlicher Hintergrund der Begründungspflicht

Ein verfassungsrechtliches Begründungsgebot kann aus den einzelnen Funktionen abgeleitet werden. Vor allem der Funktion des Rechtsschutzes des Betroffenen kommt dabei eine wesentliche Bedeutung zu.[646] Diesen Bezug erkannte das BVerfG früh.[647]

Die einzelnen Anforderungen haben sich aber mit der Zeit verändert und präzisiert. Umstritten in Literatur und Rechtsprechung ist nach wie vor die genaue dogmatische Herleitung der Begründungspflicht für einen Verwaltungsakt. Es lassen sich verschiedene verfassungsrechtliche Normen und Grundsätze anführen. Die Rechtsprechung stützt die Begründungspflicht u.a. auf das

643 *Müller-Ibold*, Begründungspflicht, S. 213.

644 *Müller-Ibold*, Begründungspflicht, S. 213.

645 *Schoch*, DÖV 1984, 401 (405); *Wernsmann* in Hübschmann/Hepp/Spitaler, § 5 AO Rn. 131 (April 2013).

646 Hier geht es um die Begründung, die dem Bürger gegenüber zu erfolgen hat, nicht um die verwaltungsinterne Begründung. Vgl. dazu *Lücke*, Begründungszwang, S. 45 f.

647 Nach Ansicht des BVerfG v. 16.01.1957 – 1 BvR 253/56, BVerfGE 6, 32 (44) hat der Bürger einen Anspruch auf eine Begründung, wenn in dessen Rechte eingegriffen wird, um diese sachgemäß verteidigen zu können. Siehe dazu noch anschließend unter § 4.II.1.

Rechtsstaatsprinzip und auf das Gebot des effektiven Rechtsschutzes gemäß Art. 19 Abs. 4 GG. In der Literatur ist der verfassungsrechtliche Hintergrund dagegen umstritten.[648] Während einige Stimmen auch auf Art. 19 Abs. 4 GG oder auf das Rechtsstaatsprinzip abstellen,[649] ziehen andere teilweise auch Art. 1 Abs. 1 GG heran.[650] Das Rechtsstaatsgebot stellt verschiedene Ansprüche an das Verwaltungsverfahren. Es muss insbesondere so ausgestaltet sein, dass die Verwaltung nur nach einer umfassenden Sachverhaltsermittlung handeln darf und dem Betroffenen Mitwirkungsrechte zustehen. Damit er seine Mitwirkungsrechte geltend machen kann, muss die Verwaltung ihm die getroffene Maßnahme erläutern. Im Grundsatz besteht Einigkeit über die verfassungsrechtliche Verankerung eines Begründungsgebots von Verwaltungsakten.[651]

Wegen der unklaren verfassungsrechtlichen Grundlage einer Begründungspflicht muss diese zunächst betrachtet werden, um danach die einfachgesetzlichen Regelungen untersuchen zu können. Zuerst wird auf das Rechtsstaatsprinzip und dessen Wirkungen auf die Begründungspflicht eingegangen. Anschließend sind die weiteren verfassungsrechtlichen Herleitungsmöglichkeiten zu behandeln.

1. Rechtsstaatsprinzip und Begründungspflicht

Das Rechtsstaatsprinzip wurde schon früh als eine wesentliche Quelle für eine verfassungsrechtliche Begründungspflicht angesehen und anerkannt.[652] Die

---

648 Vgl. *Dolzer*, DÖV 1985, 9 (13), der den Begründungszwang nur im Grundsatz durch Art. 19 Abs. 4 GG vermittelt sieht und nach dem im GG keine weiteren Normen zu finden seien.

649 Siehe dazu unter § 4.II.2.

650 Siehe dazu unter § 4.II.3.

651 *Kischel*, Begründung, S. 222; *Lücke*, Begründungszwang, S. 37 ff.; *Malorny*, Begründung, S. 21 ff., 91 f.; *Müller-Ibold*, Begründungspflicht, S. 162; *Kopp*, Verfassungsrecht und Verwaltungsverfahrensrecht, S. 90 ff., 194 ff.; *Scheffler*, DÖV 1977, 767 (768); *W.-R. Schenke*, VBlBW. 1982, 313 (324); *Dolzer*, DÖV 1985, 9 (12 f.); *Dechsling*, DÖV 1985, 714; *Söhn* in Hübschmann/Hepp/Spitaler, § 121 AO Rn. 10 ff. (September 2014); *Stuhlfauth* in Obermayer/Funke-Kaiser, VwVfG, § 39 Rn. 3 ff.; schon vor Inkrafttreten des VwVfG und der AO erkannten zahlreiche Stimmen in der Literatur die verfassungsrechtliche Begründungspflicht: *Voucko*, Begründung, S. 37; *von Walcke-Wulffen*, Begründungszwang, S. 20 ff., 35 f.; *Schick*, JuS 1971, 1 (3).

652 BVerfG v. 16.01.1957 – 1 BvR 253/56, BVerfGE 6, 32 (44); *Werner*, NJW 1950, 799 (800); *Zschake*, NJW 1954, 413; *Idel*, NJW 1957, 36 (37); *Feneberg*, DVBl. 1965, 222 (223); *Menger*, VerwArch 56 (1965), 177 (180); *Brintzinger*, DÖV 1968, 16 (27); *Schick*, JuS 1971, 1, (2 ff.); *von Welck*, ZRP 1971, 124 (125); *Paal*, SKV 1973, 345; *Melichar*, VVDStRL 17 (1967), 184 (203); *Ule*, DVBl. 1963, 475 (447); *ders.*, DVBl. 1968, 781

Begründungspflicht sei vor allem ein „erheblicher Garant rechtsstaatlichen Verfahrens."[653] Sie wirkt sich auf das staatliche Verwaltungsverfahren, das finanzgerichtliche Verfahren und das Verhalten des betroffenen Bürgers aus.

Staatliches Handeln wird durch das Rechtsstaatsprinzip begrenzt. Es muss vorhersehbar und berechenbar sein. Dadurch prägen insbesondere der Verhältnismäßigkeitsgrundsatz, die materielle Richtigkeit und Gerechtigkeit des Verwaltungshandelns sowie die Rechtssicherheit diese Forderung des Rechtsstaatsprinzips.[654] Das Rechtsstaatsprinzip lenkt damit das Verwaltungsverfahren. Es stellt an das Verwaltungsverfahren gewisse Mindestanforderungen als Ausdruck einer Verwaltungsfairness[655] für die Ergänzung des gerichtlichen Rechtsschutzes.[656]

Bereits in der *Elfes*-Entscheidung führte das BVerfG aus, dass der Bürger, in dessen Rechte eingegriffen wird, einen Anspruch auf eine Begründung habe.[657] Nur mit einer Begründung könne er seine Rechte sachgemäß verteidigen.[658] Der *Elfes*-Entscheidung kommt aber nur eine beschränkte Aussagekraft zu, weil sie sich sehr allgemein zur Begründungspflicht äußert, sich nicht auf die Begründung behördlicher Entscheidungen beschränkt und nicht auf die einzelnen Anforderungen an die Begründung staatlicher Entscheidungen eingeht.[659]

Das BVerfG entwickelte seine Rechtsprechung weiter. Insbesondere führte es aus, dass eine Begründung eines Verwaltungsaktes zwar ein rechtstaatlicher Grundsatz sei, sie aber nicht in jedem Fall aus verfassungsrechtlichen Gründen zwingend erfolgen müsse, wenn der inhaltliche Umfang einer Begründung sich in Grenzen halten würde und eine mündliche Bekanntgabe der Entscheidung ausreichend sei, auch wenn eine schriftliche Bekanntgabe an sich sinnvoll wäre.[660]

---

(785); *ders.*, VerwArch 62 (1971), 130; *Scheffler*, DÖV 1977, 767 (768); *Kopp*, Verfassungsrecht und Verwaltungsverfahrensrecht, S. 48, 90 ff., 122, 137 ff., 159 ff.; *Malorny*, Begründung, S. 21 ff.; *Voucko*, Begründung, S. 37 ff.

653 *P. Stelkens*, Verwaltungsverfahren, Rn. 392. Siehe dazu auch BVerfG v. 01.08.1978 – 2 BvR 1013, 1019, 1034/77, BVerfGE 49, 24 (66); *Kischel*, Begründung, S. 64 ff.; *Seer* in Tipke/Kruse, § 121 AO Rn. 2 (Oktober 2015).

654 *Grzeszick* in Maunz/Dürig, Art. 20 GG, Teil VII, Rn. 27.

655 *Sachs* in Sachs, GG, Art. 20 Rn. 165.

656 *Stern*, Staatsrecht I, S. 824 f.

657 BVerfG v. 16.01.1957 – 1 BvR 253/56, BVerfGE 6, 32 (44). Auf dieses Urteil griff der Gesetzgeber zurück, als er das VwVfG schuf, vgl. BT-Drs. 7/910, S. 60.

658 BVerfG v. 16.01.1957 – 1 BvR 253/56, BVerfGE 6, 32 (44).

659 *Kischel*, Begründung, S. 64.

660 BVerfG v. 29.10.1975 – 2 BvR 812/73, BVerfGE 40, 276 (286).

Wesentliche Funktionen der Begründung fußen im Rechtsstaatsprinzip. So entspricht es der Selbstkontrollfunktion, dass die Verwaltung ein Interesse daran hat, dass der Verwaltungsakt rechtsrichtig ist und der Betroffene überzeugt wird.[661] Bereits im Entscheidungsprozess besitzt die Begründung eine Filtereigenschaft, weil die Behörde ihre tragenden Argumente für den Erlass eines Verwaltungsaktes überdenken muss. So können insbesondere auch Flüchtigkeitsfehler vermieden werden, da die Verwaltung alle vorgetragenen und maßgeblichen Gesichtspunkte des Für und Wider abwägen kann.[662] Die Behörde hat gegenüber sich selbst Rechenschaft abzuleisten, ob ihre Auffassung mit Gesetz und Recht übereinstimmt.[663]

Daher dient die Begründungspflicht der Gesetzmäßigkeit der Verwaltung.[664] Daneben zeigt sich wegen der Gesetzmäßigkeit der Verwaltung die enge Verknüpfung des Grundsatzes des rechtlichen Gehörs und der Begründung, weil der Grundsatz des rechtlichen Gehörs unvollständig wäre, wenn die Verwaltung nicht ihre Erwägungen mitteilen müsste.[665] Die Verwaltung befreit die Entscheidung von der Beliebigkeit und Orakelhaftigkeit.[666] In späteren, ähnlich gelagerten Fällen kann die Begründung des ersten Falles der Verwaltung eine Orientierung für die Ermessensentscheidungen bieten.[667] Die Verwaltung soll nachträglich auch keine Ermessenserwägungen austauschen oder nachschieben können.[668]

Auch die Fremdkontrollfunktion wurzelt im Rechtsstaatsprinzip. Der Grundsatz der Gewaltenteilung fordert eine grundsätzliche Begründung staatlicher Entscheidungen. Nur mit Hilfe der Begründung kann die Rechtsprechung eine behördliche Entscheidung kontrollieren und so dem Gewaltenteilungsprinzip i.S.d. „Gewaltenbalancierung“[669] gerecht werden. Die gerichtliche Kontrolle ist umfassend und darf wegen des Grundsatzes der Gewaltenteilung grundsätzlich

---

661 *Scheffler*, DÖV 1977, 767 (769); *Güroff* in Beermann/Gosch, § 121 AO Rn. 1 (November 2014); *Söhn* in Hübschmann/Hepp/Spitaler, § 121 AO Rn. 14 (September 2014); *U. Stelkens* in Stelkens/Bonk/Sachs, § 39 VwVfG Rn. 1.

662 *Kopp*, Verfassungsrecht und Verwaltungsverfahrensrecht, S. 225.

663 *Kopp*, Verfassungsrecht und Verwaltungsverfahrensrecht, S. 90.

664 *Kopp*, Verfassungsrecht und Verwaltungsverfahrensrecht, S. 90; vgl. auch *Malorny*, Begründung, S. 48 ff. Siehe zur Gesetzmäßigkeit der Verwaltung schon oben unter § 3.II.1.

665 *Ule*, DVBl. 1963, 475 (477); *ders.*, DVBl. 1968, 781 (785).

666 *C. Koenig*, AöR 117 (1992), 513 (519).

667 *Kopp*, Verfassungsrecht und Verwaltungsverfahrensrecht, S. 138; *Schick*, JuS 1971, 1 (3).

668 *Kopp*, Verfassungsrecht und Verwaltungsverfahrensrecht, S. 137 f.

669 *Hesse*, Grundzüge, Rn. 476, 495 f.

nicht beschränkt werden. Deswegen betont *Kopp*, dass die Begründung „naturgemäß das vornehmlichste und wichtigste Erkenntnismittel dafür [ist], was die Behörde gewollt hat und von welchen Voraussetzungen sie bei ihrer Entscheidung ausgegangen ist.“[670]

Daneben ist die Rechtssicherheit ein Element des Rechtsstaatsprinzips gemäß Art. 20 Abs. 3 GG.[671] Die Rechtssicherheit ist in einem Zusammenhang mit der Rechtsklarheit zu sehen. Rechtsklarheit kann durch eine Begründung der Verwaltungsentscheidung erreicht werden. Die Begründungspflicht bewirkt daher mittelbar Sorgfalt und Rationalität im behördlichen Handeln.[672] Wenn die Finanzbehörde i.S.d. Rechtsstaatsprinzips eine den Normen entsprechende, „richtige“ Entscheidung treffen soll, braucht es also verfahrensmäßiger Vorkehrungen.[673]

Das Rechtsstaatsprinzip in Art. 20 GG stellt wegen der Selbstkontroll- und Fremdkontrollfunktion ein Begründungsgebot auf.

2. Art. 19 Abs. 4 GG

Zur Herleitung einer verfassungsrechtlichen Begründungspflicht wird häufig von der Rechtsprechung und der Literatur Art. 19 Abs. 4 GG herangezogen, da die Begründung einen effektiven Individualrechtsschutz gewährleisten soll.[674]

Art. 19 Abs. 4 GG ist eine wesentliche Ausprägung des Rechtsstaatsprinzips.[675] Nach Art. 19 Abs. 4 Satz 1 GG steht jedem der Rechtsweg offen, der durch die öffentliche Gewalt in seinen Rechten verletzt wird. Das Grundrecht gewährleistet aber nicht nur den Zugang zu den Gerichten, sondern auch einen effektiven Rechtsschutz.[676] Der Rechtsstaat wäre unvollständig ohne dessen gerichtliche Absicherung und Durchsetzbarkeit.[677] Art. 19 Abs. 4 GG spielt hauptsächlich für das gerichtliche Verfahren eine wichtige Rolle, aber auch mittelbar für das

670 *Kopp*, Verfassungsrecht und Verwaltungsverfahrensrecht, S. 244 f.

671 BVerfG v. 01.07.1953 – 1 BvL 23/51, BVerfGE 2, 380 (403); *Stuhlfauth* in Obermayer/Funke-Kaiser, VwVfG, § 39 Rn. 5.

672 *Degenhart*, DVBl. 1982, 872 (880).

673 *C. Koenig*, AöR 117 (1992), 513 (520).

674 *Saurer*, VerwArch 100 (2009), 364 (366 f.); *Bredemeier*, Kommunikative Verfahrenshandlungen, S. 213.

675 BVerfG v. 01.07.1953 – 1 BvL 23/51, BVerfGE 2, 380 (403); *Kopp*, Verfassungsrecht und Verwaltungsverfahrensrecht, S. 148.

676 Vgl. oben unter § 3.IV.2.a.

677 *Stern*, Staatsrecht I, S. 838.

Verwaltungsverfahren, soweit dieses die gerichtliche Überprüfbarkeit überhaupt erst ermöglicht. Damit wird ein geordnetes Verwaltungsverfahren garantiert.[678]

Gleichzeitig muss das Verwaltungsverfahren dem Bürger ermöglichen, sein Recht aus Art. 19 Abs. 4 GG wahrnehmen zu können. Das vorgelagerte Verwaltungsverfahren wirkt auf die Ausgestaltung des nachgelagerten gerichtlichen Verfahrens nach Art. 19 Abs. 4 GG vor.[679] Der Gesetzgeber darf den Rechtsschutz nicht durch Gestaltungen des Verwaltungsverfahrens unmöglich machen oder unzumutbar erschweren,[680] insbesondere darf die Verwaltungsbehörde im Verwaltungsverfahren selbst durch ihr Verhalten nicht die spätere gerichtliche Nachprüfungsmöglichkeit ausschalten.[681] Das Verwaltungsverfahren muss deswegen Schutzmechanismen vorsehen, die den effektiven Rechtsschutz garantieren. Derartige Schutzmechanismen stellen insbesondere die Anhörung, die Begründung und die Schriftform dar.

Indem der Betroffene angehört und auf dessen Einwände eingegangen wird, fühlt er sich nicht in eine Zuschauerrolle gedrängt, sondern bildet einen aktiven Part im Verfahren. Neben dem Recht auf Anhörung bildet die Begründung einen weiteren wichtigen Verfahrensakt, weil der Bürger den Verwaltungsakt besser nachvollziehen kann. Er muss nicht mutmaßen, warum der Verwaltungsakt ergangen ist. Der Betroffene kann aber nur dann Rechtsschutz effektiv in Anspruch nehmen, wenn er von der Verwaltung erfährt, wie sie ihren Verwaltungsakt rechtfertigt und auf welche Rechtsgrundlage sie die Entscheidung stützt.[682] Dazu muss die Begründung auf die vorgebrachten Argumente der Beteiligten eingehen.[683] Dabei kommt es zu einem „Grundrechtsschutz durch Verfahren".[684] Für den Bürger besteht vor allem bei belastenden Verwaltungsakten ein Interesse,

---

678 *Kopp*, Verfassungsrecht und Verwaltungsverfahrensrecht, S. 149.

679 BVerfG v. 08.07.1982 – 2 BvR 1187/80, BVerfGE 61, 82 (110); v. 24.04.1985 – 2 BvF 2/83, 2 BvF 3/83, 2 BvF 4/83, 2 BvF 2/84, BVerfGE 69, 1 (49).

680 BVerfG v. 06.06.1967 – 2 BvR 375, 53/60 und 18/65, BVerfGE 22, 49 (81 f.); v. 08.07.1982 – 2 BvR 1187/80, BVerfGE 61, 82 (110); v. 24.04.1985 – 2 BvF 2/83, 2 BvF 3/83, 2 BvF 4/83, 2 BvF 2/84, BVerfGE 69, 1 (49).

681 BVerfG v. 08.07.1982 – 2 BvR 1187/80, BVerfGE 61, 82 (110).

682 BFH v. 11.02.2004 – II R 5/02, BFH/NV 2004, 1062; zugleich bedeutet dies, dass der Betroffene nicht erst nach einer Rechtsgrundlage suchen muss. Siehe dazu noch § 4. III.2.b.cc.

683 *Kopp*, Verfassungsrecht und Verwaltungsverfahrensrecht, S. 226.

684 BVerfG v. 17.04.1991 – 1 BvR 419/81 und 213/83, BVerfGE 84, 34 (45 ff.); *Seer* in Tipke/Kruse, § 121 AO Rn. 2b (Oktober 2015); *Söhn* in Hübschmann/Hepp/Spitaler, § 121 AO Rn. 12 (September 2014). Siehe ferner *U. Stelkens* in Stelkens/Bonk/Sachs, § 39 VwVfG Rn. 2; kritisch *Degenhart*, DVBl. 1982, 872 (876).

die Erwägungen der Verwaltungen zu erfahren, um gegebenenfalls Rechtsschutz suchen zu können. Es ist aber verfassungsrechtlich nicht ausgeschlossen, dass Aufbau, Umfang und Intensität einer jeden Begründung variieren können.[685] Die Rechtsschutzfunktion ist eine der wichtigsten Funktionen der Begründung.[686]

Aus Art. 19 Abs. 4 GG folgt damit ein Begründungsgebot. Eine Aussage für den genauen Begründungsinhalt kann aber nicht entnommen werden.

Auf der anderen Seite können aber besondere öffentliche oder private Interessen zu einer Ausnahme vom Grundsatz der Begründungspflicht führen.[687]

3. Art. 1 Abs. 1 GG

Einige Stimmen in der Literatur stützen die Begründungspflicht auf Art. 1 Abs. 1 GG. Das tragende Argument wirkt auf den ersten Blick einleuchtend: Erfolge keine Begründung, würde der Adressat des Verwaltungsaktes zum bloßen Objekt degradiert und in seiner Menschenwürde berührt.[688] Diese Ansicht stützt ihre Argumentation auf die sog. „Objektformel".[689]

---

685 *Schmidt-Aßmann* in Maunz/Dürig, Art. 19 Abs. 4 GG Rn. 254 (September 2016).

686 Siehe dazu oben unter § 4.I.3.

687 *Dolzer*, DÖV 1985, 9 (13).

688 Vgl. *Seer* in Tipke/Kruse, § 121 AO Rn. 2b (Oktober 2015); *Söhn* in Hübschmann/Hepp/Spitaler, § 121 AO Rn. 12 (September 2014). Vgl. auch *U. Stelkens* in Stelkens/Bonk/Sachs, § 39 VwVfG Rn. 2; *Schick*, JuS 1971, 1 (3); *Lücke*, Begründungszwang, S. 75 f., der zumindest bei belastenden Entscheidung „eine Verfügung von Obrigkeits wegen" annimmt, um dann doch Ausnahmen vorzusehen; *Kopp*, Verfassungsrecht und Verwaltungsverfahrensrecht, S. 16 ff., 47 f.; *von Walcke-Wulffen*, Begründungszwang, S. 21 f. Ablehnend *Ule*, DVBl. 1963, 475 (477); *Malorny*, Begründung, S. 77.

689 Die Objektformel wurde wohl von *Wintrich* (in FS Laforet, S. 227 (235 f.)) begründet und ist bis heute die herrschende Deutung für die Verletzung der Menschenwürde, die *Dürig* weiterentwickelt hat. Danach ist die Menschenwürde berührt, „wenn der konkrete Mensch zum Objekt, zu einem bloßen Mittel zur vertretbaren Größe herabgewürdigt wird." Zum Ganzen *Herdegen* in Maunz/Dürig, Art. 1 Abs. 1 GG Rn. 36 (Mai 2009). Das BVerfG hat die Objektformel in einigen Entscheidungen herangezogen, vgl. BVerfG v. 18.06.1957 – 1 BvR 41/57, BVerfGE 7, 53 (58); v. 08.01.1959 – 1 BvR 396/55, BVerfGE 9, 89 (95); v. 16.07.1969 – 1 BvL 19/63, BVerfGE 27, 1 (6); v. 09.06.1970 – 1 BvL 24/69, BVerfGE 28, 386 (391); v. 21.06.1977 – 1 BvL 14/76, BVerfGE 45, 187 (228); v. 17.01.1979 – 1 BvR 241/77, BVerfGE 50, 166 (175); v. 20.10.1992 – 1 BvR 698/89, BVerfGE 87, 209 (228). Es wies aber auch auf die Schwächen der Formel hin in BVerfG v. 15.12.1970 – 2 BvF 1/69, 2 BvR 629/68 und 308/69, BVerfGE 30, 1 (25 f.): „Der Mensch ist nicht selten bloßes Objekt nicht nur der Verhältnisse und der gesellschaftlichen Entwicklung, sondern auch des Rechts, insofern er ohne Rücksicht

Die „Objektformel" kann aber nur eine bestimmte Richtung für eine Verletzung der Menschenwürde vorgeben.[690] Vor einer vorschnellen Annahme einer Verletzung des höchsten Verfassungsgutes muss gewarnt werden.[691] Die Subjektqualität des Menschen muss durch die Behandlung prinzipiell in Frage gestellt werden.[692] Das BVerfG betont nämlich, dass die „Behandlung des Menschen durch die öffentliche Gewalt, die das Gesetz vollzieht, [...] wenn sie die Menschenwürde berühren soll, Ausdruck der Verachtung des Wertes, der dem Menschen kraft seines Personseins zukommt, also in diesem Sinne eine ‚verächtliche Behandlung' sein" muss.[693] Eine generelle und pauschale Annahme einer Verletzung der Menschenwürde bei jeder mangelnden Begründung ist abwegig.[694] Es droht sonst eine Verwässerung des Gutes. Ausprägungen der Menschenwürde werden in anderen verfassungsrechtlichen Prinzipien, insbesondere dem Rechtsstaatsprinzip, schon geschützt.[695]

Die bloße mangelnde Begründung berührt nicht den Kernbereich menschlicher Existenz, wenn die Verwaltung den Gestaltungsauftrag des Gesetzgebers an sich ordnungsgemäß vollzieht, die Begründung aber unterlässt.[696] Zudem gibt es auch aus verfassungsrechtlicher Perspektive anerkannte Ausnahmen, die im Einzelfall gegen eine Begründungspflicht sprechen, insbesondere das Geheimhaltungsinteresse Privater im Bereich der informationellen Selbstbestimmung oder das Steuergeheimnis.[697] Eine Herleitung einer Begründungspflicht aus Art. 1 Abs. 1 GG kann aus den genannten Gründen nicht überzeugen.

4. Begründungspflicht und Effizienz der Verwaltung

Die Begründung von Verwaltungsentscheidungen kann sich aber auch negativ auf das Verwaltungsverfahren auswirken. Sie verlangt einen zusätzlichen Zeit- und Kostenaufwand, der unter Umständen an sich in keinem Verhältnis von Mitteleinsatz und Nutzen stehen kann.

---

auf seine Interessen sich fügen muß. Eine Verletzung der Menschenwürde kann darin allein nicht gefunden werden." Kritisch dazu *Lücke*, Begründungszwang, S. 74 f.

690 BVerfG v. 15.12.1970 – 2 BvF 1/69, 2 BvR 629/68 und 308/69, BVerfGE 30, 1 (25); ausführlich dazu *Kischel*, Begründung, S. 117 ff.

691 *Kischel*, Begründung, S. 120.

692 BVerfG v. 15.12.1970 – 2 BvF 1/69, 2 BvR 629/68 und 308/69, BVerfGE 30, 1 (26).

693 BVerfG v. 15.12.1970 – 2 BvF 1/69, 2 BvR 629/68 und 308/69, BVerfGE 30, 1 (26).

694 *Malorny*, Begründung, S. 78.

695 *Malorny*, Begründung, S. 78 f.

696 *Dolzer*, DÖV 1985, 9 (12); *Kischel*, Begründung, S. 123.

697 *Kischel*, Begründung, S. 121.

Verhältnismäßigkeit, Transparenz, Effizienz und Gleichbehandlung – diese Punkte bilden wichtige Maßstäbe für das Verwaltungshandelns und garantieren dessen Rationalität.[698] Sie bieten Programme, an denen sich die Verwaltung bei ihrem Handeln orientieren kann und die sich auf Ermessensnormen auswirken.[699] Neben der Verwaltung ist aber auch der Gesetzgeber angesprochen, die einzelnen Maßstäbe bei der Gestaltung des Verwaltungsverfahrens zu beachten. Insbesondere die Effizienz des Verwaltungsverfahrens stellt ihn vor große Herausforderungen.[700] Er hat in erster Linie die Aufgabe, die unterschiedlichen Interessen zu vereinbaren.

Es fragt sich aber, inwieweit die Effizienz[701] die Begründungspflicht von Verwaltungsentscheidungen beeinflussen kann. Das rechtsstaatlich geprägte Verwaltungsverfahren kann nur verfassungskonform vollzogen werden, wenn es nämlich auch effizient ist.[702] Weitere Anforderungen an die Ausgestaltung des Verwaltungsverfahrens sind die Zweckmäßigkeit und die Bürgernähe.[703] Gleichzeitig fordert das Rechtsstaatsprinzip insbesondere gemäß Art. 19 Abs. 4 GG aber auch einen effektiven Rechtsschutz. Auf das Verhältnis von Rechtsschutz und Effizienz muss deswegen eingegangen werden.

---

698 *Schmidt-Aßmann*, Ordnungsidee, S. 56 f., 312.

699 *Schmidt-Aßmann*, Ordnungsidee, S. 313.

700 Ausführlich *Pietzcker*, VVDStRL 41 (1983), 193 (199 f.).

701 Schon der Begriff der Effizienz ist umstritten und (wohl) nicht abschließend geklärt. Je nach Perspektive ergibt sich ein anderer Inhalt. Siehe dazu *Häberle*, AöR 98 (1973), 625; *ders.*, in FS Boorberg Verlag, S. 47 (80 f.); *Leisner*, Effizienz als Rechtsprinzip, S. 6 ff.; *Schwarze*, DÖV 1980, 581 (583); *Degenhart*, DVBl. 1982, 872 (880); *von Mutius*, NJW 1982, 2150 (2151, 2158); *Ossenbühl*, NVwZ 1982, 465 (468 f.); *Steinberg*, DÖV 1982, 619 (621); *Isensee*, Die typisierende Verwaltung, S. 162; *Schmidt-Aßmann*, Jura 1979, 505 (508 f.); *ders.* in Hoffmann-Riem/Schmidt-Aßmann, Effizienz als Herausforderung an das Verwaltungsrecht, S. 245 ff.; *Lücke*, Begründungszwang, S. 85; *von Arnim*, Wirtschaftlichkeit als Rechtsprinzip, S. 47; *Gröpl*, VerwArch 93 (2002), 459 (462 ff.).

702 *Kopp*, Verfassungsrecht und Verwaltungsverfahrensrecht, S. 200 ff.; *Hoffmann-Riem* in Hoffmann-Riem/Schmidt-Aßmann, Effizienz als Herausforderung an das Verwaltungsrecht, S. 11 (23 ff., 49 f.); *Schmidt-Aßmann* in Hoffmann-Riem/Schmidt-Aßmann, Effizienz als Herausforderung an das Verwaltungsrecht, S. 245 (255 ff.); *Pünder* in Ehlers/Pünder, Allgemeines Verwaltungsrecht, § 13 Rn. 19; kritisch *Voßkuhle*, VerwArch 92 (2001), 184 (197 f.).

703 Vgl. *Wahl*, VVDStRL 41 (1983), 151 (157) mit Hinweis auf die These von *Kaufmann*, Bürgernahe Sozialpolitik, S. 537.

a. *Effizienz*

Der Grundsatz der Verwaltungseffizienz lässt sich trotz mangelnder ausdrücklicher Normierung aus Art. 20 Abs. 2 GG[704], Art. 83 ff. GG[705] und Art. 114 Abs. 2 Satz 1 GG[706] herleiten. Er ist ein anerkanntes Prinzip[707], das aus der Verfassung zu entnehmen und geeignet ist, andere Verfahrensrechte und -prinzipien einschränken zu können.[708] Die Effizienz ist damit eines der entscheidenden Postulate für die Ausgestaltung des Verwaltungsverfahrens.[709]

Der Grundsatz der Wirtschaftlichkeit ist ein Unterbegriff des Grundsatzes der Verwaltungseffizienz. Der Grundsatz der Wirtschaftlichkeit findet sich in Art. 114 Abs. 2 Satz 1 GG.[710] Einfachgesetzlich verwendet der Gesetzgeber diesen Grundsatz nun auch in § 88 Abs. 3 und 5 AO. Er ist Ausdruck einer Verfahrenseffizienz. Die Behörden müssen ihre Ressourcen schonend einsetzen, weil alle Güter – auch staatliche Ressourcen – begrenzt sind.[711] Nach dem Wortlaut wendet die Wirtschaftlichkeit sich zwar nur an die Rechnungshöfe, jedoch kann sie nach dem Sinn und Zweck nur dann einen brauchbaren Maßstab für die Überprüfung bilden, wenn sie zeitlich vor die Kontrollen der Rechnungshöfe zurückwirkt und einen Maßstab für das Verwaltungshandeln darstellt.[712] Der Begriff hat

---

704 Siehe dagegen *Kopp*, Verfassungsrecht und Verwaltungsverfahrensrecht, S. 200, der den Grundsatz der Leistungsfähigkeit und Wirksamkeit der Exekutive als einen Satz des ungeschriebenen Rechts ansieht und von einem vorgegebenen Strukturmerkmal der Verfassung ausgeht. Das Strukturmerkmal sei in Art. 20 GG im Begriff der vollziehenden Gewalt dadurch als selbstverständlich vorausgesetzt.

705 BVerwG v. 27.05.1983 – 4 C 40, 44 und 45/81, BVerwGE 67, 206 (209).

706 *Gröpl*, VerwArch 93 (2002), 459 (474); *Müller-Ibold*, Begründungspflicht, S. 155 m.w.N.

707 So auch *Gröpl*, VerwArch 93 (2002), 459 (475); ablehnend *Degenhart*, DVBl. 1982, 872 (884).

708 *Schmitz* in Stelkens/Bonk/Sachs, § 9 VwVfG Rn. 76; *Ossenbühl*, NVwZ 1982, 465 (469).

709 *Steinberg*, DÖV 1982, 619 (621). Kritisch aber *W.-R. Schenke*, VBlBW. 1985, 313 (317).

710 *Gröpl*, VerwArch 93 (2002), 459 (474); *Hoffmann-Riem* in Hoffmann-Riem/Schmidt-Aßmann, Effizienz als Herausforderung an das Verwaltungsrecht, S. 11 (21, 23); *Müller-Ibold*, Begründungspflicht, S. 155 m.w.N. Effizienz und Wirtschaftlichkeit werden deshalb häufig synonym verwendet, vgl. *Schmidt*, Wirtschaftlichkeit in der öffentlichen Verwaltung, S. 20.

711 *Gröpl*, VerwArch 93 (2002), 459 (468).

712 *Gröpl*, VerwArch 93 (2002), 459 (465).

daher nach zutreffender herrschender Meinung Verfassungsrang[713] und bindet alle Staatsgewalt. Der Grundsatz der Wirtschaftlichkeit wird auch vom Grundsatz der Verhältnismäßigkeit geprägt.[714]

Eine im älteren Schrifttum vertretene Sichtweise stützt die Effizienz des Verwaltungshandelns auf Art. 20 Abs. 2 GG. Dieser normiert, dass die Staatsgewalt durch besondere Organe der Gesetzgebung, der vollziehenden Gewalt und der Rechtsprechung ausgeübt wird. Die Organe haben verschiedene Kompetenzen und Pflichten, deren Ausübung und Erfüllung durch die Organe der Staatsgewalt dabei so ausgestaltet sein muss, dass sie möglichst effektiv, funktions- und leistungsfähig sind.[715] Hier kommen Bezüge zum Gewaltenteilungsgrundsatz zum Vorschein.

Langsame, aufwendige und kostenintensive Verfahren widersprechen insbesondere den Grundsätzen der Rechtsklarheit und Rechtssicherheit, weil Verfahren, die nicht oder nur langsam und unter hohen Kosten zu einem Abschluss gebracht werden, einer Befriedigung der einzelnen Interessen entgegenstehen.[716] Sie entwerten den Rechtsschutz, der durch ein schnelles Verfahren gewährleistet werden soll.[717] Auch verschlechtern sie die Möglichkeit zur Wahrheitsfindung.[718] Daneben sind langwierige Verfahren wegen des Sozialstaatsprinzips nicht zu rechtfertigen. Hohe Personal- und Sachkosten sind nicht zumutbar. Zeit und Geld sind im Sozialstaat besonders wertvolle Ressourcen.[719] Die Verwaltung muss daher ressourcenschonend handeln und ihre vorhandenen Mittel verantwortungsvoll einsetzen.[720] Dabei sind auch fiskalische, besser finanzielle[721]

---

713 *Gröpl*, Haushaltsrecht und Reform, S. 94; *ders.* in Bonner Kommentar, Art. 110 GG Rn. 203 (September 2015); *Noll*, Haushalt und Verfassung, S. 65; *Wernsmann*, Verhaltenslenkung in einem rationalen Steuersystem, S. 233; a.A. *Nebel* in Piduch, Bundeshaushaltsrecht, Art. 110 GG Rn. 25 (Juli 2012).

714 NWVerfGH v. 02.09.2003 – VerfGH 6/02, NVwZ 2004, 217 (218): „finanzrechtliche Ausprägung des rechtsstaatlichen Verhältnismäßigkeitsprinzips". Siehe dazu auch *Schmidt-Aßmann*, Ordnungsidee, S. 318.

715 *Leisner*, Effizienz als Rechtsprinzip, S. 6; *Häberle*, AöR 98 (1973), 625; *Lücke*, Begründungszwang, S. 86; *Steinberg*, DÖV 1982, 619 (621).

716 In diese Richtung gehend *Degenhart*, DVBl. 1982, 872 (884).

717 *Spanner*, DÖV 1958, 651 (655); *Kopp*, Verfassungsrecht und Verwaltungsverfahrensrecht, S. 104 f.; *Pietzcker*, VVDStRL 41 (1983), 193 (199).

718 *Arndt*, NJW 1959, 6; *Kopp*, Verfassungsrecht und Verwaltungsverfahrensrecht, S. 105.

719 Ausdrücklich *Pietzcker*, VVDStRL 41 (1983), 193 (208).

720 *Schmidt-Aßmann* in Hoffmann-Riem/Schmidt-Aßmann, Effizienz als Herausforderung an das Verwaltungsrecht, S. 245 (249, 264 ff.).

721 *Gröpl*, VerwArch 93 (2002), 459 (467).

Erwägungen, die verfassungsrechtlich begründet sind,[722] zu beachten. Die Verwaltung darf durch zu hohe gesetzliche Anforderungen an das Verwaltungsverfahren nicht überfordert werden. Es darf zu keinem Vollzugsdefizit kommen.[723]

b. Auswirkungen der Effizienz auf die Begründung

Immer wieder wurde die allgemeine Begründungspflicht wegen einer drohenden Überbelastung der Verwaltung kritisiert, die Verwaltung verliere ihre Funktionsfähigkeit, wenn sie jede Entscheidung detailliert begründen müsse. Bezug genommen wurde dafür auf den ungebildeten „biederen Landbürgermeister", dem eine Begründung nicht zumutbar sei.[724] *Müller-Ibold* betont aber zu Recht, dass dies bedeuten würde, dass der Landbürgermeister unfähig wäre, überhaupt zu entscheiden.[725] Es kann aber nicht um die Frage gehen, ob eine Behörde im Ganzen an sich nicht fähig ist, eine Begründung zu geben. Sie muss schließlich „nur" angeben, von welchem Sachverhalt sie ausgegangen ist, welche rechtlichen Erwägungen sie angestellt und welche Ermessensgesichtspunkte sie erwogen hat. Sie hat also die gedanklich bereits angestellten Punkte nur noch zu formulieren. Die Überlegungen zur Frage, ob eine Begründung an sich die Verwaltung an den Rand ihrer Funktionsfähigkeit bringen kann, führen nicht weiter.

Deswegen liegt das Problem der Begründung an der Masse der Begründungen, die die Verwaltung bewältigen muss. Insbesondere im Steuerverwaltungsverfahren mit den Massen an Entscheidungen muss die Verwaltung hohe Personal- und Sachkosten aufwenden, um die Begründungen rechtzeitig, schnell und rechtskonform geben zu können.

Das Rechtsstaatsprinzip und die Grundrechte, insbesondere Art. 19 Abs. 4 GG, fordern aber einen effektiven Rechtsschutz. Sowohl der vom Rechtsstaatsprinzip

722 Ob „fiskalische Gründe" die Verwaltung leiten können, wurde lange Zeit abgelehnt; *Krüger*, DVBl. 1955, 518 (520 f.); *P. Kirchhof* in HStR V, § 99 Rn. 106. Im jüngeren Schrifttum zeigt sich eine klare Tendenz für die Berücksichtigungsfähigkeit von fiskalischen Erwägungen; so ausdrücklich *Gröpl*, VerwArch 93 (2002), 459 (467), der empfiehlt, von „‚(haushalts-)wirtschaftlich' oder schlicht ‚finanziell'" zu sprechen. Siehe dazu auch *Peters*, DÖV 2001, 749 (750). Differenzierend *Maurer/Waldhoff*, Allgemeines Verwaltungsrecht, § 7 Rn. 22.

723 *Ritgen* in Knack/Henneke, vor § 9 VwVfG Rn. 32. Siehe auch *Wahl*, VVDStRL 41 (1983), 151 (162).

724 *Kratzer*, BayVBl. 1965, 15 (16); *Sendler*, AöR 94 (1969), 130 (149). Ablehnend mit Recht *Schick*, JuS 1971, 1 (4); *von Walcke-Wulffen*, Begründungszwang, S. 58; *Müller-Ibold*, Begründungspflicht, S. 26 f.

725 *Müller-Ibold*, Begründungspflicht, S. 27.

geforderte effektive Rechtsschutz als auch das effiziente Verwaltungsverfahren sind verfassungsrechtlich fundiert. Wenn andere verfassungsrechtlich oder gesetzlich vorgegebene Güter wegen der reinen Konzentration auf den Rechtsschutz nicht erfüllt werden können, würde dies gegen das Rechtsstaatsprinzip verstoßen.[726] In diesem Sinne argumentiert auch *W.-R. Schenke*, wenn er davor warnt, den „Grundrechtsschutz durch Verfahren" überzubewerten. Jeder Ausbau des Rechtsschutzes durch Verwaltungsverfahren schmälere andere Güter mit Verfassungsrang.[727] Deswegen sind Wirtschaftlichkeitserwägungen für einen gleichheitsgerechten Vollzug erforderlich[728] und insoweit mit dem sozialen Rechtsstaat verbunden.[729] Daher betont *Pietzcker*, dass der Gesetzgeber zwar gewährleisten muss, dass jede Entscheidung rechtmäßig sein müsse, gleichzeitig dürfe und müsse er aber dafür sorgen, dass „die Verwaltung der Summe aller Einzelfälle gerecht" werde. Die Verwaltung müsse ihren Handlungsauftrag zweckmäßig erfüllen, der weit über die Sicherung und Verwirklichung von subjektiven Rechten hinausgehe.[730] In diesem Zusammenhang ist *Hoffmann-Riem* zuzustimmen, wenn er ausführt, dass die Effizienz eine Herausforderung an das Recht sei und der Gesetzgeber es ressourcenschonend gestalten und konkretisieren müsse.[731] Eine unbeschränkte Maximierung eines Maßstabes zu Lasten anderer Maßstäbe ist ausgeschlossen. Der Gesetzgeber kann und muss der Verwaltung daher allgemeine oder bereichsspezifische Gestaltungsmöglichkeiten für das Verfahren zur Verfügung stellen, damit ein Ausgleich zwischen der Effizienz und den Rechtsschutzerfordernissen möglich ist.[732]

Es wird deutlich, dass die Effizienz das Prinzip der Gewaltenteilung berührt und sowohl Legislative als auch Exekutive vor Herausforderungen stellt. Jedoch normiert Art. 20 Abs. 3 GG, dass die Verwaltung an Recht und Gesetz gebunden ist. Daraus folgt für das Rangverhältnis, dass sich Wirtschaftlichkeitserwägungen ohne gesetzliche Grundlage niemals gegen Recht oder Gesetz durchsetzen können. Bestehen normative Bindungen der Verwaltung, kann die Verwaltung keine Effizienzerwägungen anstellen. Davon aber abzugrenzen ist die Frage, ob

---

726 Vgl. dazu *Gröpl*, VerwArch 93 (2002), 459 (468).

727 *W.-R. Schenke*, VBlBW. 1985, 313 (319).

728 Vgl. dazu *Gröpl*, VerwArch 93 (2002), 459 (468).

729 *Hoffmann-Riem* in Hoffmann-Riem/Schmidt-Aßmann, Effizienz als Herausforderung an das Verwaltungsrecht, S. 11 (25).

730 *Pietzcker*, VVDStRL 41 (1983), 193 (208).

731 *Hoffmann-Riem* in Hoffmann-Riem/Schmidt-Aßmann, Effizienz als Herausforderung an das Verwaltungsrecht, S. 11 (25).

732 *Degenhart*, DVBl. 1982, 872 (884).

die Verwaltung zur Erreichung der normativen Vorgaben Effizienzerwägungen anstellen kann. Damit kommt es nur bei Spielräumen der Verwaltung zum Konflikt zwischen Rechtsschutz und Effizienzerwägungen.[733]

Der Gesetzgeber muss für eine effiziente Gestaltung des Verwaltungsverfahrens auch Grenzen beachten, weil ein effizientes Verwaltungsverfahren sich auf die Rechtsbeziehungen von Staat und Bürger auswirkt.[734] Aus Sicht der Bürger darf das Verwaltungsverfahren den effektiven Rechtsschutz nicht vernachlässigen, es muss ihn sicherstellen. Daher steht das Verwaltungsverfahren stets unter der Forderung nach der Wahrung der Rechte der Betroffenen. Bezugsgröße für den Rechtsschutz ist der Einzelfall.

Rechtsschutz und Verwaltungseffizienz befinden sich einerseits in einem Spannungsverhältnis, andererseits dienen beide auch dem Ziel einer rechtsstaatlichen Verwaltung. Ebenso haben beide Seiten ein Interesse an einem schnellen Verwaltungsverfahren.[735] Zusätzliche Probleme treten auf, wenn den Bürger Mitwirkungspflichten treffen. Im Steuerrecht muss der Steuerpflichtige bei der Ermittlung des Sachverhaltes regelmäßig mitwirken. Damit hier keine Verfahrensverschleppung eintritt, muss der Gesetzgeber der Verwaltung Möglichkeiten zur wirksamen Verfahrensgestaltung einräumen. Ein schnelles und günstiges Verwaltungsverfahren kann aber nicht garantieren, dass es im Endeffekt wirtschaftlicher ist, wenn im Anschluss ein gerichtliches Verfahren angestrengt wird, das ein etwas aufwendigeres Verwaltungsverfahren hätte vermeiden können.[736]

Dies wird insbesondere bei der Begründung einer Verwaltungsentscheidung deutlich. Der Bürger hat ein Interesse am zugrundeliegenden Sachverhalt, von dem die Verwaltung ausgegangen ist, an deren rechtlicher Auffassung und deren angestellten Erwägungen. Auch die Verwaltung hat ein Interesse daran, dass der Bürger befriedet und die Gerichte von möglichen Verfahren entlastet werden.

Gleichzeitig sind die Ressourcen der Verwaltung aber eben begrenzt. Die Finanzbehörden stehen hier vor einem Dilemma.[737] Einerseits sollen sie eine Einzelfallgerechtigkeit erreichen, die Zeit und Personal beansprucht, um alle in Betracht kommenden Einzelaspekte hinreichend genau zu berücksichtigen. Andererseits müssen sie die Entscheidungen zeitnah treffen, um keine Verfahrensverzögerung eintreten zu lassen, damit das Steueraufkommen kontinuierlich erreicht wird. Vor allem im steuerrechtlichen Massenverfahren muss die

---

733 *Pietzcker*, VVDStRL 41 (1983), 193 (198).

734 *Gröpl*, VerwArch 93 (2002), 459 (474).

735 *Ossenbühl*, NVwZ 1982, 465 (469).

736 *W.-R. Schenke*, VBlBW. 1985, 313 (317).

737 *C. Koenig*, AöR 117 (1992), 513 (540) m.w.N.

Verwaltung die Sachverhalte schnell abschließend klären können.[738] Das Steuerrecht ist für Typisierungen bei der Sachverhaltsermittlung offener als das „überlebensnotwendige Asylrecht“, das besonders durch Art. 16a GG geschützt ist.[739]

Die Begründung von Verwaltungsakten kann also aufgrund ihrer Funktionen zu einem erheblichen Verwaltungsaufwand führen. Sie belastet zwar für sich genommen – wie bereits erwähnt – die gesamte zuständige Behörde noch nicht übermäßig. Das steuerrechtliche Massenverfahren bedeutet aber gleichzeitig Massenbegründungen. Daher droht zwangsläufig eine Überbelastung bei den Finanzbehörden, wenn diese jede Entscheidung ausführlich begründen müssten. Eine schleppende Verwaltungspraxis hemmt die Tätigkeit.[740] Eine Überbelastung führt zu einer Beeinträchtigung der Leistungsfähigkeit der Finanzverwaltung und zwingt den Staat zu erheblichen Mehrkosten. Gleichzeitig droht, dass der Einzelfall nicht mehr vollständig geprüft wird. Dies kann nicht Sinn und Zweck der Begründungspflicht sein.

Auch hier zeigt sich, dass die Begründungspflicht und die Leistungsfähigkeit der Verwaltung sich in einem Spannungsverhältnis befinden. Aber die Begründung an sich weist auch Effizienzgesichtspunkte auf. Sie kann eine Entlastungswirkung zugunsten des Staates hervorrufen, wenn der Bürger durch die Begründung befriedet wird.[741] Die Verwaltung spart sich die Kosten für ein Einspruchsverfahren und ein mögliches gerichtliches Verfahren.[742] Aber ein größerer Mitteleinsatz von Personal- und Sachmitteln garantiert nicht einen besseren Rechtsschutz und eine größere befriedende Wirkung. Der Bürger kann auch bei einer ausführlicheren Begründung der Maßnahme nicht überzeugt sein.[743] Daher muss die Verwaltung aus Effizienzgesichtspunkten die bestmögliche Zweck-Mittel-Relation zwischen Rechtsschutz und Zeit bzw. Kosten finden. Das bedeutet für die Begründung, dass die Verwaltung nur so viele Mittel für die

---

738 Siehe zur „Aporie“ der Finanzbehörden *Isensee*, Die typisierende Verwaltung, S. 157 f.

739 *Pietzcker*, VVDStRL 41 (1983), 193 (216). Ausführlich zu Typisierungen und Pauschalierungen *Wernsmann* in Hübschmann/Hepp/Spitaler, § 4 AO Rn. 451 ff. (August 2015).

740 *Schwarze*, DÖV 1980, 581.

741 *Lücke*, Begründungszwang, S. 84 f.

742 Ergänzt indes die Verwaltung im gerichtlichen Verfahren ihre Ermessenserwägungen nach § 102 Satz 2 FGO und obsiegt, trägt sie die Kosten des Verfahrens; *Seer* in Tipke/Lang, Steuerrecht, § 22 Rn. 261. Siehe zum Ergänzen von Ermessenserwägungen im finanzgerichtlichen Verfahren unter § 4.IV.2.

743 *Luhmann*, Legitimation durch Verfahren, S. 214.

Begründung einsetzen darf, dass damit die Möglichkeit für den Adressaten besteht, die Maßnahme verstehen zu können.

Die genaue Ausbalancierung der einzusetzenden Mittel mit dem Rechtsschutz und der Effektivität der Verwaltung – der Herstellung einer praktischen Konkordanz[744] – kann aus einer abstrakten Betrachtung nicht erfolgen. Sie verbleibt eine Aufgabe des Gesetzgebers. Dieser verfügt bei der Ausgestaltung des Verwaltungsverfahrens über einen großen Gestaltungsspielraum.[745]

Der Gesetzgeber darf aber für beschleunigende Verfahrensregelungen die Fairness im Verfahren nicht vernachlässigen.[746]

Daher hat der Gesetzgeber in § 121 AO die Begründung von Verwaltungsakten vom Verständnis abhängig gemacht im Gegensatz zu den Regelungen des § 39 VwVfG und § 35 SGB X.[747] § 121 AO beachtet sowohl das Rechtsschutzbedürfnis des Einzelnen als auch Effizienzgesichtspunkte der Verwaltung, weil diese keine unnötigen Gesichtspunkte in der Begründung ausführen muss.

5. *Ergebnis*

Aus dem Rechtsstaatsprinzip nach Art. 20 i.V.m. Art. 19 Abs. 4 GG lässt sich entnehmen, dass eine Begründung von Verwaltungsentscheidungen im Kern grundsätzlich geboten ist. Von einem Begründungszwang zu sprechen wäre zu weitgehend. Die Effizienz des Verwaltungsverfahrens wirkt sich auch auf die Begründung eines Verwaltungsaktes aus und stellt eine Grenze der Begründung dar.

III. Einfachgesetzliche Regelungen zur Begründung von Verwaltungsakten

Die allgemeine Begründungspflicht ist geprägt von einer Rechtszersplitterung in verschiedenen Einzelnormen. Entscheidend ist stets die Handlungsform, die die Verwaltung wählt.[748] Erlässt die Finanzbehörde einen Steuerverwaltungsakt, so richten sich die Anforderungen an die Begründung nach § 121 AO.

---

744 Grundlegend *Hesse*, Grundzüge, Rn. 72; siehe ferner z.B. *Pietzcker*, VVDStRL 41 (1983), 193 (216); *Pünder* in Ehlers/Pünder, Allgemeines Verwaltungsrecht, § 13 Rn. 19.

745 *Pünder* in Ehlers/Pünder, Allgemeines Verwaltungsrecht, § 13 Rn. 12, 18.

746 *Schmidt-Aßmann*, Ordnungsidee, S. 311.

747 Siehe dazu anschließend unter § 4.III.

748 Vgl. *Saurer*, VerwArch 100 (2009), 364 (366), der auf die Begründungspflichten im System des VwVfG eingeht.

Im allgemeinen Verwaltungsrecht regelt § 39 VwVfG und im Sozialrecht § 35 SGB X die Begründung eines Verwaltungsaktes.

Zunächst wird auf die historische Entstehung der einfachgesetzlichen Regelungen eingegangen (dazu 1.). Anschließend ist § 121 AO zu untersuchen (dazu 2.).

1. Historische Entstehung der einfachgesetzlichen Regelungen

Nur in wenigen Teilbereichen des Verwaltungsrechts war eine Begründungspflicht nach Inkrafttreten des Grundgesetzes gefordert.[749] Eine Regelung wie § 39 VwVfG oder § 121 AO gab es zunächst nicht. Im Laufe der Zeit erkannte man das verfassungsrechtliche Begründungsgebot von Verwaltungsakten.[750]

Die RAO 1931 enthielt nur in einzelnen Normen eine ausdrückliche Begründungspflicht. Nach § 211 Abs. 2 Nr. 1, 3 RAO[751] mussten beispielsweise Steuerbescheide begründet werden. Erst die AO 1977 schrieb erstmals in § 121 AO eine Begründungspflicht fest.[752] Das Gesetzgebungsverfahren war von zahlreichen Änderungen im Wortlaut gekennzeichnet. Vor allem bei der Begründung von Ermessensentscheidungen strich der Gesetzgeber einen zunächst vorgesehenen ausdrücklichen Hinweis auf die Begründung von Ermessenserwägungen. Die ursprüngliche Formulierung in § 127 EAO[753] ähnelte der Fassung von § 30 EVwVfG[754], wonach die Begründung erkennen lassen sollte, dass die Behörde ihr Ermessen ausgeübt hat.

Im Verlauf des Gesetzgebungsverfahrens gliederte der Gesetzgeber die Entwürfe zur AO und zum VwVfG neu. Die neue Fassung des § 121 EAO orientierte sich eigentlich an § 35 Abs. 1 EVwVfG[755].[756] Gemäß § 35 Abs. 1 EVwVfG sollte die Begründung von Ermessensentscheidungen auch die Gesichtspunkte erkennen

---

749 *Dolzer*, DÖV 1985, 9 (10).

750 Ausführlich *Voucko*, Begründung, S. 34 ff.

751 § 211 Abs. 2 RAO lautete: „Die Steuerbescheide sollen ferner enthalten
1. die Besteuerungsgrundlagen, soweit diese dem Steuerpflichtigen nicht schon mitgeteilt sind,
2. eine Anweisung, wo, wann und wie die Steuer zu entrichten ist,
3. die Punkte, in denen von der Steuererklärung abgewichen worden ist."
Siehe dazu *Riewald* in Becker/Riewald/Koch, RAO II, § 211 Anm. 3 b.

752 AO v. 16.03.1976, BGBl. I 1976, 613.

753 BT-Drs. VI/1982, S. 40, 140.

754 BT-Drs. VI/1173, S. 11.

755 BT-Drs. 7/910, S. 16.

756 BT-Drs. 7/4292, S. 27.

lassen, von denen die Behörde bei der Ausübung ihres Ermessens ausgegangen ist. Der Wortlaut stimmte mit dem geltenden § 39 Abs. 1 Satz 3 VwVfG überein.

In § 121 Abs. 1 Satz 1 AO wurde aber auf Vorschlag des Bundesrates ein zweiter Halbsatz eingefügt, der nach Ansicht des Bundesrates den praktischen Bedürfnissen der Finanzverwaltung entspreche. Der besondere Hinweis auf die Begründung von Ermessenserwägungen in der ursprünglichen Formulierung in Abs. 1 Satz 2 wurde gestrichen. Danach muss eine Begründung erfolgen, soweit dies für das Verständnis erforderlich ist, weil eine „besondere Begründung von Steuerbescheiden [...] häufig auch unter Berücksichtigung der Belange des Steuerpflichtigen nicht erforderlich" sei.[757] Der Hinweis auf die Begründung von Ermessensentscheidungen wurde entfernt, weil der Rechtsgedanke bereits in der Vorschrift schon in § 121 Abs. 1 AO enthalten sei.[758] Verstärkt wurde diese Ansicht durch den Anwendungserlass zur AO 1977, weil er die Finanzbehörden zur Begründung von Ermessensentscheidungen anhielt.[759] In der Folgezeit änderte der Gesetzgeber den Wortlaut in Abs. 1 und Abs. 2 marginal.[760] Eine Änderung für die Begründung von Ermessensentscheidungen erfolgte nicht.

Auf Bundesebene wurde das Verwaltungsverfahrensgesetz am 25.05.1976 erlassen und trat am 01.01.1977 in Kraft.[761] Das SGB X trat am 01.01.1981 in Kraft.[762]

2. § 121 AO

Nach § 121 Abs. 1 AO muss die Finanzverwaltung einen schriftlichen, elektronischen sowie schriftlich oder elektronisch bestätigter Verwaltungsakt mit einer Begründung versehen, soweit dies zu seinem Verständnis erforderlich ist. Nach § 121 Abs. 2 AO kann die Finanzbehörde aufgrund bestimmter Umstände des Einzelfalls auf eine Begründung verzichten. § 121 AO regelt, ob und in welchem Umfang ein Verwaltungsakt der Finanzbehörden begründet werden muss.

Der Betroffene eines Verwaltungsaktes muss aus der Begründung ersehen können, auf welche Sach- und Rechtslage die Verwaltung den Verwaltungsakt

757 Ausdrücklich BT-Drs. 7/4292, S. 27.

758 BT-Drs. 7/4292, S. 27, 87.

759 BStBl. I 1976, 576 (597); BStBl. I 1987, 664 (689); *Krämer*, Bestimmtheit und Begründung von Haftungs- und Pauschalierungsbescheiden, S. 41.

760 Gesetz v. 21.08.2002, BStBl. I 2002, 820 (822).

761 Verwaltungsverfahrensgesetz v. 25.05.1976, BGBl. I 1976, 1253.

762 Sozialgesetzbuch v. 18.08.1980, BGBl. I 1980, 1469 (1501 f.).

stützt.[763] Dadurch kann der Betroffene die Erfolgsaussichten eines Rechtsbehelfs gegen den Verwaltungsakt abwägen.[764]

a. *Allgemeines*

Die Begründung muss als formelle Voraussetzung tatsächlich vorliegen.[765] Der Adressat muss sie nicht beantragen, weil sie von Amts wegen nach Maßgabe des § 121 Abs. 1 AO ergehen muss. Sie erfolgt auch nicht nur im Interesse des Betroffenen, sondern auch im öffentlichen Interesse. Deswegen kann der Betroffene nicht wirksam auf sie verzichten.[766] Floskelhafte Begründungen oder allgemeine Wendungen sind unzulässig.[767] Eine mündliche Begründung eines schriftlichen Verwaltungsaktes scheidet aus, weil das gesprochene Wort flüchtig ist und dem Sinn und Zweck einer Begründung entgegensteht.[768]

Bei der Regelung des § 121 AO handelt es sich um eine allgemeine Norm, die durch speziellere Regelungen in der AO und Einzelsteuergesetzen verdrängt werden kann.[769]

Ein mündlicher Verwaltungsakt muss de lege lata nicht begründet werden, die Verwaltung ist aber nicht gehindert, ihn zu begründen.[770]

b. *Inhalt und Umfang des § 121 Abs. 1 AO*

Die Begründung erläutert den Ausspruch (dazu aa.).[771] § 121 AO unterscheidet sich von § 39 VwVfG und § 35 SGB X (dazu bb.).

---

763 *Güroff* in Beermann/Gosch, § 121 AO Rn. 1 (November 2014). Siehe dazu oben unter § 4.I.3. die Funktionen einer Begründung.

764 FG Düsseldorf v. 28.10.1999 – 11 K 2229/99 E, F, EFG 2000, 47.

765 *Söhn* in Hübschmann/Hepp/Spitaler, § 121 AO Rn. 41 (September 2014).

766 Vgl. auch *Söhn* in Hübschmann/Hepp/Spitaler, § 121 AO Rn. 41, 208 (September 2014).

767 BFH v. 19.02.2009 – II R 61/07, BFH/NV 2009, 1586 (1588): Berufung auf „allgemeine Erfahrung"; *Güroff* in Beermann/Gosch, § 121 AO Rn. 5 (November 2014); *Schick*, JuS 1971, 1 (6).

768 Vgl. *Söhn* in Hübschmann/Hepp/Spitaler, § 121 AO Rn. 107 (September 2014); *Seer* in Tipke/Kruse, § 121 AO Rn. 7 (Oktober 2015); *Güroff* in Beermann/Gosch, § 121 AO Rn. 4 (November 2014), der auf eine Missbrauchsgefahr hinweist.

769 Vgl. § 164 Abs. 1 Satz 1 AO, der von der Begründungspflicht ausdrücklich befreit. Siehe dazu auch *Güroff* in Beermann/Gosch, § 121 AO Rn. 2 (November 2014).

770 *Güroff* in Beermann/Gosch, § 121 AO Rn. 3 (November 2014); *Fritsch* in Koenig, § 121 AO Rn. 4; *Söhn* in Hübschmann/Hepp/Spitaler, § 121 AO Rn. 33 (September 2014); *Werth* in Kühn/von Wedelstädt, § 121 AO Rn. 4.

771 *Söhn* in Hübschmann/Hepp/Spitaler, § 121 AO Rn. 50 (September 2014).

aa. Abgrenzung zum Ausspruch

Begründung und Ausspruch[772] sind zu unterscheiden.[773] Gemäß § 157 AO haben Steuerbescheide einen verfügenden Teil und eine Begründung.[774] Nur für den Ausspruch gelten die Bestimmtheitsanforderungen des § 119 Abs. 3 AO.[775] Grundsätzlich ist nur der verfügende Teil bestandskraftfähig.[776] Der Ausspruch eines Steuerbescheides muss nach § 157 Abs. 1 Satz 2 AO die festgesetzte Steuer nach Art und Betrag und den Steuerschuldner bezeichnen. Dies sind notwendige Inhaltsanforderungen an den Ausspruch. Daneben muss ermittelt werden, welche zusätzlichen Angaben der Finanzbehörde Teil der Begründung sind.[777]

Die Besteuerungsgrundlagen gehören zur Begründung.[778] Sie erwachsen i.d.R. nicht in Bestandskraft.[779] Nur wenn die Besteuerungsgrundlagen nach §§ 179 ff. AO gesondert festgestellt werden, können sie in Bestandskraft erwachsen. Die Bestimmtheit des Ausspruchs und der Inhalt der Begründung können zusammenhängen, weil die Begründung als Auslegungshilfe für den Regelungsinhalt dienen kann.[780] Für die hinreichende Bestimmtheit des Verfügungssatzes müssen im Einzelfall die notwendigen Inhaltsanforderungen von den weiteren Angaben der Begründung ermittelt und abgegrenzt werden, weil sich die Bestimmtheit nach den Besonderheiten des anzuwendenden und umzusetzenden materiellen Rechts richtet.[781] Im Gegensatz zur Begründung eines Verwaltungsaktes muss

---

772 Auch Verfügungssatz, Entscheidungssatz oder verfügender Teil genannt. Im Prozessrecht wird er als Tenor bezeichnet, siehe dazu *Seer* in Tipke/Kruse, § 118 AO Rn. 50 (Oktober 2015).

773 *Seer* in Tipke/Kruse, § 121 AO Rn. 7 (Oktober 2015).

774 BFH v. 27.09.1988 – VIII R 432/83, BStBl. II 1989, 225 (227).

775 *Söhn* in Hübschmann/Hepp/Spitaler, § 121 AO Rn. 119 (September 2014).

776 BFH v. 09.12.1987 – I R 1/85, BStBl. II 1988, 463 (465); *Seer* in Tipke/Kruse, § 118 AO Rn. 50a (Oktober 2015).

777 BFH v. 30.07.1980 – I R 148/79, BStBl. II 1981, 3 (4).

778 BFH v. 30.07.1980 – I R 148/79, BStBl. II 1981, 3 (4).

779 Dies ergibt sich aus § 157 Abs. 2 AO, vgl. dazu *Seer* in Tipke/Kruse, § 118 AO Rn. 50a (Oktober 2015).

780 BFH v. 05.07.1978 – II B 50/77, BStBl. II 1978, 542; v. 09.03.1995 – X B 242/94, BFH/NV 1995, 858; v. 11.07.2006 – VIII R 10/05, BStBl. II 2007, 96 (99); v. 22.08.2007 – III R 44/05, BStBl. II 2009, 754 (756 f.); *Güroff* in Beermann/Gosch, § 121 AO Rn. 1 (November 2014); *Seer* in Tipke/Kruse, § 118 AO Rn. 50a (Oktober 2015); *Schick*, JuS 1971, 1 (5).

781 BFH v. 30.07.1980 – I R 148/79, BStBl. II 1981, 3 (4); *Söhn* in Hübschmann/Hepp/Spitaler, § 119 AO Rn. 17 (November 2013); *ders.* in Hübschmann/Hepp/Spitaler, § 121 AO Rn. 51 (September 2014).

wegen des Grundsatzes der hinreichenden inhaltlichen Bestimmtheit nach § 119 Abs. 1 AO der Tenor stets und vollständig bekannt gegeben werden.[782]

Problematisch ist es, wenn sich verfügender Teil und Begründung widersprechen. Nach Ansicht des BFH führt solch ein Widerspruch zur Unbestimmtheit des Verwaltungsaktes und damit zur Unwirksamkeit.[783] Dem ist zuzustimmen. Der Inhalt der Verfügung ist in diesem Fall nicht klar ersichtlich.[784] Widersprüche innerhalb der Begründung sind dagegen unerheblich, solange der Tenor hinreichend bestimmt ist.[785] Eine mangelnde hinreichende Begründung berührt die inhaltliche Bestimmtheit des Verwaltungsaktes nicht. Ein Verwaltungsakt ist in diesem Fall wirksam.[786]

bb. Abgrenzung zu § 39 VwVfG und § 35 SGB X

§ 121 AO unterscheidet sich im Wortlaut von § 39 VwVfG und § 35 SGB X. § 121 AO normiert eine abgeschwächte Begründungspflicht. Die Historie bestätigt dies.

(1.) § 39 VwVfG

§ 39 VwVfG und die entsprechenden Vorschriften der Verfahrensgesetze der Bundesländer normieren den Grundsatz der Begründungspflicht für Verwaltungsakte im Verwaltungsrecht.[787] Nach § 39 Abs. 1 Satz 1 VwVfG ist ein schriftlicher oder elektronischer sowie ein schriftlich oder elektronisch bestätigter Verwaltungsakt mit einer Begründung zu versehen. In der Begründung sind nach Satz 2 die wesentlichen tatsächlichen und rechtlichen Gründe mitzuteilen, die die Behörde zu ihrer Entscheidung bewogen haben. Die Begründung von Ermessensentscheidungen soll gemäß § 39 Abs. 1 Satz 3 VwVfG auch die Gesichtspunkte erkennen lassen, von denen die Behörde bei der Ausübung ihres

---

782 *Söhn* in Hübschmann/Hepp/Spitaler, § 121 AO Rn. 51 (September 2014); *ders.* in Hübschmann/Hepp/Spitaler, § 119 AO Rn. 11 ff. (November 2013).

783 BFH v. 15.03.1985 – VI R 30/81, BStBl. II 1985, 581; v. 21.01.1986 – VII S 30/85, BFH/NV 1986, 518 (519); so auch *Söhn* in Hübschmann/Hepp/Spitaler, § 119 AO Rn. 26 (November 2013). A.A. wohl *Güroff* in Beermann/Gosch, § 119 AO Rn. 17 (Januar 2014).

784 *Söhn* in Hübschmann/Hepp/Spitaler, § 119 AO Rn. 26 (November 2013).

785 *Söhn* in Hübschmann/Hepp/Spitaler, § 119 AO Rn. 27 (November 2013).

786 BFH v. 17.07.1985 – VII S 9/84, BFH/NV 1986, 583 (585).

787 Daneben gibt es noch weitere verwaltungsrechtliche Regelungen, die eine Begründungspflicht enthalten: Beispielsweise muss nach § 73 Abs. 3 Satz 1 VwGO der Widerspruchsbescheid begründet, mit einer Rechtsmittelbelehrung versehen und zugestellt werden.

Ermessens ausgegangen ist. Auffällig ist, dass § 39 Abs. 1 Satz 3 VwVfG als Soll-Vorschrift normiert ist. Trotz des Wortlauts wird die Regelung grundsätzlich als Muss-Vorschrift ausgelegt.[788]

Die Verwaltung muss nach dem Wortlaut die wesentlichen tatsächlichen und rechtlichen Gründe angeben, die sie zur Entscheidung bewogen haben. Das bedeutet, die Behörde muss grundsätzlich die Rechtsgrundlage nennen, die Sachverhaltsannahmen angeben, die rechtliche Würdigung der Tatbestandsvoraussetzungen darlegen, die Subsumtion darstellen und die Rechtsfolgenanwendung rechtfertigen. Sie hat dabei alle wesentlichen Gesichtspunkte anzugeben, das heißt alle tragenden Gründe. Ist die Rechtsfolge eine Ermessensentscheidung, dann muss die Verwaltung grundsätzlich die angestellten Erwägungen in der Abwägung des Für und Wider angeben. Je weiter ein Ermessensspielraum ist, desto tiefergehend muss die Begründung sein.[789] Von der Begründung kann nur in den Fällen des Abs. 2 abgesehen werden. Das Absehen liegt im pflichtgemäßen Ermessen der Verwaltung und muss nicht begründet werden. Die Ausnahmen sind zudem abschließend.[790]

(2.) § 35 SGB X

§ 35 SGB X bildet die dritte Verfahrensvorschrift für Begründungen von Verwaltungsakten und stimmt weitgehend mit § 39 VwVfG überein. Es bestehen aber zwei Besonderheiten, die der Verwaltung eine strengere Begründungspflicht auferlegen. Erstens muss die Begründung die Gesichtspunkte erkennen lassen, von denen die Behörde bei der Ausübung ihres Ermessens ausgegangen ist. Im Gegensatz zu § 39 VwVfG ist die Begründung der Ermessensentscheidungen gemäß dem Wortlaut Pflicht. Die zweite Besonderheit ist in § 35 Abs. 3 SGB X normiert. Danach kann der Beteiligte eine Begründung innerhalb eines Jahres seit Bekanntgabe verlangen, auch wenn es einer Begründung nach § 35 Abs. 2 Nr. 1 bis 3 SGB X nicht bedurfte.

(3.) Unterscheidung

Bei § 121 Abs. 1 AO fällt im Gegensatz zu § 39 Abs. 1 VwVfG und § 35 Abs. 1 SGB X die Formulierung „soweit zu seinem Verständnis erforderlich“ auf. Dagegen fehlt in § 121 Abs. 1 AO eine den § 39 Abs. 1 Satz 2 VwVfG und § 35 Abs. 1 Satz 2

788 *U. Stelkens* in Stelkens/Bonk/Sachs, § 39 VwVfG Rn. 66.

789 *Ruffert* in Knack/Henneke, § 39 VwVfG Rn. 32.

790 *Ruffert* in Knack/Henneke, § 39 VwVfG Rn. 35; *U. Stelkens* in Stelkens/Bonk/Sachs, § 39 VwVfG Rn. 115.

SGB X entsprechende Regelung. § 39 Abs. 1 Satz 2 VwVfG und § 35 Abs. 1 Satz 2 SGB X fordern positiv, dass in der Begründung die wesentlichen tatsächlichen und rechtlichen Gründe mitzuteilen sind, die die Behörde zu ihrer Entscheidung bewogen haben.

Der wesentliche Unterschied besteht bei der Begründungspflicht von Ermessensentscheidungen. Während § 39 Abs. 1 Satz 3 VwVfG ausdrücklich normiert, dass die Begründung von Ermessensentscheidungen auch die Gesichtspunkte erkennen lassen soll, von denen die Behörde bei der Ausübung des Ermessens ausgegangen ist, schweigt § 121 AO bezüglich der Mitteilung der Ermessenserwägungen. § 35 Abs. 1 Satz 3 SGB X geht sogar einen Schritt weiter und verlangt, dass die Begründung die Gesichtspunkte erkennen lassen muss, von denen die Behörde bei der Ausübung ihres Ermessens ausgegangen ist.

Nach dem Wortlaut von § 121 Abs. 1 AO ist zum einen nur das zu begründen, was zum Verständnis erforderlich ist. Deswegen betont der BFH auch, dass die Finanzbehörde „sich daher in ihrer zum Verständnis des Verwaltungsaktes erforderlichen Begründung darauf beschränken [kann], die ihre Entscheidung – d.h. den Tenor des Verwaltungsakts – maßgebend tragenden Erwägungen bekannt zu geben."[791] Zum anderen besteht auch die Möglichkeit auf die Begründung zu verzichten, wenn sie eben nicht für das Verständnis erforderlich ist. Letzteres muss aber die Ausnahme bleiben.

§ 121 Abs. 1 AO weicht daher im Wortlaut zweimal bewusst von den anderen beiden Normen ab. Umfang und Inhalt, d.h. das „Ob" und das „Wie" der Begründung, bleiben dahinter zurück.[792] Aus dem Wortlaut folgt damit eine abgeschwächte Begründungspflicht für Steuerverwaltungsakte.

Bestätigt wird diese Auslegung durch die Entstehungsgeschichte.[793] Der Gesetzgeber orientierte sich bei der Schaffung der AO in § 127 EAO[794] zunächst bewusst am Wortlaut des § 30 EVwVfG.[795] § 121 EAO[796] entsprach zwar im weiteren Gesetzgebungsverfahren weiterhin dem § 35 Abs. 1 EVwVfG.[797] Die endgültige Fassung geht jedoch auf einen Vorschlag des Bundesrates zurück, der ausdrücklich von der Fassung des EVwVfG abwich, weil er den praktischen Bedürfnissen

791 BFH v. 11.02.2004 – II R 5/02, BFH/NV 2004, 1062; *Söhn* in Hübschmann/Hepp/Spitaler, § 121 AO Rn. 60 (September 2014).
792 BFH v. 11.02.2004 – II R 5/02, BFH/NV 2004, 1062.
793 Siehe dazu schon oben unter § 4.III.1.
794 BT-Drs. VI/1982, S. 40, 140.
795 BT-Drs. VI/1173, S. 11.
796 BT-Drs. 7/4292, S. 27.
797 BT-Drs. 7/910, S. 16.

der Finanzverwaltung entgegenkommen wollte.[798] Die Begründungspflicht von Ermessenserwägungen strich der Gesetzgeber absichtlich, da der Rechtsgedanke in der neuen Formulierung enthalten sei.[799] Der Gesetzgeber geht also im Steuerrecht zwar von einer Begründungspflicht - auch von Ermessensentscheidungen - im Grundsatz aus, jedoch nur soweit dies zum Verständnis erforderlich ist. Im Sozialrecht wollte er dagegen zunächst eine Soll-Regelung normieren, im Gesetzgebungsverfahren nahm er aber wegen des Vorschlags des Ausschusses für Arbeit und Sozialordnung davon Abstand und wählte die Muss-Formulierung.[800] Im weiteren Verlauf hätte der Gesetzgeber § 121 Abs. 1 AO auch an § 35 Abs. 1 SGB X oder § 39 Abs. 1 VwVfG anpassen können.[801]

Der Gesetzgeber baut das Verwaltungsverfahren auf drei Säulen - VwVfG, AO und SGB X - auf, die ein rechtsstaatliches Verfahren garantieren sollen. Jedoch stimmen die drei Regelungskomplexe nicht überein. Alle Gesetze verfolgen andere Interessen und sind deswegen eigene Wege gegangen.[802] Eine übereinstimmende Auslegung ist nicht möglich. Das Verwaltungsrecht dient u.a. der Gefahrenabwehr, während das Sozialrecht vor allem Ansprüche des Bürgers gegen den Staat regeln soll. Das Steuerrecht dagegen soll die Steuereinnahmen des Staates sichern. Dass deshalb besondere Regelungen im Verfahrensrecht für ein praktikables Verwaltungsverfahren erforderlich sind, verwundert nicht. Eine Übernahme der Auslegungsgrundsätze zu § 39 VwVfG ist daher nur eingeschränkt möglich.[803]

Ein weiterer Unterschied lässt sich bei den Ausnahmen der § 39 Abs. 2 VwVfG, § 35 Abs. 2 SGB X und § 121 Abs. 2 AO ausmachen. Während die Ausnahmen bei § 39 Abs. 2 VwVfG und § 35 Abs. 2 SGB X abschließend sind,[804] handelt es sich bei § 121 Abs. 2 AO um bloße „Hilfskriterien“[805] für die Ermittlung von Inhalt und Umfang der Begründungspflicht. Sie sind Hilfskriterien, weil im Gegensatz zu § 39 Abs. 1 VwVfG und § 35 Abs. 1 SGB X auf eine Begründung schon nach dem Wortlaut des § 121 Abs. 1 AO verzichtet werden kann, während bei den

798 Ausdrücklich BT-Drs. 7/4292, S. 27.
799 BT-Drs. 7/4292, S. 27.
800 BT-Drs. 8/4022, S. 24, 82.
801 Vgl. *Henneke/Ruffert* in Knack/Henneke, vor § 1 VwVfG Rn. 8.
802 *Henneke/Ruffert* in Knack/Henneke, vor § 1 VwVfG Rn. 8.
803 *Söhn* in Hübschmann/Hepp/Spitaler, § 121 AO Rn. 57 (September 2014).
804 Zu § 39 VwVfG: *Ruffert* in Knack/Henneke, § 39 VwVfG Rn. 35. Zu § 35 SGB X: *Mutschler* in KassKomm, SGB X, § 35 Rn. 20 (März 2013); *Fichte* in Knickrehm/Kreikebohm/Waltermann, Sozialrecht, § 35 SGB X Rn. 17.
805 *Söhn* in Hübschmann/Hepp/Spitaler, § 121 AO Rn. 61 (September 2014).

beiden anderen Normen der Wortlaut die Begründung nur nach Abs. 2 entbehrlich macht. Nur § 39 Abs. 1 Satz 3 VwVfG ermöglicht ausnahmsweise ein Absehen von der Begründung der Ermessenserwägungen. Daneben gibt es im Steuerrecht weitere ausdrückliche Ausnahmen von der Begründungspflicht – insbesondere § 164 Abs. 1 Satz 1 AO –, um ein schnelles Verfahren zu ermöglichen.

Die Behörde darf aber nicht den verfassungsrechtlichen Kern der Begründung vernachlässigen. Die Begründung dient dem Verständnis und damit in erster Linie dem Rechtsschutz des Betroffenen. Das bedeutet für die Auslegung des § 121 Abs. 1 AO, dass die Verwaltung einen Verwaltungsakt soweit zu begründen hat, als die Begründung dem Rechtsschutz des Einzelnen dient. Daneben spricht eine mangelnde Begründung von Ermessensentscheidungen für einen Ermessensnichtgebrauch.[806]

Ein „einheitliches Verständnis" von § 121 AO, § 39 VwVfG und § 35 SGB X ist im Ergebnis abzulehnen. § 121 AO stellt nach dem Wortlaut eindeutig nur auf das Verständnis ab. Das Verständnis für die getroffene Ermessensentscheidung richtet sich nach den Umständen des konkreten Einzelfalls und den Besonderheiten der Ermessen einräumenden Norm. § 39 VwVfG und § 35 SGB X unterscheiden ausdrücklich zwischen gebundenen Verwaltungsakten und Ermessensverwaltungsakten. Auch unterscheiden sich die einzelnen Rechtsgebiete, weil sie andere Zielsetzungen verfolgen. Während das VwVfG vor allem einzelne Sachverhalte regeln soll, ist die AO auf Massenverfahren mit der Zielrichtung der Einnahmerealisierung und der Gleichmäßigkeit der Besteuerung zugeschnitten.

Im Steuerrecht ist also eine geringere Begründungsdichte gefordert. Die Finanzbehörde darf aber die Funktionen der Begründung, insbesondere die Rechtsschutzfunktion, nicht vernachlässigen.

cc. Erforderlichkeit i.S.d. § 121 Abs. 1 AO

Geklärt werden müssen noch Inhalt und Umfang der Begründung, die für das Verständnis des Verwaltungsaktes nach § 121 Abs. 1 AO erforderlich sind. Die Voraussetzung der „Erforderlichkeit" regelt neben Inhalt und Umfang auch die Frage, ob der Verwaltungsakt überhaupt begründet werden muss.[807] Dies ist eine Besonderheit des Steuerverfahrens. Die Anforderungen an eine Begründung sind stets eine Frage des konkreten Einzelfalles,[808] bei der es dabei jeweils nur auf

806 Siehe dazu oben unter § 3.III.3.

807 *Söhn* in Hübschmann/Hepp/Spitaler, § 121 AO Rn. 55 (September 2014).

808 BFH v. 28.06.2001 – VII B 51/01, BFH/NV 2001, 1376; *Fritsch* in Koenig, § 121 AO Rn. 6; *Söhn* in Hübschmann/Hepp/Spitaler, § 121 AO Rn. 117 (September 2014); so

die Verständnisfähigkeit des Inhaltsadressaten bzw. des Betroffenen (vgl. § 122 Abs. 1 Satz 1 AO) ankommen kann.[809] Die Finanzbehörde kann sich am „durchschnittlichen Empfänger“ orientieren.[810] Bei Betroffenen, die von steuerrechtskundigen Personen vertreten werden, kann eine größere Verständnisfähigkeit unterstellt werden.[811] Für das Verständnis sind stets die Begründungszwecke zu berücksichtigen.[812] Das Verständnis eines unbeteiligten Dritten ist unbeachtlich.[813] Unerheblich ist erst recht die Frage, ob der Betroffene überzeugt wird.[814] Verständnis bedeutet nämlich nicht Einsicht in die Richtigkeit und Plausibilität des Verwaltungsaktes.[815] Die Frage, ob ein Bescheid ausreichend begründet ist, muss von der Frage, ob eine Begründung für den Adressaten bzw. Betroffenen auch plausibel bzw. überzeugend ist, unterschieden werden.[816] Eine Begründung muss zudem nicht über alle Erkenntnisquellen der Finanzbehörden informieren.[817] Eine ausufernde Begründung kann den Zweck der Begründung vielmehr ins Gegenteil verkehren, wenn der Adressat den genauen Inhalt nur mit unverhältnismäßigem Aufwand ermitteln kann.

Je weiter ein Tatbestand ist, desto umfassender muss eine Begründung sein. Die Finanzverwaltung muss daher im Einzelfall stets konkret prüfen, inwieweit eine Begründung zu erfolgen hat. Der Bürger soll sich nicht „erst einmal Gedanken machen müssen“, weshalb der Verwaltungsakt erlassen worden ist, weil es Aufgabe der Verwaltung ist, den Verwaltungsakt zu begründen, soweit es für das Verständnis erforderlich ist.[818] Ist der Verwaltungsakt durch die Angabe

---

auch *Krämer*, Bestimmtheit und Begründung von Haftungs- und Pauschalierungsbescheiden, S. 42.

809 BFH v. 11.02.2004 – II R 5/02, BFH/NV 2004, 1062; *Söhn* in Hübschmann/Hepp/Spitaler, § 121 AO Rn. 60 (September 2014).

810 *Söhn* in Hübschmann/Hepp/Spitaler, § 121 AO Rn. 60 (September 2014).

811 BFH v. 28.04.1983 – IV R 255/82, BStBl. II 1983, 621; *Söhn* in Hübschmann/Hepp/Spitaler, § 121 AO Rn. 64 (September 2014).

812 Siehe zu den verschiedenen Begründungszwecken oben unter § 4.I.3.

813 *Söhn* in Hübschmann/Hepp/Spitaler, § 121 AO Rn. 60 (September 2014).

814 BFH v. 17.03.2009 – VII R 40/08, BFH/NV 2009, 1287 (1288); *Seer* in Tipke/Kruse, § 121 AO Rn. 7 (Oktober 2015); *Söhn* in Hübschmann/Hepp/Spitaler, § 121 AO Rn. 68 (September 2014).

815 *Güroff* in Beermann/Gosch, § 121 AO Rn. 5 (November 2014).

816 BFH v. 17.03.2009 – VII R 40/08, BFH/NV 2009, 1287 (1288).

817 BFH v. 17.03.2009 – VII R 40/08, BFH/NV 2009, 1287 (1288).

818 Vgl. *Krämer*, Bestimmtheit und Begründung von Haftungs- und Pauschalierungsbescheiden, S. 42; *Söhn* in Hübschmann/Hepp/Spitaler, § 121 AO Rn. 62 (September 2014); a.A. *Förster* in Koch/Scholtz, § 121 AO Rn. 9.

einzelner Gesichtspunkte schon verständlich, reicht dies nach dem Wortlaut für die Begründung aus. Die Verwaltung muss also im Gegensatz zu § 39 Abs. 1 VwVfG bzw. § 35 Abs. 1 SGB X nicht alle tragenden Gesichtspunkte tatsächlicher und rechtlicher Art darlegen.

Aus der Formulierung des § 121 Abs. 1 AO ergibt sich auch, dass eine Begründung nicht immer erfolgen muss. Die Ausnahmen in § 121 Abs. 2 AO bieten – wie erwähnt – einen „Hilfskatalog", der zur Klärung herangezogen werden kann, ob eine Begründung nach Abs. 1 erforderlich ist.[819] Daher kann auch neben den in Abs. 2 aufgezählten Fällen eine Begründung in weiteren Fällen unterbleiben, wenn sie für das Verständnis nicht erforderlich ist.[820] Die Behörde muss nur die für den Tenor „maßgebend tragenden Erwägungen bekannt" geben.[821] Ausreichend ist also, wenn die konkret getroffene Regelung aus sich heraus verständlich und nachvollziehbar ist.[822]

Die Begründung selbst besteht grundsätzlich aus mehreren Teilen. Sie muss zunächst Aussagen über den zugrundeliegenden Sachverhalt enthalten. Die Erläuterungen hinsichtlich des Sachverhalts sind nämlich von großer Bedeutung für die Reichweite des Verwaltungsaktes.[823]

Wichtiger Anhaltspunkt für die Erforderlichkeit einer Begründung ist die Rechtsgrundlage des Verwaltungsakts. Der Betroffene muss nicht erst nach einer geeigneten Rechtsgrundlage für den Verwaltungsakt suchen müssen.[824] Dies würde einem effektiven Rechtsschutz nach Art. 19 Abs. 4 GG widersprechen. Daher muss die Finanzverwaltung in der Begründung auch die Besteuerungsgrundlagen bekanntgeben, auf denen der Steuerbetrag beruht.[825]

Außerdem muss die Finanzverwaltung dem Betroffenen grundsätzlich ihre Rechtsansicht mitteilen, auf die sie den Verwaltungsakt stützt.[826] Die Begründung

819 *Söhn* in Hübschmann/Hepp/Spitaler, § 121 AO Rn. 61 (September 2014).

820 Niedersächsisches FG v. 10.10.1984 – IX 73/84, EFG 1985, 268 (269); v. 20.03.1985 – IX 532/82, EFG 1985, 474 (475); *Ratschow* in Klein, § 121 AO Rn. 3; *Söhn* in Hübschmann/Hepp/Spitaler, § 121 AO Rn. 61 (September 2014).

821 Ausdrücklich BFH v. 11.02.2004 – II R 5/02, BFH/NV 2004, 1062.

822 FG Düsseldorf v. 28.10.1999 – 11 K 2229/99 E, F, EFG 2000, 47; *Söhn* in Hübschmann/Hepp/Spitaler, § 121 AO Rn. 68 (September 2014).

823 *Schick*, JuS 1971, 1 (5).

824 BVerfG v. 20.05.1988 – 1 BvR 273/88, HFR 1989, 317 (318); BFH v. 11.02.2004 – II R 5/02, BFH/NV 2004, 1062.

825 BFH v. 30.07.1980 – I R 148/79, BStBl. II 1981, 3 (4); v. 11.02.2004 – II R 5/02, BFH/NV 2004, 1062.

826 FG Düsseldorf v. 28.10.1999 – 11 K 2229/99 E, F, EFG 2000, 47; *Söhn* in Hübschmann/Hepp/Spitaler, § 121 AO Rn. 50 (September 2014).

muss sich auch zu den einzelnen Tatbestandsvoraussetzungen der Norm äußern. Insbesondere bei unbestimmten Rechtsbegriffen und bei Ermessensnormen stellen sich Fragen hinsichtlich des Begründungsumfangs.[827] Regelmäßig gibt nur die Begründung Anhaltspunkte dafür, ob die Verwaltung die konkrete Entscheidung auch ermessensfehlerfrei getroffen hat.[828] Gemäß § 102 Satz 1 FGO kann eine Ermessensentscheidung nur auf Ermessensfehler überprüft werden. Den Finanzgerichten ist es verwehrt, eigene Ermessenserwägungen anzustellen. Deswegen muss eine Begründung bei Ermessensentscheidungen grundsätzlich erkennen lassen, dass die Finanzbehörde von ihrem Ermessen Gebrauch gemacht und welche Erwägungen – die Abwägung des Für und Wider – sie dabei angestellt hat.[829] Fehlt eine Begründung der Ermessenserwägungen, ist die Entscheidung im Regelfall rechtsfehlerhaft.[830] Die formelle Begründungspflicht ist aber von der Frage, ob ein Ermessensfehler materiell-rechtlich vorliegt, streng zu trennen. Die mangelnde Begründung einer Ermessensentscheidung ist nur ein Indiz für einen Ermessensfehler.[831] Die Entscheidung kann auch materiell-rechtlich rechtmäßig sein, wenn keine formelle Begründung erfolgt ist.

c. Ausnahmen von der Begründungspflicht

aa. Allgemein

Es gibt auch Ausnahmen von der Begründungspflicht. Dafür müssen aber stets sachliche Gründe vorliegen.[832] § 121 Abs. 2 AO nennt fünf Fälle, bei denen die Finanzverwaltung von einer Begründung eines schriftlichen Verwaltungsaktes absehen kann. Das Absehen von einer Begründung steht dabei im pflichtgemäßen Ermessen der Behörde. Die Ausnahmen gelten sowohl für gebundene Verwaltungsakte als auch für Ermessensverwaltungsakte.[833] Sie sind jedoch nicht einschlägig, wenn das Gesetz eine Begründung ausdrücklich anordnet.[834] Neben

827 Vor allem der Begründungsumfang beim vorgeprägten und intendierten Ermessen ist umstritten. Auf diesen wird noch gesondert einzugehen sein.

828 *Ule*, DVBl. 1963, 475 (477).

829 Vgl. BFH v. 22.09.1992 – VII R 73–74/91, BFH/NV 1993, 215 (217); *Werth* in Kühn/von Wedelstädt, § 121 AO Rn. 6; vgl. auch *Güroff* in Beermann/Gosch, § 121 AO Rn. 6 (November 2014).

830 BFH v. 30.04.1987 – VII R 48/84, BStBl. II 1988, 170 (171); v. 12.07.1999 – VII B 2/99, BFH/NV 2000, 99 (101).

831 Vgl. *Lampert*, DVP 2000, 390 (392) m.w.N.

832 *Schick*, JuS 1971, 1 (4).

833 *Söhn* in Hübschmann/Hepp/Spitaler, § 121 AO Rn. 138 (September 2014).

834 *Werth* in Kühn/von Wedelstädt, § 121 AO Rn. 7.

§ 121 Abs. 2 AO gibt es noch weitere Ausnahmen von der Begründungspflicht, insbesondere § 164 Abs. 1 Satz 1 AO.

Die Ausnahmen von der Begründungspflicht bestätigen, dass dem Begründungszwang vom Gesetzgeber nicht immer der Vorrang vor anderen Anforderungen an das Verwaltungsverfahren, insbesondere vor der Effizienz des Verwaltungsverfahrens, eingeräumt wurde.[835]

Es kommt stets auf den konkreten Einzelfall an, ob eine Begründung erforderlich ist. Bereits aus den Begründungszwecken kann sich ergeben, dass keine Begründung erforderlich ist.[836] Insbesondere sind die Grundsätze der Effizienz und Praktikabilität des Verwaltungsverfahrens für die Verwaltung zu berücksichtigen, weil der grundsätzliche Begründungszwang eine nicht unwesentliche Belastung für die Finanzverwaltung darstellt.[837] Beide Grundsätze sind verfassungsrechtlich verankert und geeignet, die verfassungsrechtliche Begründungspflicht einzuschränken.[838] Die Funktionsfähigkeit der Finanzbehörden beinhaltet eine verfassungsrechtliche Komponente. Die Ausnahmen verstoßen daher nicht gegen das Grundgesetz,[839] sie sind aber wegen des verfassungsrechtlichen Begründungsgebots jedenfalls eng auszulegen.[840]

bb. Ausnahmen des § 121 Abs. 2 AO

Die fünf Ausnahmen des § 121 Abs. 2 AO haben eine unterschiedliche praktische Bedeutung. Sie kommen insbesondere zur Anwendung, wenn die Begründung eine sinnlose Förmelei wäre. Der Verwaltungspraktikabilität und der Verwaltungseffizienz wird in diesem Fall der Vorrang eingeräumt.[841]

(1.) § 121 Abs. 2 Nr. 1 AO

Gemäß § 121 Abs. 2 Nr. 1 AO bedarf es keiner Begründung, soweit die Finanzbehörde einem Antrag entspricht oder einer Erklärung folgt und der Verwaltungsakt nicht in die Rechte eines anderen eingreift.

---

835 *Dolzer*, DÖV 1985, 9 (12).

836 *Seer* in Tipke/Kruse, § 121 AO Rn. 6a (Oktober 2015).

837 *Werth* in Kühn/von Wedelstädt, § 121 AO Rn. 7; *Müller-Ibold*, Begründungspflicht, S. 153 m.w.N. Siehe dazu oben unter § 4.II.4.

838 *Söhn* in Hübschmann/Hepp/Spitaler, § 121 AO Rn. 141 (September 2014). Siehe dazu ausführlich oben unter § 4.II.

839 *Söhn* in Hübschmann/Hepp/Spitaler, § 121 AO Rn. 141 (September 2014) m.w.N.

840 *Söhn* in Hübschmann/Hepp/Spitaler, § 121 AO Rn. 141 (September 2014); *U. Stelkens* in Stelkens/Bonk/Sachs, § 39 VwVfG Rn. 75; *Ramsauer* in Kopp/Ramsauer, § 39 VwVfG Rn. 32.

841 *Söhn* in Hübschmann/Hepp/Spitaler, § 121 AO Rn. 140 (September 2014).

Der Betroffene kennt in diesem Fall die Gründe für das Ergehen und den Inhalt des Verwaltungsakts. Ihm fehlt das Rechtsschutzbedürfnis.[842] Aus Art. 19 Abs. 4 GG kann in diesem Fall keine Begründungspflicht entnommen werden.[843] Das Absehen dient einer besseren Verwaltungspraktikabilität.[844] Aus dem Wortlaut („soweit") ergibt sich ferner, dass Teilablehnungen dagegen zu begründen sind.[845] Teilablehnungen sind auch nicht im Sinne von Abs. 1 verständlich. Sobald Dritte von der Entscheidung berührt sind, kann wegen der Rechtsschutzfunktion auf eine Begründung nicht verzichtet werden.[846] Dies ist der Fall, wenn eine notwendige Beiladung nach § 60 Abs. 3 AO im finanzgerichtlichen Verfahren erfolgen muss.[847]

Klassisches Beispiel für die Erklärung i.S.v. Nr. 1 ist die Steuererklärung.[848]

(2.) § 121 Abs. 2 Nr. 2 AO

Wichtig für die Praxis ist vor allem § 121 Abs. 2 Nr. 2 AO. Danach bedarf ein Verwaltungsakt keiner Begründung, soweit demjenigen, für den der Verwaltungsakt bestimmt ist oder der von ihm betroffen wird, die Auffassung der Finanzbehörde über die Sach- und Rechtslage bereits bekannt oder auch ohne Begründung für ihn ohne weiteres erkennbar ist. Die Nähe zum Verständnis in Abs. 1 fällt auf.

Der Ausnahmeregelung liegen Effizienzgesichtspunkte zugrunde.[849] Das Rechtsschutzbedürfnis des Betroffenen ist – wie bei Nr. 1 – geringer, weil dieser seine Rechte auch ohne Begründung effektiv durchsetzen kann.[850] Die Ausnahme ist daher mit Sinn und Zweck der Begründungspflicht und deswegen auch mit dem Grundgesetz vereinbar, weil die Rechtsschutzfunktion in den Hintergrund

---

842 So auch die Gesetzesbegründung zu § 127 EAO, BT-Drs. VI/1982, S. 142.

843 *Müller-Ibold*, Begründungspflicht, S. 147.

844 *Söhn* in Hübschmann/Hepp/Spitaler, § 121 AO Rn. 142 (September 2014).

845 So auch *Werth* in Kühn/von Wedelstädt, § 121 AO Rn. 8; *Söhn* in Hübschmann/Hepp/Spitaler, § 121 AO Rn. 146 (September 2014); *Güroff* in Beermann/Gosch, § 121 AO Rn. 7 (November 2014).

846 *Werth* in Kühn/von Wedelstädt, § 121 AO Rn. 8; *Söhn* in Hübschmann/Hepp/Spitaler, § 121 AO Rn. 150 (September 2014).

847 Vgl. zu verschiedenen Konstellationen *Güroff* in Beermann/Gosch, § 121 AO Rn. 7 (November 2014) m.w.N.

848 Vgl. *Söhn* in Hübschmann/Hepp/Spitaler, § 121 AO Rn. 145 (September 2014).

849 Zum wortgleichen § 39 Abs. 2 Nr. 3 VwVfG *Schmidt-Aßmann*, Ordnungsidee, S. 319.

850 *Söhn* in Hübschmann/Hepp/Spitaler, § 121 AO Rn. 155 (September 2014).

tritt.[851] Die Regelung ist zudem auf Ermessensentscheidungen anwendbar.[852] Wie bei Nr. 1 kann die Ausnahme auf einen Teil der Begründung beschränkt sein.[853] Dies folgt schon aus dem „soweit" im Wortlaut.

Kenntnis und Erkennbarkeit sind gleichgestellt, wobei für eine Annahme der Erkennbarkeit ein strenger Maßstab anzulegen ist.[854] Bei der Kenntnis kommt es auf die des Adressaten bzw. Betroffenen oder Erkennbarkeit für den Adressaten bzw. Betroffenen an. Entscheidend ist auch hier die Verständnisfähigkeit des Empfängers, d.h. dessen subjektive Fähigkeiten und persönliche Verhältnisse, und die gesamten Umstände des konkreten Einzelfalles.[855] Sowohl Sach- als auch Rechtslage müssen bekannt oder zumindest ohne weiteres erkennbar sein. Bei einem Laien dürfte die Rechtslage grundsätzlich nicht bekannt oder ohne weiteres erkennbar sein.[856] Die objektive Beweislast liegt bei der Finanzverwaltung,[857] die von der Kenntnis des Empfängers für einen ermessensgerechten Begründungsverzicht selbst Kenntnis haben muss.[858]

Für die Kenntnis ist es unerheblich, ob diese von der Behörde stammt oder es sich nur um eine zufällige Kenntnis handelt.[859] Die Kenntnis über die Auffassung der Finanzbehörde kann durch das vorangegangene Verfahren beeinflusst sein.[860] Entgegen der Auffassung des BFH[861] muss die Behörde den

---

851 *Söhn* in Hübschmann/Hepp/Spitaler, § 121 AO Rn. 155 (September 2014). Siehe ausführlich *Lücke*, Begründungszwang, S. 139 ff.

852 BFH v. 28.04.1983 – IV R 255/82, BStBl. II 1983, 621 (622); FG Hamburg v. 27.04.2012 – 6 K 95/11, EFG 2012, 2256 (2259); *Güroff* in Beermann/Gosch, § 121 AO Rn. 8 (November 2014).

853 *Müller-Ibold*, Begründungspflicht, S. 179; *Ramsauer* in Kopp/Ramsauer, § 39 VwVfG Rn. 39.

854 *Ramsauer* in Kopp/Ramsauer, § 39 VwVfG Rn. 42; *Söhn* in Hübschmann/Hepp/Spitaler, § 121 AO Rn. 166 (September 2014).

855 Vgl. *Söhn* in Hübschmann/Hepp/Spitaler, § 121 AO Rn. 166 (September 2014).

856 *Seer* in Tipke/Kruse, § 121 AO Rn. 16 (Oktober 2015).

857 *Söhn* in Hübschmann/Hepp/Spitaler, § 121 AO Rn. 163 (September 2014).

858 *Fritsch* in Koenig, § 121 AO Rn. 15.

859 *Ramsauer* in Kopp/Ramsauer, § 39 VwVfG Rn. 41; *Söhn* in Hübschmann/Hepp/Spitaler, § 121 AO Rn. 165 (September 2014); a.A: *Schick*, JuS 1971, 1 (5); *Müller-Ibold*, Begründungspflicht, S. 178.

860 Vgl. BFH v. 05.08.1986 – VII R 117/85, BStBl. II 1986, 870; *Güroff* in Beermann/Gosch, § 121 AO Rn. 8 (November 2014); *Söhn* in Hübschmann/Hepp/Spitaler, § 121 AO Rn. 165 (September 2014); *Ramsauer* in Kopp/Ramsauer, § 39 VwVfG Rn. 39.

861 BFH v. 30.07.1980 – I R 148/79, BStBl. II 1981, 3 (4); v. 28.04.1983 – IV R 255/82, BStBl. II 1983, 621 (622); v. 16.12.1986 – VIII R 123/86, BStBl. II 1987, 248 (250 f.); so auch *Fritsch* in Koenig, § 121 AO Rn. 15; *Ratschow* in Klein, § 121 AO Rn. 14.

Verwaltungsakt trotzdem grundsätzlich schriftlich begründen, wenn sie ihn dem Adressaten vorher schon mündlich oder fernmündlich erläutert hat.[862] Die Funktionen der Begründung, insbesondere die Rechtssicherheit, werden nicht gleichwertig mit einer mündlichen oder fernmündlichen Begründung erfüllt. Das gesprochene Wort ist flüchtig und kann im Nachhinein nicht wie eine schriftliche Begründung nochmals nachvollzogen werden. Daneben könnte die Verwaltung die schriftliche Begründungspflicht nach Abs. 1 durch bewusste Verwendung mündlicher oder fernmündlicher Begründungen umgehen.[863] Dagegen können eingehende Verfahrensschritte wie Beratungen, Briefwechsel oder Besprechungen zu einer Kenntnis führen.[864] Liegt keine Kenntnis vor, kann aber immer noch eine Erkennbarkeit gegeben sein.

Eine ohne weiteres erkennbare Auffassung der Finanzbehörde bedeutet Offensichtlichkeit der Auffassung.[865] Der Wortlaut stellt höhere Anforderungen an die Verständlichkeit als der Wortlaut von § 121 Abs. 1 AO. Dies ist auf den ersten Blick verwunderlich, soll doch Abs. 1 den Grundtatbestand für die Anforderungen an eine Begründung darstellen und Abs. 2 die Ausnahmen regeln. Bei näherer Betrachtung fällt aber auf, dass die Ausnahmen bloße Hilfskriterien darstellen. Wenn also die Auffassung i.S.v. Abs. 2 Nr. 2 ohne weiteres erkennbar ist, dann ist die Begründung des Verwaltungsakts i.S.v. Abs. 1 zum Verständnis nicht erforderlich. § 121 Abs. 2 Nr. 2 AO normiert also ausdrücklich die Möglichkeit, auf eine Begründung ganz verzichten zu können. Der Ausnahme kommt eine klarstellende Funktion zu.[866]

Siehe ebenfalls das Urteil des FG des Saarlandes (v. 15.07.1997 – 1 K 125/97, EFG 1997, 1275), das eine schriftliche Begründung für das Verständnis i.S.v. § 121 Abs. 1 AO nicht für erforderlich hält bei einer zuvor an den Steuerberater erfolgten telefonischen Erläuterung.

862 *Seer* in Tipke/Kruse, § 121 AO Rn. 16 (Oktober 2015); *Ruffert* in Knack/Henneke, § 39 VwVfG Rn. 40; unklar *Söhn* in Hübschmann/Hepp/Spitaler, § 121 AO Rn. 156, 165 (September 2014).

863 So schon *Ramsauer* in Kopp/Ramsauer, § 39 VwVfG Rn. 41.

864 *Ruffert* in Knack/Henneke, § 39 VwVfG Rn. 40; *Müller-Ibold*, Begründungspflicht, S. 178. Kritisch *Kischel*, Begründung, S. 233: Kenntnis des Bürgers bedeute nicht gleichzeitig, dass er sich damit abfinden würde. Auch sei eine Begründung trotz Kenntnis erforderlich, weil nur so eine Kontrollierbarkeit durch die Gerichte bestehe, auf deren Kenntnis es eben nicht ankomme.

865 Nach dem BFH (v. 03.02.1981 – VII R 86/78, BStBl. II 1981, 493 (494)) bedeutet „ohne weiteres erkennbar“ wohl „mit einer jeden Zweifel ausschließenden Deutlichkeit“.

866 So auch *Ratschow* in Klein, § 121 AO Rn. 12, der zutreffend betont, dass es sich bei den Ausnahmen nach Abs. 2 im Wesentlichen um Erläuterungen der Einschränkung in Abs. 1 handelt.

Die Gründe für den Erlass des Verwaltungsaktes können einerseits durch ein Handeln des Adressaten bzw. des Betroffenen ohne weiteres erkennbar sein.[867] Andererseits kann sich die einzig in Betracht kommende Auffassung der Finanzbehörde über die Sach- und Rechtslage für den Adressaten oder Betroffenen geradezu „aufdrängen“[868], offensichtlich[869] bzw. offenkundig[870] sein oder die Begründung der Ermessensentscheidung „auf der Hand lieg[en]“[871]. Es dürfen keine vernünftigen Zweifel bestehen.[872] Die Begründung stellt dann eine entbehrliche Formalität dar.[873] Die Erkennbarkeit kommt daher regelmäßig bei einfach gelagerten Sachverhalten und Tatbeständen vor.[874] Bedeutsam kann aber auch ein vorheriges Verhalten des Adressaten sein, insbesondere wenn er seinen Mitwirkungspflichten nicht nachkommt und die Finanzbehörde keine zumutbare Ermittlungsmöglichkeit hatte.[875] Daneben können berufliche Kenntnisse und Erfahrungen berücksichtigt werden.[876] Aber auch ein Steuerberater kann Ausführungen falsch verstehen.[877] Vor allem bei Ermessensentscheidungen muss bei der Annahme dieser Ausnahme sorgfältig gearbeitet werden.

Teilweise ist nach dem BFH der bloße Hinweis auf die Rechtsgrundlage ausreichend, insbesondere bei einer Anordnung einer routinemäßigen Außenprüfung genüge der bloße Hinweis auf die Rechtsgrundlage in § 193 Abs. 1 AO.[878]

---

867 BFH v. 03.06.1982 - VI R 48/79, BStBl. II 1982, 710 (713); *Förster* in Koch/Scholtz, § 121 AO Rn. 17.

868 BFH v. 22.09.1992 - VII R 73–74/91, BFH/NV 1993, 215 (217 f.); *Söhn* in Hübschmann/Hepp/Spitaler, § 121 AO Rn. 156 (September 2014).

869 BFH v. 26.02.2007 - VII B 98/06, BFH/NV 2007, 1270 (1271).

870 *Ramsauer* in Kopp/Ramsauer, § 39 VwVfG Rn. 44.

871 BFH v. 17.07.1984 - VII S 9/84, BFH/NV 1986, 583 (587); so auch BFH v. 26.02.2007 - VII B 98/06, BFH/NV 2007, 1270 (1271).

872 *Seer* in Tipke/Kruse, § 121 AO Rn. 16 (Oktober 2015); *Güroff* in Beermann/Gosch, § 121 AO Rn. 8 (November 2014); *Müller-Ibold*, Begründungspflicht, S. 178.

873 BFH v. 26.02.2007 - VII B 98/06, BFH/NV 2007, 1270 (1271); siehe auch *Söhn* in Hübschmann/Hepp/Spitaler, § 121 AO Rn. 156 (September 2014).

874 *Müller-Ibold*, Begründungspflicht, S. 178; *Ramsauer* in Kopp/Ramsauer, § 39 VwVfG Rn. 42.

875 *Söhn* in Hübschmann/Hepp/Spitaler, § 121 AO Rn. 156 (September 2014).

876 *U. Stelkens* in Stelkens/Bonk/Sachs, § 39 VwVfG Rn. 93; *Ruffert* in Knack/Henneke, § 39 VwVfG Rn. 42; *Ramsauer* in Kopp/Ramsauer, § 39 VwVfG Rn. 42.

877 *Seer* in Tipke/Kruse, § 121 AO Rn. 16 (Oktober 2015).

878 BFH v. 10.02.1983 - IV R 104/79, BStBl. II 1983, 286 (287); v. 28.04.1983 - IV R 255/82, BStBl. II 1983, 621; v. 07.11.1985 - IV R 6/85, BStBl. II 1986, 435 (436); v. 16.12.1986 - VIII R 123/86, BStBl. II 1987, 248 (251); v. 30.06.1989 - III R 8/88, BFH/NV 1990, 273 (275); v. 29.10.1992 - IV R 47/91, BFH/NV 1993, 149; v. 14.09.1993 - VIII R 56/92,

Auch die Erweiterungsanordnung einer Routineprüfung bedürfe keiner weitergehenden Begründung,[879] insbesondere müssten die Ermessenserwägungen nicht im Einzelnen dargestellt werden,[880] weil die mit der Durchführung der Außenprüfung verbundene generelle Belastung ohnehin nicht wesentlich erhöht werden würde.[881] Dagegen genüge bei einer Prüfung eines Nichtunternehmers nach § 193 Abs. 2 AO der bloße Hinweis auf die Rechtsgrundlage nicht aus, weil die Prüfung an besondere Voraussetzungen geknüpft ist.[882]

Neben § 193 Abs. 1 AO wird die Ausnahmevorschrift häufig bei Haftungsbescheiden nach § 191 Abs. AO angewendet.[883]

(3.) § 121 Abs. 2 Nr. 3 AO

Nach § 121 Abs. 2 Nr. 3 AO bedarf es keiner Begründung, wenn die Finanzbehörde gleichartige Verwaltungsakte in größerer Zahl oder Verwaltungsakte mit Hilfe automatischer Einrichtungen erlässt und die Begründung nach den Umständen des Einzelfalles nicht geboten ist. Die Ausnahmevorschrift ist problematisch und der Wortlaut unglücklich gewählt.[884] Hier besteht ein Vorrang eines effizienten Verwaltungsverfahrens vor dem Begründungsgebot.[885] Es soll vor allem ein erleichterter Einsatz von Datenverarbeitungsanlagen ermöglicht werden.[886] Gleichartige Verwaltungsakte können regelmäßig nur formularmäßige

---

BFH/NV 1994, 677 (679). Zustimmend BVerfG v. 08.03.1985 – 1 BvR 93/85, HFR 1986, 258: „weil der Verwaltungsakt aus sich heraus verständlich ist." Zum Ermessen bei der Anordnung einer Außenprüfung siehe *Drüen*, AO-StB 2014, 343 (346 f.).

879 BFH v. 16.09.2014 – X R 30/13, BFH/NV 2015, 150 (151 f.); *Seer* in Tipke/Kruse, § 121 AO Rn. 17 (Oktober 2015).

880 BFH v. 14.09.1993 – VIII R 56/92, BFH/NV 1994, 677 (679); v. 16.09.2014 – X R 30/13, BFH/NV 2015, 150 (151).

881 BFH v. 24.02.1989 – III R 36/88, BStBl. II 1989, 445 (446); v. 14.09.1993 – VIII R 56/92, BFH/NV 1994, 677 (679); v. 16.09.2014 – X R 30/13, BFH/NV 2015, 150 (151 f.).

882 BFH v. 07.11.1985 – IV R 6/85, BStBl. II 1986, 435 (436).

883 Z.B. BFH v. 03.06.1982 – VI R 48/79, BStBl. II 1982, 710 (713); FG Düsseldorf v. 01.08.1980 – XI 205/80, A (H), EFG 1981, 60; vgl. auch *Söhn* in Hübschmann/Hepp/Spitaler, § 121 AO Rn. 170 ff. (September 2014) m.w.N. Siehe zum vorgeprägten Ermessen und § 121 Abs. 2 Nr. 2 AO ausführlich unter § 5.III.

884 *Kischel*, Begründung, S. 243; *Seer* in Tipke/Kruse, § 121 AO Rn. 19 (Oktober 2015).

885 So *Dolzer*, DÖV 1985, 9 (12) zum gleichlautenden § 39 Abs. 2 Nr. 3 VwVfG.

886 *Söhn* in Hübschmann/Hepp/Spitaler, § 121 AO Rn. 184 (September 2014); *Ramsauer* in Kopp/Ramsauer, § 39 VwVfG Rn. 45.

Verwaltungsakte sein, die sich nur hinsichtlich des Adressaten unterscheiden und aus sich heraus verständlich sind.[887] Es müssen generelle, typische Sachverhalte für den Verwaltungsakt vorliegen, die im Einzelfall nicht entscheidend voneinander abweichen und daher erfahrungsgemäß keine individuelle Bearbeitung erfordern.[888]

Stets darf aber nur nach den Umständen des Einzelfalls eine Begründung nicht erforderlich sein. Sach- und Rechtslage müssen allgemein bekannt sein.[889] Der Anwendungsbereich ist daher nur begrenzt. Alle anderen problemlos verständlichen Verwaltungsakte müssen unter Umständen schon nach § 121 Abs. 1 AO oder nach § 121 Abs. 2 Nr. 1 oder Nr. 2 AO nicht begründet werden.

(4.) § 121 Abs. 2 Nr. 4 AO

Nach § 121 Abs. 2 Nr. 4 AO kann die Finanzverwaltung auf eine Begründung verzichten, wenn sich dies aus einer Rechtsvorschrift ergibt. Die Regelung hat klarstellende Bedeutung und ist keine „Ausnahmevorschrift“ im eigentlichen Sinne.[890] Ein Beispiel ist § 164 Abs. 1 Satz 1 AO.

(5.) § 121 Abs. 2 Nr. 5 AO

§ 121 Abs. 2 Nr. 5 AO normiert, dass der Verwaltungsakt keiner Begründung bedarf, wenn eine Allgemeinverfügung öffentlich bekannt gegeben wird. Die Norm hat keine besondere Praxisrelevanz.[891]

3. *Ergebnis*

§ 121 AO normiert eine abgeschwächte Begründungspflicht im Gegensatz zu § 39 VwVfG, § 35 SGB X. Eine Begründung ist nur zu geben, soweit dies zum Verständnis des Verwaltungsaktes erforderlich ist. Die Ausnahmen nach § 121 Abs. 2 AO stellen Hilfskriterien für § 121 Abs. 1 AO dar. Für die Praxis ist vor allem § 121 Abs. 2 Nr. 2 AO relevant.

---

887 *Söhn* in Hübschmann/Hepp/Spitaler, § 121 AO Rn. 186 (September 2014); *Müller-Ibold*, Begründungspflicht, S. 180; *Ratschow* in Klein, § 121 AO Rn. 15.

888 *Seer* in Tipke/Kruse, § 121 AO Rn. 19 (Oktober 2015); *Söhn* in Hübschmann/Hepp/Spitaler, § 121 AO Rn. 186 (September 2014).

889 *Seer* in Tipke/Kruse, § 121 AO Rn. 19 (Oktober 2015).

890 *Söhn* in Hübschmann/Hepp/Spitaler, § 121 AO Rn. 195 (September 2014); *Lücke*, Begründungszwang, S. 136.

891 *Söhn* in Hübschmann/Hepp/Spitaler, § 121 AO Rn. 199 (September 2014).

IV. Folgen einer Verletzung der Begründungspflicht

Eine Begründung, die nicht den Anforderungen des § 121 AO entspricht, führt zur formellen Rechtswidrigkeit eines Verwaltungsaktes. Daneben gibt es den Fall, dass die Begründung zwar nach § 121 AO formell rechtmäßig ist, die Begründung aber inhaltlich unzutreffend ist und den Erlass des Verwaltungsakts nicht trägt.[892] Problematisch ist dabei, ob die Verwaltung nach der letzten Verwaltungsentscheidung ursprünglich schon vorhandene Gründe nachschieben kann, damit der Verwaltungsakt nachträglich den gesetzlichen Anforderungen entspricht.[893] Bei der Beantwortung dieser Frage muss zwischen einem formellen Begründungsmangel (dazu 1.) und einer inhaltlich unzutreffenden Begründung differenziert werden (dazu 2).

1. Heilung und Unbeachtlichkeit eines formellen Begründungsmangels nach §§ 126, 127 AO

Ein Verwaltungsakt ist formell rechtswidrig, wenn eine Begründung nicht die Anforderungen des § 121 Abs. 1 AO erfüllt. § 126 Abs. 1 Nr. 2 AO ermöglicht in diesem Fall der Verwaltung den formellen Begründungsmangel zu heilen. Nach § 126 Abs. 1 Nr. 2 AO ist eine Verletzung des § 121 AO unbeachtlich, wenn die erforderliche Begründung nachträglich gegeben wird. Der formelle Begründungsfehler wird durch dieses sog. Nachholen der Begründung geheilt. Die formelle Rechtswidrigkeit steht somit unter einem Vorbehalt der Nachholung.[894] Nach § 126 Abs. 2 AO kann die Verwaltung die Begründung bis zum Abschluss der Tatsacheninstanz eines finanzgerichtlichen Verfahrens nachholen. Die Heilung ist somit nur zeitlich begrenzt möglich.[895]

Nach § 127 AO können formelle Begründungsmängel indes auch unbeachtlich sein, wenn keine andere Entscheidung in der Sache hätte getroffen werden können. Formelle Begründungsmängel können nur bei gebundenen Entscheidungen und bei Ermessensreduzierungen auf Null unbeachtlich sein.[896] Wegen eines Verfahrensfehlers soll eine in der Sache richtige Entscheidung nicht aufgehoben werden müssen, wenn der aufzuhebende Verwaltungsakt sonst sofort

---

892 *Wernsmann* in Hübschmann/Hepp/Spitaler, § 5 AO Rn. 250 (April 2013).

893 *Wernsmann* in Hübschmann/Hepp/Spitaler, § 5 AO Rn. 247 (April 2013).

894 *R. P. Schenke*, JuS 2000, 230.

895 Siehe dazu ausführlich *Rozek* in Hübschmann/Hepp/Spitaler, § 126 AO Rn. 50 ff. (November 2010).

896 Siehe zur Ermessensreduzierung auf Null oben unter § 3.I.7.

mit dem identischen Inhalt erlassen werden müsste.[897] Das Gesetz stellt damit die Rechtsrichtigkeit vor die Verfahrenskorrektheit.[898]

Bei der Ermessensreduzierung auf Null besteht die Besonderheit, dass in dem konkreten Einzelfall nur eine einzige rechtmäßige Wahlmöglichkeit für die Ermessensausübung verbleibt. Alle anderen Entscheidungen wären rechtswidrig. Die Ermessensreduzierung auf Null rückt damit in die Nähe der gebundenen Entscheidung. Auch bei einer Ermessensreduzierung auf Null muss § 127 AO anwendbar sein,[899] weil auch hier die Aufhebung eines formell rechtswidrigen Verwaltungsakts im Ergebnis den Erlass eines inhaltlich identischen Verwaltungsaktes zur Folge hätte.

2. Heilung einer inhaltlich unzutreffenden Begründung

Wenn eine Begründung, die zwar den formellen Anforderungen des § 121 Abs. 1 AO entspricht, nicht den Erlass eines Verwaltungsakts trägt, weil sie inhaltlich unzutreffend ist, fragt sich, ob die Verwaltung Gründe, insbesondere Ermessenserwägungen, nachschieben kann. Eine Begründung kann aus mehreren Gründen sachlich fehlerhaft sein. Einerseits kann sie wegen eines falschen oder unvollständigen Sachverhalts inhaltlich unzutreffend sein. Andererseits kann die Behörde eine falsche Rechtsgrundlage oder unvollständige oder fehlerhafte Ermessenserwägungen angenommen haben.[900]

Auch hier ist zwischen gebundenen Entscheidungen und Ermessensverwaltungsakten zu differenzieren.

a. Gebundene Entscheidung

Bei gebundenen Entscheidungen kommt es nicht darauf an, ob eine Begründung inhaltlich zutreffend ist. Nur das Ergebnis ist für den Erfolg einer Anfechtungsklage entscheidend.[901] Dafür spricht vor allem der Hinweis auf den

---

897 BFH v. 02.07.1980 – I R 74/77, BStBl. II 1980, 684 (686); v. 13.12.2001 – III R 13/00, BStBl. II 2002, 406 (408).

898 *Tipke*, StuW 2004, 3 (5).

899 *M. Frotscher* in Schwarz/Pahlke, § 127 AO Rn. 7 (November 2012); *Blesinger*, StuW 1995, 226 (335).

900 *R. P. Schenke*, JuS 2000, 230 (231).

901 Auch bei einer Verpflichtungsklage ist der Inhalt der Begründung nicht entscheidend. Relevant ist nur für den Erfolg einer Verpflichtungsklage, ob der geltend gemachte Anspruch besteht; *Schoch*, DÖV 1984, 401 (403 f.).

Untersuchungsgrundsatz des § 76 Abs. 1 Satz 1 FGO.[902] Insbesondere ist das Gericht gemäß § 76 Abs. 1 Satz 5 FGO an das Vorbringen und die Beweisanträge der Beteiligten nicht gebunden. Deswegen ist es für die Überprüfung der Rechtmäßigkeit des Verwaltungsaktes unerheblich, ob die Begründung inhaltlich zutreffend ist. Es kommt nur darauf an, dass die tatbestandlichen Voraussetzungen gegeben sind und die Behörde die zwingende gesetzliche Rechtsfolge gesetzt hat.[903]

b. Ermessensentscheidung

Bei Ermessensentscheidungen hingegen normiert das Gesetz keine zwingende Rechtsfolge. Die Behörde muss ihr Ermessen nach § 5 AO rechtsfehlerfrei ausüben, damit ein Verwaltungsakt rechtmäßig sein kann. Die Begründung soll nach § 121 AO über die angestellten Ermessenserwägungen Aufschluss geben. Liegt keine Begründung vor, indiziert dies regelmäßig einen Ermessensnichtgebrauch.[904] Dagegen lässt sich ein Ermessensfehlgebrauch regelmäßig annehmen, wenn die Begründung zweckwidrige Ermessenserwägungen enthält. Diese Vorgangsfehler in der Entscheidungsfindung können regelmäßig nur aus der Begründung entnommen werden, während ein Ergebnisfehler (Ermessensfehler der Ermessensüberschreitung) von der Begründung unabhängig ist.[905]

Fraglich ist hier, unter welchen Voraussetzungen die Behörde im finanzgerichtlichen Verfahren Ermessenserwägungen nachschieben kann, wenn die Begründung zwar nach § 121 AO formell ordnungsgemäß ist, sie aber inhaltlich den Verwaltungsakt nicht trägt. Nach § 102 Satz 2 FGO kann die Verwaltung ihre Ermessenserwägungen bis zum Abschluss der Tatsacheninstanz eines finanzgerichtlichen Verfahrens ergänzen. § 102 Satz 2 FGO regelt jedoch nicht die materiell-rechtliche Zulässigkeit der Ergänzung von Ermessenserwägungen, sondern nur die finanzprozessrechtliche Zulässigkeit.[906] § 102 Satz 2 FGO ist § 114 Satz 2

---

902 *Wernsmann* in Hübschmann/Hepp/Spitaler, § 5 AO Rn. 252 (April 2013); *R. P. Schenke*, JuS 2000, 230 (231) mit Hinweis auf § 86 Abs. 1 Satz 2 VwGO; siehe auch *Schoch*, DÖV 1984, 401 (403).

903 *Wernsmann* in Hübschmann/Hepp/Spitaler, § 5 AO Rn. 252 (April 2013); vgl. auch *Schoch*, DÖV 1984, 401 (403).

904 Siehe dazu bereits oben unter § 3.III.3.

905 *Wernsmann* in Hübschmann/Hepp/Spitaler, § 5 AO Rn. 253 (April 2013). Siehe zu den einzelnen Ermessensfehlern unter § 3.III.

906 *Lange* in Hübschmann/Hepp/Spitaler, § 102 FGO Rn. 66 (Februar 2014); *Wernsmann* in Hübschmann/Hepp/Spitaler, § 5 AO Rn. 255 (April 2013).

VwGO nachgebildet und dient der Prozessökonomie.[907] Die materiell-rechtliche Zulässigkeit richtet sich nach dem anzuwendenden materiellen Recht und der Abgabenordnung.[908] § 126 Abs. 1 Nr. 2 AO hilft hierfür nicht weiter, weil er bei materiellen Fehlern nicht anwendbar ist.[909]

Im finanzgerichtlichen Verfahren dürfen Ermessenserwägungen lediglich ergänzt werden. Ein erstmaliges Anstellen, Auswechseln oder vollständiges Nachholen der Ermessenserwägungen scheidet nach dem Wortlaut, der Entstehungsgeschichte und der Systematik des § 102 FGO aus.[910] Schon der Wortsinn von „ergänzen" schließt ein Nachholen oder Nachbessern von Entscheidungen mit fehlerhaftem Entschließungs- oder Auswahlermessen, Über- oder Unterschreitung des Ermessens sowie erheblichen Mängeln bei der Sachverhaltsermittlung aus.[911] Im finanzgerichtlichen Verfahren darf die Verwaltung daher nur bereits an- oder dargestellte Ermessenserwägungen vertiefen, verbreitern oder verdeutlichen.[912] Die nachgeschobenen Gründe müssen bereits bei Erlass vorgelegen haben, der Verwaltungsakt darf nicht in seinem Wesen verändert werden und den Kläger nicht in seiner Rechtsverteidigung beschränken.[913]

V. Zusammenfassung

Die Begründung nach § 121 Abs. 1 AO soll die Ermessenserwägungen dem Adressaten des Verwaltungsakts mitteilen, damit dieser die Entscheidung nachvollziehen und gegebenenfalls Rechtsschutz suchen kann.[914] Sie ist grundsätzlich verfassungsrechtlich geboten. Das steuerrechtliche Verfahren normiert im

---

907 *Drüen* in Tipke/Kruse, § 102 FGO Rn. 12 (August 2014).

908 *Lange* in Hübschmann/Hepp/Spitaler, § 102 FGO Rn. 66 (Februar 2014).

909 *Wernsmann* in Hübschmann/Hepp/Spitaler, § 5 AO Rn. 256 (April 2013).

910 BFH v. 11.03.2004 - VII R 52/02, BStBl. II 2004, 579 (581 f.); vgl. auch BFH v. 26.09.2006 - X R 39/05, BStBl. II 2007, 222 (226).

911 BFH v. 11.03.2004 - VII R 52/02, BStBl. II 2004, 579 (581); v. 09.11.2004 - VI B 39/02, BFH/NV 2005, 378 (379).

912 BFH v. 11.03.2004 - VII R 52/02, BStBl. II 2004, 579 (581 f.); v. 09.11.2004 - VI B 39/02, BFH/NV 2005, 378 (379); v. 01.07.2008 - II R 2/07, BStBl. II 2008, 897 (898); *Wernsmann* in Hübschmann/Hepp/Spitaler, § 5 AO Rn. 258 (April 2013).

913 BFH v. 24.11.1987 - VII R 138/84, BStBl. II 1988, 364 (366); v. 05.03.1998 - VII B 36/97, BFH/NV 1998, 1325 (1328); vgl. auch BFH v. 09.05.2006 - VII R 50/05, BStBl. II 2007, 600 (601); *Wernsmann* in Hübschmann/Hepp/Spitaler, § 5 AO Rn. 257 f. (April 2013); *Lange* in Hübschmann/Hepp/Spitaler, § 102 FGO Rn. 73 (Februar 2014); *Rozek* in Hübschmann/Hepp/Spitaler, § 126 AO Rn. 36 (November 2010). Siehe auch *R. P. Schenke*, JuS 2000, 230 (231 f.).

914 Siehe zu den einzelnen Funktionen der Begründung unter § 4.I.3.

Gegensatz zum verwaltungs- oder sozialverwaltungsrechtlichen Verfahren eine abgeschwächte Begründungspflicht.

Enthält die Begründung bei einer Ermessensentscheidung keine Ausführungen zu den Ermessenserwägungen, dann liegt nicht nur eine formelle Rechtswidrigkeit vor. Sie indiziert einen Ermessensnichtgebrauch[915] und damit eine materielle Rechtswidrigkeit.[916] Der Begründung kommt deswegen eine formelle und materielle Wirkung zu.

Nach der Rechtsprechung des BFH stellt das vorgeprägte und intendierte Ermessen davon eine Ausnahme dar. Bei beiden soll trotz mangelnder Begründung nicht auf einen Ermessensfehler geschlossen werden können.[917]

Auf die Rechtsprechung zum vorgeprägten Ermessen (in Kapitel 2) und intendierten Ermessen (in Kapitel 3) des BFH wird deswegen im Folgenden eingegangen.

---

915 Gleiche Ansicht vertreten etwa *Wernsmann* in Hübschmann/Hepp/Spitaler, § 5 AO Rn. 131 (April 2013); *Lange* in Hübschmann/Hepp/Spitaler, § 102 FGO Rn. 100 (Februar 2014); a.A. wohl *Drüen* in Tipke/Kruse, § 102 FGO Rn. 2 (August 2014).

916 BFH v. 07.03.1978 – VII R 47/77, BStBl. II 1978, 418 (420); v. 05.03.1981 – II R 80/77, BStBl. II 1981, 471 (473); 14.06.1983 – VII R 4/83, BStBl. II 1983, 695 (696); *Schoch*, DÖV 1984, 401 (405); *Wernsmann* in Hübschmann/Hepp/Spitaler, § 5 AO Rn. 131 (April 2013).

917 Zum intendierten Ermessen siehe BFH v. 15.02.1984 – II R 57/83, BStBl. II 1984, 320 (324); *Wernsmann* in Hübschmann/Hepp/Spitaler, § 5 AO Rn. 131 (April 2013).

Kapitel 2 – Vorgeprägtes Ermessen im Steuerrecht

Die Rechtsfigur des vorgeprägten Ermessens findet sich in der Rechtsprechung des BFH hauptsächlich in Entscheidungen zu Haftungsbescheiden gemäß § 191 Abs. 1 Satz 1 AO. Durch die Rechtsprechung ist eine stark ausgeprägte Kasuistik entstanden. Aber nicht nur bei § 191 Abs. 1 Satz 1 AO, sondern auch bei weiteren Normen wurde ein vorgeprägtes Ermessen angenommen oder auch diskutiert und abgelehnt. Diese Rechtsprechung hat für die Ermessensdogmatik weitreichende Folgen. Sie hat viele Fragen aufgeworfen, die bisher nicht befriedigend gelöst worden sind.

§ 5. Vorgeprägtes Ermessen bei der Haftung im Steuerrecht

Der Begriff des vorgeprägten Ermessens ist gesetzlich nicht verankert. Er ist eine Schöpfung des BFH im Urteil v. 13.04.1978 – V R 109/75. In dieser wegweisenden Entscheidung zum vorgeprägten Ermessen hatte der BFH über die Rechtmäßigkeit eines Haftungsbescheids nach §§ 118, 109 RAO zu urteilen (dazu I.). Deswegen wird im Folgenden zunächst auf Besonderheiten bei der Haftung im Steuerrecht und die weitere Rechtsprechung zum vorgeprägten Ermessen bei § 112 RAO bzw. § 191 AO eingegangen, anschließend auf die Rechtsprechung des BVerwG zum intendierten Ermessen und danach ist die Dogmatik des vorgeprägten Ermessens zu untersuchen (unter II.). Das Problem von Vorprägung und Begründung wird sodann betrachtet (unter III.). Geklärt werden muss das Verhältnis von vorgeprägtem Ermessen nach der Rechtsprechung des BFH und intendiertem Ermessen nach der Rechtsprechung des BVerwG (unter IV.).

I. Ausgangspunkt: Urteil des BFH v. 13.04.1978 – V R 109/75

Der Begriff des sog. vorgeprägten Ermessens findet sich erstmals im Urteil des BFH vom 13.04.1978 – V R 109/75.[918]

Streitig war, ob der Haftungsbescheid wegen Umsatzsteuerschulden gegen den Geschäftsführer einer GmbH nach §§ 118, 109 RAO[919] rechtmäßig war. Der

---

918 BFH v. 13.04.1978 – V R 109/75, BStBl. II 1978, 508.

919 Heute entsprechen diesen Normen in allerdings verändertem Wortlaut die §§ 191, 69 ff. AO. Siehe zum damaligen Wortlaut der Normen *Weber/Luger*, Handbuch zur RAO, §§ 109, 118 RAO.

Einspruch blieb erfolglos. In der Einspruchsentscheidung führte das Finanzamt aus, dass der Geschäftsführer seiner steuerlichen Pflicht zur rechtzeitigen Vorsteueranmeldung schuldhaft nicht nachkommen sei. Es sei dadurch zu einer Steuerverkürzung gekommen. Die Vorinstanz hatte der Klage stattgegeben, weil sowohl aus dem Haftungsbescheid als auch aus der Einspruchsentscheidung nur das Vorliegen der tatbestandlichen Voraussetzungen ersichtlich gewesen sei. Das Finanzamt habe aber keine Ermessenserwägungen angestellt. Auch sei das Verschulden des Haftungsschuldners als gering einzuschätzen, bei dem unter Umständen von einer Inanspruchnahme ganz abgesehen werden könne. Auf eine Begründung der Ermessenserwägungen habe daher nicht verzichtet werden können.[920] Deswegen hatte die Vorinstanz den Haftungsbescheid wegen des Ermessensnichtgebrauchs und der daraus folgenden Rechtswidrigkeit aufgehoben.

Der BFH klärte, dass die Entscheidung über die Inanspruchnahme eines Haftungsschuldners zweigliedrig sei.[921] Zunächst müsse auf erster Stufe untersucht werden, ob die tatbestandlichen Voraussetzungen der §§ 103 ff. RAO erfüllt seien. Diese gebundene Rechtsentscheidung sei gerichtlich voll überprüfbar.[922] Auf zweiter Stufe sei dann die Ermessensentscheidung des § 118 RAO zu treffen, die gerichtlich beschränkt überprüfbar sei.[923]

Im Ergebnis bestätigte der BFH die Entscheidung des FG. Er präzisierte aber seine Rechtsprechung zur Ermessensentscheidung bei einem Haftungsbescheid nach § 118 RAO.

Nach Ansicht des BFH wird die Ermessensentscheidung in § 118 RAO durch die Rechtsentscheidung in § 109 RAO „in gewisser Weise vorgeprägt", wodurch die Inanspruchnahme des Haftungsschuldners regelmäßig gerechtfertigt ist.[924] Als Beispiel führte der BFH einen Geschäftsführer einer GmbH an, der grob fahrlässig oder vorsätzlich Steuern verkürzt.[925] Die Folge eines vorgeprägten Ermessens sei, dass die Finanzverwaltung auf die Begründung der Ermessensentscheidung verzichten könne, weil von einer „stillschweigend" sachgerechten Ermessensausübung ausgegangen werden könne. Die die Ermessensentscheidung tragenden Erwägungen müssten deswegen nicht ausdrücklich in den Haftungsbescheid oder die Einspruchsentscheidung aufgenommen werden. Nur wenn dem potentiellen Haftungsschuldner ein leichtes Verschulden träfe, sei die

920 Wiedergegeben durch BFH v. 13.04.1978 – V R 109/75, BStBl. II 1978, 508 (509 f.).
921 BFH v. 13.04.1978 – V R 109/75, BStBl. II 1978, 508 (509).
922 BFH v. 13.04.1978 – V R 109/75, BStBl. II 1978, 508 (509).
923 BFH v. 13.04.1978 – V R 109/75, BStBl. II 1978, 508 (510).
924 BFH v. 13.04.1978 – V R 109/75, BStBl. II 1978, 508 (510).
925 BFH v. 13.04.1978 – V R 109/75, BStBl. II 1978, 508 (510).

Inanspruchnahme des Haftungsschuldners nicht ohne Weiteres gerechtfertigt.[926] Vielmehr sei in einem solchen Fall eine Abwägung des Für und Wider einer Inanspruchnahme in einer gerichtlich überprüfbaren Weise erforderlich.[927] Bei genauerem Betrachten der Rechtsprechung fällt auf, dass sowohl die Entschließung („ob") als auch die Auswahl („wie") im Ermessen der Verwaltung liegt.[928]

Die damalige Innovation der Rechtsprechung liegt im Detail. Sie zeigt sich im Zusammenspiel der Besonderheiten des Haftungsbescheids mit dem Ermessen, den Ermessensfehlern und der Begründung der Ermessensentscheidung. Dabei steht die Rechtsprechung auch im Zusammenhang mit dem Rechtsschutz des Haftungsschuldners.

Drei Aussagen des BFH stechen ins Auge: Erstens präge die Rechtsentscheidung auf erster Entscheidungsstufe die Ermessensentscheidung nach § 118 RAO auf zweiter Stufe. Zweitens könne bei einer vorgeprägten Ermessensentscheidung von einer stillschweigend sachgerechten Ermessensentscheidung ausgegangen werden, bei der eine Begründung der Ermessenserwägungen nicht erforderlich sei. Drittens könne bei leichter Fahrlässigkeit dagegen nicht von einer Vorprägung ausgegangen werden.

II. 1. Fallgruppe: Haftung im Steuerrecht nach § 118 RAO und § 191 AO

Die erste Entscheidung zum vorgeprägten Ermessen betrifft damit die Inanspruchnahme eines Haftungsschuldners nach § 118 RAO. Die Haftung im Steuerrecht weist Besonderheiten im Gegensatz zu anderen Haftungssystemen auf. Sie bedeutet grundsätzlich immer ein „unbeschränktes Einstehenmüssen mit dem eigenen Vermögen für eine fremde Steuerschuld"[929] (dazu 1.). Der Gesetzgeber verschärfte durch das Inkrafttreten der AO die Anforderungen an eine Inanspruchnahme eines Haftungsschuldners (dazu 2.). Die an das erste Urteil anschließende Rechtsprechung ist unter 3. zu behandeln und sodann die Rechtsprechung des BVerwG zum intendierten Ermessen (dazu 4.). Die Dogmatik des vorgeprägten Ermessens bildet den abschließenden Untersuchungsgegenstand (dazu 5.).

---

926 Nach Ansicht des BFH v. 10.11.1981 – VII S 84/81, juris Rn. 29, ist das Verschulden „streng" zu bewerten.

927 So der BFH v. 13.04.1978 – V R 109/75, BStBl. II 1978, 508 (510).

928 BFH v. 13.04.1978 – V R 109/75, BStBl. II 1978, 508 (509 f.).

929 Vgl. BFH v. 22.04.2015 – XI R 43/11, BStBl. II 2015, 755 (757); *Nacke*, Haftung für Steuerschulden, Rn. 1.1; *Boeker* in Hübschmann/Hepp/Spitaler, § 191 AO Rn. 4 f. (März 2012).

1. *Haftung nach der RAO*

Die RAO 1919 trat am 23.12.1919 in Kraft. Großer Zeitdruck belastete das Gesetzgebungsverfahren. Die RAO blieb trotz zahlreicher Änderungen im Kern unverändert.[930] Im Jahre 1931 wurde die RAO mit einer neuen Paragraphenreihenfolge neu bekanntgegeben.[931] Auch die RAO 1931 wies einige Lücken und Schwachstellen auf. Sie stellte kein Mantelgesetz mehr dar. Eine Reform war nötig.[932]

Für das vorgeprägte Ermessen sind vor allem die § 118 RAO, § 109 RAO und § 112 RAO von Bedeutung.

a. *§ 118 RAO 1931*

Gemäß § 118 RAO war das Finanzamt, das die Steuerschuld des Steuerpflichtigen festzusetzen hatte, befugt, die Vertreter und Bevollmächtigten und die übrigen in den §§ 103 bis 108 RAO bezeichneten Personen zur Erfüllung der ihnen obliegenden Verpflichtungen anzuhalten und diejenigen, die neben dem Steuerpflichtigen oder an dessen Stelle persönlich für die Steuer haften (§ 97 Abs. 2 RAO), in Anspruch zu nehmen. Die Norm betraf nur die Haftung aufgrund steuerrechtlicher Haftungstatbestände. Für die Haftung aufgrund bürgerlichen Rechts sah § 120 RAO eine Regelung vor.[933]

Die Frage, ob der Erlass eines Haftungsbescheids im Entschließungsermessen der Behörde stand, war trotz der Rechtsprechung des RFH[934] und BFH[935] umstritten.[936] RFH und BFH legten die Norm in ständiger Rechtsprechung als Ermessensnorm aus. Der BFH hatte die Frage des Entschließungsermessens aber teilweise auch offengelassen.[937]

Der Wortlaut („ist befugt") kann sowohl als Zuständigkeitsnorm als auch als Ermessensnorm gedeutet werden. Die Entstehungsgeschichte der Norm

---

930 *Musil* in Hübschmann/Hepp/Spitaler, Einleitung Rn. 30 (Juni 2015).

931 RAO v. 22.05.1931, RGBl. I 1931, 161.

932 *Musil* in Hübschmann/Hepp/Spitaler, Einleitung Rn. 32 f. (Juni 2015).

933 *Riewald* in Becker/Riewald/Koch, RAO I, § 118 RAO Anm. 2 (1).

934 RFH v. 04.01.1927 – V A 695/26, RFHE 20, 199 (201); v. 06.09.1929 – V A 82/29, RStBl. 1929, 547; v. 08.11.1929 – VA 227/29, RStBl. 1930, 125.

935 BFH v. 01.06.1965 – VII 228/63 U, BStBl. III 1965, 495 (496); vgl. auch *Völlmeke*, DStR 1991, 1101 (1103).

936 *Tipke*, FR 1970, 482; *Kruse*, Lehrbuch des Steuerrechts I, S. 153; *Loose* in Tipke/Kruse, § 191 AO Rn. 38 (Januar 2014).

937 BFH v. 12.04.1983 – VII R 3/80, HFR 1983, 397 (398). Siehe dazu FG Rheinland-Pfalz v. 12.09.1990 – 5 K 1983/89, EFG 1991, 109.

bestätigt dies. § 118 RAO war als bloße Zuständigkeitsregelung gedacht.[938] Systematisch spricht für ein Entschließungsermessen die Zustimmungspflicht des Landesfinanzamtes nach § 90 Abs. 1 Satz 2 RAO 1919.[939] Durch diese Regelung sollte „vermieden werden, daß die Finanzämter sich von ihrem Pflichtgefühle zu der Auffassung drängen lassen, jede Kleinigkeit lediglich deshalb aufgreifen zu müssen, weil ihnen ein Recht auf einen Verzicht auf Geltendmachung der Haftungsansprüche nicht zustehe."[940] Aber auch weitere Gründe, wie insbesondere das Verständnis der Haftungsansprüche als „Ersatzansprüche", sprachen für ein Ermessen, weil es dem Wesen derartiger Ansprüche entspricht, von vornherein Erfolg und Aufwand gegeneinander abzuwägen mit der Möglichkeit des Verzichts.[941] Im Ergebnis bestand ein Entschließungs- und Auswahlermessen nach § 118 RAO.

b. § 109 RAO 1931

§ 109 Abs. 1 RAO normierte den Haftungstatbestand für den Vertreter. Danach hafteten die Vertreter und die übrigen in den §§ 103 bis 108 RAO bezeichneten Personen insoweit persönlich neben dem Steuerpflichtigen, als durch schuldhafte Verletzung der ihnen in den §§ 103 bis 108 RAO auferlegten Pflichten Steueransprüche verkürzt oder Erstattungen oder Vergütungen zu Unrecht gewährt worden sind.

Schon aus dem Wortlaut von § 109 Abs. 1 RAO ergab sich, dass leichte Fahrlässigkeit für eine Haftung ausreichen konnte und der Vertreter den Schaden zu ersetzen hatte. Daneben war eine Steuerverkürzung erforderlich, die Steuer musste also zu niedrig festgesetzt oder nicht rechtzeitig bezahlt worden sein.[942] Nach dem Zweck der Norm stellt das Maß des Verschuldens einen möglichen Ermessensgesichtspunkt dar. [943]

Die gesetzlichen Vertreter juristischer Personen mussten vor allem § 103 RAO beachten. Sie waren insbesondere verpflichtet, die Steuern aus den Mitteln, die sie verwalteten, zu entrichten.

---

938 *Riewald* in Becker/Riewald/Koch, RAO I, § 118 RAO Anm. 1 (1).

939 *Beermann* in FS Klein, S. 953 (963).

940 Verfassungsgebende Deutsche Nationalversammlung, Bericht des 11. Ausschusses über den Entwurf einer RAO, § 90, Aktenstück Nr. 1460, S. 1394.

941 *Beermann* in FS Klein, S. 953 (963).

942 *Riewald* in Becker/Riewald/Koch, RAO I, § 109 RAO Anm. 1 (2).

943 So ausdrücklich *Riewald* in Becker/Riewald/Koch, RAO I, § 109 RAO Anm. 1 (4).

c. § 112 RAO 1931

Nach § 112 RAO haftete, wer eine Steuerhinterziehung oder eine Steuerhehlerei beging, auch wenn er nicht Steuerschuldner war, für den Betrag, in dessen Höhe Steuereinnahmen verkürzt oder Steuervergünstigungen zu Unrecht gewährt oder belassen wurden.

Beim Haftenden war stets ein vorsätzliches Handeln erforderlich.[944] In diesem Punkt unterschied sich § 112 RAO von § 109 RAO. § 112 RAO sollte eine Lücke im Steuerrecht schließen, weil im Steuerrecht die Person des Steuerschuldners und die Person des Steuerhinterziehers auseinanderfallen können.[945]

2. Haftung nach der AO

Am 01.01.1977 trat die AO 1977 in Kraft. Im Bereich der Haftung finden sich einige Änderungen im Vergleich zur RAO 1931. Insbesondere regelt nun § 191 AO den Erlass eines Haftungsbescheids als Verfahrensvorschrift. Nur wer „kraft Gesetzes für eine Steuer haftet", kann durch einen Haftungsbescheid in Anspruch genommen werden. Der Haftungsschuldner muss daher einen materiell-rechtlichen Haftungstatbestand für eine Steuer erfüllen. Unerheblich ist dabei, ob es sich um einen steuerrechtlichen oder zivilrechtlichen Haftungstatbestand handelt.

a. § 191 AO

§ 191 AO kommt in der AO eine wichtige Rolle zu. Gemäß § 191 Abs. 1 Satz 1 AO kann, wer kraft Gesetzes für eine Steuer haftet (Haftungsschuldner), durch einen Haftungsbescheid bzw. wer kraft Gesetzes verpflichtet ist, die Vollstreckung zu dulden, durch Duldungsbescheid in Anspruch genommen werden.[946] Die Haftung hat Schadensersatzcharakter.[947] Hintergrund der Regelung ist, dass die Ansprüche aus dem Steuerschuldverhältnis gemäß § 38 AO entstehen, sobald der Tatbestand verwirklicht ist, an den das Gesetz die Leistungspflicht knüpft. Dies bedeutet gleichzeitig, dass die Leistungsfähigkeit des Steuerschuldners für die Entstehung des Anspruchs unerheblich ist. Die Haftungsregelungen im Steuerrecht knüpfen an dieses Problem an und versuchen den Steueranspruch

---

944 *Felix*, FR 1958, 458 (459).

945 *Felix*, FR 1958, 458.

946 Die Haftung aufgrund einer Duldungspflicht wird an dieser Stelle nicht weiter vertieft. Es wird nur auf den Haftungstatbestand eingegangen.

947 *Nacke*, Haftung für Steuerschulden, Rn. 9.84; *Müller*, AO-StB 2006, 153.

zu sichern.[948] Er soll gestärkt werden.[949] Die Haftung bezweckt die „Garantie einer ordnungsgemäßen Besteuerung."[950] Daher dehnt das Gesetz zur Sicherung des Anspruchs gegen den Steuerschuldner die Steuerschuld auf den Haftungsschuldner aus.

Der Haftungsschuldner ist neben dem Steuerschuldner gemäß § 33 Abs. 1 AO Steuerpflichtiger. Beide sind nach § 44 Abs. 1 Satz 1 AO Gesamtschuldner. Die Haftungspflicht wird im Haftungsbescheid festgestellt. Die Entscheidung über die Inanspruchnahme eines Haftungsschuldners ist für das Finanzamt eine zweigliedrige Entscheidung.[951] Diese Unterscheidung hat wegen § 102 FGO Auswirkungen auf das gerichtliche Verfahren. Die Rechtsentscheidung ist gerichtlich voll überprüfbar,[952] die Ermessensentscheidung hingegen nur in den Grenzen des § 102 Satz 1 FGO.

Mindestanforderungen an die Bestimmtheit ergeben sich in Anlehnung an die Voraussetzung für schriftliche Steuerbescheide nach § 157 Abs. 1 Satz 2 AO. Haftungsbescheide müssen demnach die festgesetzte Haftungsschuld nach Art und Betrag bezeichnen und die Person des Haftungsschuldners ausweisen.[953]

§ 219 AO regelt die Voraussetzungen im Erhebungsverfahren für die Inanspruchnahme auf Zahlung.

aa. Formelle Voraussetzungen

In der AO findet sich keine besondere Zuständigkeitsregelung für den Erlass eines Haftungsbescheids. Daher ist regelmäßig nach § 24 AO die Finanzbehörde zuständig, in deren Bezirk der Anlass für die Amtshandlung hervortritt.[954]

Eine besondere formelle Voraussetzung findet sich in § 191 Abs. 1 Satz 3 AO. Ein Haftungsbescheid muss immer schriftlich ergehen. Der Haftungsbescheid ist

---

948 *Loose* in Tipke/Kruse, Vor § 69 AO Rn. 8 (Mai 2015); *Blesinger*, StuW 1995, 226 (227 m.w.N.). Zur Verhinderung von Steuerausfällen siehe *Mittelbach*, DStZ 1984, 211 (214).

949 BFH v. 29.09.1987 – VII R 54/84, BStBl. II 1988, 176 (178).

950 BVerfG v. 17.02.1977 – 1 BvR 33/76, BVerfGE 44, 103 (104); *Gast-de Haan*, DStJG 9 (1986), 141 (159).

951 BFH v. 13.04.1978 – V R 109/75, BStBl. II 1978, 508 (509). *Breuer*, AO-StB 2002, 115 geht von einer dreistufigen Inanspruchnahme aus.

952 BFH v. 13.04.1978 – V R 109/75, BStBl. II 1978, 508 (509).

953 BFH v. 17.07.1984 – VII S 9/84, BFH/NV 1986, 583 (585).

954 BFH v. 29.11.2006 – I R 103/05, BFH/NV 2007, 1067; *Boeker* in Hübschmann/Hepp/Spitaler, § 191 AO Rn. 90 (März 2012).

daher gemäß § 121 Abs. 1 AO auch zu begründen, soweit die Begründung zum Verständnis erforderlich ist.

bb. Materielle Voraussetzungen

(1.) Haftung für eine „Steuer“

Gemäß § 191 Abs. 1 Satz 1 AO kann nur derjenige durch einen Haftungsbescheid in Anspruch genommen werden, der für eine Steuer kraft Gesetzes haftet.

Der Tatbestand umfasst einerseits die Haftung für die Erstschuld.[955] Andererseits erfasst die Haftung auch steuerliche Nebenleistungen nach ständiger Rechtsprechung des BFH.[956] Nach Ansicht des BFH ist die Norm analog anzuwenden, weil es sich lediglich um eine reine Verfahrensvorschrift handelt, deren Wortlaut keinen Rückschluss auf Inhalt und Umfang der Haftungsschuld erlaubt.[957]

Der Auslegung des BFH ist zuzustimmen. Die Norm ist sprachlich unklar formuliert.[958] Es widerspräche dem Sinn und Zweck der steuerrechtlichen Haftung, die Haftung auf den Steueranspruch zu begrenzen. Der Haftungsbescheid soll gerade den Anspruch gegen den Steuerschuldner durch die Inanspruchnahme eines weiteren Steuerpflichtigen sichern. Die historische Auslegung bestätigt das Ergebnis des BFH. § 191 AO fasst die Normen der §§ 118, 120 Abs. 1, 362 Abs. 1 Satz 2 und § 330 RAO zusammen.[959] Bei genauerer Betrachtung fällt auf, dass auch diese Normen nur von „Steuer“ sprachen. Der Gesetzgeber übersah jedoch § 97 Abs. 2 RAO.[960] Nach § 97 Abs. 2 RAO galten die Vorschriften für den Steuerpflichtigen sinngemäß für die, die nach den Steuergesetzen neben dem Steuerpflichtigen oder an deren Stelle persönlich für die Steuer haften. § 191 AO ist daher analog auf steuerliche Nebenleistungen anzuwenden.

(2.) Haftung „kraft Gesetzes“

Nur wer kraft Gesetzes für eine Steuer haftet, kann durch einen Haftungsbescheid in Anspruch genommen werden. Der Haftungsschuldner muss also einen Haftungstatbestand erfüllen. Dies ist die wichtigste Tatbestandsvoraussetzung.

---

955 *Loose* in Tipke/Kruse, § 191 AO Rn. 14 (Januar 2014).

956 BFH v. 24.02.1987 – VII R 4/84, BStBl. II 1987, 363; v. 26.07.1988 – VII R 83/87, BStBl. II 1988, 859 (862); v. 26.07.1988 – VII R 84/87, BFH/NV 1988, 685 (689); v. 24.01.1989 – VII B 188/88, BStBl. II 1989, 315; v. 27.06.1989 – VII R 100/86, BStBl. II 1989, 952 (954). A.A. FG Hamburg v. 26.02.1982 – VI 74/82, EFG 1982, 600 (601).

957 BFH v. 24.02.1987 – VII R 4/84, BStBl. II 1987, 363.

958 *Lippross*, DB 1985, 838 (839); *Mösbauer*, DStZ 1984, 94.

959 BT-Drs. VI/1982, 160 zu § 172 AO des Entwurfs 1974.

960 *Loose* in Tipke/Kruse, § 191 AO Rn. 1, 14 (Januar 2014).

Der Anspruch des Staates entsteht dadurch unabhängig von einer Willensausübung des zuständigen Entscheidungsträgers[961] und einem Erlass eines Haftungsbescheids.[962] Unerheblich ist, ob die Haftung aus einem Steuergesetz oder aus einem anderen Gesetz folgt. Neben den Haftungstatbeständen der AO und den Haftungsvorschriften in den Einzelsteuergesetzen bestehen noch weitere Haftungstatbestände in nichtsteuerlichen Gesetzen. Dies beweist neben § 191 Abs. 1 Satz 1 AO („kraft Gesetzes“) auch § 191 Abs. 4 AO („nicht aus den Steuergesetzen“).[963] Es besteht dabei eine einfache Gesetzeskonkurrenz zwischen steuerlichen und nichtsteuerlichen Haftungstatbeständen.[964]

Die Haftungstatbestände der AO sind in den §§ 69 bis 76 AO normiert. § 77 AO regelt dagegen Duldungspflichten.[965] Die Haftungsvorschriften in den Einzelsteuergesetzen sind zahlreich und in der Praxis bedeutsamer.[966] § 42d EStG etwa bestimmt die Haftung des Arbeitgebers für die einzubehaltende und abzuführende Lohnsteuer. Zu den nichtsteuerlichen Haftungstatbeständen zählt z.B. die Haftung nach § 128 Satz 1 HGB für die von der oHG geschuldeten Steuern[967] und steuerlichen Nebenleistungen[968]. Die Haftungsvorschriften setzen indes nicht immer ein Verschulden des Haftungsschuldners voraus (z.B. § 75 AO, § 42d EStG).

Nach der Rechtsprechung des BFH zum vorgeprägten Ermessen sind vor allem die Haftungstatbestände des § 69 AO und § 71 AO relevant.

(a.) § 69 AO

Durch das Inkrafttreten der AO 1977 wurden die Voraussetzungen für eine Haftung eines Vertreters verschärft und erweitert. Nach § 69 Satz 1 AO haften die in den §§ 34 und 35 AO bezeichneten Personen, soweit Ansprüche aus dem Steuerschuldverhältnis nach § 37 AO infolge vorsätzlicher oder grob fahrlässiger

---

961 *Blesinger*, StuW 1995, 226.

962 BFH v. 15.10.1996 - VII R 46/96, BStBl. II 1997, 171; *Loose* in Tipke/Kruse, Vor § 69 AO Rn. 2 (Mai 2015).

963 *Loose* in Tipke/Kruse, § 191 AO Rn. 6 (Januar 2014); *Boeker* in Hübschmann/Hepp/Spitaler, § 191 AO Rn. 16 (März 2012).

964 *Boeker* in Hübschmann/Hepp/Spitaler, Vor §§ 69–77 AO Rn. 11 (März 2011).

965 Auf die Duldungspflichten wird nicht näher eingegangen.

966 Siehe dazu die Aufzählungen bei *Loose* in Tipke/Kruse, Vor § 69 AO Rn. 3 (Mai 2015) und *Boeker* in Hübschmann/Hepp/Spitaler, Vor §§ 69–77 AO Rn. 10 (März 2011).

967 BFH v. 16.12.1986 - VII R 154/84, BFH/NV 1987, 687 (688); v. 10.11.1994 - V R 45/93, BStBl. II 1995, 395 (396).

968 BFH v. 24.02.1987 - VII R 4/84, BStBl. II 1987, 363.

Verletzung der ihnen auferlegten Pflichten nicht oder nicht rechtzeitig festgesetzt oder erfüllt oder soweit infolgedessen Steuervergütungen oder Steuererstattungen ohne rechtlichen Grund gezahlt werden. Damit kommt es nicht nur bei einer Steuerhinterziehung nach § 370 AO oder einer leichtfertigen Steuerverkürzung zur Haftung, sondern auch, wenn Steuern wegen einer Pflichtverletzung zu spät oder gar nicht festgesetzt werden.[969] Nach § 109 RAO reichte dagegen schon eine leichte Fahrlässigkeit aus, um in Haftung genommen werden zu können.

§ 69 AO kommt innerhalb der Haftungstatbestände der AO eine hohe praktische Bedeutung zu.[970] Sinn und Zweck der Norm ist die Kompensation von Steuerausfällen, die durch schuldhafte Pflichtverletzungen der für den Steuerschuldner handelnden Personen verursacht wurden.[971] § 69 AO besitzt damit Schadensersatzcharakter.[972] Regelmäßig werden Geschäftsführer einer GmbH in Anspruch genommen, wenn diese ihre Pflichten nach § 35 Abs. 1 GmbHG verletzen. Es kommt bei § 34 AO nur auf den organschaftlichen Bestellungsakt an.[973] Für die Haftung ist es unerheblich, ob es sich um einen Strohmann[974] oder um einen faktischen Geschäftsführer[975] handelt.

Der Vertreter muss eine der in §§ 34, 35 AO genannten Pflichten verletzt haben. Nach § 34 Abs. 1 AO haben die gesetzlichen Vertreter natürlicher und juristischer Personen und die Geschäftsführer von nicht rechtsfähigen Personenvereinigungen und Vermögensmassen deren steuerlichen Pflichten zu erfüllen, insbesondere nach Satz 2 dafür Sorge zu tragen, dass die Steuern aus den Mitteln entrichtet werden, die sie verwalten. Die Pflichten ergeben sich aus der AO und den Einzelsteuergesetzen. Ein Vertreter muss seine steuerlichen Pflichten kennen. Insbesondere kann sich ein Geschäftsführer nicht auf sein eigenes Unvermögen berufen.[976] Ist ein Geschäftsführer unfähig, den Anforderungen an eine gewissenhafte Geschäftsführung gerecht zu werden, muss er von der

---

969 *Boeker* in Hübschmann/Hepp/Spitaler, § 69 AO Rn. 1 (April 2015).

970 *Hannig*, SteuerStud 2016, 338.

971 *Gehm*, StBp 2017, 135.

972 *Boeker* in Hübschmann/Hepp/Spitaler, § 69 AO Rn. 7 (April 2015).

973 *Loose* in Tipke/Kruse, § 69 AO Rn. 8 (Mai 2015); *Hannig*, SteuerStud 2016, 338 (341).

974 BFH v. 13.02.1996 – VII B 245/95, BFH/NV 1996, 657; v. 11.03.2004 – VII R 52/02, BStBl. II 2004, 579.

975 BFH v. 21.02.1989 – VII R 165/85, BStBl. II 1989, 491 (492); v. 05.08.2010 – V R 13/09, BFH/NV 2011, 81 (84).

976 BFH v. 07.05.1985 – VII R 111/78, BFH/NV 1987, 210; v. 11.11.1986 – VII R 201/83, BFH/NV 1987, 212 (213); v. 05.03.1998 – VII B 36/97, BFH/NV 1998, 1325 (1327).

Übernahme des Amtes absehen oder es niederlegen.[977] Handelt er pflichtwidrig, ist eine grobe Fahrlässigkeit indiziert.[978] Ein Geschäftsführer ist indes nicht verpflichtet, die steuerlichen Aufgaben der GmbH selbst zu erledigen, sondern befugt, die Erfüllung der Aufgaben auf andere Personen zu übertragen. In diesem Fall ist er zur sorgfältigen Auswahl und einer daran anschließenden laufenden Überwachung verpflichtet. Schon eine mangelhafte Überwachung stellt nach Ansicht des BFH in der Regel eine grob fahrlässige Pflichtverletzung dar, die aber von den Umständen des Einzelfalles abhängt.[979]

Ein Problem in der Praxis ist die Pflicht zur quotenmäßigen Befriedigung des Finanzamtes.[980] Der Grundsatz der anteiligen Tilgung berücksichtigt den Schadensersatzcharakter der Haftung, weil der Haftungsschuldner nur für etwas in Anspruch genommen werden darf, was der Steuerschuldner auch hätte begleichen können.[981] Das Finanzamt darf weder vorrangig noch nachrangig befriedigt werden.[982] Hierbei entstehen Mitwirkungspflichten des Haftungsschuldners. Werden die Mitwirkungspflichten verletzt, kann die Quote nach § 162 AO geschätzt werden.[983] Die Schätzung der Tilgungsquote führt dabei in der Praxis regelmäßig zu Problemen.[984] Die Tilgungsquote wird teilweise aber auch nicht

---

977 BFH v. 05.03.1985 - VII B 69/84, BFH/NV 1987, 422 (423); v. 05.03.1998 - VII B 36/97, BFH/NV 1998, 1325 (1327).

978 BFH v. 05.03.1998 - VII B 36/97, BFH/NV 1998, 1325 (1327); zuletzt BFH v. 16.05.2017 - VII R 25/16, BStBl. II 2017, 934 (935); zustimmend *Beermann*, DStR 1994, 805 (810).

979 BFH v. 05.03.1985 - VII R 134/80, BFH/NV 1986, 61; v. 16.04.1985 - VII R 132/80, BFH/NV 1987, 273 (274); v. 07.05.1985 - VII R 111/78, BFH/NV 1987, 210; v. 11.11.1986 - VII R 201/83, BFH/NV 1987, 212 (213); v. 02.07.1987 - VII R 162/84, BFH/NV 1988, 220 (221); v. 10.05.1988 - VII R 24/85, BFH/NV 1989, 72 (74); v. 25.04.1989 - VII S 15/89, BFH/NV 1989, 757; v. 08.05.1990 - VII B 173/79, BFH/NV 1991, 12 (13); v. 29.05.1990 - VII R 81/89, BFH/NV 1991, 283 (284); v. 30.08.1994 - VII R 101/92, BStBl. II 1995, 278 (279); v. 05.03.1998 - VII B 36/97, BFH/NV 1998, 1325 (1327).

980 Vgl. BFH v. 12.06.1986 - VII R 192/83, BStBl. II 1986, 657; v. 04.12.2007 - VII R 18/06, BFH/NV 2008, 521 (525); *Nacke*, Haftung für Steuerschulden, Rn. 2.65 ff.; *Hannig*, SteuerStud 2016, 338 (342).

981 BFH v. 31.03.2000 - VII B 187/99, BFH/NV 2000, 1322 (1323 f.); v. 25.08.2000 - VII B 30/00, BFH/NV 2001, 294; *Loose* in Tipke/Kruse, § 69 AO Rn. 34 (Mai 2015).

982 *Spriegel/Jokisch*, DStR 1990, 433 (438); *Loose* in Tipke/Kruse, § 69 AO Rn. 34 (Mai 2015). Kritisch *Wilcke*, StVj 1990, 146 (154 f.).

983 BFH v. 27.02.2007 - VII R 60/05, BStBl. II 2008, 508 (509).

984 Siehe etwa FG Köln v. 17.06.2009 - 11 K 3017/05, EFG 2010, 1274.

angewendet.[985] Eine wichtige Pflicht des Geschäftsführers ist die sog. Mittelvorsorgepflicht. Der Geschäftsführer muss bereits vor Fälligkeit Maßnahmen für die spätere Tilgungspflicht treffen, damit diese pünktlich erfolgen kann.[986]

Die Pflichtverletzung muss für eine Haftung vorsätzlich oder grob fahrlässig verschuldet worden sein. Vorsätzlich handelt, wer seine Pflichten gekannt und ihre Verletzung gewollt hat.[987] Grobe Fahrlässigkeit dagegen ist anzunehmen, wenn der Haftungsschuldner die gebotene Sorgfalt, zu der er nach seinen persönlichen Kenntnissen und Fähigkeiten verpflichtet und imstande ist, in ungewöhnlich großem Maße verletzt.[988] Im Steuerrecht gilt damit ein subjektiver und kein objektiver Sorgfaltsmaßstab.[989] Ein Verschulden einer beauftragten Hilfsperson führt nicht zwangsläufig zu einem Verschulden des Vertreters.[990]

Die vorsätzliche oder grob fahrlässige Pflichtverletzung muss für den Steuerausfall i.S.v. § 69 Satz 1 AO kausal gewesen sein.[991]

(b.) § 71 AO

Nach § 71 AO haftet, wer eine Steuerhinterziehung oder eine Steuerhehlerei begeht oder an einer solchen Tat teilnimmt, für die verkürzten Steuern und die zu Unrecht gewährten Steuervorteile sowie für die Zinsen nach § 235 AO. Der Haftungstatbestand nach § 71 AO ist eng mit der Haftung nach § 69 AO verbunden, weil der Vertreter, der i.S.v. § 69 Satz 1 AO seinen steuerlichen Pflichten vorsätzlich nicht nachkommt und dadurch einen Haftungsschaden verursacht, gleichzeitig den Tatbestand der Steuerhinterziehung nach § 370 AO und damit auch den Haftungstatbestand nach § 71 AO erfüllt. Ein Austauschen der Haftungstatbestände ist wegen der Ermessenserwägungen nach der Rechtsprechung

---

985 In bestimmten Fallgruppen wendet die Rechtsprechung die Tilgungsquote nur eingeschränkt oder gar nicht an, siehe dazu *Nacke*, Haftung für Steuerschulden, Rn. 2.69 ff.; *Hannig*, SteuerStud 2016, 338 (342).

986 BFH v. 28.11.2002 – VII R 41/01, BStBl. II 2003, 337 (340); v. 25.04.2013 – VII B 245/12, BFH/NV 2013, 1063 (1065); v. 20.05.2014 – VII R 12/12, BFH/NV 2014, 1353 (1354 f.).

987 *Loose* in Tipke/Kruse, § 69 AO Rn. 24 (Mai 2015).

988 BFH v. 03.12.2004 – VII B 178/04, BFH/NV 2005, 661 (663); *Loose* in Tipke/Kruse, § 69 AO Rn. 26 (Mai 2015).

989 *Loose* in Tipke/Kruse, § 69 AO Rn. 25 (Mai 2015).

990 BFH v. 04.05.2004 – VII B 318/03, BFH/NV 2004, 1363 (1364); v. 30.05.2005 – VII S 27/04 (PKH), BFH/NV 2005, 1487; *Loose* in Tipke/Kruse, § 69 AO Rn. 27 (Mai 2015).

991 *Boeker* in Hübschmann/Hepp/Spitaler, § 69 AO Rn. 10 (April 2015).

des BFH bis zum Ergehen der Einspruchsentscheidung möglich.[992] Auch § 71 AO hat Schadensersatzcharakter.[993]

(3.) Akzessorietät und Subsidiarität

Die Haftung ist grundsätzlich akzessorisch und subsidiär.

Der Wortlaut normiert eine teilweise bestehende Akzessorietät. So ist der steuerrechtliche Haftungsanspruch im Verhältnis zur Steuerschuld zum einen akzessorisch, zum anderen aber auch verselbständigt.[994] Aus § 191 Abs. 3 Satz 4 AO ist zu entnehmen, dass § 191 Abs. 1 Satz 1 AO nicht voraussetzt, dass vor Erlass des Haftungsbescheids zunächst die Steuerschuld – die Primärschuld – durch einen Steuerbescheid festgesetzt werden muss.[995] Ein Steuerbescheid gegen den Steuerschuldner ist nicht erforderlich.[996] Der Anspruch auf die Steuerschuld muss gemäß § 38 AO unbedingt und mindestens in Höhe des Haftungsanspruchs entstanden sein.[997] Der Haftungsanspruch darf dagegen nicht höher als die Steuerschuld sein. Wäre dies der Fall, würde der Haftungsbescheid nicht „Recht und Billigkeit" entsprechen.[998]

§ 191 Abs. 5 AO verlangt ferner, dass der Anspruch gegen den Steuerschuldner noch nicht erloschen ist. Dies ist Ausdruck der Akzessorietät.[999]

Eine Besonderheit gilt bei der Verjährung und beim Erlass. Es ist zwischen der Verjährung des Haftungsanspruchs und der Verjährung des Steueranspruchs zu differenzieren. Der Haftungsanspruch erlischt wie alle anderen Ansprüche aus dem Steuerschuldverhältnis gemäß §§ 47, 228 ff. AO durch Verjährung. Wenn aber der Steueranspruch verjährt oder erlassen wird, stellt sich das Problem, wie sich die Verjährung oder der Erlass auf den Haftungsanspruch auswirken. § 191 Abs. 5 Satz 1 AO regelt diese Frage unbefriedigend. Er sieht vor,

---

992 BFH v. 08.11.1994 – VII R 1/93, BFH/NV 1995, 657 (658); v. 18.04.2013 – V R 19/12, BStBl. II 2013, 842 (844).

993 BFH v. 21.06.1994 – VII R 34/92, BStBl. II 1995, 230 (231); v. 13.07.1994 – I R 112/93, BStBl. II 1995, 198 (199); v. 24.10.1996 – VII R 113/94, BStBl. II 1997, 308 (311); v. 25.02.1997 – VII R 15/96, BStBl. II 1998, 2 (6); *Loose* in Tipke/Kruse, § 71 AO Rn. 1 (Januar 2017).

994 *Loose* in Tipke/Kruse, Vor § 69 AO Rn. 16 ff. (Mai 2015).

995 *Boeker* in Hübschmann/Hepp/Spitaler, § 191 AO Rn. 20 (März 2012); *Loose* in Tipke/Kruse, § 191 AO Rn. 15 (Januar 2014).

996 BFH v. 15.02.2011 – VII R 66/10, BStBl. II 2011, 534 (536) m.w.N.; *Loose* in Tipke/Kruse, § 191 AO Rn. 15 (Januar 2014).

997 *Müller*, AO-StB 2006, 153 (154).

998 BFH v. 24.10.1979 – VII R 7/77, BStBl. II 1980, 58 (59).

999 *Loose* in Tipke/Kruse, § 191 AO Rn. 18 (Januar 2014).

dass der Haftungsbescheid nicht mehr ergehen darf, soweit die Steuer gegen den Steuerschuldner nicht festgesetzt worden ist und wegen Ablaufs der Festsetzungsfrist auch nicht mehr festgesetzt werden könnte (Nr. 1)[1000] bzw. soweit die gegen den Steuerschuldner festgesetzte Steuer verjährt ist oder die Steuer erlassen worden ist (Nr. 2). § 191 Abs. 5 Satz 1 Nr. 2 AO differenziert jedoch nicht zwischen den verschiedenen Arten des Erlasses,[1001] wodurch Folgeprobleme entstehen.[1002] Wegen der Regelung in § 219 Satz 1 AO kann der Fall eintreten, dass die Finanzverwaltung trotz des Vorliegens persönlicher Billigkeitsgründe beim Steuerschuldner den Steuerschuldner trotzdem in Anspruch nehmen und die Vollstreckung in dessen bewegliches Vermögen versuchen muss, damit die Finanzverwaltung anschließend den Haftungsschuldner durch einen Haftungsbescheid in Anspruch nehmen kann.[1003] Unproblematisch ist dagegen der Fall, dass vor der Verjährung der Steuerschuld der Haftungsbescheid erlassen wird. Dann kann zwar nach Verjährung der Steuerschuld diese nicht mehr eingefordert werden, der Anspruch aus dem Haftungsbescheid bleibt aber bestehen und erlischt nicht wegen § 191 Abs. 5 Satz 1 AO.[1004]

Die Akzessorietät der Haftung wird bei einer Steuerhinterziehung nach § 370 AO oder einer Steuerhehlerei nach § 374 AO gemäß § 191 Abs. 5 Satz 2 AO durchbrochen. Hintergrund der Durchbrechung der Akzessorietät ist das besonders verwerfliche Verhalten des Haftenden bei Steuerstraftaten.[1005] Sie ist daher durch den Wortlaut von § 191 Abs. 5 Satz 2 AO auf die Steuerhinterziehung und Steuerhehlerei beschränkt.

Von der Akzessorietät ist jedoch die nach § 219 Satz 1 AO bestehende Subsidiarität der Haftungsschuld zu unterscheiden. Gemäß § 219 Satz 1 AO darf der Haftungsschuldner nur auf Zahlung in Anspruch genommen werden, soweit die Vollstreckung in das bewegliche Vermögen des Steuerschuldners ohne Erfolg geblieben oder anzunehmen ist, dass die Vollstreckung aussichtslos sein würde.

1000 Vgl. etwa BFH v. 12.10.1999 – VII R 98/98, BStBl. II 2000, 486 (488).

1001 Siehe dazu BFH v. 25.07.1989 – VII R 53/86, BStBl. II 1990, 284 (285).

1002 *Blesinger*, StuW 1995, 226 (238); *Loose* in Tipke/Kruse, § 191 AO Rn. 20 (Januar 2014).

1003 *Blesinger*, StuW 1995, 226 (238); *Loose* in Tipke/Kruse, § 191 AO Rn. 20 (Januar 2014).

1004 BFH v. 11.07.2001 – VII R 28/99, BFH/NV 2001, 1467; v. 11.07.2001 – VII R 28/99, BStBl. II 2002, 267; v. 16.06.2005 – VII B 295/04, BFH/NV 2005, 1748; *Loose* in Tipke/Kruse, Vor § 69 AO Rn. 18 (Mai 2015).

1005 *Blesinger* in Kühn/von Wedelstädt, § 191 Rn. 24; *Loose* in Tipke/Kruse, § 191 AO Rn. 23 (Januar 2014).

Der Anspruch ist auch subsidiär, wenn feststeht, dass der Steuerschuldner fähig ist, die Steuerschuld zu zahlen.[1006]

Die Subsidiarität wird von § 219 Satz 2 AO durchbrochen. Gemäß § 219 Satz 2 AO gilt die Einschränkung von Satz 1 nicht, wenn die Haftung darauf beruht, dass der Haftungsschuldner eine Steuerhinterziehung oder eine Steuerhehlerei begangen hat oder gesetzlich verpflichtet war, Steuern einzubehalten und abzuführen oder zu Lasten eines anderen zu entrichten. In der Praxis sind dies die wichtigsten Haftungstatbestände, nämlich die Haftungstatbestände für die Abzugssteuern, wie z.B. bei der Haftung für die Lohnsteuer nach § 42d EStG oder die Haftung nach § 69 AO und § 71 AO.[1007]

Für beide Durchbrechungen ist wichtig, dass die Steuerhinterziehung und die Steuerhehlerei für den Schaden kausal sind.[1008]

b. Ermessen

Trotz des Wortlauts in § 191 Abs. 1 Satz 1 AO ist umstritten, ob die Norm der Verwaltung ein Ermessen einräumt und wenn ja, ob ein Entschließungs- und Auswahlermessen besteht. Die Rechtsprechung des BFH zum vorgeprägten Ermessen ist eng mit dieser Frage verbunden.

aa. § 191 Abs. 1 Satz 1 AO und Ermessen

Die Entscheidung über einen Erlass eines Haftungsbescheids liegt nach dem Wortlaut des § 191 Abs. 1 Satz 1 AO im pflichtgemäßen Ermessen der Finanzverwaltung i.S.v. § 5 AO.

Dies lehnte – soweit ersichtlich – nur eine früher in der Literatur vertretene Ansicht mit der Begründung ab, dass § 191 Abs. 1 AO lediglich die verfahrensrechtliche Inanspruchnahme regele. Daher liege es näher, das „Kann“ als rechtliche Befugnis aufzufassen. Weder Haftungsanspruch noch Steueranspruch unterlägen der Disposition der Finanzbehörde. Im Hinblick auf das Legalitätsprinzip könne nicht angenommen werden, dass es im pflichtgemäßen Ermessen der Verwaltung stehe, ob sie diesen geltend mache.[1009]

1006 BFH v. 23.09.2009 – VII R 43/08, BStBl. II 2010, 215 (217 f.); *Loose* in Tipke/Kruse, § 191 AO Rn. 16 (Januar 2014).

1007 *Loose* in Tipke/Kruse, Vor § 69 AO Rn. 18 (Mai 2015) bezeichnet die Subsidiarität der Haftung deswegen als „Farce“; kritisch auch *Kanzler*, DStR 1985, 339 (343).

1008 *Loose* in Tipke/Kruse, § 191 AO Rn. 24 (Januar 2014).

1009 *Kühn/Kutter/Hofmann*, § 191 AO Anm. 2.

Eine Beschränkung des Wortlauts auf eine bloße Befugnis ist nicht erkennbar. Die historische Auslegung bestätigt dies, wenn man die Norm mit der Gesetzesbegründung zu § 192 AO vergleicht. Der Gesetzgeber fügte nach Vorschlag des Bundesrates das Wort „kann" an die Stelle von „ist … in Anspruch zu nehmen", um „klarzustellen, dass lediglich die Möglichkeit zur Inanspruchnahme des vertraglich Haftenden vorliegt, aber keine Verpflichtung hierzu besteht."[1010]

Daneben zeigt vor allem § 13c Abs. 2 Satz 2 UStG auf, dass in § 191 Abs. 1 Satz 1 AO der Verwaltung ein Ermessen eingeräumt wird. Nach § 13c Abs. 2 Satz 2 UStG besteht bei der Inanspruchnahme nach § 13c Abs. 2 Satz 1 UStG abweichend von § 191 AO kein Ermessen. Hier brachte der Gesetzgeber klar zum Ausdruck, dass die Inanspruchnahme nach § 191 Abs. 1 Satz 1 AO im Ermessen der Verwaltung liegt.

§ 191 Abs. 1 Satz 1 AO gewährt der Verwaltung grundsätzlich ein Ermessen. Umstritten ist aber, ob neben dem – unstreitigen[1011] – Auswahlermessen auch ein Entschließungsermessen eingeräumt wird.[1012]

bb. Entschließungsermessen

Teilweise wird die Ansicht vertreten, dass § 191 Abs. 1 Satz 1 AO kein Entschließungsermessen einräume.[1013] Die große Mehrheit nimmt aber ein Entschließungsermessen an.[1014] Der BFH sieht grundsätzlich auch ein Entschließungsermessen normiert.[1015]

1010 BT-Drs. 7/4292, S. 35.

1011 *Völlmeke*, DStR 1991, 1001 (1002); *Beermann* in FS Klein, S. 953 (954).

1012 Siehe dazu anschließend unter § 5.II.2.b.bb.

1013 *Seer* in Tipke/Lang, Steuerrecht, § 6 Rn. 84; *Bax*, Haftung nach allgemeinem Abgabenrecht, S. 170; einschränkend insbesondere wegen § 85 AO *Mösbauer*, GmbHR 1988, 400 (401).

1014 *Gast-de Haan*, DStJG 9 (1986), 141 (169 f.); *Völlmeke*, DStR 1991, 1001 (1003 f.); *Schick*, StuW 1992, 197 (226); *Krämer*, Bestimmtheit und Begründung von Haftungs- und Pauschalierungsbescheiden, S. 56; *Beermann* in FS Klein, S. 953 ff.; *Rößler*, DStZ 1990, 64 (65); *Boeker* in Hübschmann/Hepp/Spitaler, § 191 AO Rn. 32 (März 2012); *Mösbauer*, Die Haftung für die Steuerschuld, S. 294; *ders.*, DStR 1984, 94 (96); *ders.*, GmbHR 1988, 400 (401) – eingeschränktes Ermessen; im Ergebnis bejahend trotz Zweifeln *Loose* in Tipke/Kruse, § 191 AO Rn. 38 (Januar 2014); *Kruse*, Lehrbuch des Steuerrechts I, S. 153.

1015 BFH v. 05.06.1985 – VII R 57/82, BStBl. II 1985, 688 (689); v. 02.08.1988 – VII R 60/85, BFH/NV 1989, 150 (152); v. 13.09.1988 – V R 67–68/83, BFH/NV 1989, 681 (682); v. 08.11.1988 – VII R 78/85, BStBl. II 1989, 118 (119); v. 14.03.1989 – VII R 152/85, BStBl. II 1990, 363 (364); v. 29.05.1990 – VII R 81/89, BFH/NV 1991, 283 (285); offenlassend

Die ablehnenden Stimmen argumentieren regelmäßig mit dem Legalitätsprinzip und dem Zweck der Haftungsnorm.[1016] Es sei nicht nachvollziehbar, warum das Opportunitätsprinzip gegenüber dem Haftungsschuldner gelten solle.[1017] Bereits unter Geltung der RAO sei nicht verständlich gewesen, wieso neben einem Auswahlermessen auch ein Entschließungsermessen bestehen solle, weil durch das Institut der Haftung die Steuerschuld bestärkt werden sollte.[1018] Daneben wolle § 191 AO nur dem Umstand Rechnung tragen, dass Steuerschuldner und Haftender Gesamtschuldner nach § 44 Abs. 1 AO seien und die Finanzbehörde nach ihrem Ermessen entscheiden könne, welchen Gesamtschuldner sie in Anspruch nehmen möchte (Auswahlermessen).[1019]

Dagegen spricht schon der Wortlaut der Norm. Der Gesetzgeber hätte die Beschränkung klar normieren müssen. Bei der Schaffung der Haftungsnormen der AO lagen die Normen der RAO als Vorbilder zu Grunde.[1020] § 191 Abs. 1 Satz 1 AO sollte nach Ansicht des Gesetzgebers u.a. § 118 RAO erfassen.[1021] Somit sollte es zu keiner Änderung gegenüber der bisherigen Rechtslage bezüglich der Art und des Umfangs kommen.[1022] Dies bestätigte *Tipke* bereits weit vor Schaffung der AO 1977, indem er aufzeigte, dass die zu § 118 RAO vertretene Ansicht weiter gelten würde, wenn der Gesetzgeber „kann [...] in Anspruch genommen werden“ normiere und nicht im verfahrensrechtlichen Abschnitt klarstelle, dass die Verwaltung jede Möglichkeit, die Steuerschuld zu realisieren, ausnutzen müsse.[1023] Dies spricht für die Einräumung eines Entschließungsermessens und entspricht auch den Zielvorgaben der RAO-Haftungsvorschriften: Eröffnen der Möglichkeit zum Rückgriff beim Haftungsschuldner für Steuerausfälle.[1024]

Auch schafft ein Entschließungsermessen der Verwaltung mehr Flexibilität für die praktische Anwendung.[1025]

BFH v. 29.09.1987 – VII R 54/84, BStBl. II 1988, 176 (178); v. 02.10.1986 – VII R 28/83, BFH/NV 1987, 349 (352); v. 12.04.1983 – VII R 3/80, HFR 1983, 397 (398).

1016 *Seer* in Tipke/Lang, Steuerrecht, § 6 Rn. 84.

1017 *Tipke*, FR 1970, 479 (482); *Seer* in Tipke/Lang, Steuerrecht, § 6 Rn. 59, 84.

1018 *Tipke*, FR 1970, 479 (482); *Loose* in Tipke/Kruse, § 191 AO Rn. 38 (Januar 2014).

1019 *Seer* in Tipke/Lang, Steuerrecht, § 6 Rn. 84.

1020 BT-Drs. VI/1982, S. 119 ff., 159 f.

1021 BT-Drs. VI/1982, S. 160.

1022 *Völlmeke*, DStR 1991, 1001 (1003).

1023 *Tipke*, FR 1970, 479 (482).

1024 *Beermann* in FS Klein, S. 953 (964).

1025 *Krämer*, Bestimmtheit und Begründung von Haftungs- und Pauschalierungsbescheiden, S. 57; *Beermann* in FS Klein, S. 953 (970 f.); unzutreffend dagegen die Ansicht von *Bax*, Haftung nach allgemeinem Abgabenrecht, S. 190 f.

Als Gegenargument wird die Verknüpfung von Sicherungszweck und Präventionsgedanken angeführt, die § 71 AO zu Grunde liege.[1026] Der Präventionsgedanke müsse überwiegen, weil doch apodiktisch festgestellt werden könne, dass nicht die bloße Möglichkeit der Haftungsinanspruchnahme die steuerhaftungsrechtliche Prävention entscheidend hebe, sondern vielmehr vor allem die Intensität der praktischen Inanspruchnahme der Haftungsschuldner abschreckende Wirkung entfalten könne.[1027]

Dagegen spricht allerdings, dass das Institut der Haftung an sich schon eine präventive Wirkung entfaltet und zu einer besonderen Sorgfalt veranlasst. Auch wird nicht erkannt, dass die Haftung auf eine gesonderte, eigenständige Leistung gerichtet ist.[1028] *Beermann* hat in diesem Zusammenhang betont, dass mit der Haftung dem Steuergläubiger die Möglichkeit eingeräumt werden soll, vom Haftungsschuldner Ersatz für eine von einem anderen geschuldete Leistung zu erlangen. Das bedeute aber nicht, dass der Haftungsschuldner „anstelle des Schuldners … auf die geschuldete Leistung" in Anspruch genommen werden könne.[1029] Der Steuergläubiger solle unabhängig werden hinsichtlich der von einem anderen zu erbringenden Leistung von dessen Unvermögen oder bösen Willen.[1030] Deswegen sei der Zweck der Haftung – als Kehrseite des Einstehenmüssen für eine fremde Schuld –, Ansprüche zugunsten des Steuergläubigers zum Ausgleich von Beeinträchtigungen hinsichtlich Leistungen zu begründen, die andere Personen als der Haftungsschuldner zu erbringen haben.[1031] Dieser Zweck finde sich auch in den Rechtsfolgen der Haftungstatbestände der §§ 69 bis 75 AO wieder, wodurch gleichzeitig zum Ausdruck gebracht werde, dass die Haftungsschuld jeweils selbständig neben der Steuerschuld stehe und der Haftende damit keine Steuer oder Erstattung als solche schulde. Gegenstand der Haftung sei deswegen eine gesonderte und eigenständige Leistung. Die Haftung ziele zugunsten des Steuergläubigers auf Schadensersatz für Steuerausfälle. Daher könne im Einzelfall nach dem Sinn und Zweck kein Interesse bestehen, einen Haftungsschuldner in Anspruch zu nehmen, obwohl

1026 *Bax*, Haftung nach allgemeinem Abgabenrecht, S. 170.

1027 *Bax*, Haftung nach allgemeinem Abgabenrecht, S. 170.

1028 *Beermann* in FS Klein, S. 953 (964 f.).

1029 *Beermann* in FS Klein, S. 953 (964); a.A. *Blesinger* in Kühn/von Wedelstädt, §§ 69–77 AO Rn. 1.

1030 *Beermann* in FS Klein, S. 953 (964) m.w.N.

1031 *Beermann* in FS Klein, S. 953 (964).

von diesem erkennbar kein Ersatz erlangt werden kann.[1032] Dies spricht meines Erachtens für ein Entschließungsermessen.

In diese Richtung geht auch die Überlegung, den Rechtsgedanken des § 156 Abs. 2 AO auf die Haftungsinanspruchnahme zu übertragen. Nach § 156 Abs. 2 AO kann die Festsetzung von Steuern und steuerlichen Nebenleistungen unterbleiben, wenn feststeht, dass die Einziehung keinen Erfolg haben wird, oder wenn die Kosten der Einziehung einschließlich der Festsetzung außer Verhältnis zu dem Steuerbetrag stehen. In Haftungsfällen, in denen das Vorliegen der tatbestandlichen Voraussetzungen streitig ist und eine Einziehung der möglichen Haftungsschuld unwahrscheinlich ist, kann dieser Rechtsgedanke bei der Haftung helfen, Finanzgerichtsprozesse über Haftungsbescheide zu vermeiden oder anhängige Verfahren schnell zu beenden.[1033]

Auch *Loose* und *Kruse*, die ein Entschließungsermessen im Rahmen der Haftung rechtspolitisch kritisieren, nehmen im Ergebnis ein Entschließungsermessen „unzweifelhaft" wegen der Gesetzesbegründung zu § 192 AO an.[1034] Der ausschließliche Bezug zu § 192 AO kann nicht als ablehnendes Argument angeführt werden.[1035] Der Bundesrat musste bei § 191 AO keinen Vorschlag zur Klarstellung einbringen, weil § 191 Abs. 1 Satz 1 AO schon entsprechend formuliert war. Zudem steht § 191 AO in unmittelbarer Nähe zu § 192 AO.

Der BFH nimmt grundsätzlich ein Entschließungsermessen an.[1036] Auch muss bedacht werden, dass die Ausübung des Auswahlermessens die Ausübung des Entschließungsermessens impliziert.[1037]

Umstritten ist auch die Frage, ob die Höhe der Inanspruchnahme im Ermessen der Verwaltung steht. Einige Stimmen nehmen zwar ein Entschließungsermessen bei der Frage an, ob der Haftungsschuldner in Anspruch

---

1032 *Beermann* in FS Klein, S. 953 (965 f.).

1033 *Völlmeke*, DStR 1991, 1001 (1004); offenlassend *Beermann* in FS Klein, S. 953 (967).

1034 *Loose* in Tipke/Kruse, § 191 AO Rn. 38 (Januar 2014); vgl. auch *Kruse*, Lehrbuch des Steuerrechts I, S. 153, der aber an dieser Stelle übersieht, dass in § 192 AO ein „kann" eingefügt wurde auf Vorschlag des Bundesrates.

1035 A.A. *Bax*, Haftung nach allgemeinem Abgabenrecht, S. 161.

1036 BFH v. 05.06.1985 – VII R 57/82, BStBl. II 1985, 688 (689); v. 02.08.1988 – VII R 60/85, BFH/NV 1989, 150 (152); v. 13.09.1988 – V R 67–68/83, BFH/NV 1989, 681 (682); v. 08.11.1988 – VII R 78/85, BStBl. II 1989, 118 (119); v. 14.03.1989 – VII R 152/85, BStBl. II 1990, 363 (364); v. 29.05.1990 – VII R 81/89, BFH/NV 1991, 283 (285); offenlassend BFH v. 29.09.1987 – VII R 54/84, BStBl. II 1988, 176 (178); v. 02.10.1986 – VII R 28/83, BFH/NV 1987, 349 (352); v. 12.04.1983 – VII R 3/80, HFR 1983, 397 (398).

1037 Ausdrücklich *Völlmeke*, DStR 1991, 1001 (1002).

genommen werden soll, sie lehnen aber ein Ermessen bezüglich der Höhe der Inanspruchnahme ab.[1038]

Mösbauer erkennt ohne nähere Begründung in der Höhe der Inanspruchnahme eine Frage des Entschließungsermessens.[1039] *Seer* dagegen, der ein Entschließungsermessen ablehnt, sieht die Höhe der Inanspruchnahme als Teil des Auswahlermessens an.[1040]

Erneut ist die Linie des BFH unklar. Der BFH unterscheidet nämlich zwischen dem Entschließungsermessen, dem Auswahlermessen und der Höhe der Inanspruchnahme.[1041] Er vertrat zudem die Auffassung, dass die Höhe der Inanspruchnahme wegen Steuerverkürzung nach § 71 AO grundsätzlich nicht im Ermessen der Finanzverwaltung stehe.[1042] Eine den Zweck der Haftungsvorschrift wegen Steuerverkürzung berücksichtigende und an § 5 AO orientierte Ermessensausübung könne nur dazu führen, dass die Höhe des Haftungsanspruchs durch die Verwirklichung des Tatbestandes des § 71 AO vorgegeben sei.[1043]

Nach der herrschenden Meinung in der Literatur liegt ein Entschließungsermessen über die Inanspruchnahme nach § 191 Abs. 1 Satz 1 AO vor.

Die Rechtsprechung des BFH zum Entschließungsermessen und zum Ermessen über die Höhe wird bei der Untersuchung der Rechtsprechung zum vorgeprägten Ermessen weiterverfolgt und vertieft werden müssen. Der BFH äußerte sich im Rahmen dieser Rechtsprechung mehrfach zu beidem.

1038 *Blesinger* in Kühn/von Wedelstädt, § 191 AO Rn. 11; *ders.*, StuW 1995, 226 (236); *Mittelbach*, DStZ 1984, 211 (213); a.A. *Mösbauer*, Die Haftung für die Steuerschuld, S. 294.

1039 *Mösbauer*, DStR 1984, 94 (96); so auch *Boeker* in Hübschmann/Hepp/Spitaler, § 191 AO Rn. 34 (März 2012). An anderer Stelle unterscheidet *Mösbauer* dagegen zwischen den Fragen, „*ob* ein Haftungsbescheid erlassen werden soll und ggf. gegen *wen*, *wann* und in *welcher Höhe* und nach *welcher Vorschrift*", so *Mösbauer*, Die Haftung für die Steuerschuld, S. 290 (Hervorhebungen im Original). In einem anderen Beitrag nimmt *Mösbauer* bei der Frage der Höhe der Inanspruchnahme erst ein Problem des Auswahlermessens an, um anschließend ein Teil des Entschließungsermessens zu erkennen, vgl. *Mösbauer*, GmbHR 1988, 400 (401 und 403).

1040 *Seer* in Tipke/Lang, Steuerrecht, § 6 Rn. 59.

1041 Siehe dazu anschließend die Aufarbeitung der Rechtsprechung unter § 5.III.

1042 BFH v. 07.07.1983 – V R 197/81, BStBl. II 1984, 70 (71); v. 26.02.1991 – VII R 3/90, BFH/NV 1991, 504 (505); v. 08.08.1991 – V R 19/88, BStBl. II 1991, 939 (941); v. 29.08.2001 – VII B 54/01, ZfZ 2002, 55. Zu § 69 AO siehe BFH v. 05.09.1989 – VII R 61/87, BStBl. II 1989, 979 (980).

1043 BFH v. 29.08.2001 – VII B 54/01, ZfZ 2002, 55.

Im Ergebnis überzeugen die Argumente für ein Entschließungsermessen. Die Frage der Höhe der Haftung ist nicht eine Frage des „Ob". Sie ist eine Frage des Auswahlermessens. Es muss nämlich erst entschieden werden, ob ein Haftungsschuldner überhaupt in Anspruch genommen wird. Ist diese Entscheidung gefallen, stellt sich die Frage, wie hoch er in Anspruch genommen werden soll. Gleichzeitig muss aber für den Fall überlegt werden, dass mehrere Haftungsschuldner in Betracht kommen, dass beide Ermessenselemente in sich zusammenfallen. Entscheidet die Verwaltung einen oder beide in Anspruch zu nehmen, übt sie gleichzeitig ihr Entschließungsermessen aus. Beide Ermessensarten voneinander zu trennen, ist deswegen nur schwer möglich.

cc. Auswahlermessen

Auch die Stimmen, die ein Entschließungsermessen ablehnen, gehen von einem Auswahlermessen der Finanzbehörde aus. Es ist daher grundsätzlich unbestritten, dass § 191 Abs. 1 Satz 1 AO ein Auswahlermessen einräumt.[1044] Wenn mehrere Personen für einen Anspruch aus dem Steuerschuldverhältnis haften, sind sie nach § 44 Abs. 1 Satz 1 AO Gesamtschuldner.

Die Erwägungen, die die Verwaltung bei der Ausübung des Auswahlermessens anstellen muss, sind von einer ausgeprägten Kasuistik der Rechtsprechung geprägt.[1045] Die Verwaltung muss insbesondere den Grundsatz der Verhältnismäßigkeit,[1046] die Schwere des Verschuldens der Verantwortlichen,[1047] die interne Verteilung der Aufgabenbereiche innerhalb einer Gesellschaft[1048] oder auch die Nichtausübung der Geschäftsführung aufgrund der Geburt eines Kindes[1049]

1044 A.A. wohl nur *Blesinger*, der annimmt, dass § 191 AO nur ein Entschließungsermessen einräume, weil § 44 Abs. 1 AO i.V.m. § 421 BGB das Auswahlermessen normiere. Vgl. *Blesinger*, StuW 1995, 226 (231).

1045 Vgl. etwa BFH v. 12.02.2009 - VI R 40/07, BFH/NV 2009, 827 (828); siehe auch *Boeker* in Hübschmann/Hepp/Spitaler, § 191 AO Rn. 38 (März 2012) m.w.N.

1046 BFH v. 12.02.2009 - VI R 40/07, BFH/NV 2009, 827 (828).

1047 *Boeker* in Hübschmann/Hepp/Spitaler, § 191 AO Rn. 38 (März 2012).

1048 BFH v. 02.10.1986 - VII R 28/83, BFH/NV 1987, 349 (353); v. 05.11.1991 - VII B 116/91, BFH/NV 1992, 575 (576); v. 12.05.1992 - VII R 52/91, BFH/NV 1992, 785; v. 07.03.1995 - VII B 172/94, BFH/NV 1995, 941 (942); v. 04.05.1998 - I B 116/96, BFH/NV 1998, 1460 (1461); v. 23.06.1998 - VII R 4/98, BStBl. II 1998, 761 (765); v. 07.10.2004 - VII B 46/04, BFH/NV 2005, 827 (829).

1049 BFH v. 05.03.1998 - VII B 36/97, BFH/NV 1998, 1325 (1328).

beachten. Daneben kann eine Ermessensreduzierung auf Null vorliegen, wenn der andere potentielle Haftungsschuldner im Ausland ist.[1050]

Keine Gesichtspunkte sind dagegen die Kapitalbeteiligung an einer Gesellschaft oder die Befugnis des Geschäftsführers, die Gesellschaft nach außen vertreten zu können.[1051]

Die Reichweite und die Anforderungen, die an eine Auswahlermessensentscheidung zu stellen sind, waren regelmäßig Streitgegenstand in der Rechtsprechung des BFH zum vorgeprägten Ermessen. Auf diese Rechtsprechung, die sich teilweise mit der Rechtsprechung zum Entschließungsermessen überschneidet, wird eingegangen.

Nach der Rechtsprechung des BFH kann mitwirkendes Verschulden des Finanzamtes allenfalls bei der Ermessensentscheidung berücksichtigt werden.[1052] Von einer Inanspruchnahme könne nur dann abgesehen werden, wenn das Verschulden des Haftungsschuldners gering wäre.[1053] Diese Ansicht wird in der Literatur kritisiert, weil § 254 BGB im Sinne eines allgemeinen Rechtsgedankens beachtet werden müsse.[1054] Dagegen ist jedoch einzuwenden, dass der Haftungsanspruch entsteht, wenn der Tatbestand des Haftungsanspruchs erfüllt ist. Für ein Absehen bereits auf Tatbestandsebene fehlt eine Rechtsgrundlage.[1055]

dd. Zwischenergebnis

Zahlreiche Gründe sprechen für ein Entschließungs- und Auswahlermessen. Schon der Wortlaut der Norm begrenzt das Ermessen nicht auf ein Auswahlermessen. Selbst die ablehnenden Stimmen in der Literatur erkennen, dass der Gesetzgeber im Wortlaut eine klarere Trennung hätte vornehmen müssen.[1056] Die Entstehungsgeschichte von § 191 Abs. 1 Satz 1 AO und die von § 192 AO bestätigen dieses Ergebnis.

1050 BFH v. 20.07.1988 – I R 61/85, BStBl. II 1989, 99 (100); *Nacke*, Haftung für Steuerschulden, Rn. 9.91.

1051 BFH v. 30.06.1995 – VII R 87/94, BFH/NV 1996, 3 (4).

1052 BFH v. 23.04.2014 – VII R 28/13, BFH/NV 2014, 1489 (1490); v. 11.11.2015 – VII B 69/15, BFH/NV 2015, 177.

1053 BFH v. 13.06.1997 – VII R 96/96, BFH/NV 1998, 4 (6).

1054 *Boeker* in Hübschmann/Hepp/Spitaler, § 191 AO Rn. 43 (März 2012); *Loose* in Tipke/Kruse, § 69 AO Rn. 28 (Mai 2015).

1055 BFH v. 23.04.2014 – VII R 28/13, BFH/NV 2014, 1489 (1490).

1056 *Tipke*, FR 1970, 479 (482).

3. *Ausgewählte Rechtsprechung*

Der BFH entwickelte die Rechtsprechung zum vorgeprägten Ermessen mit der Zeit weiter und arbeitete Feinheiten heraus. Dabei behandelte er auch die Frage des Entschließungs- und Auswahlermessens nach § 191 Abs. 1 Satz 1 AO.

Der BFH vollzog vor allem im Rahmen des Inkrafttretens der AO 1977 eine Rechtsprechungsänderung.

Zunächst wird auf die Rechtsprechung von 1978 bis 1984 (unter a.) eingegangen. Anschließend sind die Jahre 1985 bis 1991 aufzuarbeiten (unter b.). Zwischen 1992 und 1995 findet sich keine relevante Rechtsprechung zum vorgeprägten Ermessen. Unter c. werden wichtige Entscheidungen der Rechtsprechung ab 1996 zusammengefasst.

a. *Rechtsprechung von 1978 bis 1984*

aa. FG Hessen v. 07.11.1978 – VI 128/78

Das FG Hessen[1057] musste über die Rechtmäßigkeit eines Haftungsbescheids nach §§ 118, 103, 109 RAO urteilen. Ein Geschäftsführer einer GmbH wehrte sich gegen die Inanspruchnahme, weil der Haftungsbescheid wegen eines Ermessensfehlers rechtswidrig gewesen sein soll. Das FG entschied in diesem Sinne.

Es ist die erste Entscheidung, die die Rechtsprechung des BFH zum vorgeprägten Ermessen bei der Inanspruchnahme eines Haftungsschuldners heranzieht. Das FG wich aber ausdrücklich von der Rechtsprechung ab und verneinte die Möglichkeit einer stillschweigenden Ermessensausübung bei einer groben Fahrlässigkeit oder gar Vorsatz.

In der Urteilsbegründung stimmte das FG zunächst dem BFH v. 13.04.1978 – V R 109/75 zu, dass es sich um eine zweistufige Entscheidung, eine Rechts- und eine Ermessensentscheidung, handele. Auch folgte das FG dem BFH insoweit, als die zweite Entscheidungsstufe, die Ermessensentscheidung – von der Rechtsentscheidung nicht unbeeinflusst bleibe. Es bezweifelte jedoch dann ausdrücklich, dass durch die Rechtsentscheidung die Ermessensentscheidung in gewisser Weise vorgeprägt sei. Die Rechtsentscheidung, insbesondere die Art und Weise der Verwirklichung der Haftungstatbestände mit leichter Fahrlässigkeit oder schwererem Verschulden, sei vielmehr nur ein Aspekt, der bei der Ermessensentscheidung zu berücksichtigen sei, wobei ihm unter Umständen

---

1057 FG Hessen v. 07.11.1978 – VI 128/78, EFG 1979, 213.

ein ausschlaggebendes Gewicht beigemessen werden könne.[1058] Das FG lehnte deswegen die Annahme einer stillschweigend sachgerechten Ermessensausübung bei einer groben Fahrlässigkeit oder sogar bei einem Vorsatz bei einer Steuerverkürzung ab.

Auch auf die Begründung der maßgebenden Ermessenserwägungen konnte nach Ansicht des FG Hessen nicht verzichtet werden. Es gebe „keinen allgemeinen Satz – als dessen Grundlage käme wohl allein die Lebenserfahrung in Betracht – des Inhalts, daß unter gewissen Umständen, auch wenn Hinweise auf diesbezügliche Erwägungen im Verwaltungsakt und in der Einspruchsentscheidung fehlen, eine gebotene Ermessensausübung sachgerecht vorgenommen worden wäre."[1059] Das FG kritisierte in diesem Zusammenhang die Gefahr eines Ermessensnicht- oder Ermessensfehlgebrauchs und begründete dies zum Teil mit dem zugrundeliegenden Sachverhalt. Der Haftungsbescheid und die Einspruchsentscheidung führten nämlich nicht einmal die Rechtsgrundlage des Haftungsbescheids auf. Daneben müsse der Rechtsschutz des Betroffenen bedacht werden. Bei ein und demselben Sachverhalt seien verschiedene rechtmäßige Ermessensentscheidungen möglich. Das Finanzamt äußerte sich nicht im Einzelnen zum Verschuldensgrad des Haftungsschuldners.[1060]

bb. BFH v. 24.10.1979 – VII R 7/77

Auf das Urteil des BFH v. 13.04.1978 – V R 109/75 nahm der BFH erstmal mit Urteil v. 24.10.1979 – VII R 7/77 Bezug.[1061] Der BFH selbst ging nicht auf die ablehnende Rechtsprechung des FG Hessen v. 07.11.1978 – VI 128/78 ein. In dieser Anschlussentscheidung verwendete der BFH zwar den Begriff des vorgeprägten Ermessens nicht, in der Sache aber entwickelte er seine Rechtsprechung fort. Der Haftungsschuldner hatte Mineralölsteuern hinterzogen und das zuständige HZA nahm ihn deswegen nach § 112 RAO in Haftung. Zunächst stellte der BFH fest, dass sowohl das „Ob" als auch die Höhe der Haftung im Ermessen der Behörde liege.[1062]

Zum Entschließungsermessen äußerte der VII. Senat sich nicht ausdrücklich. Er vermischte wohl Entschließungs- und Auswahlermessen, weil er zunächst

1058 FG Hessen v. 07.11.1978 – VI 128/78, EFG 1979, 213.
1059 FG Hessen v. 07.11.1978 – VI 128/78, EFG 1979, 213.
1060 FG Hessen v. 07.11.1978 – VI 128/78, EFG 1979, 213 (214).
1061 BFH v. 24.10.1979 – VII R 7/77, BStBl. II 1980, 58.
1062 BFH v. 24.10.1979 – VII R 7/77, BStBl. II 1980, 58 (59).

anführte, dass das Ermessen dem Grunde nach – also wohl das Entschließungsermessen – nicht fehlerhaft ausgeübt worden sei.[1063] Das HZA habe nämlich auch weitere Gesamtschuldner wegen Steuerhehlerei in Anspruch genommen.[1064] Der VII. Senat führte dann aber zusätzlich an, dass er die Auffassung des V. Senats teile, dass die Inanspruchnahme eines Haftenden unter ermessensrechtlichen Gesichtspunkten regelmäßig gerechtfertigt sei, wenn dieser vorsätzlich Steuern verkürzt habe.[1065] Damit meint der BFH das Urteil des V. Senats v. 13.04.1978 – V R 109/75. Der Zusatz ist bemerkenswert. Er steht im Anschluss an das Auswahlermessen. Daneben kann er aber auch so gedeutet werden, dass das Entschließungsermessen vorgeprägt ist oder sogar beide Ermessensarten vorgeprägt sind. Zusätzlich beschränkte der VII. Senat das vorgeprägte Ermessen auf Fälle, in denen der Haftende vorsätzlich und nicht nur grob fahrlässig Steuern verkürzt hatte.

Anschließend prüfte der VII. Senat noch das Auswahlermessen hinsichtlich der Höhe der Haftungsschuld. Er äußerte sich zu den Besonderheiten des Einzelfalles. Auf ein vorgeprägtes Ermessen hinsichtlich der Höhe ging er nicht ein. Die zuständige Behörde müsse Zahlungen, die durch einen anderen Haftungsschuldner wegen eines bestandskräftigen Haftungsbescheids gezahlt werden, bis zum Zeitpunkt der Einspruchsentscheidung berücksichtigen.[1066]

cc. BFH v. 03.02.1981 – VII R 86/78

Auch im Urteil v. 03.02.1981 – VII R 86/78 musste der BFH über die Rechtmäßigkeit eines Haftungsbescheids nach § 118 RAO entscheiden.[1067] Die Vorinstanz hatte den angefochtenen Haftungsbescheid und die Einspruchsentscheidung aufgehoben. Zwar lägen die Tatbestandsvoraussetzungen für eine Inanspruchnahme vor, das Finanzamt habe aber nicht erkennbar von dem ihm zustehenden Ermessen Gebrauch gemacht.[1068]

1063 Dafür spricht auch, dass der BFH in einem späteren Urteil zwischen dem Entschließungsermessen („dem Grunde nach"), dem Ermessen hinsichtlich der Höhe der Inanspruchnahme und dem Auswahlermessen differenziert; BFH v. 21.01.2004 – XI R 3/03, BStBl. II 2004, 919 (922). In einer anderen Entscheidung v. 12.04.1983 – VII R 3/80, HFR 1983, 397 (398) lässt der BFH die Frage des Entschließungsermessens bei § 118 RAO aber ausdrücklich offen.

1064 Hier ist eine Ausübung des Auswahlermessens zu erkennen.

1065 BFH v. 24.10.1979 – VII R 7/77, BStBl. II 1980, 58 (59).

1066 BFH v. 24.10.1979 – VII R 7/77, BStBl. II 1980, 58 (59).

1067 BFH v. 03.02.1981 – VII R 86/78, BStBl. II 1981, 493.

1068 BFH v. 03.02.1981 – VII R 86/78, BStBl. II 1981, 493 (494).

Der BFH bestätigte die Entscheidung der Vorinstanz. Der Behörde stehe ein Auswahlermessen zu, welchen Gesamtschuldner sie in welcher Höhe in Anspruch nehmen möchte. Der VII. Senat betonte, dass der Bürger, in dessen Rechte eingegriffen werde, einen Anspruch darauf habe, die Gründe dafür zu erfahren, und verwies dazu auf das Urteil des BVerfG v. 16.07.1957 – 1 BvR 253/56.[1069] Es müsse aus der Entscheidung erkennbar sein, dass die Verwaltung eine Abwägung des Für und Wider der sich gegenüberstehenden Belange vorgenommen hat. Für seine Argumentation zog der BFH dafür die im Streitjahr 1975 zwar noch nicht in Kraft getretenen §§ 121 AO und 39 VwVfG heran, weil sie den Rechtsgrundsätzen der Begründungspflicht von Ermessensentscheidungen entsprechen würden. Eine Ausnahme davon sei nach § 121 Abs. 2 Nr. 2 AO nur möglich, wenn die Auffassung der Behörde über die Sach- und Rechtslage für den Betroffenen ohne weiteres erkennbar sei.[1070]

Der BFH führte weiter aus, dass sowohl Haftungsbescheid als auch Einspruchsentscheidung eine ausführliche Begründung der Rechtsentscheidung unter Schilderung des Sachverhalts, beide aber keine Begründung der Ermessenserwägungen enthalten würden. Nach Ansicht des BFH kann auf die Begründung der Ermessensentscheidung nur dann verzichtet werden, wenn diese Entscheidung gewissermaßen vorgeprägt gewesen wäre. Dies sei der Fall, wenn die Ermessenserwägungen der entscheidenden Behörde insbesondere aus dem Verschuldensmaß des Haftungsschuldners, das aus der rechtlichen Begründung ersichtlich sei, „mit einer jeden Zweifeln ausschließenden Deutlichkeit hätten abgelesen werden können."[1071] Dafür verwies der VII. Senat auf das Urteil v. 13.04.1978 – V R 109/75. Im zu entscheidenden Fall hatte die Behörde aber nur eine einfache Fahrlässigkeit angenommen. Der BFH lehnte deswegen eine vorgeprägte Ermessensentscheidung ab.[1072]

dd. Niedersächsisches FG v. 27.07.1982 – XI 351/81

Die erste Entscheidung zum vorgeprägten Ermessen unter Geltung der AO 1977 war das Urteil des Niedersächsischen FG v. 27.07.1982 – XI 351/81. Das FG entschied, dass unter Geltung der AO 1977 ein vorgeprägtes Ermessen in § 191 Abs. 1 AO 1977 durch den Grad des Verschuldens bei der Verwirklichung

1069 BVerfG v. 16.07.1957 – 1 BvR 253/56, BVerfGE 6, 32 (44). Siehe zu diesem Urteil und der Kritik dazu schon oben unter § 4.II.1.
1070 BFH v. 03.02.1981 – VII R 86/78, BStBl. II 1981, 493 (494).
1071 BFH v. 03.02.1981 – VII R 86/78, BStBl. II 1981, 493 (494 f.).
1072 Zum Ganzen BFH v. 03.02.1981 – VII R 86/78, BStBl. II 1981, 493 (494 f.).

des Haftungstatbestandes des § 69 AO 1977 abzulehnen sei. Ein Haftungsbescheid, der nicht die angestellten Ermessenserwägungen erkennen lasse, sei rechtswidrig.[1073]

Sowohl der Haftungsbescheid als auch die Einspruchsentscheidung ließen nicht erkennen, dass die Verwaltung sich ihres Ermessensspielraums überhaupt bewusst gewesen sei. Die Inanspruchnahme eines Haftungsschuldners sei zweigliedrig, insbesondere müssten für die gerichtliche Nachprüfbarkeit die wesentlichen Ermessenserwägungen naturgemäß angegeben werden. Der BFH habe zwar ausgeführt, dass die Ermessensentscheidung, ob der Haftungsschuldner oder wer von mehreren Personen tatsächlich in Anspruch genommen werden soll, durch die Rechtsentscheidung über die Verwirklichung des Haftungstatbestandes „in gewisser Weise vorgeprägt" werde und der BFH für bestimmte Fälle eine stillschweigend sachgerechte Ermessensausübung für möglich und zulässig halte.[1074] Diese Rechtsprechung sei jedoch „alsbald auf erhebliche Kritik gestoßen", insbesondere seitens des FG Hessen v. 07.11.1978 – VI 128/78. Das Niedersächsische FG verwies daneben für seine Begründung auf Urteile des BFH[1075], der sich selbst von seinen Ausführungen zum vorgeprägten Ermessen mehr oder minder deutlich distanziert bzw. diese ganz unerwähnt gelassen habe.[1076]

Das FG betonte an dieser Stelle ausdrücklich, dass es der jüngeren Rechtsprechung des BFH folge, die eine ausdrückliche Begründung der Ermessensentscheidung spätestens in der Einspruchsentscheidung verlange. Wegen der vom Gesetzgeber gewollten zweistufigen Entscheidungsfindung könne eine Ermessensreduzierung auf Null aufgrund der Rechtsentscheidung für eine Inanspruchnahme der Person, die den Haftungstatbestand erfüllt habe, nicht angenommen werden. Deswegen sei es ausgeschlossen, die „Ermessens*entscheidung* als durch die vorangegangene Rechtsentscheidung zwingend und verbindlich vorgeprägt anzusehen." Es wäre nach den Ausführungen des BFH[1077] nur möglich auf eine eigenständige Begründung der Ermessens*erwägungen* verzichten zu können, „wenn diese Erwägungen nach Grund und Höhe aus den Feststellungen und

1073 Niedersächsisches FG v. 27.07.1982 – XI 351/81, EFG 1983, 155.

1074 Niedersächsisches FG v. 27.07.1982 – XI 351/81, EFG 1983, 155 (155 f.).

1075 BFH v. 03.02.1981 – VII R 86/78, BStBl. II 1981, 493; v. 05.03.1981 – II R 80/77, BStBl. II 1981, 471; v. 18.09.1981 – VI R 44/77, BStBl. II 1981, 801.

1076 Niedersächsisches FG v. 27.07.1982 – XI 351/81, EFG 1983, 155 (156).

1077 BFH v. 03.02.1981 – VII R 86/78, BStBl. II 1981, 493 (494 f.). Siehe dazu bereits oben unter § 5.II.3.a.cc.

Schlußfolgerungen im Rahmen der Rechtsentscheidung ‚mit einer jeden Zweifel ausschließenden Deutlichkeit abgelesen werden könnten'."[1078] Dies sei nur dann möglich, wenn spätestens in der Einspruchsentscheidung ersichtlich sei, dass die zuständige Behörde sich ihres Ermessensspielraums und ihrer Pflicht zur Ermessensentscheidung bewusst gewesen war. Nur dann könne wohl ausgeschlossen werden, dass die Rechtsentscheidung die Ermessensentscheidung nicht nur vorprägte, sondern ersetzte. In diesem Falle könne anerkannt werden, dass „die ‚Vorprägung' der Ermessenserwägungen einer stillschweigenden Bezugnahme auf die im Rahmen der Rechtsentscheidung gemachten Ausführungen zur Begründung der Ermessensentscheidung gleichkommt."[1079]

Das FG trennte zwischen dem Verzicht auf die Ermessensentscheidung als solche und dem Verzicht auf die Begründung der angestellten einzelnen Ermessenserwägungen. Eine Ermessensentscheidung musste nach Ansicht des FG stattfinden. Auf die Besonderheiten der AO 1977 ging das FG aber nicht speziell ein, sondern beließ es bei allgemeinen Ausführungen.

In der Begründung seines Urteils berief sich das FG zudem auf das Urteil des BFH v. 03.02.1981 – VII R 86/78. In diesem Urteil kommt es jedoch zu keiner mehr oder minder deutlichen Distanzierung von dem Urteil v. 13.04.1978 – V R 109/75. Auch kann dem FG nicht mit der Aussage zugestimmt werden, dass nach dem Urteil des BFH v. 03.02.1981 – VII R 86/78 allenfalls auf die Ermessenserwägungen verzichtet werden konnte. Der BFH führte nämlich aus, dass eine Begründung der Ermessensentscheidung völlig fehlte. „Darauf hätte das HZA allenfalls dann verzichten können, wenn diese Entscheidung durch die Rechtsentscheidung gewissermaßen vorgeprägt gewesen wäre, die Ermessenserwägungen des HZA also z. B. aus dem Maß des Verschuldens des Klägers als Haftungsschuldner, das aus der rechtlichen Begründung ersichtlich ist, mit einer jeden Zweifel ausschließenden Deutlichkeit hätten abgelesen werden können."[1080] Der BFH betonte ausdrücklich, dass auf die Ermessens*entscheidung* verzichtet werden könne, wenn diese durch die Rechtsentscheidung vorgeprägt gewesen wäre. Erst recht lässt der BFH das frühere Urteil nicht ganz unerwähnt. Er grenzt vielmehr eindeutig den zu entscheidenden Sachverhalt von dem des V. Senats ab. Im entschiedenen Fall stellte das FG nur eine einfache (bewusste) Fahrlässigkeit und

---

1078 Niedersächsisches FG v. 27.07.1982 – XI 351/81, EFG 1983, 155 (156). Hervorhebungen im Original.

1079 Niedersächsisches FG v. 27.07.1982 – XI 351/81, EFG 1983, 155 (156).

1080 BFH v. 03.02.1981 – VII R 86/78, BStBl. II 1981, 493 (494).

keine grobe Fahrlässigkeit oder gar Vorsatz fest. Nach Ansicht des BFH konnte in diesem Fall im Gegensatz zu dem vom V. Senat entschiedenen nicht von einem vorgeprägten Ermessen ausgegangen werden.[1081]

Das Niedersächsische FG nahm in den Entscheidungsgründen auch Bezug auf BFH v. 05.03.1981 – II R 80/77. In diesem Urteil ging es um die Haftung für eine Erbschaftsteuerschuld nach § 15 Abs. 6 Satz 1 ErbStG 1959. Ein Versicherungsunternehmer konnte als Haftungsschuldner nach § 15 Abs. 6 Satz 1 ErbStG 1959[1082] in Höhe des ausgezahlten Betrages für die Steuer in Anspruch genommen werden, wenn er vor Berichtigung oder Sicherstellung der Steuer die von ihm zu zahlende Versicherungssumme ausländischen Berechtigten zur Verfügung gestellt hatte. Wesentlicher Unterschied bei dieser Haftung war zum Fall des Niedersächsischen FG die Verschuldensunabhängigkeit.[1083] Nach dem Urteil des BFH v. 13.04.1978 – V R 109/75 konnte aber nur wegen eines schweren Verschuldens eine gewisse Vorprägung angenommen werden. Deswegen konnte der BFH auch nicht auf dieses Urteil Bezug nehmen oder sich davon ausdrücklich distanzieren, weil schon die Rechtsentscheidungen wesentlich voneinander abgewichen hatten.

Die Heranziehung von BFH v. 18.09.1981 – VI R 44/77 durch das FG war auch unzutreffend. Der BFH hatte in diesem Fall über die Rechtmäßigkeit eines Haftungsbescheids gegen einen Arbeitgeber wegen nicht abgeführter Lohnsteuer zu entscheiden. Der Arbeitgeber unterlag jedoch einem entschuldbaren Rechtsirrtum und das Finanzamt übte kein Ermessen aus.[1084] Die Haftung eines Arbeitgebers für nicht einbehaltene Lohnsteuer ist eine besondere Haftung. Verschulden des Arbeitgebers ist nicht erforderlich. Daneben übt er eine aufgebürdete Aufgabe des Finanzamtes als dessen „verlängerter Arm“[1085] kostenlos aus.[1086] Ein tauglicher Vergleichsmaßstab wie etwa das Verschulden eines gesetzlichen Vertreters fehlt.

1081 BFH v. 03.02.1981 – VII R 86/78, BStBl. II 1981, 493 (494 f.).

1082 Vgl. Gesetz v. 01.04.1959, BGBl. I 1959, 187 (193).

1083 Daran hielt der BFH (v. 05.03.1981 – II R 80/77, BStBl. II 1981, 471 (472)) ausdrücklich fest und verwies auf seine Rspr. v. 12.08.1964 – II 125/62 U, BStBl. III 1964, 647; vgl. auch schon RFH v. 08.06.1934 – III e A 34/33, RStBl. 1934, 925 (926).

1084 BFH v. 18.09.1981 – VI R 44/77, BStBl. II 1981, 801.

1085 *Gersch* in Herrmann/Heuer/Raupach, § 42d EStG Rn. 23 (Oktober 2014).

1086 *Gersch* in Herrmann/Heuer/Raupach, § 42d EStG Rn. 23 (Oktober 2014); *Nacke*, Haftung für Steuerschulden, Rn. 2.224.

ee. BFH v. 12.04.1983 – VII R 3/80

Dieses Urteil ist wegen der aufgeworfenen Frage interessant, ob dem Finanzamt nur ein Auswahlermessen oder auch ein Entschließungsermessen zukommt.[1087] Der BFH ließ diese Frage – wie bereits erwähnt – offen. Regelmäßig seien keine Umstände denkbar, die eine Inanspruchnahme eines Haftungsschuldners wegen Beihilfe zur Steuerhinterziehung als ermessensfehlerhaft erscheinen lassen könnten. Im Regelfall sei bei einer vorsätzlichen Steuerhinterziehung oder Beihilfe zur Steuerhinterziehung die Inanspruchnahme billig und gerecht. Zudem sei durch die vorausgehende Rechtsentscheidung der Ermessensspielraum jedenfalls so eingeengt, dass die Nichtinanspruchnahme ermessenswidrig gewesen wäre. Die Ermessensentscheidung sei also durch die Rechtsentscheidung für jedermann erkennbar so vorgeprägt gewesen, dass keine besondere Begründung der Ermessensausübung im Haftungsbescheid erforderlich gewesen sei.[1088]

Der BFH ging in diesem Urteil von einer Ermessensreduzierung auf Null hinsichtlich der Inanspruchnahme des Haftungsschuldners aus und setzte diese mit der Vorprägung gleich.

ff. BFH v. 12.04.1983 – VII R 4/80

Auch in diesem Urteil betonte der BFH, dass die Inanspruchnahme der GmbH nach § 111 RAO bei einer vorsätzlichen Beihilfe zur Steuerhinterziehung ihres Geschäftsführers bei dessen Ausübung seiner Obliegenheiten im Regelfall nicht ermessensfehlerhaft sei und die Ermessensausübung im Haftungsbescheid nicht begründet werden müsse. Durch die Rechtsentscheidung sei der Ermessensspielraum jedenfalls soweit eingeengt gewesen, dass die Nichtinanspruchnahme ermessenfehlerhaft gewesen wäre. Die Ermessensentscheidung sei durch die Rechtsentscheidung für jedermann erkennbar so vorgeprägt gewesen, dass die Ermessensentscheidung nicht besonders begründet werden musste.[1089] Eine begriffliche Nähe des vorgeprägten Ermessens zur Ermessensreduzierung auf Null wird auch in dieser Entscheidung erkennbar.

1087 BFH v. 12.04.1983 – VII R 3/80, HFR 1983, 397 (398). Zur Kritik an dieser Anmerkung siehe insbesondere *Rößler*, DStZ 1990, 64 (65 f.). Siehe zu diesem Urteil auch bereits oben unter § 5.II.2.b.bb.

1088 BFH v. 12.04.1983 – VII R 3/80, HFR 1983, 397 (398).

1089 BFH v. 12.04.1983 – VII R 4/80, juris Rn. 23 f.

Der BFH stellte klar, dass die Frage, ob der Haftungsschuldner seine Haftungsschuld begleichen wird, für den Haftungsbescheid unerheblich sei, weil dies eine Frage des Erhebungs- und nicht des Festsetzungsverfahrens sei.[1090]

gg. BFH v. 10.05.1983 – VII R 97/79

Der durch einen Haftungsbescheid nach § 118 RAO in Anspruch genommene Geschäftsführer einer GmbH führte u.a. keine Lohnsteuer ab. Der BFH entschied, dass diese Pflichtverletzung regelmäßig schuldhaft sei, weil von jedem kaufmännischen Leiter eines Gewerbebetriebes die ordnungsgemäße Erfüllung der gesetzlichen Vorschriften verlangt werden müsse.[1091] Die Frage des Verschuldens sei bei der Abführung einbehaltender Lohnsteuer nach ständiger Rechtsprechung des BFH streng zu beurteilen.[1092] Zwar sei weder aus dem Haftungsbescheid noch aus dem Einspruchsentscheidung ersichtlich, dass das Finanzamt ausdrücklich Ermessenserwägungen angestellt habe. Der BFH betonte, dass nicht begründete Ermessensentscheidungen grundsätzlich rechtsfehlerhaft seien. Eine Ausnahme sei dann anzunehmen, wenn die Begründung der Ermessensentscheidung auf der Hand liege.[1093] Der BFH verwies an dieser Stelle erstaunlicherweise auf § 39 Abs. 2 Nr. 2 VwVfG und nicht auf § 121 Abs. 2 Nr. 2 AO. Dies sei hier anzunehmen, weil der Geschäftsführer jedenfalls nicht leicht fahrlässig gehandelt habe. Dann könne von einem stillschweigend sachgerechten Ermessensgebrauch ausgegangen werden, dessen Erwägungen nicht ausdrücklich im Verwaltungsakt begründet werden müssten.[1094] Dass das Finanzamt keine Begründung für die Ausübung des Auswahlermessens gab, sei auch nicht zu beanstanden gewesen, weil auch diese Erwägungen auf der Hand gelegen hätten. Der neben dem Geschäftsführer in Betracht kommende Haftungsschuldner sei die GmbH gewesen, die aber in Konkurs gefallen war.[1095]

1090 BFH v. 12.04.1983 – VII R 4/80, juris Rn. 25.

1091 BFH v. 10.05.1983 – VII R 97/79, juris Rn. 14.

1092 BFH v. 10.05.1983 – VII R 97/79, juris Rn. 14 mit Hinweis auf BFH v. 21.01.1972 – VI R 187/68, BStBl. II 1972, 364 (366); v. 20.04.1982 – VII R 96/79, BStBl. II 1982, 521 (522).

1093 BFH v. 10.05.1983 – VII R 97/79, juris Rn. 16 unter Verweis auf BFH v. 03.02.1981 – VII R 86/78, BStBl. II 1981, 493 (494).

1094 BFH v. 10.05.1983 – VII R 97/79, juris Rn. 16 f. mit Zitat von BFH v. 13.04.1978 – V R 109/75, BStBl. II 1978, 508.

1095 BFH v. 10.05.1983 – VII R 97/79, juris Rn. 18.

hh. BFH v. 12.01.1984 – VII R 111/80

Die Entscheidung ähnelt derjenigen v. 10.05.1983 – VII R 97/79. Auch hier war die Inanspruchnahme des Geschäftsführers einer im Konkurs befindenden GmbH durch einen Haftungsbescheid für nichtabgeführte Lohnsteuer streitig. Der VII. Senat betonte erneut, dass die Frage des Verschuldens wegen des Systems des Lohnsteuerabzugsverfahrens streng zu beurteilen sei. Auch die Ermessensentscheidung sei nicht fehlerhaft gewesen. Durch die nach § 109 RAO zu treffende Rechtsentscheidung sei die Ermessensentscheidung durch das vom FG festgestellte grob fahrlässige Verhalten des Klägers so vorgeprägt gewesen, dass das Finanzamt nur noch den Kläger ermessensfehlerfrei in Anspruch nehmen konnte.[1096]

Interessant an diesem Urteil ist die letzte Aussage, dass nach Ansicht des BFH durch die Vorprägung nur noch die Inanspruchnahme des Geschäftsführers rechtmäßig sein konnte. Diese Aussage erinnert – zum wiederholten Mal – stark an eine Ermessensreduzierung auf Null. Daher stellt sich an dieser Stelle erneut die Frage, in welchem Verhältnis das vorgeprägte Ermessen zur Ermessensreduzierung auf Null steht. Auf dieses Verhältnis wird noch genauer einzugehen sein.[1097]

ii. BFH v. 10.04.1984 – VII R 77/81

Der BFH musste über die rechtmäßige Inanspruchnahme einer GmbH-Geschäftsführerin urteilen, die vorsätzlich keine Lohnsteuer an das Finanzamt abgeführt hatte. Die Geschäftsführerin hatte den Haftungstatbestand des § 69 AO 1977 verwirklicht.

Weder aus dem Haftungsbescheid noch aus der Einspruchsentscheidung waren die Ermessenserwägungen der Verwaltung ersichtlich. Im Regelfall sei daher der Verwaltungsakt rechtsfehlerhaft, weil nicht begründete Ermessensentscheidungen nicht auf Ermessensfehler i.S.v. § 102 FGO überprüft werden könnten. Eine Ausnahme bilde aber eine Ermessensentscheidung, deren Erwägungen i.S.v. § 39 Abs. 2 Nr. 2 VwVfG, § 121 Abs. 2 Nr. 2 AO auf der Hand liegen.[1098]

Die Geschäftsführerin habe ihre steuerlichen Pflichten im Zusammenhang mit der Abführung der Lohnsteuer teilweise vorsätzlich, zumindest aber grob fahrlässig verletzt. Der BFH führte auch hier aus, dass bei einem schwereren Verschulden als leichter Fahrlässigkeit davon ausgegangen werden könne, dass

---

1096 BFH v. 12.01.1984 – VII R 111/80, juris Rn. 15 ff.

1097 Siehe dazu unter § 5.II.5.c.bb.

1098 BFH v. 10.04.1984 – VII R 77/81, juris Rn. 32.

das Finanzamt „stillschweigend von seinem Ermessen sachgerecht Gebrauch gemacht" habe. Die Ermessenserwägungen müssten dann nicht ausdrücklich im Verwaltungsakt aufgeführt werden.[1099]

Eine weitere Besonderheit waren die Ausführungen des BFH zum Auswahlermessen. Die Vorinstanz hatte sich zu allen anderen in Betracht kommenden Gesamtschuldnern (Vollstreckung gegen KG als Arbeitgeberin und Arbeitnehmer als Steuerschuldner) geäußert.[1100] Eine vorgeprägte Ermessensentscheidung nahm der BFH beim Auswahlermessen nicht an.

Bemerkenswert an diesem Urteil ist, dass der BFH „zumindest" von einer groben Fahrlässigkeit des Geschäftsführers ausging, diese wohl als ausreichend „lenkend" erachtete und eine vorgeprägte Ermessensentscheidung nach § 191 Abs. 1 Satz 1 AO durch die Rechtsentscheidung nach § 69 AO annahm. Dass § 69 AO nur noch erfüllt ist, wenn eine grobe Fahrlässigkeit oder ein Vorsatz vorliegt, störte den VII. Senat nicht.

jj. BFH v. 17.07.1984 – VII S 9/84

In diesem Beschluss musste der VII. Senat über die Aussetzung der Vollziehung eines Haftungsbescheids entscheiden. Er ähnelt vom Sachverhalt her dem Urteil des BFH v. 10.04.1984 – VII R 77/81. Der alleinige Geschäftsführer einer in Konkurs gegangenen GmbH hatte angemeldete Lohnsteuer nicht an das Finanzamt abgeführt. Das Finanzamt nahm den Geschäftsführer daraufhin in Haftung. Der einschlägige Haftungstatbestand war auch hier § 69 AO 1977.[1101]

Der BFH äußerte sich bei der Frage der formellen Rechtmäßigkeit u.a. zur Begründung des Haftungsbescheids, der jedenfalls in Verbindung mit der Einspruchsentscheidung i.S.d. § 121 Abs. 1 AO ausreichend begründet war. Aus beiden Verwaltungsakten gehe jedenfalls das für das Verständnis Erforderliche hervor, insbesondere habe der Geschäftsführer wegen der mangelnden Entrichtung der Lohnsteuer grob fahrlässig i.S.v. § 69 AO gehandelt.[1102]

Auch materiell-rechtlich sei die Inanspruchnahme rechtmäßig gewesen. Der Geschäftsführer verletze seine Pflicht zur Entrichtung der Lohnsteuer regelmäßig grob fahrlässig, wenn er diese Pflicht nicht erfülle.[1103] Der VII. Senat hob dabei ausdrücklich hervor, dass er die Rechtsprechung zum Vertreterverschulden nach

---

1099 BFH v. 10.04.1984 – VII R 77/81, juris Rn. 33 mit Verweis auf BFH v. 13.04.1978 – V R 109/75, BStBl. II 1978, 508 (510).

1100 BFH v. 10.04.1984 – VII R 77/81, juris Rn. 34.

1101 Vgl. BFH v. 17.07.1984 – VII S 9/84, BFH/NV 1986, 583.

1102 BFH v. 17.07.1984 – VII S 9/84, BFH/NV 1986, 583 (585).

1103 BFH v. 17.07.1984 – VII S 9/84, BFH/NV 1986, 583 (586).

§ 109 RAO auch für die Haftung nach § 69 AO 1977 für anwendbar hielt.[1104] Zwar sei eine nicht begründete Ermessensentscheidung im Regelfall rechtswidrig, die Ermessenserwägungen des Finanzamtes lägen aber für die Inanspruchnahme des Haftenden i.S.v. § 121 Abs. 2 Nr. 2 AO auf der Hand. Der Geschäftsführer habe teilweise vorsätzlich, zumindest aber grob fahrlässig seine steuerlichen Pflichten verletzt. Durch diese nach § 69 AO 1977 zu treffende Rechtsentscheidung werde die Ermessensentscheidung in § 191 Abs. 1 Satz 1 AO 1977 „in gewisser Weise vorgeprägt." Es könne durch den vorliegenden schweren Verschuldensgrad davon ausgegangen werden, dass das Finanzamt „stillschweigend von seinem Ermessen sachgerecht Gebrauch gemacht" habe. Die Ermessenserwägungen müssten dann nicht ausdrücklich im Verwaltungsakt aufgeführt werden.[1105]

Wie schon in BFH v. 10.04.1984 – VII R 77/81 reicht dem BFH wohl („zumindest") grobe Fahrlässigkeit des Geschäftsführers aus. Er erachtet diese damit als „lenkend", sodass eine vorgeprägte Ermessensentscheidung nach § 191 Abs. 1 Satz 1 AO durch die Rechtsentscheidung in § 69 AO angenommen werden könne.[1106] Den VII. Senat störte es erneut nicht, dass § 69 AO nur noch erfüllt ist, wenn eine grobe Fahrlässigkeit oder ein Vorsatz vorliegt. Der BFH hätte die verschärften Anforderungen an die Haftung diskutieren müssen.

kk. Weitere Entscheidungen

Daneben gibt es weitere Entscheidungen, die auf das Urteil v. 13.04.1978 – V R 109/75 für ihre Entscheidungsfindung Bezug nehmen und mit dem vorgeprägten Ermessen argumentieren. Diese weisen aber keine weiteren Besonderheiten zu den bereits zitierten Entscheidungen auf.[1107]

ll. Zwischenergebnis

Auffällig ist, dass der BFH an seiner Linie auch unter Geltung der AO festhielt und davon ausgeht, dass die Rechtsentscheidung im Rahmen des § 109 RAO

1104 BFH v. 17.07.1984 – VII S 9/84, BFH/NV 1986, 583 (586).

1105 BFH v. 17.07.1984 – VII S 9/84, BFH/NV 1986, 583 (587) mit Verweis auf BFH v. 13.04.1978 – V R 109/75, BStBl. II 1978, 508. Siehe zu einem ähnlichen Fall BFH v. 10.04.1984 – VII R 77/81, juris Rn. 32 ff.

1106 BFH v. 17.07.1984 – VII S 9/84, BFH/NV 1986, 583 (587).

1107 Ohne einen Anspruch auf Vollständigkeit zu erheben: BFH v. 20.07.1982 – VII B 28/82, juris Rn. 17; v. 08.03.1984 – VII R 23/81, juris Rn. 20 ff.; v. 13.03.1984 – VII R 30/81, juris Rn. 20; v. 10.04.1984 – VII B 71/83, juris Rn. 19; v. 17.07.1984 – VII R 117/80, juris Rn. 19; v. 11.09.1984 – VII R 40/81, juris Rn. 27; v. 16.10.1984 – VII S 13/84, juris Rn. 29.

bzw. § 69 AO die Ermessensentscheidung in gewisser Weise vorprägt. In diesem Fall kann – so die Rechtsprechung – regelmäßig davon ausgegangen werden, dass das Finanzamt stillschweigend von dem ihm zustehenden Ermessen sachgerecht Gebrauch gemacht hat.

Ein wesentliches Merkmal, das regelmäßig für den BFH kennzeichnend ist, ist, dass die Begründung der Ermessensentscheidung i.S.v. § 121 Abs. 2 Nr. 2 AO 1977 „auf der Hand liegt".[1108]

Zwei finanzgerichtliche Urteile widersprechen jedoch den Ausführungen des BFH. Billigt man dem BFH zu, dass es ein vorgeprägtes Ermessen in § 118 RAO bzw. § 191 AO gibt, können die Ausführungen der Finanzgerichte nicht überzeugen, weil die angeführten Argumente nicht stichhaltig sind.[1109]

b. Rechtsprechung 1985 bis 1991

aa. BFH v. 05.06.1985 – VII R 57/82

Der BFH hob ausdrücklich seine Rechtsprechung hervor, dass die Inanspruchnahme des Steuerhinterziehers nach §§ 191 Abs. 1, 71 AO im Regelfall billig und gerecht sei.[1110] Umgekehrt liege grundsätzlich ein Ermessensfehler vor, wenn der Steuerhinterzieher von der Haftung freigestellt werde, obwohl dessen Inanspruchnahme nach dem Gesetz gemäß § 191 Abs. 5 Satz 2 AO, § 219 Satz 2 AO weder von einer Steuerfestsetzung gegen den Steuerschuldner noch von einem vorherigen Versuch der Vollstreckung gegen diesen abhänge.[1111]

bb. BFH v. 29.09.1987 – VII R 54/84

Der BFH betonte hinsichtlich einer Vorprägung der Ermessensentscheidung durch die Tatbestandsverwirklichung in erschwerter Verschuldensform nach §§ 103, 105 Abs. 1, 109 Abs. 1 RAO, dass nur dann von einer stillschweigend sachgerechten Ermessensausübung ausgegangen werden könne, wenn das Finanzamt selbst bei seiner Entscheidung über den Haftungstatbestand von einem schweren Verschulden (Vorsatz oder grobe Fahrlässigkeit) des Haftungsschuldners ausgegangen sei. Habe es dagegen nur eine schuldhafte Pflichtverletzung

---

1108 Vgl. BFH v. 29.01.1985 – VII R 67/81, BFH/NV 1986, 256 (258).

1109 Auf die Kritik wird unter § 13 eingegangen.

1110 BFH v. 05.06.1985 – VII R 57/82, BStBl. II 1985, 688 (689) mit Verweis auf BFH v. 12.04.1983 – VII R 3/80, HFR 1983, 397 (398).

1111 BFH v. 05.06.1985 – VII R 57/82, BStBl. II 1985, 688 (689).

angenommen, könne wegen § 102 FGO nicht auf eine Begründung der Ermessensentscheidung verzichtet werden.[1112]

Deswegen lehnte der BFH eine Vorprägung ab, weil das Finanzamt nur von einer schuldhaften Pflichtverletzung ausgegangen war.

Anschließend prüfte und bejahte der BFH die Begründung und Ausübung des Auswahlermessens. Eine Vollstreckung gegen den anderen Haftungsschuldner sei erfolglos geblieben und die Inanspruchnahme des Arbeitnehmers als Steuerschuldner sei rechtlich nicht möglich gewesen. Gleichzeitig bedeute dies, dass das Finanzamt sich der Pflicht zur Ermessensentscheidung bewusst gewesen und das Entschließungsermessen ausreichend begründet worden sei.[1113]

Der BFH ließ offen, ob es wegen der Pflicht der Finanzbehörden, die Steuern nach Maßgabe der Gesetze gleichmäßig festzusetzen und zu erheben, überhaupt ein Entschließungsermessen der Finanzbehörden gebe, das der Behörde die Möglichkeit gibt, trotz mangelnder Realisierbarkeit des Steueranspruchs beim Steuerschuldner oder Primärhaftenden auf die Inanspruchnahme eines Haftungsschuldners zu verzichten.[1114]

Dem Steuergläubiger müsse wegen der im öffentlichen Interesse liegenden Aufgabe die geschuldeten Abgaben nach Möglichkeit erheben. Deswegen kann nach Ansicht des BFH jedenfalls der Erlass eines Haftungsbescheids bei Uneinbringlichkeit der Erstschuld nur unter ganz außergewöhnlichen Umständen ermessensfehlerhaft sein.[1115] Würden im Regelfall solche außergewöhnlichen Umstände nicht vorgetragen und seien solche auch nicht ersichtlich, müsse das Finanzamt deshalb seine Entschließung, den Haftenden in Anspruch zu nehmen, jedenfalls dann nicht besonders zu begründen, wenn eine anderweitige Realisierung des Steueranspruchs – beim Steuerschuldner oder bei einem anderen Haftungsschuldner – nicht möglich sei.[1116]

Der BFH differenzierte zwischen einem vorgeprägten Ermessen und dem Vorliegen eines Regelfalls, wenn eine anderweitige Realisierung des Anspruchs ausschied. Die Ausführungen weichen von den bisherigen Entscheidungen ab. Vor allem die Gründe – erfolglose Vollstreckung gegen den anderen Haftungsschuldner und keine mögliche Inanspruchnahme des Arbeitnehmers – sprechen

---

1112 BFH v. 29.09.1987 – VII R 54/84, BStBl. II 1988, 176 (177).

1113 BFH v. 29.09.1987 – VII R 54/84, BStBl. II 1988, 176 (178).

1114 BFH v. 29.09.1987 – VII R 54/84, BStBl. II 1988, 176 (178) m.w.N.

1115 BFH v. 29.09.1987 – VII R 54/84, BStBl. II 1988, 176 (178) mit Hinweis auf BFH v. 02.10.1986 – VII R 28/83, BFH/NV 1987, 349 (352).

1116 BFH v. 29.09.1987 – VII R 54/84, BStBl. II 1988, 176 (178). Ausdrücklich zustimmend *Mösbauer*, GmbHR 1988, 400 (400 Fn. 7).

eher für eine Ermessensreduzierung auf Null, weil im entschiedenen Fall nur noch der in Anspruch genommene Haftungsschuldner in Betracht kam. Die Schlussfolgerung, dass es keine Begründung in diesem Fall bedürfe, überrascht in diesem Fall aber, weil die Finanzverwaltung nicht die Schwere des Verschuldens klärte, obwohl es ein wesentliches Element der Ermessensausübung darstellt.

cc. Weiterer Verlauf der Rechtsprechung bis 08.11.1988

An der Rechtsprechung zum vorgeprägten Ermessen änderte sich auch grundsätzlich nichts[1117] bis zur Entscheidung des BFH v. 08.11.1988 – VII R 141/85.[1118]

Im Urteil v. 24.11.1987 – VII R 82/84 ließ der BFH aber offen, ob die Rechtsprechung des BFH v. 13.04.1978 – V R 109/75 unter der Geltung des § 69 AO 1977

1117 Vgl. BFH v. 29.01.1985 – VII R 115/82, HFR 1985, 332 (333); v. 29.01.1985 – VII R 67/81, BFH/NV 1986, 256 (258); v. 29.01.1985 – VII R 108/79, BFH/NV 1985, 19 (20); v. 29.01.1985 – VII R 15/81, BFH/NV 1987, 354 (358); v. 22.02.1985 – VII R 110/78, BFH/NV 1985, 18 (19); v. 26.02.1985 – VII R 134/81, BFH/NV 1987, 205 (208); v. 05.03.1985 – VII R 13/82, BFH/NV 1986, 73 (74); v. 05.03.1985 – VII R 134/80, BFH/NV 1986, 61 (62); v. 12.03.1985 – VII R 22/84, BFH/NV 1987, 227 (229); v. 21.05.1985 – VII R 100/82, BFH/NV 1986, 126 (128 f.); v. 29.10.1985 – VII R 186/82, BFH/NV 1986, 192 (193); v. 19.11.1985 – VII S 13/85, BFH/NV 1986, 266 (269); v. 14.01.1986 – VII R 9/85, BFH/NV 1986, 378; v. 21.01.1986 – VII S 30/85, BFH/NV 1986, 518 (520); v. 04.03.1986 – VII S 33/85, juris Rn. 15; v. 11.03.1986 – VII R 144/81, BFH/NV 1987, 137 (138); v. 11.03.1986 – VII R 124/81, BFH/NV 1987, 69 (71); v. 08.04.1986 – VII R 205/83, juris Rn. 17; v. 15.04.1986 – VII R 128/80, BFH/NV 1987, 72 (73); v. 22.04.1986 – VII R 138/81, BFH/NV 1987, 139 (140); v. 27.05.1986 – VII S 5/86, BFH/NV 1987, 10 (11); v. 12.06.1986 – VII R 192/83, juris Rn. 28; v. 16.07.1986 – I B 86/82, BFH/NV 1987, 346 (348); v. 02.10.1986 – VII R 28/83, BFH/NV 1987, 349 (351); v. 16.10.1986 – VII R 161/83, BFH/NV 1987, 616 (618); v. 21.10.1986 – VII R 144/83, BFH/NV 1987, 286 (287); v. 11.11.1986 – VII R 3/82, BFH/NV 1987, 261 (362); v. 13.01.1987 – VII R 86/85, BFH/NV 1987, 550 (553); v. 30.04.1987 – VII R 48/84, BStBl. II 1988, 170 (171), mit der Einschränkung, dass das Finanzamt erkennbar selbst bei seiner Entscheidung über den Haftungstatbestand von einem schweren Verschulden ausgegangen sein muss; v. 12.01.1988 – VII R 74/84, BFH/NV 1988, 692 (695), mit der Aussage, dass das Auswahlermessen auch durch die Rechtsentscheidung in gewisser Weise vorgeprägt und die Inanspruchnahme eines vorsätzlich handelnden Steuerhinterziehers oder Gehilfen regelmäßig gerechtfertigt sei; v. 19.07.1988 – VII B 39/88, BFH/NV 1989, 145 (146), das eine Vorprägung der Auswahlermessensentscheidung ablehnt; v. 02.08.1988 – VII R 60/85, BFH/NV 1989, 150 (152); v. 13.09.1988 – V R 67–68/83, BFH/NV 1989, 681 (682).

1118 BFH v. 08.11.1988 – VII R 141/85, BStBl. II 1989, 219.

überhaupt noch Anwendung finden könne, weil die grobe Fahrlässigkeit die Mindestverschuldensform schon für Haftungstatbestandserfüllung darstelle.[1119] Nach Ansicht des BFH kann auch dahinstehen, ob diese Rechtsprechung zur stillschweigend sachgerechten Ermessensausübung auf Fälle Anwendung finden kann, in denen das Finanzamt zwischen verschiedenen Haftungsschuldnern auswählen muss. Jedenfalls in Fällen, in denen die potentiellen Haftungsschuldner den Haftungstatbestand in derselben Verschuldensform erfüllt haben, müsse das Finanzamt die Ermessensentscheidung begründen.[1120]

Im Urteil v. 13.09.1988 – V R 67–68/83 betonte der V. Senat, dass den Gerichten kein Raum für eigene Ermessenserwägungen bleibe, weil sie befugt und verpflichtet seien, behördliche Ermessensentscheidungen zu überprüfen. Daher müsse die Ermessensentscheidung im Haftungsbescheid, spätestens aber in der Einspruchsentscheidung gemäß §§ 121 Abs. 1, 126 Abs. 1 Nr. 2, Abs. 2 AO begründet werden und die Ermessenserwägungen, die bei der Ausübung des Ermessens angestellt wurden, müssten erkennbar sein.[1121]

Nach Ansicht des BFH müssen Ermessenserwägungen nicht begründet werden, wenn sie offensichtlich i.S.v. § 121 Abs. 2 Nr. 2 AO sind. Dies sei in drei Konstellationen der Fall: Erstens seien die Erwägungen offensichtlich, wenn dem Haftungsschuldner die behördliche Auffassung zu den Ermessenserwägungen bekannt sei. Zweitens, wenn die Inanspruchnahme des Haftungsschuldners wegen seiner besonderen Stellung so vorgeprägt sei, dass die Behörde von ihrem Ermessen auch stillschweigend sachgerecht Gebrauch gemacht habe. Drittens, wenn der Ermessensspielraum auf eine einzige rechtmäßige Entscheidung beschränkt sei.[1122]

Der BFH lehnte im entschiedenen Fall zwar eine Vorprägung ab. Die Entscheidung ist dennoch bemerkenswert. Anders als in vorhergehenden Entscheidungen differenzierte der BFH ausdrücklich zwischen einer vorgeprägten Ermessensentscheidung und der Ermessensreduzierung auf Null. Daneben ging der BFH in diesem Urteil überraschenderweise von einem vorgeprägten Ermessen aufgrund der besonderen Stellung des Haftungsschuldners und nicht wegen dessen Verschulden aus. Der BFH verwies dafür zwar auf das erste Urteil zum vorgeprägten Ermessen, jedoch begründete er die Abweichung von diesem nicht näher. Auch differenzierte er bei der Frage der Begründung zwischen

1119 BFH v. 24.11.1987 – VII R 82/84, BFH/NV 1988, 206 (208); vgl. auch BFH v. 02.08.1988 – VII R 60/85, BFH/NV 1989, 150 (152).

1120 BFH v. 24.11.1987 – VII R 82/84, BFH/NV 1988, 206 (208).

1121 BFH v. 13.09.1988 – V R 67–68/83, BFH/NV 1989, 681 (682).

1122 BFH v. 13.09.1988 – V R 67–68/83, BFH/NV 1989, 681 (682).

der Vorprägung und der Kenntnis.[1123] Auf diese Ausführungen ist im Detail noch einzugehen.

dd. BFH v. 08.11.1988 – VII R 141/85

Am 08.11.1988 rückte der BFH in seinem Urteil von der bisherigen Rechtsprechung ab und beantwortete die zuvor offen gelassene Frage, ob ein vorgeprägtes Ermessen in § 191 Abs. 1 Satz 1 AO auch für den Fall angenommen werden könne, wenn ein Geschäftsführer nach § 69 AO grob fahrlässig seine steuerlichen Pflichten verletzt hat.[1124]

Der BFH betonte, dass unter Geltung der RAO nach § 109 RAO bereits leichte Fahrlässigkeit haftungsbegründend war. Durch das Inkrafttreten des § 69 AO 1977 sei es aber zu einer wesentlichen Veränderung gekommen, weil erst eine grob fahrlässige (oder vorsätzliche) Pflichtverletzung eines Geschäftsführers dessen Inanspruchnahme ermöglicht. Die alte Rechtsprechung des BFH v. 13.04.1978 – V R 109/75 habe dagegen auf Ebene der Ermessensentscheidung zwischen den einzelnen Fahrlässigkeitsbegriffen erkennbar differenziert. Daher sei die alte Rechtsprechung überholt. Die Ermessensentscheidung nach § 191 Abs. 1 Satz 1 AO würde „praktisch leerlaufen", wenn bei Erfüllung der Tatbestandsvoraussetzungen „in sämtlichen Fällen" sich eine sachgerechte Ermessensentscheidung erübrige und deren Begründung entbehrlich sei. Diese Annahme könne den Aussagen der Rechtsprechung v. 13.04.1978 – V R 109/75 nicht entnommen werden und würde den Anforderungen an eine Ermessensausübung widersprechen. Daher könne ein vorgeprägtes Ermessen bei grober Fahrlässigkeit nicht mehr anerkannt werden. Dagegen ließ der BFH die Frage eines vorgeprägten Ermessens bei einer vorsätzlichen Pflichtverletzung eines Geschäftsführers nach § 69 AO offen. Der VII. Senat bemerkte jedoch, dass „insoweit die Gründe der früheren Rechtsprechung auch nach neuem Recht fortbestehen dürften."[1125]

ee. BFH v. 12.09.1989 – VII R 37/87

Der BFH hatte über die Inanspruchnahme einer ehemaligen Geschäftsführerin einer GmbH nach §§ 191, 69, 34 AO 1977 wegen nicht abgeführter Lohnsteuer zu entscheiden. Die Besonderheit des Falles lag in dem am für die Lohnsteuer maßgebenden Stichtag erfolgten Geschäftsführerwechsel. Der neue Geschäftsführer

---

1123 BFH v. 13.09.1988 – V R 67–68/83, BFH/NV 1989, 681 (682).
1124 BFH v. 08.11.1988 – VII R 141/85, BStBl. II 1989, 219.
1125 BFH v. 08.11.1988 – VII R 141/85, BStBl. II 1989, 219 (220).

war der ehemalige Prokurist, der bis zur Übernahme der Geschäftsführung für die steuerlichen Angelegenheiten zuständig gewesen war und deswegen die vorhandenen Lohnsteuerschulden kennen musste.[1126]

Das Finanzamt ließ aber weder im Haftungsbescheid noch in der Einspruchsentscheidung Ermessenserwägungen hinsichtlich der Ausübung des Auswahlermessens zwischen den in Betracht kommenden Haftungsschuldnern erkennen. Das FG sprach indes nur die Auswahl zwischen der ehemaligen Geschäftsführerin und der GmbH als möglichen weiteren Haftungsschuldner nach § 42d EStG an. Zum Nachfolgegeschäftsführer äußerte sich das FG nicht. Die Vorinstanz kam jedoch zu dem Ergebnis, dass das Finanzamt Ermessenserwägungen angestellt habe und deswegen keine Zweifel gegen die Inanspruchnahme der ehemaligen Geschäftsführerin bestünden.[1127]

Die Begründung der Ermessensentscheidung sei nicht erforderlich gewesen, weil sich das Finanzamt „konkludent im Rahmen der Verschuldensfrage" mit der Inanspruchnahme auseinandergesetzt habe. Die Vorinstanz nahm Bezug auf die Rechtsprechung des BFH v. 13.04.1978 – V R 109/75. Sie ging von einer in gewisser Weise vorgeprägten Ermessensentscheidung wegen des Vorliegens grober Fahrlässigkeit aus, ob die in Betracht kommende Person oder wer von mehreren Personen als Haftungsschuldner in Anspruch genommen werden solle.[1128]

Der VII. Senat des BFH dagegen stellte erneut klar, dass es sich bei der Inanspruchnahme um eine Ermessensentscheidung handele, die durch das Finanzamt gemäß § 121 Abs. 1, § 126 Abs. 1 Nr. 2, Abs. 2 AO begründet werden müsse. Anderenfalls sei sie regelmäßig rechtsfehlerhaft. Die Begründung müsse die Abwägungen des Für und Wider der Inanspruchnahme des Haftungsschuldners erkennen lassen, also insbesondere die Erwägungen hinsichtlich der Auswahlentscheidung zwischen Steuerschuldner, in Anspruch genommenem Haftungsschuldner und anderen möglichen Haftungsschuldnern.[1129]

Der BFH lehnte jedoch die zu § 109 RAO ergangene Rechtsprechung mit Hinweis auf seine Rechtsprechung v. 08.11.1988 – VII R 141/85[1130] ab. Vielmehr gelte der Grundsatz, dass die maßgeblichen Ermessenserwägungen aus der Verwaltungsentscheidung erkennbar sein müssen, für die AO 1977 uneingeschränkt.[1131]

1126 BFH v. 12.09.1989 – VII R 37/87, BFH/NV 1990, 206 (207).
1127 BFH v. 12.09.1989 – VII R 37/87, BFH/NV 1990, 206 (207).
1128 BFH v. 12.09.1989 – VII R 37/87, BFH/NV 1990, 206 (207).
1129 BFH v. 12.09.1989 – VII R 37/87, BFH/NV 1990, 206 (207).
1130 BFH v. 08.11.1988 – VII R 141/85, BStBl. II 1989, 219 (220) – siehe oben unter § 5 II.3.b.dd.
1131 BFH v. 12.09.1989 – VII R 37/87, BFH/NV 1990, 206 (207).

Die Entscheidungsgründe des Urteils müssen wegen dieser klaren Aussage so verstanden werden, dass der BFH ein vorgeprägtes Ermessen weder bei einer groben Fahrlässigkeit noch bei Vorsatz mehr annimmt. Die Ablehnung eines vorgeprägten Ermessens selbst bei Vorsatz war neu. Der BFH lehnte in seinem Urteil v. 08.11.1988 – VII R 141/85 das vorgeprägte Ermessen zumindest nur bei einer grob fahrlässigen Pflichtverletzung ab und ließ die Annahmen eines vorgeprägten Ermessens bei einer vorsätzlichen Pflichtverletzung ausdrücklich offen.[1132]

ff. BFH v. 29.05.1990 – VII R 81/89

Nach ständiger Rechtsprechung des BFH liegt bei einer Nichtabführung der einbehaltenen und angemeldeten Lohnsteuern zu den gesetzlichen Fälligkeitszeitpunkten regelmäßig eine – wenn nicht sogar vorsätzliche – zumindest grob fahrlässige Pflichtverletzung des Geschäftsführers einer GmbH gemäß § 69 AO vor. Dies sei insbesondere der Fall, wenn der Geschäftsführer seinen Überwachungspflichten gegenüber Angestellten nicht nachkomme.[1133]

Der BFH betonte zwar erneut die grundsätzliche Begründungspflicht von Ermessensentscheidungen. Er nahm aber im vorliegenden Sachverhalt einen Ausnahmefall an, sodass es keiner besonderen Begründung sowohl des Auswahl- als auch des Entschließungsermessens bedurft habe.[1134]

Die Betätigung des Auswahlermessens musste nach Ansicht des BFH nicht begründet werden, weil dem alleinigen Geschäftsführer i.S.v. § 121 Abs. 2 Nr. 2 AO bekannt gewesen sei, dass die GmbH als weiterer Haftungsschuldner und die Arbeitnehmer als Steuerschuldner für eine Inanspruchnahme nicht in Betracht kamen.[1135]

Das Entschließungsermessen sei ebenfalls nicht besonders zu begründen gewesen, weil eine anderweitige Realisierung eben nicht möglich gewesen sei. Das Finanzamt sei gemäß § 85 AO 1977 verpflichtet, die im öffentlichen Interesse geschuldeten Abgaben nach Möglichkeit zu erheben. Daher sei die Inanspruchnahme eines Haftungsschuldners wegen Uneinbringlichkeit der Erstschuld „nur unter ganz außergewöhnlichen Umständen ermessensfehlerhaft“. Im Regelfall

---

1132 BFH v. 08.11.1988 – VII R 141/85, BStBl. II 1989, 219 (220). Bemerkenswert ist auch, dass der VII. Senat eigentlich davon ausging, dass die entscheidenden Gründe für die Annahme eines vorgeprägten Ermessens wohl fortbestehen dürften. Siehe dazu schon unter § 5.II.3.b.dd.

1133 BFH v. 29.05.1990 – VII R 81/89, BFH/NV 1991, 283 (284).

1134 BFH v. 29.05.1990 – VII R 81/89, BFH/NV 1991, 283 (284 f.).

1135 BFH v. 29.05.1990 – VII R 81/89, BFH/NV 1991, 283 (284).

müsse das Finanzamt seine Entscheidung, den Haftungsbescheid zu erlassen, jedenfalls dann nicht besonders begründen, wenn außergewöhnliche Umstände weder vorgetragen noch ersichtlich seien und eine anderweitige Realisierung des Steueranspruchs nicht möglich sei. Im vorliegenden Sachverhalt sei dies der Fall und das Finanzamt sei sich trotz mangelnder Begründung bewusst gewesen, eine Ermessensentscheidung zu treffen.[1136]

Bemerkenswert sind die Ausführungen am Ende des Urteils. Der BFH betont, dass die Entscheidung nicht im Widerspruch zum Urteil des Senats v. 08.11.1988 – VII R 141/85 stehe. Die Vorinstanz habe zwar die Vorprägung durch eine grob fahrlässige Pflichtverletzung angesprochen, die „Entscheidung aber nicht auf eine Vorprägung der Ermessensentscheidung durch die Tatbestandsverwirklichung in einer bestimmten Verschuldensform gestützt." Zusätzlich unterscheide sich der Sachverhalt mangels Auswahlmöglichkeiten vom Urteil v. 08.11.1988 - VII R 141/85.[1137]

Die Entscheidungsgründe erinnern vor allem bei der Begründung des Entschließungsermessens an eine Ermessensreduzierung auf Null, aber mit dem Unterschied, dass diese nicht im Ausnahmefall[1138] vorliegen soll, sondern im Regelfall. Auch grenzt der BFH den Regelfall vom Fall eines vorgeprägten Ermessens ab. Auf diese Fragen ist noch einzugehen.

gg. BFH v. 13.11.1990 – VII R 96/88

Der BFH bestätigte auch in dieser Entscheidung seine Rechtsprechung v. 08.11.1988 – VII R 141/85, dass unter Geltung der AO von einer Vorprägung der Ermessensentscheidung zumindest bei einer grob fahrlässigen Pflichtverletzung i.S.v. § 69 AO nicht mehr ausgegangen werden könne. Ob dies bei einer vorsätzlichen Pflichtverletzung der Fall sei, ließ der BFH mit dem Hinweis offen, dass das Finanzamt bei seiner Rechtsentscheidung erkennbar von einer vorsätzlichen Pflichtverletzung ausgegangen sein müsse.[1139] Nach dem zugrundeliegenden

1136 BFH v. 29.05.1990 – VII R 81/89, BFH/NV 1991, 283 (285); vgl. auch BFH v. 29.08.1987 – VII R 54/84, BStBl. II 1988, 176 (178).

1137 BFH v. 29.05.1990 – VII R 81/89, BFH/NV 1991, 283 (285) mit Hinweis auf BFH v. 08.11.1988 – VII R 141/85, BStBl. II 1989, 219. An dieser Stelle sei noch auf BFH v. 03.05.1990 – VII R 108/88, BStBl. II 1990, 767 (770) hingewiesen. Der BFH betonte in diesem Urteil, dass das Finanzamt gerade nicht von einer vorgeprägten Ermessensentscheidung ausgegangen sei.

1138 Siehe dazu bereits oben unter § 3.I.7.

1139 BFH v. 13.11.1990 – VII R 96/88, BFH/NV 1991, 641 (643) mit Verweis auf BFH v. 02.10.1986 – VII R 28/83, BFH/NV 1987, 349; v. 11.11.1986 – VII R 3/82, BFH/NV 1987, 361.

Sachverhalt war jedoch unklar, ob ein weiterer Geschäftsführer im Haftungszeitraum noch bestellt war. Auch ging das Finanzamt von einer vorsätzlichen oder zumindest grob fahrlässigen Pflichtverletzung aus, ohne das Verschulden näher zu qualifizieren. Deshalb war die Sache nicht spruchreif und an das FG zurückzuverweisen.[1140]

Der BFH bekräftige erneut seine Rechtsprechung v. 29.09.1987 - VII R 54/84 zum Entschließungsermessen. Wegen der im öffentlichen Interesse liegenden Aufgabe, bei Uneinbringlichkeit der Erstschuld die geschuldeten Abgaben gemäß § 85 AO durch den Erlass eines Haftungsbescheids zu erheben, sei die Inanspruchnahme nur unter ganz außergewöhnlichen Umständen ermessensfehlerhaft. Wenn keine außergewöhnlichen Umstände vorgetragen oder ersichtlich seien, müsste die Ausübung des Entschließungsermessens im Regelfall nicht besonders begründet werden.[1141]

hh. BFH v. 26.02.1991 - VII R 3/90

Das Finanzamt erließ wegen vorsätzlicher Beihilfe zur Steuerhinterziehung einen Haftungsbescheid nach §§ 191 Abs. 1, 71 AO.[1142] Problematisch war erneut, ob die Inanspruchnahme auch ermessensgerecht war.

Mit Hinweis auf das Urteil v. 13.04.1978 - V R 109/75 nahm der VII. Senat Rückgriff auf das vorgeprägte Ermessen und betonte, dass es insbesondere regelmäßig ermessensgerecht sei, wenn das Finanzamt den Steuerhinterzieher als Haftenden in Anspruch nimmt.[1143]

In dieser Entscheidung beantwortete der BFH die zuvor offengelassene Frage, ob auch unter Geltung der AO ein vorgeprägtes Ermessen bei einer vorsätzlichen Pflichtverletzung sowie bei einer Steuerhinterziehung angenommen werden könne. Die Inanspruchnahme eines Haftungsschuldners bei einer vorsätzlichen Pflichtverletzung sei wegen des Verschuldensgrades im Regelfall gerechtfertigt. Es könne weiterhin von einer stillschweigend sachgerechten Ausübung des Entschließungsermessens ausgegangen werden.[1144]

1140 BFH v. 13.11.1990 - VII R 96/88, BFH/NV 1991, 641 (642 f.).

1141 BFH v. 13.11.1990 - VII R 96/88, BFH/NV 1991, 641 (643) mit Verweis auf BFH v. 29.09.1987 - VII R 54/84, BStBl. II 1988, 176 (178).

1142 BFH v. 26.02.1991 - VII R 3/90, BFH/NV 1991, 504.

1143 BFH v. 26.02.1991 - VII R 3/90, BFH/NV 1991, 504 (505) mit Verweis auf BFH v. 12.04.1983 - VII R 3/80, HFR 1983, 397; v. 05.06.1985 - VII R 57/82, BStBl. II 1985, 688 (689). Diese Entscheidung wird insbesondere zitiert von BFH v. 29.08.2001 - VII B 54/01, ZfZ 2002, 55; v. 21.01.2004 - XI R 3/03, BStBl. II 2004, 919 (922).

1144 BFH v. 26.02.1991 - VII R 3/90, BFH/NV 1991, 504 (505).

Daneben werde durch eine vorsätzliche Pflichtverletzung nicht nur die Inanspruchnahme dem Grunde nach, sondern auch die Inanspruchnahme der Höhe nach vorgeprägt. Die Haftung nach § 71 AO stelle – wie die Haftung nach § 69 AO[1145] – keine Sanktion für ein bestimmtes Fehlverhalten dar, sondern habe Schadensersatzcharakter. Müsste das Finanzamt bei der Inanspruchnahme erneut Überlegungen zur Höhe des Anspruches anstellen, würde dies dem Sinn und Zweck der Norm widersprechen. Die Tatbestandsverwirklichung des § 71 AO gebe die Höhe der Inanspruchnahme vor. Der Haftungsschuldner hafte aber nur für die Beträge, auf die sich der Vorsatz bezogen hat.[1146]

ii. Zwischenergebnis

Der BFH änderte seine frühere Rechtsprechung dahingehend, dass bei einer grob fahrlässigen Pflichtverletzung nicht mehr von einer vorgeprägten Ermessensentscheidung ausgegangen werden könne, weil sonst die Ermessensentscheidung praktisch leerlaufen würde. Er ließ aber zunächst offen, ob dies auch bei einer vorsätzlichen Pflichtverletzung der Fall sei. In einigen Entscheidungen lehnte der BFH ein vorgeprägtes Ermessen ab. Im weiteren Verlauf bestätigte der BFH seine ursprüngliche Rechtsprechung, dass bei einer vorsätzlichen Pflichtverletzung und bei einer Steuerhinterziehung von einer vorgeprägten Ermessensentscheidung auszugehen sei. Voraussetzung sei aber stets, dass das Finanzamt selbst bei der Rechtsentscheidung von einer vorsätzlichen Pflichtverletzung ausgehe.

c. Rechtsprechung ab 1996

aa. BFH v. 12.12.1996 – VII R 53/96

In dieser Entscheidung äußerte sich der BFH über das Verhältnis von Sachverhaltsermittlung und Ermessensentscheidung. Danach sei der entscheidungserhebliche Sachverhalt „einwandfrei und erschöpfend" zu ermitteln. Umgekehrt sei eine Ermessensentscheidung fehlerhaft, wenn die Behörde bei ihrer Entscheidung Gesichtspunkte tatsächlicher oder rechtlicher Art, die nach dem Sinn und Zweck der Ermessensvorschrift zu berücksichtigen seien, außer Acht lasse.[1147]

1145 Hier verweist der BFH auf BFH v. 07.07.1983 – V R 197/81, BStBl. II 1984, 70; v. 05.09.1989 –VII R 61/87, BStBl. II 1989, 979. In beiden Entscheidungen lehnt der BFH ein Ermessen über die Höhe des Haftungsanspruchs ab.

1146 BFH v. 26.02.1991 – VII R 3/90, BFH/NV 1991, 504 (505) mit Hinweis auf die Rechtsprechung des RFH zur Vorgängernorm § 112 RAO v. 04.03.1936 – IV A 14/36, RStBl. 1936, 226.

1147 BFH v. 12.12.1996 – VII R 53/96, BFH/NV 1997, 386 (387).

Eine fehlerhafte Ermessensentscheidung wegen unzureichender Ermittlung bzw. Berücksichtigung des zutreffenden Sachverhalts komme nicht nur wegen Ermittlungsdefiziten/-mängeln im Rahmen des Entschließungs- oder Auswahlermessens der Behörde im engeren Sinne in Betracht, sondern auch bei bestimmten Tatbestandsmerkmalen der Haftungsvorschriften.[1148] Insbesondere müsse die Behörde nach der Rechtsprechung des BFH den zutreffenden Verschuldensgrad bei der Haftung nach § 69 AO berücksichtigen, da der genaue Grad sich auf die Ermessensentscheidung auswirke und die Ermessensbetätigung durch ein schweres Verschulden in gewisser Weise vorgeprägt werden könne.[1149]

Aufgrund des zitierten Urteils und weiterer Entscheidungen kam der BFH zu dem Ergebnis, dass Merkmale des Haftungstatbestandes und außertatbestandliche Gesichtspunkte bei der Ermessensentscheidung nach § 191 Abs. 1 AO nur dann beachtet werden müssen und somit diese für diesen Zweck einwandfrei und erschöpfend zu ermitteln seien, wenn sie nach dem Sinn und Zweck der Ermessensnorm für die Ermessensbetätigung wichtig seien.[1150] Die Sachverhaltsermittlung spielte für den BFH in dieser Entscheidung beim vorgeprägten Ermessen eine wichtige Rolle.

bb. BFH v. 13.06.1997 – VII R 96/96

Die Vorinstanz hob den Haftungsbescheid und die Einspruchsentscheidung wegen einer fehlenden sachgerechten Ausübung des Entschließungsermessens auf. Der BFH hielt jedoch an seiner Rechtsprechung v. 29.09.1987 – VII R 54/84 und v. 13.11.1990 – VII R 96/88 fest. Er hob die Vorentscheidung wiederum auf und verwies die Sache an das FG zur erneuten Verhandlung und Entscheidung i.S.v. § 126 Abs. 3 Nr. 2 FGO zurück.[1151]

Kämen neben dem in Anspruch genommenen alleinigen Geschäftsführer als Haftungsschuldner weder der Steuerschuldner aus rechtlichen Gründen noch weitere Haftungsschuldner in Betracht, genüge für die Begründung des Auswahlermessens der Hinweis auf die Unmöglichkeit einer Einziehung der rückständigen Steuerabzugsbeträge durch Vollstreckungsmaßnahmen gegenüber der GmbH.[1152]

1148 BFH v. 12.12.1996 – VII R 53/96, BFH/NV 1997, 386 (387).

1149 BFH v. 12.12.1996 – VII R 53/96, BFH/NV 1997, 386 (387) mit Verweis auf BFH v. 13.04.1978 – V R 109/75, BStBl. II 1978, 508. Erstaunlicherweise differenziert der BFH an dieser Stelle nicht zwischen grober Fahrlässigkeit und Vorsatz.

1150 BFH v. 12.12.1996 – VII R 53/96, BFH/NV 1997, 386 (387).

1151 BFH v. 13.06.1997 – VII R 96/96, BFH/NV 1998, 4.

1152 BFH v. 13.06.1997 – VII R 96/96, BFH/NV 1998, 4 (5).

Diese Sachlage wirke sich auch auf die Begründungsanforderungen des Entschließungsermessens aus. Nach der Rechtsprechung des BFH v. 29.09.1987 – VII R 54/84 und v. 13.11.1990 – VII R 96/88 sei die Ausübung des Entschließungsermessens wegen der dem Steuergläubiger im öffentlichen Interesse obliegenden Verpflichtung, die geschuldeten Abgaben nach Möglichkeit zu erheben, nur unter ganz außergewöhnlichen Umständen ermessensfehlerhaft. Wenn keine außergewöhnlichen Umstände vorgetragen würden oder sie nicht ersichtlich seien, dann müsse das Finanzamt sein Entschließungsermessen im Regelfall nicht besonders begründen, wenn andere Schuldner für eine Inanspruchnahme nicht in Betracht kämen. Voraussetzung sei aber auch hier die Erkennbarkeit, dass das Finanzamt sich bewusst gewesen sei, eine Ermessensentscheidung gemäß § 191 Abs. 1 AO treffen zu müssen.[1153]

Der BFH betonte unter Aufhebung der Vorinstanz, dass es sich bei den Ausführungen zur Begründung des Entschließungsermessens um ein Regel-Ausnahme-Prinzip handele.[1154]

Bemerkenswert ist die Unterscheidung zwischen der Vorprägung des Ermessens durch den Verschuldensgrad und der nicht erforderlichen Begründungspflicht im Falle des Vorliegens eines Regelfalles für das hier zu untersuchende Problem hinsichtlich der Begründung des Entschließungsermessens. Der BFH führte dazu nämlich aus: „Soweit es trotz der eingeschränkten Anforderungen an die Begründung des Entschließungsermessens [...] noch darauf ankommen sollte, ob [...] die Ermessensentscheidung schon durch den Grad des Verschuldens des Haftungsschuldners vorgeprägt ist, weist der Senat auf folgendes hin".[1155] Der BFH trennt hier klar zwischen dem Fall einer vorgeprägten Ermessensentscheidung und dem Vorliegen eines Regelfalles beim Entschließungsermessen. Für die Annahme eines vorgeprägten Ermessens müsse das Finanzamt bei seiner Entscheidung über den Haftungstatbestand eindeutig selbst von einer vorsätzlichen Pflichtverletzung des Haftungsschuldners ausgegangen sein.[1156]

Im Streitfall nahm das Finanzamt jedoch nur eine (zumindest) grob fahrlässige Pflichtverletzung des Haftungsschuldners an. Deswegen kam der BFH zu dem Ergebnis, dass es einer Erläuterung der Ermessengründe wegen der fehlenden Vorprägung an sich bedurft hätte. Jedoch habe im Streitfall von dem Regelfall einer sachgerechten Ausübung des Entschließungsermessens ausgegangen werden

1153 BFH v. 13.06.1997 – VII R 96/96, BFH/NV 1998, 4 (5).
1154 BFH v. 13.06.1997 – VII R 96/96, BFH/NV 1998, 4 (5).
1155 BFH v. 13.06.1997 – VII R 96/96, BFH/NV 1998, 4 (6).
1156 BFH v. 13.06.1997 – VII R 96/96, BFH/NV 1998, 4 (6).

können, weil eine anderweitige Realisierbarkeit des Steueranspruchs als bei dem in Anspruch genommenen Haftungsschuldner nicht möglich gewesen sei.[1157]

Beide Fälle haben zwar eine Gemeinsamkeit – die eingeschränkte Begründungspflicht –, sie weisen aber doch unterschiedliche Voraussetzungen nach der Rechtsprechung auf. Bei einer genaueren Betrachtung fällt auf, dass der Regelfall beim Entschließungsermessen durch eine Feststellung beim Auswahlermessen angenommen werden kann, während das vorgeprägte Ermessen nach der Rechtsprechung durch das Vorliegen eines vorsätzlichen Verschuldens bei der Rechtsentscheidung auf Tatbestandsebene entsteht. Dann erscheint die Aussage „soweit es trotz" nicht nachvollziehbar. Beide Fälle sind zu unterscheiden. Die Vorprägung liegt unabhängig von der Zahl der möglichen Schuldner vor. Der „Regelfall" liegt nur vor, wenn der in Anspruch genommene Schuldner der einzige in Betracht kommende Schuldner ist. Bei Letzterem ist vielmehr von einer Ermessensreduzierung auf Null auszugehen, die sich auf die Begründungspflicht anders auswirkt.

cc. BFH v. 09.08.2002 – VI R 41/96

Der BFH musste entscheiden, ob der Haftungsbescheid nach § 191 Abs. 1 AO i.V.m. § 42d EStG rechtswidrig war, weil das Finanzamt möglicherweise keine ermessensfehlerfreie Entscheidung getroffen hatte.[1158]

Problematisch war, dass neben der Arbeitgeberhaftung nach § 42d EStG auch eine Geschäftsführerhaftung wegen Lohnsteuerhinterziehung nach §§ 34, 69 AO und § 71 AO im Raum stand und ein Haftungsbescheid gegen den früheren Gesellschafter-Geschäftsführer erlassen wurde. Das Finanzamt erkannte zwar das ihm zustehende Auswahlermessen hinsichtlich der Inanspruchnahme des Arbeitgebers, nicht jedoch hinsichtlich des ehemaligen Gesellschaftergeschäftsführers, obwohl beide Schuldner gesamtschuldnerisch hafteten. Im finanzgerichtlichen Verfahren stellte sich heraus, dass beide auch in Anspruch genommen wurden. Dies war weder aus dem Haftungsbescheid noch aus der Einspruchsentscheidung ersichtlich. Der BFH betonte in diesem Zusammenhang, dass sich die Ausübung des Auswahlermessens nicht auf den Kreis derjenigen beschränkte, die denselben Haftungstatbestand verwirklichen würden. Zwischen den einzelnen Haftungstatbeständen bestehe keine Rangordnung.[1159] Es lag jedoch eine

1157 BFH v. 13.06.1997 – VII R 96/96, BFH/NV 1998, 4 (6).
1158 BFH v. 09.08.2002 – VI R 41/96, BStBl. II 2003, 160.
1159 BFH v. 09.08.2002 – VI R 41/96, BStBl. II 2003, 160 (162).

Ermessensunterschreitung und somit eine rechtswidrige Entscheidung vor, weil das Finanzamt davon ausging, keinerlei Auswahlermessen ausüben zu müssen.

Die Begründung sei auch nicht entbehrlich gewesen. Es könne nur dann von einer stillschweigend sachgerechten Ermessensausübung und einer in Betracht kommenden eingeschränkten Begründungspflicht bei Haftungsbescheiden ausgegangen werden, wenn das Finanzamt überhaupt eine Ermessensentscheidung habe treffen wollen.[1160]

dd. BFH v. 08.09.2004 – XI R 1/03

Der BFH bezog sich auf das Urteil v. 26.02.1991 – VII R 3/90[1161] und bestätigte, dass im Falle einer vorsätzlichen Steuerhinterziehung die Ermessensentscheidung sowohl über die Inanspruchnahme dem Grunde nach als auch über die Inanspruchnahme der Höhe nach vorgeprägt sei.[1162] § 71 AO habe Schadensersatzcharakter. Deswegen sei kein Grund ersichtlich, Gesichtspunkte zu berücksichtigen, die sich aus der Größenordnung der Haftungsschuld im Vergleich zu den finanziellen Möglichkeiten des Haftungsschuldners ergeben würden. Auch dürften der Grad des Verschuldens und der Steuerschaden nicht in Relation gesetzt werden, weil die Höhe der Inanspruchnahme vorgeprägt sei.[1163]

ee. BFH v. 08.06.2007 – VII B 280/06

Problematisch war in diesem Fall, ob eine Ermessensunterschreitung hinsichtlich der Teilnehmer der Steuerstraftat und damit ein rechtswidriger Haftungsbescheid nach §§ 191 Abs. 1, 71 AO vorlag.[1164]

Grundsätzlich müsse die Verwaltung die zu treffende Ermessensentscheidung im Haftungsbescheid, spätestens aber in der Einspruchsentscheidung begründen gemäß § 121 Abs. 1, § 126 Abs. 1 Nr. 2, Abs. 2 AO. Insbesondere bedürfe es einer Begründung des Auswahlermessens. Auf die ausdrückliche Begründung der Ermessensentscheidung hinsichtlich der Inanspruchnahme des Haupttäters einer Steuerstraftat könne das Finanzamt aber verzichten, wenn neben dem Haupttäter auch ein oder mehrere Gehilfen als Haftungsschuldner bei der Steuerstraftat in

---

1160 BFH v. 09.08.2002 – VI R 41/96, BStBl. II 2003, 160 (162).
1161 BFH v. 26.02.1991 – VII R 3/90, BFH/NV 1991, 504.
1162 BFH v. 08.09.2004 – XI R 1/03, HFR 2005, 293 (294).
1163 BFH v. 08.09.2004 – XI R 1/03, HFR 2005, 293 (295).
1164 BFH v. 08.06.2007 – VII B 280/06, BFH/NV 2007, 1822.

Betracht kämen. In diesem Fall könne die Auswahlentscheidung der Verwaltung – von Besonderheiten des Einzelfalls, die dem Finanzamt bekannt sein müssen, abgesehen – jedenfalls nicht zu dem Ergebnis führen, den Haupttäter nicht in Anspruch zu nehmen.[1165]

Es entspreche der ständigen Rechtsprechung des Senats, dass bei Vorliegen einer vorsätzlich begangenen Steuerstraftat nicht nur das Entschließungs-, sondern auch das Auswahlermessen in der Weise vorgeprägt sei, dass die Abgaben gegen den Steuerstraftäter festzusetzen seien und dass es einer besonderen Begründung der Ermessensentscheidung nicht bedürfe.[1166] Unerheblich sei, dass ein weiterer Beteiligter an der Steuerstraftat den Haftungstatbestand in der gleichen Verschuldensform verwirklicht haben könnte. Der Verschuldensgrad sei nur dann ein für die Ermessensausübung relevantes Kriterium, wenn nicht schon durch die Art der Tatbeteiligung ein Stufenverhältnis zwischen den als Haftungsschuldner in Betracht kommenden Personen vorgesehen sei, wie es bei Tätern und Gehilfen der Fall sei. Ein Täter habe grundsätzlich wegen seiner Tatherrschaft oder zumindest seines Willens zur Tatherrschaft ein engeres Verhältnis zur Tat und einen höheren Beitrag dazu geleistet als der Gehilfe.[1167] Deswegen könne er ohne Prüfung, ob auch ein Gehilfe als weiterer Haftungsschuldner in Betracht komme, in Anspruch genommen werden.[1168]

Der VII. Senat betonte dabei, dass er sich nicht in Widerspruch zu seiner eigenen Rechtsprechung setze. Hiernach liege eine nicht mehr korrigierbare Ermessensunterschreitung vor, wenn die Ausübung des Auswahlermessens zwischen den in Betracht kommenden Haftungsschuldnern nicht spätestens in der Einspruchsentscheidung begründet wird. Keine der von der Vorinstanz aufgeführten Entscheidungen habe die Notwendigkeit der Ausübung des Auswahlermessens bei der Inanspruchnahme von Täter und Gehilfen einer Steuerstraftat durch Haftungsbescheid betroffen.[1169] Daher habe auch keine Veranlassung

1165 BFH v. 08.06.2007 – VII B 280/06, BFH/NV 2007, 1822 (1824).

1166 BFH v. 08.06.2007 – VII B 280/06, BFH/NV 2007, 1822 (1824).

1167 Der BFH zitiert hier BGH v. 30.06.2005 – 5 StR 12/05, HFR 2006, 617.

1168 BFH v. 08.06.2007 – VII B 280/06, BFH/NV 2007, 1822 (1824). Siehe zur Vorprägung bei der Inanspruchnahme eines Gehilfen BFH v. 13.08.2007 – VII B 345/06, BFH/NV 2008, 23.

1169 Der BFH grenzte den zu entscheidenden Fall ab von seiner Rechtsprechung zur Inanspruchnahme eines oder mehrerer Geschäftsführer gemäß §§ 69, 34 bzw. 35 AO (BFH v. 24.11.1987 – VII R 82/84, BFH/NV 1988, 206; v. 19.07.1988 – VII B 39/88, BFH/NV 1989, 145; v. 29.05.1990 – VII R 81/89, BFH/NV 1991, 283; v. 30.06.1995 – VII R 87/94, BFH/NV 1996, 3; v. 11.03.2004 – VII R 52/02, BStBl. II 2004, 579), zur

bestanden, den im Streitfall entscheidenden Gesichtspunkt der Ermessensreduzierung auf Null im Falle der Heranziehung nur des Täters, nicht aber des Gehilfen zu erwägen.[1170]

Alle zitierten Entscheidungen nähmen aber ein vorgeprägtes Entschließungs- und Auswahlermessen im Falle einer vorsätzlich begangenen Steuerstraftat in der Weise an, dass die Abgaben gegen den Steuerstraftäter festzusetzen seien und dass diese Ermessensentscheidung keiner besonderen Begründung bedürfe. Diese Vorprägung gelte uneingeschränkt und ausnahmslos. Zwar sei die Ausübung des Auswahlermessens nicht entbehrlich, auf die Inanspruchnahme eines vorsätzlich an einer Steuerstraftat Beteiligten könne jedoch nicht verzichtet werden. Würde die Haftung eines vorsätzlichen Steuerstraftäters in das freie Ermessen des Finanzamtes gestellt werden, sobald von anderen Personen zur Tat Beihilfe geleistet worden ist, wäre dieses Postulat entwertet.[1171]

Nach Ansicht des BFH ist eine fehlende Inanspruchnahme eines weiteren Haftungsschuldners nur dann ermessensfehlerhaft, wenn die erforderliche Abwägung wahrscheinlich ergeben hätte, dass dieser Haftungsschuldner vorrangig in Anspruch zu nehmen gewesen wäre und dass der eigentliche Haupttäter hätte freigestellt werden müssen.[1172]

Erwerberhaftung nach § 75 AO neben der Geschäftsführerhaftung nach § 69 AO (BFH v. 22.09.1992 - VII R 73-74/91, BFH/NV 1993, 215) und zur Arbeitgeberhaftung nach § 42d EStG neben der Geschäftsführerhaftung wegen Lohnsteuerhinterziehung (BFH v. 09.08.2002 - VI R 41/96, BStBl. II 2003, 160). Alle Haftungsschuldner seien in den entschiedenen Fällen prinzipiell gleichrangig gewesen (BFH v. 07.10.2004 - VII B 46/04, BFH/NV 2005, 827). Soll nur einer der gleichrangig Haftenden in Anspruch genommen werden, ein anderer dagegen nicht, bedürfe es einer einzelfallbezogenen Abwägung zur Rechtfertigung. Auch habe der BFH bei der Haftung wegen Steuerhinterziehung nach § 71 AO bisher nur über die Heranziehung mehrerer Täter entschieden (BFH v. 26.02.1991 - VII R 3/90, BFH/NV 1991, 504; v. 02.12.2003 - VII R 17/03, BFH/NV 2004, 597; v. 22.02.2005 - VII B 213/04, BFH/NV 2005, 1217; v. 04.03.2005 - VII B 154/04, BFH/NV 2005, 1240) oder über die Rechtmäßigkeit der Inanspruchnahme des Gehilfen neben weiteren in Betracht kommenden Haftungsschuldnern (BFH v. 08.09.2004 - XI R 1/03, HFR 2005, 293; v. 14.02.2006 - VII B 119/05, BFH/NV 2006, 1246).

1170 BFH v. 08.06.2007 - VII B 280/06, BFH/NV 2007, 1822 (1824).

1171 BFH v. 08.06.2007 - VII B 280/06, BFH/NV 2007, 1822 (1824).

1172 BFH v. 08.06.2007 - VII B 280/06, BFH/NV 2007, 1822 (1824) mit Verweis auf BFH v. 02.12.2003 - VII R 17/03, BFH/NV 2004, 597. In der zitierten Entscheidung ging es jedoch nicht um die Inanspruchnahme eines Haftungsschuldners, sondern eines Steuerschuldners nach dem Zollrecht. Die Ausführungen zur Ermessensentscheidung können aber grundsätzlich auf die Haftung nach § 191 Abs. 1 AO übertragen

Nach der Rechtsprechung muss also der Haupttäter einer Steuerstraftat i.S.v. § 71 AO grundsätzlich immer in Anspruch genommen werden. Der BFH stellte ausdrücklich fest, dass die Art der Tatbeteiligung ein Stufenverhältnis schaffe, das dem Grad des Verschuldens als Ermessenserwägung vorgehe. Bemerkenswert ist aber vor allem die Aussage, dass der Senat im vorliegenden Fall wohl von einer Ermessensreduzierung auf Null bei einem vorgeprägten Ermessen ausgeht.

ff. BFH v. 12.02.2009 - VI R 40/07

Der BFH hatte über die Rechtmäßigkeit der Inanspruchnahme eines Arbeitgebers wegen verkürzter Lohnsteuer nach § 42d Abs. 1 Nr. 3, § 42d Abs. 3 Satz 2 EStG zu entscheiden.[1173] Die Ausführungen ähneln sehr stark denjenigen des Urteils v. 02.12.2003 - VII R 17/03.[1174]

Die Entscheidung über die Inanspruchnahme eines einzelnen Gesamtschuldners stehe im pflichtgemäßen Auswahlermessen gemäß § 42d Abs. 3 Satz 2 EStG nach den allgemeinen Grundsätzen des § 5 AO. Insbesondere müsse der Grundsatz der Verhältnismäßigkeit und der wirtschaftlichen Bedeutung der einzelnen Tatbestandsverwirklichung beachtet werden. Die Ermessensentscheidung müsse aber spätestens in der Einspruchsentscheidung begründet werden, sonst sei sie grundsätzlich fehlerhaft.[1175]

---

werden. Auf sie wird deswegen nicht näher eingegangen. Zudem löste der UZK (Verordnung (EU) Nr. 952/2013 des Europäischen Parlaments und des Rates v. 09.10.2013 zur Festlegung des Zollkodex der Union; berichtigt am 30.09.2016, ABl. EU L 267/2) den ZK ab.

1173 BFH v. 12.02.2009 - VI R 40/07, BStBl. II 2009, 478.

1174 BFH v. 02.12.2003 - VII R 17/03, BFH/NV 2004, 597. Der Kläger hatte Beihilfe zur Steuerhehlerei und damit eine vorsätzliche Steuerstraftat begangen. Das HZA nahm ihn als Steuerschuldner für Einfuhrabgaben und nicht als Haftungsschuldner in Anspruch. Das FG machte sich zulässigerweise die strafgerichtlichen Feststellungen zu eigen. Der BFH betonte, dass es sich bei der Inanspruchnahme des Einfuhrabgabenschuldners um eine Ermessensentscheidung handele. Dieser sei Gesamtschuldner gemäß Art. 213 ZK. Wer von mehreren grundsätzlich gleichrangigen Gesamtschuldnern aber in Anspruch genommen werde, stehe im pflichtgemäßen Auswahlermessen der Verwaltung nach den Grundsätzen des § 5 AO. Zwar müsse nach Ansicht des BFH die Ermessensentscheidung wegen § 102 FGO spätestens in der Einspruchsentscheidung begründet werden. Sie sei ansonsten grundsätzlich fehlerhaft. Deswegen war vor allem fraglich, ob das HZA das Auswahlermessen fehlerfrei ausgeübt hatte, weil die Begründung der Ermessensentscheidung nicht auf alle in Betracht kommenden Gesamtschuldner einging.

1175 BFH v. 12.02.2009 - VI R 40/07, BStBl. II 2009, 478 (479).

Getrennt davon zu beurteilen sei aber die Frage der Begründungstiefe des Auswahlermessens, weil diese stets eine Frage des Einzelfalles und von den besonderen Umständen auf Seiten des jeweiligen Gesamtschuldners abhängig sei, die für die Behörde ersichtlich seien. Nach der Rechtsprechung des BFH sei bei Vorliegen vorsätzlicher Steuerstraftaten die Ermessensentscheidung über die Inanspruchnahme durch Haftungsbescheid in der Weise vorgeprägt, dass es einer besonderen Begründung der Ermessensausübung nicht bedürfe.[1176] Bei einer vorsätzlichen Steuerstraftat sei es im Regelfall billig und gerecht, den Täter oder Teilnehmer in Anspruch zu nehmen. Die Freistellung wäre vielmehr regelmäßig ermessensfehlerhaft. In diesen Fällen bedürfe es keiner besonderen Begründung.[1177]

Diese Vorprägung des Ermessens gilt nach Ansicht des BFH insbesondere auch dann, wenn sich mehrere Gesamtschuldner einer vorsätzlichen Steuerstraftat schuldig gemacht haben und sie deswegen bei der Ausübung des Auswahlermessens grundsätzlich gleichrangig nebeneinanderstehen. Würde die Behörde einen Gesamtschuldner, der sich einer vorsätzlichen Steuerstraftat schuldig gemacht hat und dadurch einen Steuertatbestand erfüllt hat, von der Steuer freistellen, würde sie regelmäßig ermessensfehlerhaft handeln. Sie könne grundsätzlich nicht auf die Inanspruchnahme eines vorsätzlich an einer Steuerstraftat Beteiligten verzichten. In diesem Fall könne der in Anspruch genommene Haftungsschuldner nicht verlangen, dass das Finanzamt andere Haftungsschuldner in Anspruch nimmt und ihn selbst dagegen nicht. Unerheblich sei, ob die Inanspruchnahme der anderen Mittäter genauso schnell und einfach möglich wäre.[1178]

Der BFH kam im Streitfall zum Ergebnis, dass ein vorgeprägtes Auswahlermessen vorgelegen habe, wenn der Arbeitgeber tatsächlich eine vorsätzliche Steuerstraftat begangen hat. Dann sei kein Ermessensfehler bei der Ausübung des Auswahlermessens erkennbar.[1179]

Die Entscheidungsgründe des BFH zur Begründungstiefe des Auswahlermessens erinnern an § 121 Abs. 1 AO. Nach dem BFH sei die Begründungsintensität eine Frage des Einzelfalls. Wenn es aber auf das Verständnis nach § 121 Abs. 1

1176 BFH v. 12.02.2009 – VI R 40/07, BStBl. II 2009, 478 (479). Vgl. auch BFH v. 02.12.2003 – VII R 17/03, BFH/NV 2004, 597 (599) m.w.N.

1177 BFH v. 12.02.2009 – VI R 40/07, BStBl. II 2009, 478 (479 f.).

1178 BFH v. 12.02.2009 – VI R 40/07, BStBl. II 2009, 478 (480). Vgl. auch schon BFH v. 08.06.2007 – VII B 280/06, BFH/NV 2007, 1822.

1179 BFH v. 12.02.2009 – VI R 40/07, BStBl. II 2009, 478 (480).

AO ankommt, bedeutet dies nur, dass es eine Frage des Einzelfalles ist, wie weit eine Begründung erforderlich ist.

Beachtenswert an diesem Fall ist auch der Umstand, dass nach dem Wortlaut des § 42d Abs. 1 Nr. 3 EStG ein Verschulden keine Tatbestandsvoraussetzung darstellt und der BFH trotzdem eine vorgeprägte Ermessensentscheidung annimmt.

Der BFH entschied wegen der verschuldensunabhängigen Haftung nach § 42d EStG, dass ein Verschulden des Arbeitgebers auf Ermessensebene bei der Ausübung des Auswahlermessens zwischen den Gesamtschuldnern zu berücksichtigen sei.[1180]

d. *Zusammenfassung der Rechtsprechung*

aa. Entschließungs- und Auswahlermessen

Der BFH äußerte sich in den ausgewählten Entscheidungen zum Entschließungs- und Auswahlermessen bei einer Inanspruchnahme nach § 191 Abs. 1 Satz 1 AO. Er nimmt grundsätzlich ein Entschließungsermessen an. Nur in engen Grenzen vertrat er die Ansicht, dass kein Entschließungsermessen eingeräumt ist. Das Bestehen eines Auswahlermessens der Verwaltung ist unstrittig.

Wie gezeigt, trennt der BFH in den Entscheidungsgründen teilweise nicht klar zwischen den einzelnen Ermessensarten. Dies liegt wohl unter anderem an den einzelnen Erwägungen, die sowohl beim Entschließungs- als auch beim Auswahlermessen bedeutend sind.[1181]

bb. Vorprägung des Ermessens

Der BFH griff seine Rechtsprechung v. 13.04.1978 – V R 109/75 in zahlreichen Entscheidungen auf und entwickelte sie weiter. Sie ist vielschichtig und zu hinterfragen.

Nach der Rechtsprechung sei das Entschließungs- und bzw. oder das Auswahlermessen neben der Höhe des Anspruchs bei Vorliegen einer vorsätzlichen Steuerstraftat vorgeprägt. In diesem Fall liege eine stillschweigend sachgerechte Ermessensausübung vor, die keiner besonderen Begründung bedürfe. Die Rechtsentscheidung auf erster Entscheidungsstufe präge die Ermessensentscheidung auf zweiter Stufe.

1180 BFH v. 12.02.2009 – VI R 40/07, BStBl. II 2009, 478 (480); vgl. auch *Hummel* in Kirchhof/Söhn/Mellinghoff, § 42d EStG Rn. B 12 (Juni 2017); *Gersch* in Herrmann/Heuer/Raupach, § 42d EStG Rn. 79 (Oktober 2014) m.w.N.

1181 So auch *Völlmeke*, DStR 1991, 1001 (1002).

Ein vorgeprägtes Ermessen in § 191 Abs. 1 Satz 1 AO nimmt die Verwaltung bei Erfüllung der Haftungstatbestände § 69 AO (bei Vorsatz), § 71 AO und § 42d EStG an.

Das Verständnis vom vorgeprägten Ermessen unterlag einem Wandel. Zunächst reichte für eine vorgeprägte Ermessensentscheidung ein schweres Verschulden in Form einer groben Fahrlässigkeit oder eines Vorsatzes aus. Nach dem Inkrafttreten der AO 1977 änderte sich die Rechtsprechung zunächst nicht. Der BFH ließ die Frage, ob man von einer Vorprägung auch unter Geltung der AO 1977 noch ausgehen könne, zunächst offen. In einer Entscheidung lehnte der BFH ein vorgeprägtes Ermessen nach Inkrafttreten der AO 1977 sowohl bei einer groben Fahrlässigkeit als auch bei Vorsatz ab.

1988 entschied der BFH, dass man zumindest bei einer groben Fahrlässigkeit nicht mehr von einer vorgeprägten Ermessensentscheidung ausgehen könne, weil die Ermessensentscheidung sonst „leer laufen" würde. Er ließ offen, ob dies auch für eine vorsätzliche Pflichtverletzung gelte. 1991 bestätigte der BFH seine Rechtsprechung dahingehend, dass bei einer vorsätzlichen Pflichtverletzung von einer vorgeprägten Ermessensentscheidung ausgegangen werden könne. An dieser Rechtsprechung hält der BFH bis heute fest. Im Detail traf der BFH aber verschiedene inhaltliche Aussagen und differenzierte zwischen einzelnen Ausprägungen.

Voraussetzungen sind damit nach der Rechtsprechung das Vorliegen eines vorsätzlichen Handelns, eine ausführliche Sachverhaltsermittlung und eine Begründung der Rechtsentscheidung. Daneben muss die Behörde zu erkennen geben, dass sie sich ihres Ermessensspielraums bewusst war und selbst von Vorsatz bei der Entscheidung über den Haftungstatbestand ausgegangen ist.

cc. Bedeutung für die Ermessensdogmatik

Wenn der BFH nun eine vorgeprägte Ermessensentscheidung annimmt, deren Ermessenserwägungen nicht besonders begründet werden müssen, steht dies im Konflikt zur hergebrachten Ermessenslehre.[1182] Begründet die Verwaltung die Ermessensentscheidung nicht, dann ist nicht ersichtlich, dass sie überhaupt eine Ermessensentscheidung getroffen hat. Auch ist für den Bürger grundsätzlich nicht nachvollziehbar, welche einzelnen Erwägungen die Verwaltung angestellt hat. Dementsprechend stellt sich das gleiche Problem für die Rechtsprechung.

1182 Siehe dazu unter § 3.

Daher ist die Rechtsprechung des BFH zum vorgeprägten Ermessen auf Kritik gestoßen.[1183]

Der BFH führte deswegen in seiner Rechtsprechung aus, dass aus der Entscheidung erkennbar sein müsse, dass sich das Finanzamt seiner Ermessensentscheidungsbefugnis auch bewusst gewesen sei.[1184] In diesem Zusammenhang hob der BFH auch einige Entscheidungen auf. Damit sollte wohl der Gefahr eines Anscheins eines Ermessensnichtgebrauchs entgegengewirkt werden.

Unklar ist aber, wie das vorgeprägte Ermessen mit dem Wortlaut von § 191 Abs. 1 Satz 1 AO zu vereinbaren ist. Auch die Frage der Begründungspflicht nach § 121 Abs. 1 AO ist nicht abschließend geklärt.

dd. Unstimmigkeiten innerhalb der Rechtsprechung

Im Detail finden sich Unstimmigkeiten in der Rechtsprechung zum vorgeprägten Ermessen.

(1.) Vorprägung und Ermessensreduzierung auf Null

Der BFH führte in seinem Urteil v. 13.09.1988 – V R 67–68/83 aus, dass es drei Konstellationen gebe, in denen die Ermessenserwägungen i.S.v. § 121 Abs. 2 Nr. 2 AO offensichtlich seien. Erstens seien die Erwägungen bei deren Kenntnis durch den Haftungsschuldner offensichtlich. Zweitens könne eine Offensichtlichkeit wegen der besonderen Stellung des Haftungsschuldners vorliegen und drittens könne eine Ermessensreduzierung auf Null den Entscheidungsspielraum auf eine einzige rechtmäßige Entscheidung beschränken.[1185]

Im Urteil v. 12.04.1983 - VII R 3/80 dagegen stellte der BFH einen Fall der Ermessensreduzierung auf Null mit dem Begriff der Vorprägung gleich.[1186]

Die Gleichstellung von Vorprägung und Ermessensreduzierung überrascht auch, weil der BFH mehrmals den Fall des vorgeprägten Ermessens als einen

1183 *Drüen* in Tipke/Kruse, § 5 AO Rn. 13 f. (August 2014) bezeichnet das vorgeprägte Ermessen als steuerrechtliche Variante des intendierten Ermessens und lehnt beide ab; ablehnend auch *Stapperfend* in Gräber, § 102 FGO Rn. 5; *Wernsmann* in Hübschmann/Hepp/Spitaler, § 5 AO Rn. 139 (April 2013) geht vor allem auf die Kritik zum intendierten Ermessen ein und hält die Figur im Ergebnis für überflüssig.

1184 BFH v. 13.06.1997 – VII R 96/96, BFH/NV 1998, 4 (5).

1185 BFH v. 13.09.1988 – V R 67–68/83, BFH/NV 1989, 681 (682). Siehe auch schon oben unter § 3.I.7.

1186 BFH v. 12.04.1983 – VII R 3/80, HFR 1983, 397 (398); vgl. auch BFH v. 30.07.1987 – VII R 48/84, BStBl. II 1988, 170 (171 f.).

Regelfall bezeichnete und die Ermessensreduzierung auf Null nur wegen besonderer Umstände des Einzelfalls angenommen werden könne.

(2.) Vorprägung und „Regelfall-Rechtsprechung“

Nach Ansicht des BFH ist bei einer vorgeprägten Ermessensentscheidung die Inanspruchnahme regelmäßig gerechtfertigt.[1187] Teilweise differenzierte der BFH aber auch zwischen dem Vorliegen eines Regelfalles und einem Fall des vorgeprägten Ermessens.[1188] Er grenzte die Vorprägung einer Ermessensentscheidung durch die Tatbestandsverwirklichung in schwerer bzw. vorsätzlicher Verschuldensform ausdrücklich von dem Regelfall einer sachgerechten Ausübung des Entschließungsermessens wegen einer mangelnden anderweitigen Realisierbarkeit des Steueranspruchs als bei dem in Anspruch genommenen Haftungsschuldner ab.[1189] Damit ist unklar, wie die „Regelfall-Rechtsprechung“ und die Rechtsprechung zur Vorprägung zueinander stehen.

Ein Unterschied ist, dass der Vorsatz des Haftungsschuldners auf Tatbestandsebene für das vorgeprägte Ermessen kennzeichnend ist, während die „Regelfall-Rechtsprechung“ nicht weiter auf das Verschulden abstellt.

Auch grenzt sich die „Regelfall-Rechtsprechung“ von der Rechtsprechung zum vorgeprägten Ermessen ab, indem der BFH zunächst das Auswahlermessen prüft und anschließend auf das Entschließungsermessen eingeht. Beim Auswahlermessen betonte er stets, dass die Verwaltung dieses ausreichend begründet habe. Dies soll sich auch auf die Begründung des Entschließungsermessens auswirken. Beim vorgeprägten Ermessen dagegen ist eine Begründung des Auswahlermessens nicht erforderlich, weil schließlich von einer „stillschweigenden“ Ermessensausübung ausgegangen werden kann. Beim vorgeprägten Ermessen ist es nach der Rechtsprechung unerheblich, wenn neben dem Täter noch weitere Beteiligte in Betracht kommen. Der Täter muss stets in Anspruch genommen werden und kann nicht verlangen, verschont zu werden.[1190]

1187 BFH v. 13.04.1978 – V R 109/75, BStBl. II 1978, 508 (510).

1188 BFH v. 29.09.1987 – VII R 54/84, BStBl. II 1988, 176 (178); v. 13.06.1997 – VII R 96/96, BFH/NV 1998, 4 (6).

1189 BFH v. 29.09.1987 – VII R 54/84, BStBl. II 1988, 176 (178); v. 13.06.1997 – VII R 96/96, BFH/NV 1998, 4 (6).

1190 BFH v. 08.06.2007 – VII B 280/06, BFH/NV 2007, 1822 (1824); v. 12.02.2009 – VI R 40/07, BFH/NV 2009, 827 (828).

Bei der „Regelfall-Rechtsprechung" ist vor allem wegen der alleinigen Inanspruchnahmemöglichkeit des Haftungsschuldners von einer Ermessensreduzierung auf Null auszugehen und nicht von einem Regelfall. Wenn keine außergewöhnlichen Umstände ersichtlich gewesen sind – wie die Rechtsprechung hervorhebt –, spricht dies erst recht für eine Ermessensreduzierung auf Null. Wären nämlich solche Umstände erkennbar gewesen, hätte die Verwaltung nicht nur eine einzige Entscheidungsmöglichkeit gehabt.

ee. Ergebnis

Die Inanspruchnahme eines Haftungsschuldners nach § 191 Abs. 1 Satz 1 AO steht nach der Rechtsprechung des BFH im Entschließungs- und Auswahlermessen der Behörde. Der BFH modifiziert durch seine Rechtsprechung zum vorgeprägten Ermessen das Verständnis von beiden Ermessensarten. Unklar ist das Verhältnis von „Regelfall-Rechtsprechung" zur Rechtsprechung des vorgeprägten Ermessens. Auch ist die Relation zur Ermessensreduzierung auf Null verworren.

4. Vergleich: Intendiertes Ermessen nach der Rechtsprechung des BVerwG

Einige Stimmen setzen das vorgeprägte Ermessen nach der Rechtsprechung des BFH mit der Rechtsprechung des BVerwG zum intendierten Ermessen gleich.[1191]

a. Intendiertes Ermessen nach der Rechtsprechung des BVerwG

Nach dem BVerwG liegt ein intendiertes Ermessen vor, wenn die Richtung der Ermessensbetätigung durch das Gesetz vorgezeichnet sei.[1192] In diesem Fall stehe ein bestimmtes Ergebnis dem Gesetz näher, es sei sozusagen vom Gesetz grundsätzlich gewollt und davon dürfe nur ausnahmsweise abgesehen werden.[1193] Liege keine Ausnahme begründende Konstellation vor, bedürfe es keiner Abwägung des „Für und Wider" und daher entfalle auch eine entsprechende Begründungspflicht.[1194]

1191 *Wernsmann* in Hübschmann/Hepp/Spitaler, § 5 AO Rn. 138 (April 2013); *Stapperfend* in Gräber, § 102 FGO Rn. 5; *Drüen* spricht von einer steuerrechtlichen Variante, *Drüen* in Tipke/Kruse, § 5 AO Rn. 13 f. (August 2014).

1192 BVerwG v. 05.07.1985 – 8 C 22/83, BVerwGE 72, 1 (6).

1193 BVerwG v. 05.07.1985 – 8 C 22/83, BVerwGE 72, 1 (6).

1194 BVerwG v. 05.07.1985 – 8 C 22/83, BVerwGE 72, 1 (6); v. 25.09.1992 – 8 C 68 u. 70/90, BVerwGE 91, 82 (90).

In späteren Entscheidungen formulierte das BVerwG ähnlich (und stellte nach Stimmen in der Literatur zugleich auch klar[1195]): „Ist eine ermessenseinräumende Vorschrift dahin auszulegen, daß sie für den Regelfall von einer Ermessensausübung in einem bestimmten Sinne ausgeht, so müssen besondere Gründe vorliegen, um eine gegenteilige Entscheidung zu rechtfertigen. Liegt ein vom Regelfall abweichender Sachverhalt nicht vor, versteht sich das Ergebnis der Abwägung von selbst. Versteht sich aber das Ergebnis von selbst, so bedarf es insoweit nach § 39 Abs. 1 Satz 3 VwVfG auch keiner das Selbstverständliche darstellenden Begründung."[1196]

Die Rechtsprechung findet sich vor allem bei §§ 48 ff. VwVfG.[1197] Nach der Rechtsprechung bedarf es also im Regelfall keiner näheren Begründung der Ermessenserwägungen nach § 39 Abs. 1 Satz 3 VwVfG. Ausreichend sei, wenn die Behörde auf die vorgezeichnete Rechtsfolge des Gesetzes verweise und betone, dass kein Ausnahmefall vorläge.[1198] Die wohl herrschende Auffassung vergleicht

1195 *U. Stelkens* in Stelkens/Bonk/Sachs, § 39 VwVfG Rn. 70 m.w.N. Diese Rechtsprechung wurde als „Neue Formel" bezeichnet, *Borowski*, DVBl. 2000, 149 (150 f.); diese ablehnend *Pabst*, VerwArch 93 (2002), 540 (543); *Kaffenberger*, Das intendierte Verwaltungsermessen, S. 67; *Rode*, § 40 VwVfG und die deutsche Ermessenslehre, S. 79 f.; *Rudersdorf*, Das intendierte Ermessen, S. 33.
Die „Neue Formel" ist abzulehnen, weil sie der Idee des intendierten Ermessens widersprechen würde, wenn eine Abwägung erforderlich wäre; vgl. *Hoppe* in FS Maurer, S. 625 (635 Fn. 63); *Pabst*, VerwArch 93 (2002), 540 (543). Es macht keinen Unterschied, ob das BVerwG von „keiner Abwägung bedarf" oder von „versteht sich das Ergebnis der Abwägung von selbst" spricht. Bei beiden Formulierungen findet keine Abwägung statt, weil das Ergebnis der Ermessensentscheidung bei einem Regelfall von vornherein feststeht; vgl. *Rode*, § 40 VwVfG und die deutsche Ermessenslehre, S. 79 f.; *Rudersdorf*, Das intendierte Ermessen, S. 32. *Schoch*, Jura 2010, 358 (359) nimmt auch keine Abwägungspflicht an. Daneben zitiert das BVerwG in seiner Urteilsbegründung seine bisherige Rechtsprechung (siehe BVerwG v. 16.06.1997 – 3 C 22/96, BVerwGE 105, 55 [57]; v. 25.09.1992 – 8 C 68 u. 70/90, BVerwGE 91, 82 [90]). Dies erkennt auch *Borowski*, DVBl. 2000, 149 (151). Eine Rechtsprechungsänderung kann deswegen nicht angenommen werden.

1196 BVerwG v. 16.06.1997 – 3 C 22/96, BVerwGE 105, 55 (57); vgl. auch BVerwG v. 26.06.2002 – 8 C 30/01, BVerwGE 116, 332 (337).

1197 BVerwG v. 16.06.1997 – 3 C 22/96, BVerwGE 105, 55 (57 ff.). Es könne den Grundsätzen der Wirtschaftlichkeit und Sparsamkeit eine ermessenslenkende Wirkung entnommen werden.

1198 *Ramsauer* in Kopp/Ramsauer, § 40 VwVfG Rn. 65.

die Rechtsfigur mit der Funktion einer Soll-Norm.[1199] Um ein intendiertes Ermessen annehmen zu können, bedarf es einer Auslegung der Norm.[1200]

Die Rechtsprechung wirkt sich nicht nur auf die Begründung eines Verwaltungsakts aus. Sie zeigt weitere Folgen für das Verwaltungsverfahren. Die Verwaltung muss bei einer intendierten Ermessensnorm keine Umstände ermitteln, die einen atypischen Fall kennzeichnen. Sie wirkt sich damit auf die Sachverhaltsermittlung aus.[1201] In diesem Fall sei keine umfangreiche Abwägung des Für und Wider erforderlich.[1202] Für die Begründung des Verwaltungsaktes sei indes ausreichend, dass die gesetzliche Grundlage genannt werde und diese eine Rechtsfolge für den Regelfall vorsehe sowie außergewöhnlichen Umstände weder vorgetragen noch ersichtlich seien.[1203]

Das intendierte Ermessen nach der Rechtsprechung des BVerwG ist in der Literatur auf großes Interesse gestoßen und mehrheitlich abgelehnt worden.[1204]

1199 *Maurer/Waldhoff*, Allgemeines Verwaltungsrecht, § 7 Rn. 12; *Ramsauer* in Kopp/Ramsauer, § 39 VwVfG Rn. 29; *Gerhardt* in Schoch/Schneider/Bier, § 114 VwGO Rn. 20 (Mai 1997); *Wernsmann* in Hübschmann/Hepp/Spitaler, § 5 AO Rn. 137 (April 2013); *Drüen* in Tipke/Kruse, § 5 AO Rn. 13 (August 2014); *Kluth* in Wolff/Bachof/Stober/Kluth, Verwaltungsrecht I, § 31 Rn. 42; kritisch *Schoch*, Jura 2010, 358 (360, 362); kritisch auch *Volkmann*, DÖV 1996, 282 (284), der eine Annäherung an die Ermessensreduzierung auf Null erkennen mag und die Übergänge als „fließend" bezeichnet. Siehe dazu auch *Gerhardt* in Schoch/Schneider/Bier, § 114 VwGO Rn. 27 (Mai 1997); a.A. *Pabst*, VerwArch 93 (2002), 540 (545).

1200 *Borowski*, DVBl. 2000, 149 (154, 157 f.); *Pabst*, VerwArch 93 (2002), 540 (560); *Kluth* in Wolff/Bachof/Stober/Kluth, Verwaltungsrecht I, § 31 Rn. 42, nimmt einen Unterfall des sog. Dispensermessens an; *Volkmann*, DÖV 1996, 282; *Brinktrine*, Verwaltungsermessen, S. 47 f.; *Schoch*, Jura 2010, 358 (360); a.A. *Kaffenberger*, Das intendierte Verwaltungsermessen, S. 73 ff., der eine teleologische Reduktion und eine teleologische Korrektur vornimmt.

1201 *Wernsmann* in Hübschmann/Hepp/Spitaler, § 5 AO Rn. 135 f. (April 2013). Vgl. auch *Borowski*, DVBl. 2000, 149 (155, 158); *Pabst*, VerwArch 93 (2002), 540 (544 ff.).

1202 BVerwG v. 05.07.1985 – 8 C 22/83, BVerwGE 72, 1 (6); *Beaucamp*, JA 2006, 74 (76); *Wernsmann* in Hübschmann/Hepp/Spitaler, § 5 AO Rn. 135 (April 2013); zur „Neuen Formel" siehe bereits zuvor.

1203 BVerwG v. 05.07.1985 – 8 C 22.83, BVerwGE 72, 1 (6 f.); *Ramsauer* in Kopp/Ramsauer, § 39 VwVfG Rn. 29; *Wernsmann* in Hübschmann/Hepp/Spitaler, § 5 AO Rn. 135 (April 2013).

1204 Ablehnend *P. Stelkens*, NWVBl. 1989, 338 (339); *Volkmann*, DÖV 1996, 282 (283); *Masloff*, UBWV 1998, 26 (34); *Borowski*, DVBl. 2000, 149 (160); *Peters*, DÖV 2001, 749 (757 f.); *Erbguth*, JuS 2002, 333 (334); *Pabst*, VerwArch 93 (2002), 540 (560); *Beaucamp*, JA 2006, 74 (78); *Stapperfend* in Gräber, § 102 FGO Rn. 5; *Maurer/*

Vor allem der Wortlaut einer Norm gebe eine derartige Auslegung nicht her, weil die gefestigte Grenze zwischen „Kann“ und „Soll“ verwischt werde.[1205] Kritisiert wird, dass auf die Prüfung des Einzelfalls verzichtet werden könne. Nach *Volkmann* verkümmere die Ermessensbetätigung zur Subsumtion unter einen schon vom Gesetz vorausgesetzten Typus und die Trennung zwischen unbestimmtem Rechtsbegriff und Rechtsfolgeermessen werde verwässert.[1206] Auch die gerichtliche Kontrolle würde auf ein Minimum reduziert werden.[1207] Andere Stimmen erkennen dagegen eine Ausweitung der gerichtlichen Kontrolle zu Lasten der Verwaltung ohne den ausdrücklichen Willen des Gesetzgebers.[1208]

Auf die Kritik am intendierten Ermessen nach der Rechtsprechung des BVerwG soll an dieser Stelle nicht näher eingegangen werden. Ähnliche Fragen stellen sich auch beim vorgeprägten Ermessen. Auffällig ist nämlich, dass das intendierte und das vorgeprägte Ermessen eine Begründung der Ermessenserwägungen nicht verlangen. Auch stellen beide Rechtsfiguren zur Begründung auf eine Wirkung des Tatbestandes auf die Rechtsfolgenseite ab. Sie finden sich aber in zwei unterschiedlichen Rechtssystemen. AO und VwVfG unterliegen verschiedenen gesetzlichen Wertungen. Daneben unterscheiden sich beide Gesetze vor allem bei den gesetzlichen Anforderungen an die Begründung eines Verwaltungsaktes.[1209]

b. Vergleich der Rechtsprechung zu beiden Begriffen

In der Literatur finden sich Stimmen, die zwischen den Begriffen unterscheiden, und Stimmen, die beide Begriffe synonym verwenden. Der BFH verwendet zwar

---

Waldhoff, Allgemeines Verwaltungsrecht, § 7 Rn. 12; *Korte* in Wolff/Bachof/Stober/Kluth, Verwaltungsrecht I, § 51 Rn. 37. Kritisch *Gerhardt* in Schoch/Schneider/Bier, § 114 VwGO Rn. 20 (Mai 1997); *Sachs* in Stelkens/Bonk/Sachs, § 40 VwVfG Rn. 30; *Schwarz* in Fehling/Kastner/Störmer, § 114 VwGO Rn. 34; *Günther*, NWVBl. 1991, 181 (182); *Brinktrine*, Verwaltungsermessen, S. 47 f.; *Schoch*, Jura 2010, 358 (362); *Wilhelm*, DVP 2011, 310 (314). Zustimmend *Schwabe*, DVBl. 1998, 147; *K. Beckmann*, VR 1999, 357 (359); *Beuermann*, Intendiertes Ermessen, passim; *Kaffenberger*, Das intendierte Verwaltungsermessen, passim; in bestimmten Fällen *Rudersdorf*, Das intendierte Ermessen, passim; *W.-R. Schenke* in Kopp/Schenke, § 114 VwGO Rn. 21b; wohl auch *Ramsauer* in Kopp/Ramsauer, § 39 VwVfG Rn. 29.

1205 *Beaucamp*, JA 2006, 74 (77) m.w.N.

1206 *Volkmann*, DÖV 1996, 282 (285).

1207 *Volkmann*, DÖV 1996, 282 (285).

1208 *Beaucamp*, JA 2006, 74 (76).

1209 Siehe dazu oben unter § 4.III.2.b.bb(3.).

in seiner Rechtsprechung auch beide Begriffe, doch findet sich speziell bei der Rechtsprechung zu § 191 AO nur der Begriff des vorgeprägten Ermessens. Auf die Rechtsprechung des BFH zum intendierten Ermessen wird gesondert eingegangen.

Rudersdorf differenziert zwischen beiden Begriffen. Er vertritt die Auffassung, dass der dogmatische Ansatzpunkt ein anderer sei. Das vorgeprägte Ermessen ergebe sich aus Umständen des konkreten Einzelfalls, während das intendierte Ermessen ein Ergebnis der Auslegung sei. Die erforderliche Einzelfallbetrachtung und der Umstand, dass regelmäßig nur eine Ermessensentscheidung rechtmäßig sei, spreche für eine Ähnlichkeit von vorgeprägten Ermessen und der Ermessensreduzierung auf Null.[1210] Nach *Masloff* fehlt wegen der erforderlichen Einzelfallbetrachtung beim vorgeprägten Ermessen das „eigentlich Typische der neuen Rechtsfigur".[1211] Daneben erkennt er wohl eine Art Stufenverhältnis, weil er das vorgeprägte Ermessen als die „weniger einschneidende Figur" einordnet.[1212] *U. Stelkens* bezeichnet dagegen die Rechtsprechung des BFH als „wesentlich strenger" im Vergleich zur Rechtsprechung des BVerwG.[1213] Hingegen verstehen *Wernsmann* und *Drüen* unter beiden Begriffen das Gleiche.[1214] Deswegen muss ermittelt werden, ob die Begriffe des vorgeprägten Ermessens und des intendierten Ermessens übereinstimmen.[1215]

1210 *Rudersdorf*, Das intendierte Ermessen, S. 23.

1211 *Masloff*, UBWV 1998, 26 (28).

1212 *Masloff*, UBWV 1998, 26 (30). Die daran anschließende Kritik überzeugt nicht, weil für eine Ergänzung der Ermessenserwägungen nach § 114 Satz 2 VwGO Ermessenserwägungen schon zuvor hätten angestellt werden müssen. *U. Koenig* in Koenig, § 5 AO Rn. 12, hält die Rechtsprechung des BVerwG zum intendierten Ermessen für „in der Sache noch weitergehend".

1213 *U. Stelkens* in Stelkens/Bonk/Sachs, § 39 VwVfG Rn. 69 Fn. 188. In diese Richtung auch *P. Stelkens*, NWVBl. 1989, 338 (339); *ders.*, Verwaltungsverfahren, Rn. 397.

1214 *Wernsmann* in Hübschmann/Hepp/Spitaler, § 5 AO Rn. 134 ff. (April 2013), mit dem Hinweis auf terminologische Abweichungen (Begriffe des gelenkten bzw. vorgeprägten Ermessens). Aber auch das BVerwG verwendet den Begriff des gelenkten Ermessens, BVerwG v. 16.06.1997 – 3 C 22/96, BVerwGE 105, 55 (57) – „das gelenkte bzw. intendierte Ermessen". *Drüen* in Tipke/Kruse, § 5 AO Rn. 13 f. (August 2014) spricht von einer steuerrechtlichen Variante. *Merz*, Tatbestandsmäßigkeitsgrundsatz und Verwaltungsermessen im Steuerrecht, S. 96, verwendet beide Begriffe nebeneinander.

1215 Siehe dazu unter § 5.IV.

5. Dogmatik des vorgeprägten Ermessens

Nach der herrschenden Dogmatik muss eine Ermessensentscheidung nach § 121 Abs. 1 AO begründet werden. Begründet die Verwaltung ihre Ermessensentscheidung nicht, indiziert dies regelmäßig einen Ermessensfehler.[1216] Gleichzeitig darf die Verwaltung aber auch keine floskelhafte Begründung geben.[1217]

Gemäß der Rechtsprechung des BFH könne bei einer vorgeprägten Ermessensentscheidung auf die Begründung verzichtet werden. Diese Aussage ist in einen materiellen und einen formellen Aspekt aufzuteilen. Einerseits soll die Ermessensentscheidung durch die Rechtsentscheidung (vorsätzliches Handeln auf Tatbestandsebene) vorgeprägt sein (materieller Aspekt). Andererseits soll die Verwaltung bei einer vorgeprägten Ermessensentscheidung eben auf die ansonsten erforderliche Begründung der Ermessenserwägungen nach § 121 Abs. 1 AO verzichten können (formeller Aspekt). Problematisch ist dabei, wie die Rechtsprechung sich in die Dogmatik einfügt.

Deswegen muss zunächst untersucht werden, ob das Ermessen tatsächlich vorgeprägt sein kann (dazu a.). Eine teleologische Reduktion ist erforderlich (dazu b.). Die Vorprägung wirkt sich auf das Entschließungs- und das Auswahlermessen aus (dazu c.). Die Frage der Begründungspflicht wird gesondert behandelt (unter III.).

a. Auslegung

Problematisch ist, ob § 191 Abs. 1 Satz 1 AO dahingehend auszulegen ist, dass eine ermessensvorprägende Rechtsentscheidung vorliegt, wenn auf Tatbestandsebene Vorsatz gegeben ist. Dazu muss der Sinngehalt der Norm anhand der klassischen Auslegungsmethoden ermittelt werden. Dies sind Wortlaut, Entstehungsgeschichte, Systematik sowie Sinn und Zweck. Das zentrale Ziel einer Gesetzesauslegung ist die Ermittlung und Verwirklichung des Normzwecks.[1218] Deswegen muss der teleologischen Auslegung die größte Bedeutung beigemessen werden, gefolgt von Wortlaut und Systematik. Die historische Auslegung hingegen kann die gefundenen Auslegungsergebnisse bestätigen.[1219]

1216 Siehe dazu oben unter § 3.III.3.

1217 *Grossmann*, BB 1983, 1851 (1852).

1218 *Rüthers/Fischer/Birk*, Rechtstheorie, Rn. 725; siehe auch *Englisch* in Tipke/Lang, Steuerrecht, § 5 Rn. 48.

1219 *Fischer* in FS Tipke, S. 187 (190) mit Verweis auf die Rechtsprechung des BFH.

Die Auslegung wird zeigen, dass nach dem Sinn und Zweck die Rechtsentscheidung bei Vorliegen eines vorsätzlichen Verschuldens die Ermessensentscheidung vorprägt, der Wortlaut aber zu weit ist. Der Wortlaut muss deswegen teleologisch reduziert werden.

aa. Wortlaut

Jede Auslegung eines Rechtssatzes beginnt mit der Frage nach dem Wortsinn, der die Bedeutung eines Ausdrucks oder einer Wortverbindung des Gesetzes ist.[1220] Jeder Text ist auslegungsfähig und erlaubt verschiedene Auslegungen,[1221] auch scheinbar eindeutige Texte.[1222] Deswegen muss die Auslegung beim Gesetzeswortlaut nicht beendet werden.[1223] Nach *Becker* dürfe bei Steuergesetzen auf den Wortlaut kein zu großes Gewicht gelegt werden, weil diese wenig ausgefeilt und überhastet zustande gekommen seien.[1224] Ob diese Aussage heute noch zutrifft, muss an dieser Stelle nicht entschieden werden.

§ 191 Abs. 1 Satz 1 AO ist konditional formuliert. Die Norm verlangt auf Tatbestandsebene, dass eine Haftung für eine „Steuer" „kraft Gesetzes" vorliegen muss. Auf Rechtsfolgenseite findet sich eine Kann-Bestimmung. Wie gezeigt, handelt es sich dabei um die Einräumung sowohl eines Entschließungs- als auch eines Auswahlermessens. Die Norm verwendet auf Rechtsfolgenseite keine Begriffe wie „regelmäßig" oder „in der Regel". Auch ist kein „Soll" normiert. Deswegen ist nach dem Wortlaut keine Aussage auf der Rechtsfolgenseite zu finden, die für eine gesetzlich ausdrückliche Lenkung des Ermessens in eine bestimmte Richtung spricht. Dies wird als ein schwerwiegendes Argument gegen die Annahme eines intendierten Ermessens im Verwaltungsrecht angeführt.[1225]

1220 *Drüen* in Tipke/Kruse, § 4 AO Rn. 261 (Oktober 2011).

1221 BFH v. 09.07.1975 – II R 6/69, BStBl. II 1975, 743; v. 18.11.1980 – VIII R 194/78, BStBl. II 1981, 510 (511); *Drüen* in Tipke/Kruse, § 4 AO Rn. 262 (Oktober 2011).

1222 *Drüen* in Tipke/Kruse, § 4 AO Rn. 222 (Oktober 2011); a.A. BFH v. 30.08.1972 – II R 79/72, BStBl. II 1973, 30 (31); v. 20.02.1975 – IV R 79/74, BStBl. II 1975, 510 (511); v. 21.10.1994 – VI R 15/94, BStBl. II 1995, 142 (147); v. 21.07.1999 – I R 141/97, BStBl. II 1999, 832 (834); v. 24.01.2001 – I R 81/99, BStBl. II 2001, 290. Die a.A. beruhe jedoch auf einer petitio principii, so *Berchthold* in FS BSG, S. 97 (108).

1223 BFH v. 25.04.1990 – X R 44/86, BStBl. II 1990, 739 (740); *Drüen* in Tipke/Kruse, § 4 AO Rn. 262 (Oktober 2011).

1224 *Becker*, RAO, § 4 Anm. 3, 4; *Drüen* in Tipke/Kruse, § 4 AO Rn. 261 (Oktober 2011).

1225 *Borowski*, DVBl. 2000, 149 (159); *Pabst*, VerwArch 93 (2002), 540 (547); *Maurer/Waldhoff*, Allgemeines Verwaltungsrecht, § 7 Rn. 12; *Beaucamp*, JA 2006, 74 (77).

Dagegen eröffnet der Tatbestand auf den ersten Blick einen Interpretationsspielraum. Der Begriff der Haftung „kraft Gesetzes“ ist unbestimmt und ohne eine weitere Norm nicht verständlich.[1226] Der Tatbestand ist nach dem Wortlaut unvollständig, weil er auf andere Normen verweist. Als vorprägendes bzw. lenkendes Element des Tatbestandes könnte nach dem Wortlaut der Verweis auf einen Haftungstatbestand angesehen werden. Schließlich ist nicht auszuschließen, dass die Haftungsnorm eine Aussage zum Ermessen auf Rechtsfolgenseite trifft.

§ 69 AO und § 71 AO sind ebenfalls konditional formuliert. Beide begründen eine verschuldensabhängige Haftung für einen Steuerschaden. Nach § 69 Satz 1 AO haften die in §§ 34 und 35 AO bezeichneten Personen, soweit Ansprüche aus dem Steuerschuldverhältnis gemäß § 37 AO infolge vorsätzlicher oder grob fahrlässiger Verletzung der ihnen auferlegten Pflichten nicht oder nicht rechtzeitig festgesetzt oder erfüllt oder soweit infolgedessen Steuervergütungen oder Steuererstattungen ohne rechtlichen Grund gezahlt werden. Nach § 71 AO haftet dagegen derjenige für die verkürzten Steuern und die zu Unrecht gewährten Steuervorteile sowie für die Zinsen nach § 235 AO, der eine Steuerhinterziehung oder eine Steuerhehlerei begeht oder an einer solchen Tat teilnimmt. Es muss sich um eine vollendete Vorsatzstraftat handeln, also objektiver und subjektiver Tatbestand erfüllt sein, die Tat rechtswidrig und schuldhaft sein.[1227] Wenn der Tatbestand vorliegt, entsteht der Haftungsanspruch kraft Gesetzes. Ein Erlass eines Haftungsbescheids ist für die Anspruchsentstehung nicht erforderlich. Um einen Haftungsanspruch auch geltend machen zu können, muss die Verwaltung einen Haftungsbescheid erlassen. Hier wird deutlich, dass Wortlaut und Systematik teilweise schwer zu trennen sind. § 69 AO und § 71 AO treffen nach dem Wortlaut jedenfalls keine Aussage über die Ausübung des Ermessens. Dagegen schließt nur der Haftungstatbestand des § 13c UStG das Ermessen ausdrücklich aus.

1226 Siehe dazu noch unter § 5.II.5.a.cc. Es zeigt sich an dieser Stelle, dass die einzelnen Auslegungsmethoden teils schwer abgrenzbar sind.

1227 *Boeker* in Hübschmann/Hepp/Spitaler, § 71 AO Rn. 10 ff. (Juni 2015). Vorsätzlich i.S.v. § 69 AO handelt derjenige, der die Pflichten erkannt und ihre Verletzung gewollt hat; vgl. BFH v. 12.07.1983 – VII B 19/83, BStBl. II 655 (656); *Loose* in Tipke/Kruse, § 69 AO Rn. 24 (Mai 2015). Der Haftungsschuldner muss den durch die Pflichtverletzung verursachten Schaden aber nicht gewollt haben; *Boeker* in Hübschmann/Hepp/Spitaler, § 69 AO Rn. 38 (April 2015). Auch für § 71 AO reicht dolus eventualis bei § 370 AO oder § 374 AO aus; BFH v. 19.03.1998 – V R 54/97, BStBl. II 1998, 466 (467); v. 13.08.2007 – VII B 345/06, BFH/NV 2008, 23 (25); *Boeker* in Hübschmann/Hepp/Spitaler, § 71 AO Rn. 11 (Juni 2015); *Loose* in Tipke/Kruse, § 71 AO Rn. 3 (Januar 2017).

Der Wortlaut von § 191 Abs. 1 Satz 1 AO, § 69 AO und § 71 AO ist für eine Vorprägung bzw. eine Lenkung des Ermessens in eine bestimmte Richtung nicht ergiebig.

bb. Historie

Der Gesetzgeber wollte mit der AO 1977 ein Mantelgesetz schaffen, weil die RAO 1931 diese Eigenschaft durch Gesetzesänderungen verloren hatte.[1228] Bei der Normierung des § 191 AO unterliefen dem Gesetzgeber jedoch einige Fehler. Er war „sichtlich überfordert."[1229] Der Gesetzgeber versuchte die Bestimmungen der §§ 118, 120 Abs. 1, § 326 Abs. 1 Satz 2 und § 330 RAO in einer Norm zu vereinigen,[1230] übersah dabei jedoch § 97 Abs. 2 RAO.[1231] Mit § 172 EAO (jetzt § 191 AO) wollte er die verfahrensrechtlichen Voraussetzungen für den Erlass eines Haftungsbescheids schaffen. Durch den Haftungsbescheid sollte festgestellt werden können, wer in welcher Höhe für die Steuerschuld eines Dritten einzustehen hat. Die Zahlungsaufforderung sollte § 200 EAO regeln, wobei diese mit dem Haftungsbescheid verbunden werden könne.[1232] Daneben hob der Gesetzgeber hervor, dass die Haftungsfälle der Steuerhinterziehung oder Steuerhehlerei so schwerwiegend seien, dass die Ausnahmevorschrift des § 172 Abs. 4 Satz 2 EAO 1974 (jetzt § 191 Abs. 5 Satz 2 AO) gerechtfertigt sei.[1233] Er meinte aber auch, dass die Inanspruchnahme auf Zahlung nach § 200 Satz 2 EAO 1974 (jetzt § 219 Satz 2 AO) auch eine Frage der Ausübung des pflichtgemäßen Ermessens sein könne.[1234] Auf das Ermessen oder die Rechtsprechung des BFH zur Vorgängerregelung ging der Gesetzgeber nicht ein. Nur bei § 192 AO betonte er, dass die Frage der Inanspruchnahme im pflichtgemäßen Ermessen der Verwaltung stehen müsse.[1235] Hier bleibt festzuhalten, dass der Gesetzgeber Fälle der Steuerhinterziehung und Steuerhehlerei als sehr schwerwiegend einordnete.

Bei der Schaffung der Haftungstatbestände der § 69 AO und § 71 AO verwies die Gesetzesbegründung nur auf die Vorgängerregelungen § 109 und § 112 RAO. Daneben sei die Haftung nach § 109 RAO zu weitgehend gewesen. Auch

---

1228 *Seer* in Tipke/Kruse, Einführung AO Rn. 1 (Juli 2015).
1229 *Loose* in Tipke/Kruse, § 191 AO Rn. 1 (Januar 2014).
1230 BT-Drs. VI/1982, 160 zu § 172 des Entwurfes 1974.
1231 *Loose* in Tipke/Kruse, § 191 AO Rn. 1, 14 (Januar 2014).
1232 BT-Drs. VI/1982, 159 f. zu § 172 des Entwurfes 1974.
1233 BT-Drs. VI/1982, 160 zu § 172 des Entwurfes 1974.
1234 BT-Drs. VI/1982, 168 zu § 200 des Entwurfes 1974.
1235 Siehe dazu oben unter § 5.II.2.b.

sei infolge einer Pflichtverletzung nun eine nicht oder nicht rechtzeitig erfolgte Entrichtung der Steuern erforderlich.[1236]

Zwei wesentliche Änderungen der Haftung waren die Abmilderung der Haftung nach § 69 AO und die Einführung des § 219 AO für das Erhebungsverfahren. Eine ähnliche Vorschrift enthielt die RAO nicht.

Historisch ist auch ein Blick auf die Schaffung des § 13c UStG lohnenswert. Der Bundesrechnungshof empfahl dem Gesetzgeber eine gesamtschuldnerische Haftung für die Umsatzsteuerschuld zwischen Zedenten und Zessionar bei einer Globalzession. Nach der damaligen Rechtslage ging im Falle der Geltendmachung der abgetretenen Forderung die Bruttoforderung auf den Zessionar über, während der Zedent – allein – weiterhin verpflichtet blieb, die Umsatzsteuer anzumelden und zu entrichten. Der Bundesrechnungshof kritisierte, dass ohne eine gesamtschuldnerische Haftung der Zessionär sein Kreditsicherungsvolumen auf Kosten der Allgemeinheit (damals um 16 %) ausdehnen konnte.[1237] Da der Zedent die Umsatzsteuer aus anderen Mitteln auftreiben musste, was er regelmäßig jedoch nicht konnte, entstand in Höhe der Umsatzsteuer ein Steuerschaden.[1238] Das BMF und die Länder waren sich einig, die Umsatzsteuerausfälle in diesen Fällen durch gesetzgeberische Maßnahmen „einzudämmen".[1239] Der Bundesrechnungshof berichtete sogar von Fällen, in denen neben der Globalzession der Zedent ausdrücklich seine gesetzlichen Umsatzsteuerforderungen bewusst an den Zessionar abtrat.[1240] Der Zessionar wollte also bewusst diese zusätzliche Haftungsmasse gesichert wissen.

Der Gesetzgeber normierte daraufhin § 13c UStG, der eine Inanspruchnahme des Zessionars ausdrücklich nach Abs. 2 nicht in das Ermessen der Finanzverwaltung stellt. Der Gesetzgeber rechnete damals mit jährlichen Mehreinnahmen in Höhe von 100 Millionen Euro.[1241] Der Finanzausschuss begrüßte die neuen Haftungstatbestände als Maßnahme zur Bekämpfung des Umsatzsteuerbetruges.[1242] Aus diesen Motiven kann entnommen werden, dass ein Ermessen neuerdings nicht mehr eingeräumt werden soll, wenn der Steuerausfall in bestimmten Fällen ohne die Haftung eines Dritten die Regel ist und ein vorsätzliches Handeln gegeben ist.

1236 BT-Drs. VI/1982, 119 zu § 200 des Entwurfes 1974.
1237 BR-Drs. 637/03, Bericht des Bundesrechnungshofes, S. 41.
1238 BR-Drs. 637/03, Bericht des Bundesrechnungshofes, S. 39.
1239 BR-Drs. 637/03, Bericht des Bundesrechnungshofes, S. 40.
1240 BR-Drs. 637/03, Bericht des Bundesrechnungshofes, S. 39.
1241 BT-Drs. 15/1562, S. 27.
1242 BT-Drs. 15/1945, S. 7.

Im Ergebnis zeigt sich, dass die Schaffung der AO 1977 lückenhaft und unpräzise war. Der Gesetzgeber weitete im Laufe der Zeit die Haftungstatbestände aus. Vor allem fällt § 13c UStG mit dem ausdrücklichen Ausschluss des Ermessens nach § 191 AO auf. Der Gesetzgeber will damit den Umsatzsteuerbetrug bekämpfen und die Allgemeinheit vor Steuerausfällen schützen.

cc. Systematik

Die systematische Auslegung untersucht den Zusammenhang, in dem die auszulegende Norm steht.[1243] Man kann zwischen einer äußeren und einer inneren Systematik unterscheiden. Die äußere Systematik betrifft Aufbau, Gliederung und Struktur des Gesetzes, während die innere Systematik Leitgedanken der jeweiligen Kodifikation umschreibt.[1244] Die Grenzen der Auslegung zwischen Wortlaut und Systematik sind fließend.[1245]

Das System der Haftung nach der AO ist dreigeteilt. Die Haftungstatbestände der §§ 69 ff. AO sind im Steuerschuldrecht (Zweiter Teil, Vierter Abschnitt) normiert.[1246] Während § 191 AO systematisch dem Festsetzungsverfahren zuzuordnen ist (Vierter Teil, Dritter Abschnitt, 4. Unterabschnitt), befindet sich § 219 AO im Erhebungsverfahren (Fünfter Teil, Erster Abschnitt, 1. Unterabschnitt). Diese Normen stehen nicht unverbunden nebeneinander, sondern sind aufeinander abgestimmt und verfolgen gemeinsame Ziele.[1247] Die drei Teile bilden eine äußere Systematik. Die Haftungstatbestände normieren systematisch, unter welchen Voraussetzungen ein Haftungsanspruch entsteht. § 191 Abs. 1 Satz 1 AO greift dies auf („kraft Gesetzes") und verlangt einen erfüllten Haftungstatbestand. Dabei kommt es immer auf den Einzelfall an, welcher Tatbestand anzuwenden ist. Systematisch geht es bei § 191 Abs. 1 Satz 1 AO also nur um die Festsetzung des bereits bestehenden Haftungsanspruchs. Sie stellt eine ausschließliche Verfahrensnorm dar.[1248]

Wegen des verweisenden Charakters von § 191 Abs. 1 Satz 1 AO auf gesetzliche Haftungstatbestände wird auch deutlich, dass der Gesetzgeber umständliche Wiederholungen vermeiden und nur eine Verfahrensnorm für die Inanspruchnahme durch Haftungsbescheid schaffen wollte. Die Haftungstatbestände geben

---

1243 *Drüen* in Tipke/Kruse, § 4 AO Rn. 268 (Oktober 2011).

1244 *Reimer*, Juristische Methodenlehre, Rn. 311 ff.

1245 *Reimer*, Juristische Methodenlehre, Rn. 313.

1246 Daneben gibt es weitere Haftungstatbestände in Einzelsteuergesetzen, insbesondere § 42d EStG; § 13c UStG.

1247 Vgl. allgemein *Larenz*, Methodenlehre, S. 257.

1248 Ausdrücklich BFH v. 24.02.1987 – VII R 4/84, BStBl. II 1987, 363.

auf Tatbestandsebene das gesamte Entscheidungsprogramm vor. Damit verkörpern sie den Rechtsgrund für die Rechtsfolge.[1249] § 191 Abs. 1 Satz 1 AO stellt dadurch einen unvollständigen Rechtssatz[1250] dar, der auf andere Rechtsnormen verweist, indem die Norm von einer Haftung „kraft Gesetzes" spricht. Unvollständige Rechtssätze „erhalten ihre konstitutive, Rechtsfolgen begründende Kraft [...] nur in Verbindung mit anderen Rechtssätzen."[1251] Ohne die Haftungstatbestände wäre § 191 AO nicht verständlich.

Auch die Haftungstatbestände im Steuerrecht sind unvollständige Rechtssätze, weil sie ohne § 191 Abs. 1 Satz 1 AO keine Wirkung gegenüber dem Haftungsschuldner entfalten können. Sie konkretisieren den allgemein formulierten Tatbestand des § 191 Abs. 1 Satz 1 AO auf unterschiedliche Fallgestaltungen näher und stellen damit ausfüllende Rechtssätze dar.[1252] Sie müssen daher auch „innerlich" den gleichen Leitgedanken verfolgen. Der gemeinsame Leitgedanke ist die Sicherung des Steueranspruchs.[1253]

Die Verfahrensnorm und die Haftungstatbestände besitzen somit trotz äußerlicher Trennung in einzelne Verfahrensabschnitte eine innere Systematik. Nach der inneren Systematik kann daher der Sinn und Zweck der Haftungstatbestände für die Auslegung des § 191 AO herangezogen werden. Betrachtet man die Haftungstatbestände in der AO 1977, insbesondere § 69 AO und § 71 AO, fällt auf, dass beide ein Verschulden des Haftungsschuldners erfordern. Während § 69 AO schon bei einer groben Fahrlässigkeit erfüllt sein kann, ist § 71 AO als Haftungstatbestand nur im Falle eines vorsätzlichen Handelns in Form der Steuerhinterziehung oder Steuerhehlerei einschlägig. Liegt eine vorsätzliche Pflichtverletzung i.S.v. § 69 AO vor, ist regelmäßig auch § 71 AO erfüllt.[1254] Das Verschulden ist jedenfalls für die als das Ermessen vorprägend in Betracht kommenden §§ 69, 71 AO wesentlich. Beide haben nach ihrem Sinn und Zweck Schadensersatzcharakter.[1255] Bei der Entscheidung nach § 191 Abs. 1 Satz 1 AO muss systematisch dieser Gesetzeszweck beachtet und umgesetzt werden.

Aus einem systematischen Vergleich der §§ 69, 71 AO mit § 13c Abs. 2 Satz 2 UStG ist ersichtlich, dass bei den Haftungstatbeständen der §§ 69, 71 AO ein

---

1249 Vgl. *Reimer*, Juristische Methodenlehre, Rn. 261.

1250 Zur Terminologie *Larenz*, Methodenlehre, S. 257 ff.; *Reimer*, Juristische Methodenlehre, Rn. 261.

1251 *Larenz*, Methodenlehre, S. 257.

1252 Zur Terminologie *Larenz*, Methodenlehre, S. 258.

1253 Siehe dazu unten unter § 5.II.2.a.

1254 *Loose* in Tipke/Kruse, § 69 AO Rn. 24 (Mai 2015).

1255 Siehe dazu oben unter § 5.II.2.a.bb(2.).

Ermessen grundsätzlich besteht, während es bei § 13c Abs. 2 Satz 2 UStG ausdrücklich ausgeschlossen ist. § 13c Abs. 2 Satz 2 UStG ist damit lex specialis zu § 191 Abs. 1 Satz 1 AO.[1256] Der Vergleich zeigt aber nur, dass es ein Ermessen in § 191 Abs. 1 Satz 1 AO geben muss, nicht aber, ob dieses Ermessen durch § 69 AO und § 71 AO gesetzlich gelenkt bzw. vorgeprägt ist.

Systematisch ist auch § 191 Abs. 5 Satz 1 Nr. 2 AO für die Ermessensentscheidung relevant. Das Finanzamt muss prüfen, ob ein Erlass des Steueranspruchs aus Billigkeitsgründen in Betracht kommt, weil in diesem Fall ein Schaden fehlen würde.[1257] Der Gesetzgeber hebt aber nach § 191 Abs. 5 Satz 2 AO wegen der besonderen Verwerflichkeit des steuerschädigenden Verhaltens die Akzessorietät auf.[1258]

§ 219 AO regelt das Erhebungsverfahren der Haftungsinanspruchnahme. Grundsätzlich ist die Inanspruchnahme des Haftungsschuldners nach § 219 Satz 1 AO zwar subsidiär. § 219 Satz 2 AO hebt jedoch die Subsidiarität in bestimmten – für die Praxis sehr relevanten – Fällen wieder auf. Insbesondere ist die Zahlungsaufforderung bei Haftungsbescheiden nicht subsidiär, wenn der Haftungsschuldner eine Steuerhinterziehung oder Steuerhehlerei begangen hat, er also § 71 AO erfüllt hat. Nach der Systematik ist die Erhebung der Ansprüche aus dem Steuerschuldverhältnis in Form eines Haftungsbescheids bei einem vorsätzlichen Handeln vom Gesetz gewünscht. Es muss nicht erst eine Geltendmachung beim Steuerschuldner abgewartet werden.

Im Ergebnis hängen die Haftungstatbestände und § 191 Abs. 1 Satz 1 AO voneinander ab. § 191 Abs. 1 Satz 1 AO muss als Verfahrensvorschrift die leitenden Erwägungen, die zur Entstehung des Haftungstatbestandes geführt haben, berücksichtigen. Auch ein Vergleich zu den Regelungen des § 191 Abs. 5 Satz 2 AO und § 219 Satz 2 AO macht deutlich, dass der Gesetzgeber Fälle der Steuerhinterziehung und Steuerhehlerei – die Fälle des § 71 AO – ausdrücklich mit verschärften Haftungsfolgen bedacht hat. § 69 AO und § 71 AO hängen insoweit zusammen, als dass § 71 AO regelmäßig vorliegt, wenn § 69 AO durch eine vorsätzliche Pflichtverletzung erfüllt ist. Der Vorsatz wirkt sich damit systematisch auf die Ermessensausübung aus.

1256 So auch *Nacke*, UR 2017, 830 (831).

1257 BFH v. 25.07.1989 – VII R 54/86, BStBl. II 1990, 284 (285). Diese Norm ist jedoch nicht durchdacht, weil sie nicht zwischen persönlichen und sachlichen Billigkeitsgründen unterscheidet; vgl. *Loose* in Tipke/Kruse, § 191 AO Rn. 20 (Januar 2014) m.w.N.

1258 *Blesinger* in Kühn/von Wedelstädt, § 191 Rn. 24; *Loose* in Tipke/Kruse, § 191 AO Rn. 23 (Januar 2014).

dd. Sinn und Zweck

Der Wortlaut konnte keine entscheidenden Hinweise auf eine Ermessensvorprägung liefern. Er eröffnet der Verwaltung ein Ermessen, das im Rahmen des § 5 AO unbeschränkt ist. Die historische Auslegung zeigte, dass die Schaffung sowohl der RAO als auch der AO von Ungenauigkeiten geprägt war. Nach der systematischen Auslegung hängen die Haftungstatbestände mit § 191 Abs. 1 Satz 1 AO eng zusammen und sind für die Ermessensentscheidung beachtlich. Es wurde deutlich, dass das Verschulden sich vor allem auf die Ermessensentscheidung auswirkt. § 191 AO ist aber auch noch nach dem Sinn und Zweck auszulegen. Auch hier zeigt sich, dass Wortlaut, Systematik und Telos eng zusammenhängen.

(1.) Begriff der teleologischen Auslegung

Jede Norm stellt einen Rechtssatz dar, der einen Lebenssachverhalt tatbestandlich regelt und mit einer Rechtsfolge verknüpft. Dadurch drückt der Gesetzgeber einen Teil davon aus, wie die Gesellschaft nach seinen Vorstellungen organisiert sein soll. Er gibt also mit einer Rechtsnorm eine „Interessenbewertung" bzw. ein „Werturteil" ab. Bei der Rechtsanwendung im konkreten Einzelfall gilt es die normativen Werturteile des Gesetzgebers umzusetzen.[1259]

Um die gesetzgeberische Interessenbewertung zu erkennen, muss der Grund der Norm, also ihr Zweck, untersucht werden. Dieser gesetzgeberische Zweck, der sich hinter der Verknüpfung von Tatbestand und Rechtsfolge verbirgt, stellt den gesetzlichen Bewertungsmaßstab dar und ist gleichzeitig „Kernstück jeder gesetzlichen Norm".[1260] Die Auslegung zielt primär auf den Normzweck ab.[1261]

Systematisch verfolgt der Gesetzgeber – wie gesehen – einen über die einzelne Norm hinausgehenden Wertungsplan. Der Anwendungsbereich der einzelnen Norm lässt sich erst aus einer „Zusammenschau" mehrerer Normen durch eine Auslegung nach dem Normzweck feststellen. Deswegen muss für eine sinnvolle Rechtsanwendung die Einzelnormen harmonisierend interpretiert werden.[1262] Das Leitziel ist damit die „Vermeidung von Wertungswidersprüchen in der Rechtsordnung".[1263]

Nun ist der Zweck der Haftung im Steuerrecht zu ermitteln.

1259 *Rüthers/Fischer/Birk*, Rechtstheorie, Rn. 136.

1260 *Rüthers/Fischer/Birk*, Rechtstheorie, Rn. 136.

1261 *Rüthers/Fischer/Birk*, Rechtstheorie, Rn. 950.

1262 *Rüthers/Fischer/Birk*, Rechtstheorie, Rn. 143 f.

1263 *F. Bydlinski*, Juristische Methodenlehre, S. 455.

(2.) Zweck der Haftung

Haftung im Steuerrecht bedeutet „Einstehenmüssen mit eigenem Vermögen für eine fremde Steuerschuld".[1264] Als einzige Verfahrensnorm im Festsetzungsverfahren für die Haftung soll § 191 AO für alle Haftungstatbestände das Verfahren vorgeben. Das zwingt zwangsläufig zu einer sehr allgemeinen Formulierung, die die Norm schwächt.[1265]

Auf Rechtsfolgenseite soll das „Kann" grundsätzlich ein Entschließungs- und Auswahlermessen der Verwaltung einräumen. Das Ermessen muss dabei gemäß § 5 AO entsprechend dem Zweck der Ermächtigung ausgeübt und die gesetzlichen Grenzen des Ermessens eingehalten werden. Beachtet die Verwaltung § 5 AO nicht, liegt ein Ermessensfehler vor.[1266] Der Zweck muss sich aus der ermächtigenden Norm ergeben, weil aus dieser die behördliche Entscheidungsbefugnis folgt.[1267] Die Verwaltung wird ermächtigt, nach ihrem Ermessen zu entscheiden, wenn eine Haftung „kraft Gesetzes" vorliegt. Die ermächtigende Norm ist deswegen § 191 AO.[1268] Systematisch ergibt sich der Normzweck des § 191 AO aus einer Zusammenschau mit dem Normzweck der Haftungstatbestände. Die Ermessensausübung muss die Zwecke des einschlägigen Haftungstatbestandes berücksichtigen.[1269]

§ 69 AO und § 71 AO setzen ein schweres Verschulden voraus. Sinn und Zweck beider Normen ist der Ersatz des eingetretenen Vermögensschadens des

1264 Siehe oben unter § 5.II.

1265 Vgl. auch *Loose* in Tipke/Kruse, § 191 AO Rn. 1 (Januar 2014), der betont, dass der Gesetzgeber bei Schaffung der Norm „sichtlich überfordert" gewesen sei.

1266 Siehe dazu oben unter § 3.III.2.

1267 *Drüen* in Tipke/Kruse, § 5 AO Rn. 47 (August 2014).

1268 Vgl. BFH. 29.05.1990 – VII R 85/89, BStBl. II 1990, 1008 (1009). In diesem Urteil nahm das Finanzamt eine von zwei alleinvertretungsberechtigten Geschäftsführern nach §§ 34, 69 AO in Anspruch. Das Finanzamt stellte dafür maßgeblich auf die Beteiligungsverhältnisse der Geschäftsführer am Stammkapital ab. Nach Ansicht des BFH sei dies aber kein sachgerechtes Auswahlkriterium gewesen, weil es dem Zweck der Ermächtigung in § 191 Abs. 1 AO nicht gerecht werde. §§ 34, 60 AO stelle allein auf die Eigenschaft als gesetzlicher Vertreter ab und nicht auf die Beteiligungsverhältnisse. Aufgrund der beiderseitigen Alleinvertretungsbefugnis traf beide Geschäftsführer die Verpflichtung zur Erfüllung der steuerlichen Pflichten der GmbH. Der BFH betonte, dass als sachgerechtes Kriterium für die Ausübung des Auswahlermessens ein unterschiedlicher Grad des Verschuldens in Betracht käme, soweit beide den Haftungstatbestand erfüllen. Das Finanzamt hatte im Streitfall dazu aber keine Feststellungen getroffen.

1269 BFH v. 29.08.2001 – VII B 54/01, ZfZ 2002, 55.

Fiskus.[1270] Vor allem sollen mit der Haftung das Steueraufkommen gesichert[1271] und die Ansprüche des Steuergläubigers gestärkt werden.[1272] Beide haben damit den Charakter einer (öffentlich-rechtlichen) Schadensersatzhaftung.[1273] Der Gesetzgeber will dadurch die Unsicherheiten, die aus der Entstehung von Steueransprüchen resultieren, beseitigen bzw. zumindest abmildern, indem er mit Hilfe der Haftung das Steuerschuldverhältnis auf möglichst viele Schuldner erweitert.[1274] Nach *Becker* sei eine „Eigentümlichkeit des Steuerrechts, die Haftung zu häufen".[1275] § 191 AO bezweckt die Sicherung von Steueransprüchen und die Geltendmachung von Haftungsansprüchen für den Steuergläubiger.

Ein Dritter muss für die Steuerschuld eines anderen unbeschränkt und persönlich einstehen, wenn er ein vom Gesetzgeber in einem Haftungstatbestand als schadensersatzpflichtig eingestuftes Fehlverhalten erfüllt hat. Bei der Haftung handelt es sich regelmäßig um eine verschuldensabhängige Haftung. Diese Tatbestände wiederum unterteilen sich in solche, in denen eine grobe Fahrlässigkeit ausreicht und in die, die Vorsatz verlangen. Eine objektive Pflichtverletzung nach § 69 AO indiziert grundsätzlich zumindest eine grobe Fahrlässigkeit.[1276] Ein Vertreter muss seine Pflichten wegen der Informationspflicht kennen und ausführen können.[1277] Das Verschulden ist nach der ständigen Rechtsprechung des BFH streng zu beurteilen.[1278]

Auch bei der Ermessensausübung muss das Verschulden streng beurteilt werden, weil sonst die strenge Beurteilung auf Tatbestandsebene sinnlos wäre.

1270 Vgl. zu § 71 AO *Loose* in Tipke/Kruse, § 71 AO Rn. 1 (Januar 2017); *ders.*, EFG 2005, 664.

1271 *Barwitz*, Verschulden im Steuerrecht, S. 107.

1272 BFH v. 29.09.1987 – VII R 54/84, BStBl. II 1988, 176 (178).

1273 *Halaczinsky*, Die Haftung im Steuerrecht, Rn. 177; siehe auch *Loose* in Tipke/Kruse, § 71 AO Rn. 1 (Januar 2017).

1274 BFH v. 29.09.1987 – VII R 54/84, BStBl. II 1988, 176 (178); v. 18.05.1988 – X R 27/80, BStBl. II 1988, 716 (718); *Loose* in Tipke/Kruse, Vor § 69 AO Rn. 8 (Mai 2015).

1275 *Becker*, RAO, § 95 Anm. 1.

1276 BFH v. 29.05.1990 – VII R 81/89, BFH/NV 1991, 283 (284); v. 21.12.1998 – VII B 175/98, BFH/NV 1999, 745 (746); v. 14.09.1999 – VII B 33/99, BFH/NV 2000, 303; v. 13.03.2003 – VII R 46/02, BStBl. II 2003, 556 (560); v. 20.10.2005 – VII B 17/05, BFH/NV 2006, 241 (242); v. 23.09.2008 – VII R 27/07, BStBl. II 2009, 129; v. 15.02.2011 – VII R 66/10, BStBl. II 2011, 534 (536); *Boeker* in Hübschmann/Hepp/Spitaler, § 69 AO Rn. 41 (April 2015).

1277 *Boeker* in Hübschmann/Hepp/Spitaler, § 69 AO Rn. 41 (April 2015).

1278 BFH v. 20.04.1982 – VII R 96/79, BStBl. II 1982, 521 (522); v. 12.07.1983 – VII B 19/83, BStBl. II 1983, 655 (656); v. 29.01.1985 – VII R 15/81, BFH/NV 1987, 354 (357).

Derjenige, der vorsätzlich die Erfüllung des Steueranspruchs durch den Steuerschuldner verhindert hat, kann nicht erwarten, dass er von der Haftung „verschont“ bleibt. Regelmäßig liegen nämlich Zahlungsschwierigkeiten beim Vertretenen i.S.v. § 69 AO vor.[1279] Er hat durch das schuldhafte Handeln die Ursache für die Inanspruchnahme gesetzt. Hätte der Haftungsschuldner seine steuerlichen Pflichten als (beispielsweise) Geschäftsführer nicht vorsätzlich verletzt, bestünde kein erheblicher Grund, ihn haften zu lassen.

Hier offenbart sich der Unterschied zur groben Fahrlässigkeit. Bei einer groben Fahrlässigkeit wiegt das Verschulden weniger schwer, weil eben die Verletzung nicht gewollt war. Behandelt man Vorsatz und grobe Fahrlässigkeit bei der Ermessensausübung gleich, würde dies zu einem Wertungswiderspruch führen. Dieser drohende Widerspruch muss bei der Ermessensentscheidung berücksichtigt werden. Das Verschulden stellt damit einen – wenn nicht sogar den wichtigsten – Ermessensgesichtspunkt dar. Das Verschulden hat daher sowohl auf Tatbestands- als auch auf Rechtsfolgenebene eine erhebliche Bedeutung und damit eine Art doppelte Relevanz. Der Vorsatz wirkt dadurch stärker auf das Ermessen ein als grobe Fahrlässigkeit. Deswegen betonte der BFH auch, dass der unterschiedliche Grad des Verschuldens ein sachgerechtes Kriterium für die Ausübung des Auswahlermessens sei, soweit mehrere Haftungsschuldner den Haftungstatbestand erfüllt haben.[1280]

Ein Vergleich zum Erhebungsverfahren bestätigt dies. Bei § 219 Satz 2 AO wird deutlich, dass der Gesetzgeber wollte, dass die Haftung eines Steuerhinterziehers nicht subsidiär ist. Vorsätzliche Schädigungen werden damit ausdrücklich missbilligt. Auch hier soll durch die Aufhebung der Subsidiarität der Anspruch des Steuergläubigers gesichert und gestärkt werden. Der gleiche Gedanke muss auch im Festsetzungsverfahren gelten, sonst wäre § 219 Satz 2 AO entwertet.[1281]

§ 85 AO wirkt sich auch auf das Ermessen aus. § 85 Satz 1 AO etwa verpflichtet die Finanzbehörden, die Steuern nach Maßgabe der Gesetze gleichmäßig festzusetzen und zu erheben. Insbesondere haben sie nach Satz 2 sicherzustellen[1282], dass Steuern nicht verkürzt, zu Unrecht erhoben oder Steuererstattungen und Steuervergütungen nicht zu Unrecht gewährt oder versagt werden. Daraus folgt, dass die Verwaltung jedenfalls verpflichtet ist, „den Steuersicherungsauftrag mit (allen) tatsächlich und rechtlich möglichen, erforderlichen, verhältnismäßigen

1279 *Boeker* in Hübschmann/Hepp/Spitaler, § 69 AO Rn. 41 (April 2015).

1280 BFH v. 29.05.1990 – VII R 85/89, BStBl. II 1990, 1008 (1009).

1281 Vgl. *Alber* in Hübschmann/Hepp/Spitaler, § 219 AO Rn. 68 (August 2011).

1282 Diese Anordnung ist aber „realitätsfremd“. Ausdrücklich *Söhn* in Hübschmann/Hepp/Spitaler, § 85 AO Rn. 29 (August 2016).

und zumutbaren Mitteln [...] zu erfüllen."[1283] Wie gesehen, stellt die Haftung einen Ersatzanspruch für einen Steueranspruch dar, die einer gleichmäßigen Steuerfestsetzung und -erhebung dient. Der BFH führt deswegen zutreffend aus, dass der Steuergläubiger im öffentlichen Interesse verpflichtet sei, die geschuldeten Abgaben nach Möglichkeit zu erheben. Daher sei bei Uneinbringlichkeit der Erstschuld der Erlass eines Haftungsbescheids nur unter ganz außergewöhnlichen Umständen ermessensfehlerhaft.[1284]

Dagegen könnte man zwar überlegen, ob das Verschulden des Haftungsschuldners im richtigen Verhältnis zur Haftungssumme oder die Haftungssumme im richtigen Verhältnis zu den finanziellen Möglichkeiten des Haftungsschuldners steht. Die Haftung stellt aber keine zusätzliche Sanktion für ein bestimmtes Fehlverhalten dar. Nur bei einer Sanktion müsste wie bei einer Strafe die Höhe der Haftungssumme im angemessenen Verhältnis zum Maß des Verschuldens stehen.[1285] Dafür müssten die Finanzbehörden möglicherweise weitreichende Untersuchungen anstellen.[1286] Die Haftung hat aber Schadensersatzcharakter. Eine Prüfung des richtigen Verhältnisses scheidet deswegen aus. Die Höhe bestimmt sich nach dem Zusammenhang von Pflichtverletzung und Steuerschaden.[1287] Daher steht nach dem Sinn und Zweck auch die Höhe des Haftungsanspruchs grundsätzlich nicht im Ermessen der Finanzbehörde.[1288]

Auch ein systematisch-teleologischer Vergleich mit § 13c UStG zeigt, dass der Gesetzgeber das gewollte Ausnutzen bestimmter Möglichkeiten zur Vermeidung von Steuern mit Hilfe von weiteren Haftungstatbeständen verhindern möchte. § 13c Abs. 2 Satz 2 UStG normiert ausdrücklich, dass abweichend von § 191 Abs. 1 Satz 1 AO kein Ermessen besteht. Die Haftung nach § 13c UStG ist zwar nachrangig und verschuldensunabhängig. Sie soll aber auch vor Steuerausfällen schützen, weil bei einer Globalzession die Verpflichtung, Umsatzsteuer

1283 *Söhn* in Hübschmann/Hepp/Spitaler, § 85 AO Rn. 29 (August 2016).

1284 BFH v. 29.09.1987 – VII R 54/84, BStBl. II 1988, 176 (178); v. 29.05.1990 – VII R 81/89, BFH/NV 1991, 283 (285); v. 13.11.1990 – VII R 96/88, BFH/NV 1991, 641 (643); v. 13.06.1997 – VII R 96/96, BFH/NV 1998, 4 (5).

1285 Siehe auch zur Haftung nach § 69 AO BFH v. 05.09.1989 – VII R 61/87, BStBl. II 1989, 979 (980). Zur Haftung nach § 71 AO BFH v. 29.08.2001 – VII B 54/01, ZfZ 2002, 55; v. 21.01.2004 – XI R 3/03, BStBl. II 2004, 919 (922).

1286 BFH v. 29.08.2001 – VII B 54/01, ZfZ 2002, 55 (56).

1287 Vgl. *Schwarz* in Schwarz/Pahlke, § 69 AO Rn. 17 (Juni 2007).

1288 BFH v. 26.02.1991 – VII R 3/90, BFH/NV 1991, 504 (505); v. 29.08.2001 – VII B 54/01, ZfZ 2002, 55.

abzuführen, nicht auf den neuen Forderungsinhaber übergeht.[1289] Vor Schaffung der Regelung wurde dies bewusst ausgenutzt, um die Forderungssicherung in Höhe der Umsatzsteuer zu erweitern.[1290] Der Abtretungsempfänger verfügt über die Umsatzsteuer und ist in der Lage, diese zu entrichten. Der Zedent ist aber häufig nicht mehr fähig, die Umsatzsteuerschulden zu begleichen, weil der Zessionar die Forderung eingezogen hat. In diesem Fall droht eine Insolvenz. Ein zahlungsfähiger Zedent wird nicht den Sicherungsfall eintreten lassen wollen. Es gibt damit ein Sicherungsbedürfnis des Steuergläubigers, um keine Umsatzsteuereinbußen hinnehmen zu müssen. Es besteht aber auch eine Pflicht zum Erlass eines Haftungsbescheids für die Finanzverwaltung, um eine gleichmäßige Besteuerung zu gewährleisten. An dieser Stelle zeigt sich eine Verbindung zu § 85 AO. Eine gewollte Bereicherung des Zessionars auf Kosten des Fiskus wird durch diese Regelung ausgeschlossen.

Ähnliches muss für die Haftung bei einem vorsätzlichen Verschulden nach § 69 AO und einer Haftung nach § 71 AO gelten. Auch hier besteht ein ähnlich hohes Sicherungsbedürfnis seitens der Finanzverwaltung. Der Haftungsschuldner, der vorsätzlich gehandelt hat, wird nicht ohne Grund das Haftungsrisiko für eine fremde Steuerschuld vorsätzlich in Kauf genommen haben. In diesen Fällen dürfte der Steuerausfall durch eine Zahlungsunfähigkeit des Steuerschuldners ebenfalls regelmäßig der Fall sein.[1291]

Die Ermessensausübung nach § 191 Abs. 1 Satz 1 AO muss sich also am Zweck der Sicherung und Stärkung des Steueranspruchs des Steuergläubigers ausrichten. Deswegen ist vor allem bei Vorsatz eine verstärkte Inanspruchnahmepflicht der Behörde vorgesehen. Der Vorsatz prägt damit das Ermessen vor.

Man kann von einer Vorprägung sprechen, weil die Verwaltung zuerst prüfen muss, ob Vorsatz auf Tatbestandsebene gegeben ist. Dies ist eine Frage des Einzelfalls. Anschließend wirkt sich dieser Vorsatz auf Ebene der Rechtsentscheidung auch auf die Ebene der Ermessensentscheidung dahingehend aus, dass eine Inanspruchnahme nach dem Sinn und Zweck der Haftung regelmäßig gewollt und ermessensgerecht ist.

Der Wortlaut ist nach dem Telos bei einem vorsätzlichen Handeln zu weit. Er normiert – wie erläutert – ein unbeschränktes Ermessen. Der Gesetzgeber hätte aber mit einer Ausnahmeregelung für Fälle des § 69 AO in vorsätzlicher

---

1289 BFH v. 20.03.2013 – XI R 11/12, BStBl. II 2016, 107 (109 f.) mit Hinweis auf die Gesetzesbegründung BT-Drs. 15/1562, S. 46.

1290 BR-Drs. 637/03, S. 39. Siehe dazu oben unter § 5.II.5.a.bb.

1291 *Boeker* in Hübschmann/Hepp/Spitaler, § 69 AO Rn. 41 (April 2015).

Verschuldensform oder § 71 AO das Ermessen ausdrücklich in eine bestimmte Richtung lenken können.

Es ist festzuhalten, dass die Sicherung und Stärkung des Steueranspruchs, der Sinn und Zweck der Haftung, besonders hervortritt, wenn der Haftungsschuldner vorsätzlich seine Pflichten verletzt hat. Deswegen kann von einer lenkenden Wirkung des Vorsatzes gesprochen werden und zwar dahingehend, dass die Verwaltung regelmäßig den Haftungsschuldner in Anspruch nehmen sollte. Das Ermessen ist in diesem Fall vorgeprägt.

Liegt kein Vorsatz vor, kann dagegen nicht von einer ermessenslenkenden Wirkung ausgegangen werden. In diesem Fall muss genau geprüft werden, ob der Steuerschuldner zahlungsunfähig oder solvent ist. Ein Regelfall kann hier nicht angenommen werden, weil der Haftungsschuldner ungewollt die steuerlichen Pflichten verletzt hat.

ee. Zwischenergebnis

Die Ansprüche des Steuergläubigers sollen gestärkt werden, indem die Möglichkeiten der Inanspruchnahme auf möglichst viele Schuldner ausgedehnt werden. Insbesondere bei pflichtwidrigem Verhalten normiert das Gesetz Haftungsansprüche.

Die Auslegung zeigte, dass das Gesetz nach § 71 AO, § 191 Abs. 5 Satz 2 AO und § 219 Satz 2 AO vor allem die Fälle der Steuerhinterziehung und Steuerhehlerei ausdrücklich missbilligt und eine verschärfte Haftung normiert. Der Vorsatz hat als Tatbestandsvoraussetzung einen wesentlichen Einfluss auf die Ermessensentscheidung.

Der Wortlaut „kann" ist zu weit gefasst für derartige Fälle des Vorsatzes. Wortlaut und Normzweck stimmen daher nicht überein. Der Anwendungsbereich ist zu weit geraten. Durch die Einräumung eines nach dem Wortsinn unbeschränkten Ermessens ist es denkbar, dass die Verwaltung auf den Erlass eines Haftungsbescheids verzichtet, obwohl nach dem Sinn und Zweck eine Inanspruchnahme im Regelfall an sich durchaus geboten wäre. In § 191 Abs. 1 AO hätte der Gesetzgeber also eine Ausnahmevorschrift für den Fall eines vorsätzlichen Handelns vorsehen müssen. Deswegen muss für den Fall eines Vorsatzes geprüft werden, ob § 191 Abs. 1 Satz 1 AO teleologisch zu reduzieren ist.

Die teleologische Auslegung ist von der Normkorrektur der teleologischen Reduktion oder Extension zu unterscheiden.[1292] Die Auslegung im engen Sinn befindet sich im Bereich des möglichen Wortsinns.

1292 *Reimer*, Juristische Methodenlehre, Rn. 357.

b. Teleologische Reduktion

Wortlaut und Normzweck stimmen bei Vorliegen eines Vorsatzes auf Tatbestandsebene nur bedingt überein. Der Wortlaut des § 191 Abs. 1 Satz 1 AO ist zu weit geraten und eröffnet auf Rechtsfolgenseite stets die Möglichkeit, den Haftungsschuldner, auch wenn er vorsätzlich gehandelt hat, nicht in Anspruch zu nehmen, obwohl dies zur Sicherung des Steueraufkommens erforderlich wäre. Der Normzweck würde in solchen Fällen in sein Gegenteil verkehrt werden.[1293]

Dieses Problem muss methodisch gelöst werden, sodass sich der Sinn und Zweck voll entfalten können. Dafür bietet sich eine teleologische Reduktion der Norm an. Bei der teleologischen Reduktion zeigt sich der Vorrang des Normzwecks gegenüber dem Wortlaut. Sie ist eine „Form teleologisch angeleiteter Lückenschließung"[1294] und eine abändernde Rechtsfortbildung,[1295] weil die Rechtsfolge, die der Rechtsanwender wählen möchte, nicht mehr vom Wortsinn gedeckt ist. Sie ist verfassungsrechtlich nicht zu beanstanden.[1296] Die teleologische Reduktion ist keine Rechtsfortbildung contra legem, weil die Berichtigung streng innerhalb der gesetzlichen Wertungen stattfindet, indem der zu weite Wortlaut „auf den ihm nach der immanenten Teleologie des Gesetzes zukommenden Anwendungsbereich zurückgeführt" wird.[1297] Der Wortlaut entfaltet dabei keine Beschränkung des Richters. Der Richter ist nach Art. 20 Abs. 3 GG, Art. 97 Abs. 1 GG an Sinn und Zweck des Gesetzes und nicht an dessen „Buchstaben mit dem Zwang zur wörtlichen Auslegung" gebunden.[1298]

Mit Hilfe einer teleologischen Reduktion kann sich der Normzweck gegen einen zu weiten Gesetzeswortlaut durchsetzen.[1299] Es muss daher eine verdeckte Lücke[1300] erkennbar sein, die planwidrig ist. Rechtspolitisch gewünschte

---

1293 Vgl. *Rüthers/Fischer/Birk*, Rechtstheorie, Rn. 902.

1294 *Englisch* in Tipke/Lang, Steuerrecht, § 5 Rn. 85 mit Verweis auf BFH v. 29.06.2011 - XI R 15/10, BStBl. II 2011, 839 (842); v. 27.03.2012 - I R 62/08, BStBl. II 2012, 745 (748).

1295 *Drüen* in Tipke/Kruse, § 4 AO Rn. 381 (Oktober 2011); *Wernsmann* in Hübschmann/Hepp/Spitaler, § 4 AO Rn. 691 (Februar 2015); a.A. *Reimer*, Juristische Methodenlehre, Rn. 616; *Rüthers/Fischer/Birk*, Rechtstheorie, Rn. 982.

1296 BVerfG v. 30.03.1993 - 1 BvR 1045/89, 1381/90 und 1 BvL 11/90, BVerfGE 88, 145 (167); BFH v. 29.06.2011 - XI R 15/10, BStBl. II 2011, 839 (842).

1297 *Canaris*, Die Feststellung von Lücken im Gesetz, S. 83.

1298 BFH v. 29.06.2011 - XI R 15/10, BStBl. II 2011, 839 (842).

1299 *F. Bydlinski*, Juristische Methodenlehre, S. 480.

1300 *F. Bydlinski*, Juristische Methodenlehre, S. 480; *Canaris*, Die Feststellung von Lücken im Gesetz, S. 83.

Regelungen sind nämlich ausgeschlossen.[1301] Gleichzeitig muss dafür eine abstrakt umschreibbare Fallgruppe aus der angeordneten Rechtsfolge herausnehmbar sein.[1302]

aa. Regelungslücke und Lückenschluss

(a.) Verdeckte Regelungslücke

Der Gesetzgeber wollte mit der Haftung der Verwaltung eine Möglichkeit an die Hand geben, damit sie die Steueransprüche auf möglichst viele Schuldner ausdehnen kann, um das Steueraufkommen zu sichern. Er hat im Tatbestand des § 191 Abs. 1 Satz 1 AO eine Haftung „kraft Gesetzes" als Voraussetzung und auf Rechtsfolgenseite nur ein „Kann" normiert. Deswegen ist bei jeder Haftung kraft Gesetzes die Entscheidung über eine Inanspruchnahme eines Haftungsschuldners von den einzelnen Tatbestandsvoraussetzungen der jeweiligen Haftungstatbestände abhängig.[1303]

Das Gesetz regelt aber für das Festsetzungsverfahren nicht eine verschärfte Inanspruchnahme für den Ausnahmefall einer vorsätzlichen Pflichtverletzung i.S.d. § 69 AO oder eines Falles des § 71 AO, obwohl der Sinn und Zweck der Haftung dies für diese Haftungstatbestände fordert. Es hätte für diese Fälle wegen des Normzwecks einer Ausnahmeregelung bedurft, die die Verwaltung grundsätzlich zum Erlass eines Haftungsbescheids verpflichtet.

Beim intendierten Ermessen nach der Rechtsprechung des BVerwG wird zum Teil angenommen, dass eine schlichte Auslegung einer Ermessensnorm im Lichte des § 40 VwVfG ein intendiertes Ermessen begründen könne und bei einem „Kann" keine Lücke feststellbar sei.[1304] Übertragen auf das Steuerrecht müsste eine Auslegung mit Hilfe des § 5 AO weiterhelfen können. Eine schlichte Auslegung der Norm, auch unter Beachtung von § 5 AO, scheitert aber wegen des offenen Wortlauts. Trotz der Pflicht der Verwaltung, das Ermessen entsprechend dem Zweck der gesetzlichen Ermächtigung auszuüben, bleibt die Möglichkeit bestehen, dass die Verwaltung ihr Ermessen nicht entsprechend der eigentlichen Lenkung betätigt und damit einen Ermessensfehler begeht.[1305]

1301 BVerfG v. 14.05.1985 – 1 BvR 233, 341/81, BVerfGE 69, 315 (372); *Canaris*, Die Feststellung von Lücken im Gesetz, S. 85; *Wernsmann* in Hübschmann/Hepp/Spitaler, § 4 AO Rn. 696 (Februar 2015); *Spindler* in FS P. Kirchhof, § 165 Rn. 10.

1302 Ausdrücklich *P. Bydlinski*, Grundzüge der juristischen Methodenlehre, S. 91.

1303 Siehe dazu oben unter § 5.II.5.a.cc.

1304 *Rudersdorf*, Das intendierte Ermessen, S. 44 ff. Zurecht ablehnend *Schoch*, Jura 2010, 358 (360).

1305 So schon *Schoch*, Jura 2010, 358 (360) für das intendierte Ermessen und § 40 VwVfG.

Mangels Ausnahmeregelung besteht eine verdeckte Lücke. Diese zu schließen, ist ein Ziel der teleologischen Reduktion.[1306]

(b.) Lückenschluss

Problematisch ist, wie diese Lücke geschlossen werden kann. Einerseits könnte das „Kann" als „Muss" zu verstehen sein, andererseits könnte auch ein „Soll" zielführend sein.

Beim intendierten Ermessen nach der Rechtsprechung des BVerwG behilft sich die herrschende Ansicht sich bei intendierten Ermessensnormen mit einem „Soll".[1307] Ein Unterschied ist aber, dass beim intendierten Ermessen die Norm generell als eine „Soll"-Norm verstanden wird, während für ein vorgeprägtes Ermessen eine besondere Konstellation des Einzelfalles nach der Auslegung vorliegen muss. § 191 Abs. 1 Satz 1 AO stellt eine reine Verfahrensnorm dar, die durch die einzelnen Haftungstatbestände gelenkt wird und von diesen abhängig ist.

Wenn man das „Kann" zu einem „Muss" reduziert, würde im Fall eines vorsätzlichen Verschuldens als Tatbestandsvoraussetzung stets eine Ermessensreduzierung auf Null vorliegen.[1308] Der Begriff der Ermessensreduzierung auf Null bedeutet, dass nur in diesem besonderen konkreten Einzelfall das Ermessen ausnahmsweise auf eine einzige Entscheidungsmöglichkeit reduziert ist. Dann hätte die Verwaltung nur eine einzige Entscheidungsmöglichkeit für den Erlass eines Haftungsbescheids. Vom „Kann" würde „nichts übrig bleiben". Beim vorgeprägten Ermessen ist dies aber anders. Kommt die Verwaltung zu dem Ergebnis, dass Vorsatz auf Tatbestandsebene gegeben ist, dann lenkt dieses im Zusammenhang mit dem Sinn und Zweck regelmäßig die Ermessensausübung in eine bestimmte Richtung. Liegt dagegen ein Ausnahmefall oder kein Vorsatz vor, entfällt die lenkende Wirkung und ein Ermessen i.S.e. „Kann" ist gegeben. Nimmt man ein „Muss" an, könnte die Verwaltung nicht auf Besonderheiten des Einzelfalls reagieren. Es könnte schließlich ein Vorsatz gegeben, eine Haftung aus besonderen Gründen aber nicht ermessensgerecht sein. Dies ist nach dem Sinn und Zweck nicht gewollt.

Das „Kann" ist für den Fall des Vorsatzes als Tatbestandsmerkmal vielmehr zu einem „Soll" teleologisch zu reduzieren. Die Verwaltung soll denjenigen in

1306 BVerfG v. 30.03.1993 – 1 BvR 1045/89, 1381/90 und 1 BvL 11/90, BVerfGE 88, 145 (167); *Canaris*, Die Feststellung von Lücken im Gesetz, S. 83; *Wernsmann* in Hübschmann/Hepp/Spitaler, § 4 AO Rn. 691 (Februar 2015). Ausführlich zur teleologischen Reduktion *Brandenburg*, Die teleologische Reduktion, passim.

1307 Siehe dazu oben unter § 5.II.4.a.

1308 Siehe zur Ermessensreduzierung auf Null oben unter § 3.I.7. und unter § 3.I.8.

Anspruch nehmen, der kraft Gesetzes für eine Steuer wegen einer vorsätzlichen Pflichtverletzung nach § 69 AO oder des § 71 AO haftet.

Eine Soll-Norm legt einen Regelfall fest, von dem die Verwaltung im Ausnahmefall abweichen kann. Im Ausnahmefall steht der Verwaltung ein Ermessen zu.[1309] Dafür spricht, dass im Regelfall der ursprüngliche Steuerschuldner die Steuerschuld nicht begleichen kann, der Steuerschaden eingetreten ist und der Haftungsschuldner die steuerlichen Pflichten vorsätzlich verletzt hat. Im Regelfall hat die Verwaltung den Haftungsschuldner in Anspruch zu nehmen. Der Vorsatz lenkt und engt das Ermessen in eine bestimmte Richtung ein. Das Verschulden ist ein Element, das sowohl auf Tatbestands- als auch auf Ermessensseite wirkt. Ein Haftungsschuldner wird bewusst nicht ohne Grund eine unbeschränkte persönliche Haftung mit dem eigenen Vermögen für eine fremde Steuerschuld in Kauf nehmen.

Für den Ausnahmefall muss der Verwaltung aber die Möglichkeit eröffnet sein, von der Inanspruchnahme abzusehen, wenn insbesondere die Steuerschuld aus Billigkeitsgründen problemlos dem Steuerschuldner zu erlassen gewesen wäre.[1310] Ohne eine Reduzierung des „Kann" auf ein „Soll" in § 191 AO und damit einer lenkenden Wirkung des Vorsatzes würden die verfolgten Ziele des Ersatzes für Steuerausfälle und der abschreckenden Wirkung verblassen. Der Steueranspruch wird dann durch die regelmäßige Pflicht der Verwaltung zur Inanspruchnahme gestärkt und ein Ermessensspielraum für den Ausnahmefall verbleibt.

Auch spricht nicht dagegen, dass nicht alle Haftungstatbestände ein Verschulden im Tatbestand voraussetzen. Nur der Vorsatz lenkt, der sowohl auf Tatbestandsebene als auch auf Ermessensebene zu berücksichtigen ist. Setzt ein Haftungstatbestand keinen Vorsatz als Tatbestandsmerkmal voraus, fehlt das lenkende Element auf Tatbestandsebene. Deswegen ist – entgegen der Rechtsprechung des BFH – auch ein vorgeprägtes Ermessen beim Haftungstatbestand des § 42d EStG zu verneinen.[1311]

1309 Siehe oben unter § 3.I.8.

1310 BFH v. 25.07.1989 – VII R 54/86, BStBl. II 1990, 284 (285); *Wernsmann* in Hübschmann/Hepp/Spitaler, § 5 AO Rn. 106 (April 2013) m.w.N.

1311 Der BFH v. 12.02.2009 – VI R 40/07, BStBl. II 2009, 478 nimmt auch dann ein vorgeprägtes Ermessen an, wenn § 42d EStG erfüllt ist. Es kann in diesem Fall aber gerade nicht von einer vorgeprägten Ermessensentscheidung gesprochen werden. Der Tatbestand erfordert nach zutreffender herrschender Meinung kein Verschulden auf Seiten des Arbeitgebers. Daher kann die Rechtsentscheidung durch das fehlende

Der BFH nimmt regelmäßig „zumindest“ nur eine grobe Fahrlässigkeit bei § 69 AO an, wenn ein Geschäftsführer seinen steuerlichen Pflichten nicht nachkommt.[1312] Der Regelfall des Verschuldens ist daher der Fall der groben Fahrlässigkeit. Dies bedeutet, dass eine Ermessenslenkung auch von der Rechtsprechung nicht voreilig angenommen wird und sie vielmehr eine Frage des Einzelfalles ist. Zunächst muss die Verwaltung den Sachverhalt erforschen und prüfen, ob die Tatbestandsvoraussetzungen erfüllt sind. Kommt die Verwaltung bei der Prüfung zu dem Ergebnis, dass Vorsatz im Einzelfall gegeben ist, dann lenkt dieser Vorsatz regelmäßig das Ermessen in Richtung der Inanspruchnahme. Dies bedeutet aber auch, dass sich das vorgeprägte Ermessen auch aus diesem Grund vom intendierten Ermessen i.S.d. Rechtsprechung des BVerwG unterscheidet. Beim intendierten Ermessen sind die Anforderungen an die Sachverhaltsermittlung gerade abgesenkt.[1313]

Bei grober Fahrlässigkeit kann man dagegen – wie bereits erläutert – keine Lenkung des Ermessens annehmen, weil der Haftungsschuldner seine steuerlichen Pflichten nicht verletzt hat, um „quasi spiegelbildlich eine Mehrung des Vermögens des Steuerschuldners“[1314] zu bewirken. Er ist vielmehr ein „Schussel“. Ob der Steuerschuldner zahlungsunfähig ist, kann bei einer groben Fahrlässigkeit auch nicht regelmäßig angenommen werden.

Bei Vorsatz des Haftungsschuldners spielt ein Verschulden der Verwaltung grundsätzlich auch keine Rolle.[1315] Anders ist der Fall zwar zu beurteilen, wenn der Haftungsschuldner nur grob fahrlässig gehandelt hat. In diesem Fall liegt aber auch keine Ermessensvorprägung vor.

Dieses Ergebnis stimmt auch größtenteils mit der Rechtsprechung des BFH überein. Der BFH nahm mehrmals einen Regelfall im Falle einer Vorprägung an. Er trennte aber auch eine Vorprägung und den Regelfall voneinander. Dieser Unterscheidung kann aber nicht gefolgt werden. Durch den Vorsatz auf Tatbestandsebene wird nach dem Sinn und Zweck das Ermessen in eine bestimmte Richtung gelenkt, also vorgeprägt. Es bildet sich dadurch ein Regelfall für die Richtung der Ermessensausübung heraus.

Verschulden die Ermessensentscheidung nicht beeinflussen. Das Verschulden spielt erst auf Ebene der Ermessensentscheidung eine Rolle.

1312 Siehe oben unter § 5.II.2.a.bb(2.).

1313 Siehe oben unter § 5.II.4.a.

1314 *Hellmann* in Hübschmann/Hepp/Spitaler, § 370 AO Rn. 214 (März 2003).

1315 BFH v. 30.08.2005 – VII R 61/04, BFH/NV 2006, 232 (233); vgl. auch *Finzel*, AO-StB 2015, 244 (247 f.).

In anderen Fällen nahm der BFH aber eine Ermessensreduzierung auf Null an, wenn eine vorgeprägte Ermessensentscheidung vorgelegen hat. Das kann zwar im Einzelfall zutreffen, nicht aber – wie erläutert – im Regelfall.

Die Lücke kann mittels der teleologischen Reduktion gefüllt werden, wenn diese nicht geplant war.

bb. Planwidrigkeit

Eine telelogische Reduktion scheidet aus, wenn der Gesetzgeber sich bewusst für den weiten Wortlaut entschieden hat und das Gesetz sich nicht als planwidrig zu weit erweist.[1316] Eine nur rechtspolitisch wünschenswerte Regelung kann eine teleologische Reduktion nicht begründen.[1317] Telos und Systematik sprechen für eine Planwidrigkeit. Problematisch könnten aber Wortlaut und Historie sein. Bei Schaffung des AO 1977 sollte ein Mantelgesetz geschaffen werden.[1318] Die Umsetzung war jedoch fehler- und lückenhaft, insbesondere auch bei § 191 AO. Zum Ermessen äußerte sich die Gesetzesbegründung explizit nur zu § 192 AO. Dies spricht zwar grundsätzlich für ein Entschließungs- und Auswahlermessen,[1319] nicht aber für eine bewusste Lücke. Es ist vielmehr anzunehmen, dass er bei der Schaffung das Augenmerk auf eine möglichst allgemein und grob formulierte Regelung gelegt hatte, um eine einzige Verfahrensvorschrift bei einer gesetzlich begründeten Haftung für das Festsetzungsverfahren zu normieren, ohne Ausnahmen bei der Ermessensentscheidung bewusst zu bedenken. Deshalb ist von einer unbewussten Wahl eines weiten Wortlauts trotz des verfolgten Normzwecks in den Haftungstatbeständen auszugehen. Die Lücke ist planwidrig.

cc. Unvergleichbarkeit der Interessenlage

Als dritte Voraussetzung einer teleologischen Reduktion muss eine abstrakt umschreibbare Fallgruppe aus der angeordneten Rechtsfolge herausnehmbar sein.[1320] Es ist der Nachweis erforderlich, dass diese „abstrakt *umschreibbare* Fallgruppe von den Grundwertungen oder Zwecken des Gesetzes entgegen seinem Wortlaut gar nicht getroffen wird und daß sie sich von den ‚eigentlich gemeinten' Fallgruppen so weit unterscheidet, daß die Gleichbehandlung sachlich

---

1316 BFH v. 17.10.2001 – III R 3/01, BStBl. II 2002, 793 (795).

1317 BVerfG v. 14.05.1985 – 1 BvR 233, 341/81, BVerfGE 69, 315 (372); *Canaris*, Die Feststellung von Lücken im Gesetz, S. 85; *Wernsmann* in Hübschmann/Hepp/Spitaler, § 4 AO Rn. 696 (Februar 2015); *Spindler* in FS P. Kirchhof, § 165 Rn. 10.

1318 Siehe oben unter § 5.II.5.a.bb.

1319 Siehe oben unter § 5.II.2.b.

1320 Ausdrücklich *P. Bydlinski*, Grundzüge der juristischen Methodenlehre, S. 91.

ungerechtfertigt und willkürlich wäre."[1321] Auf das vorgeprägte Ermessen angewendet, bedeutet dies, dass der nach dem Wortlaut angeordnete weite Ermessensspielraum im Falle eines vorsätzlichen Verschuldens nicht mit dem Sinn und Zweck der Norm einschlägig ist und notwendigerweise ausgegrenzt werden muss.

Die Fallgruppe eines vorsätzlichen Verschuldens in Kombination mit einem weiten Ermessensspielraum nach § 191 Abs. 1 Satz 1 AO unterscheidet sich von der Fallgruppe eines vorsätzlichen Verschuldens in Verbindung mit einem eingeengten Ermessensspielraum. Der Normzweck der Sicherung des Steueraufkommens ist mit der Fallgruppe eines vorsätzlichen Verschuldens in Kombination mit einem weiten Ermessensspielraum aber nicht vereinbar. Es käme zu einer sachlich nicht gerechtfertigten Gleichbehandlung, weil der vorsätzlich Handelnde gegenüber dem grob fahrlässig Haftenden oder sogar dem verschuldensunabhängig Haftenden nach § 42d EStG durch einen weiten Ermessensspielraum bevorzugt würde.

Der weite Wortlaut des § 191 Abs. 1 Satz 1 AO ist somit zweckwidrig und der Anwendungsbereich muss begrenzt werden.

dd. Zwischenergebnis

§ 191 Abs. 1 Satz 1 AO muss bei Vorliegen einer vorsätzlichen Pflichtverletzung nach § 69 AO oder des Tatbestandes des § 71 AO dahingehend teleologisch reduziert werden, dass das „Kann" als „Soll" verstanden werden muss. In diesen Fällen liegt nämlich eine planwidrige, verdeckte Regelungslücke vor.

c. Umfang des vorgeprägten Ermessens

aa. Entschließungsermessen

Für das Entschließungsermessen bedeutet das vorgeprägte Ermessen, dass der Haftungsschuldner regelmäßig in Anspruch zu nehmen ist. Der Ersatz des entstandenen Steuerschadens ist zu sichern. Der Haftungsschuldner hat sich nicht grundlos vorsätzlich haftbar gemacht. Die Abwägung im Einzelfall muss zwar stattfinden, eine Entscheidung gegen eine Inanspruchnahme kann aber nur im Ausnahmefall erfolgen.

bb. Auswahlermessen

Beim Auswahlermessen sind verschiedene Fallgruppen zu unterscheiden. Es gibt Fälle, in denen nur ein Haftungsschuldner, sei es ein Geschäftsführer i.S.v.

1321 Treffend *F. Bydlinski*, Juristische Methodenlehre, S. 480. Hervorhebung im Original.

§ 69 AO oder ein Täter nach § 71 AO, in Betracht kommt. Daneben können aber auch mehrere Personen mögliche Haftungsschuldner sein. Diese können auch unterschiedliche Verschuldensgrade i.S.v. § 69 AO oder verschiedene Haftungstatbestände erfüllt haben. Denkbar ist auch, dass zwischen Täter und Teilnehmer i.S.v. § 71 AO unterschieden werden muss. Eine Abwägung ist also hier eigentlich erforderlich. Problematisch ist jedoch, wie diese Abwägung im Regelfall aussieht.

Regelmäßig dürfte wohl der Fall vorliegen, dass nur ein Geschäftsführer i.S.d. § 69 AO oder nur ein Täter i.S.d. § 71 AO neben dem Steuerschuldner als potentieller Schuldner in Betracht kommt. Ein Geschäftsführer, der seine steuerlichen Pflichten verletzt, handelt nach der Rechtsprechung zumindest grob fahrlässig.[1322] Kann die Verwaltung aber ein vorsätzliches Handeln nachweisen, ist das Ermessen gelenkt. Entsprechendes gilt für § 71 AO, wenn der Tatbestand erfüllt ist. Dazu bedarf es stets einer einwandfreien und erschöpfenden Sachverhaltsermittlung. Die Umstände des Einzelfalles sind damit entscheidend. Bei beiden Konstellationen (§ 69 AO und § 71 AO) kommt durchaus eine Ermessensreduzierung auf Null in Betracht. Das ist aber eine gesondert zu prüfende Frage. Es handelt sich beim vorgeprägten Ermessen und bei der Ermessensreduzierung auf Null um „zwei sich überschneidende Kreise". Insbesondere ist entscheidend, ob außergewöhnliche Umstände vorliegen, der eigentliche Steuerschuldner noch solvent oder erlasswürdig ist. Kommen jedenfalls nur ein Steuerschuldner und ein Haftungsschuldner in Betracht, ist ein vorgeprägtes Ermessen bei Vorsatz anzunehmen.

Gibt es mehrere Geschäftsführer, ist der Grad des Verschuldens entscheidend. Haben mehrere Geschäftsführer vorsätzlich gehandelt, müssen alle grundsätzlich in Anspruch genommen werden. Der einzelne Geschäftsführer hat in diesem Fall keinen Anspruch darauf, nicht haften zu müssen, wenn keine außergewöhnlichen Umstände vorliegen. Das vorgeprägte Ermessen bedeutet in diesem Fall, dass die Verwaltung alle Geschäftsführer regelmäßig auch in Anspruch nehmen muss, die vorsätzlich gehandelt haben. Handelt dagegen ein Geschäftsführer vorsätzlich, der andere grob fahrlässig, dann muss die Verwaltung regelmäßig den vorsätzlich Handelnden in Anspruch nehmen, weil für seine Inanspruchnahme das Ermessen gelenkt ist. Auch hier kommt es auf die Umstände des Einzelfalls an. Nimmt die Verwaltung einen vorsätzlich handelnden Geschäftsführer aber nicht in Anspruch, weicht dies vom Regelfall ab. Entsprechendes muss auch für den Fall gelten, wenn mehrere Täter i.S.d. § 71 AO als Haftungsschuldner in Betracht kommen.

1322 Siehe dazu unter § 5.II.3.b.ff.

Gibt es Täter und Teilnehmer gemäß § 71 AO, dann muss hier nach Ansicht des BFH schon unabhängig vom Verschulden die unterschiedliche Tatbeteiligung bei der Ermessensausübung nach der Rechtsprechung beachtet werden.[1323] Das ist aber nicht ganz zutreffend. Tatnähe und Verschulden sind beachtlich. Der Täter, der vorsätzlich gehandelt hat und der Tat näher steht als der Teilnehmer, muss regelmäßig in Anspruch genommen werden, während der Teilnehmer nachrangig haftet. Das Ermessen für die Inanspruchnahme des Täters bzw. der Täter wird vorgeprägt. Nimmt die Verwaltung den Täter in Anspruch, kann der Teilnehmer aber nicht geltend machen, nicht in Anspruch genommen zu werden. Dessen vorsätzliche Tatbeteiligung lenkt auch das Ermessen. In diesem Fall kann also, obwohl der Teilnehmer nicht auf einer Ebene der Tatbeteiligung mit dem Täter steht, trotzdem von einer Ermessenslenkung gesprochen werden. Nimmt die Verwaltung den Teilnehmer neben dem Täter in Anspruch, ist die Ermessensentscheidung regelmäßig ermessensgerecht. Dagegen entfällt die lenkende Wirkung, wenn die Verwaltung zwar den Teilnehmer in Anspruch nimmt, den Täter – der vorsätzlich gehandelt hat und der Tat an sich nähersteht – aber nicht. Hier liegt ein außergewöhnlicher Fall vor.

Erfüllen mehrere Haftungsschuldner verschiedene Haftungstatbestände vorsätzlich, liegt auch hier eine vorgeprägte Ermessensentscheidung vor. Alle sind regelmäßig in Anspruch zu nehmen. Handelte nur ein Haftungsschuldner vorsätzlich, dann ist regelmäßig nur dieser in Anspruch zu nehmen. Bei den anderen Haftungsschuldnern ist im Einzelfall genau zu prüfen und abzuwägen, ob sie in Anspruch genommen werden sollen.

Das vorgeprägte Ermessen wirkt sich auch auf die Höhe der Inanspruchnahme aus. Die Haftung hat Schadensersatzcharakter und stellt keine zusätzliche Sanktion dar. Die vorsätzliche Pflichtverletzung beeinträchtigt den gesetzlichen Steueranspruch. Gleichzeitig mehrt der Haftungsschuldner durch sein Handeln „quasi spiegelbildlich“[1324] das Vermögen des Steuerschuldners, weil es nicht bzw. nicht in voller Höhe gemindert wird. Daher ist der Vorteil des Steuerschuldners zwangsläufig der Nachteil des Steuergläubigers.[1325] Um diesen Vermögensschaden, den Nachteil, auszugleichen und dem Sinn und Zweck der Haftung gerecht zu werden, muss die Finanzverwaltung den Haftungsschuldner in voller Höhe in Anspruch nehmen. Wie erläutert, muss die Verwaltung keine Ermittlungen zur Zahlungsfähigkeit des Haftungsschuldners anstellen. Sie hat auch nicht

---

1323 Siehe dazu oben unter § 5.II.3.c.ee.

1324 *Hellmann* in Hübschmann/Hepp/Spitaler, § 370 AO Rn. 214 (März 2003).

1325 *Hellmann* in Hübschmann/Hepp/Spitaler, § 370 AO Rn. 214 (März 2003).

abzuwägen, ob das Verschulden im angemessenen Verhältnis zur Haftungssumme steht. Wer vorsätzlich handelt, hatte den Willen und das Wissen für sein Handeln. Die Höhe der Haftung nach § 71 AO ist jedoch gleichzeitig auf den Betrag des noch nicht erfüllten Steueranspruchs begrenzt, den der Vorsatz umfasst.[1326] Entsprechend ist auch die Haftung nach § 69 AO auf die durch die Pflichtverletzung verursachten Schäden begrenzt.[1327]

§ 219 Satz 2 AO steht dieser Auslegung nicht entgegen. Regelmäßig wäre es ermessensfehlerhaft den Steuerschuldner in Anspruch zu nehmen trotz des Maßes der Verfehlungen des Steuerhinterziehers, Steuerhehlers oder Teilnehmers.[1328]

d. Ergebnis

Es gibt ein vorgeprägtes Ermessen. Für eine vorgeprägte Ermessensentscheidung kommt es darauf an, dass im Haftungstatbestand ein Vorsatz des Haftungsschuldners erforderlich ist, der im konkreten Einzelfall auch gegeben ist. Nach dem Sinn und Zweck prägt ein Vorsatz auf Tatbestandsseite das Ermessen vor und lenkt es. Dadurch entsteht ein Regelfall, den die Finanzverwaltung bei ihrer Ermessensausübung zu beachten hat. Um dem Telos gerecht zu werden, ist eine teleologische Reduktion des Wortlauts erforderlich. Das vorgeprägte Ermessen ist damit eine Kombination aus Auslegung und Umständen des Einzelfalles.[1329]

Im Ergebnis stimmt das gefundene Ergebnis mit der Rechtsprechung des BFH grundsätzlich überein. Regelfall und vorgeprägtes Ermessen hängen voneinander ab.

Dem Gesetzgeber ist deswegen ein rechtspolitischer Vorschlag zu machen. Er sollte eine Ausnahmevorschrift in § 191 Abs. 1 AO einfügen für den Fall einer vorsätzlichen Pflichtverletzung i.S.d. § 69 AO oder des Vorliegens des § 71 AO. Die Ausnahmevorschrift könnte wie folgt formuliert sein:

> *„Wer kraft Gesetzes wegen einer vorsätzlichen Pflichtverletzung nach § 69 AO oder als Täter nach § 71 AO haftet, soll in Anspruch genommen werden."*

1326 BFH v. 26.02.1991 – VII R 3/90, BFH/NV 1991, 504 (505); v. 13.07.1994 – I R 112/93, BStBl. II 1995, 198 (200); v. 27.03.2006 – VII B 117/05, BFH/NV 2006, 1254 (1255); v. 05.08.2010 – V R 13/09, BFH/NV 2011, 81 (84); v. 26.09.2012 – VII R 3/11, BFH/NV 2013, 337 (339); *Boeker* in Hübschmann/Hepp/Spitaler, § 71 AO Rn. 38 (Juni 2015); *Nacke*, Haftung für Steuerschulden, Rn. 5.63.

1327 BFH v. 05.09.1989 – VII R 61/87, BStBl. II 1989, 979 (980); v. 11.11.2008 – VII R 19/08, BStBl. II 2009, 342 (343); *Boeker* in Hübschmann/Hepp/Spitaler, § 69 AO Rn. 44 (April 2015).

1328 *Nacke*, Haftung für Steuerschulden, Rn. 5.65.

1329 A.A. *Masloff*, UBWV 1998, 26 (28).

III. Vorprägung und Begründung

Das zweite wesentliche Merkmal der Rechtsprechung des BFH ist die Aussage, dass man bei einer vorgeprägten Ermessensentscheidung von einer stillschweigend sachgerechten Ermessensausübung ausgehen könne, die nicht begründet werden müsse.[1330]

Diese Aussage überrascht, weil sie zahlreiche Fragen aufwirft. Nach der herrschenden Dogmatik ist – wie erläutert – eine Begründung der Ermessenserwägungen erforderlich. Ansonsten indiziert eine mangelnde Begründung einen Ermessensnichtgebrauch und damit eine rechtswidrige Ermessensentscheidung. Der Haftungsschuldner und auch die Finanzgerichte sind grundsätzlich ohne Begründung gehindert, die Ermessenserwägungen nachzuvollziehen. Die nicht erforderliche Begründung bei einer vorgeprägten Ermessensentscheidung stellt deswegen einen Kritikpunkt dar.[1331] *Stapperfend* etwa vertritt die Auffassung, dass hier ein Versuch unternommen werde, die Kontrolle den Gerichten (zumindest teilweise) zu entziehen.[1332]

Es muss geprüft werden, ob bei einer vorgeprägten Ermessensentscheidung von einer stillschweigend sachgerechten Ermessensausübung ausgegangen werden kann.

Die Frage der Begründungspflicht bei einer vorgeprägten Ermessensentscheidung gemäß § 191 Abs. 1 Satz 1 AO ist an § 121 AO zu messen. § 121 AO gibt das Programm für Begründungen von Verwaltungsentscheidungen vor. Dies ist vor allem aus Sicht des Haftungsschuldners für seinen Rechtsschutz relevant. Es ist nämlich der Fall denkbar, dass der Haftungsschuldner mangels Begründung der Ermessenserwägungen sich nicht gegen eine eigentlich ermessensfehlerhafte Entscheidung zur Wehr setzt. Für den Haftungsschuldner besteht auch

1330 BFH v. 13.04.1978 – V R 109/75, BStBl. II 1978, 508 (510).

1331 *Wernsmann* in Hübschmann/Hepp/Spitaler, § 5 AO Rn. 141 (April 2013); *Loose* in Tipke/Kruse, § 191 AO Rn. 105 f. (Januar 2014) erkennt zwar eine mögliche Vorprägung an, er lehnt aber den Begründungsverzicht ab. Kritisch auch *Hetzer*, ZfZ 1985, 162 (165).

1332 *Stapperfend* in Gräber, § 102 FGO Rn. 5. A.A. dagegen *Masloff*, UBWV 1998, 26 (28), der beim intendierten Ermessen vielmehr von einer notwendigen Stärkung der Kontrollbefugnis spricht, weil für die Auslegung des Normzwecks schlussendlich die gerichtliche Wertung maßgeblich sei (auch das intendierte Ermessen geht von einer nicht erforderlichen Begründungspflicht aus – siehe dazu auch unter § 5.II.4. und § 5.IV.).

die Gefahr von Verfahrenskosten,[1333] wenn er sich gegen eine Inanspruchnahme nach § 191 AO wegen des Verdachts auf Ermessensnichtgebrauch wehrt, aber aufgrund der Vorprägung der Ermessensentscheidung scheitert.

Grundsätzlich verlangt der BFH auch eine Begründung der Ermessenserwägungen der Inanspruchnahme. Daher muss die Ermessensentscheidung im Haftungsbescheid, spätestens aber in der Einspruchsentscheidung gemäß § 121 Abs. 1, § 126 Abs. 1 Nr. 2, Abs. 2 AO begründet werden, weil die Gerichte befugt und verpflichtet sind, behördliche Ermessensentscheidungen zu überprüfen, und keine eigenen Ermessenserwägungen anstellen dürfen. Ansonsten sind Ermessensentscheidungen regelmäßig fehlerhaft.[1334] Die angestellten Ermessenserwägungen bei der Ermessensausübung – die Abwägung des Für und Wider – müssen nach der ständigen Rechtsprechung des BFH aus der Entscheidung erkennbar sein.[1335] Das bedeutet vor allem für das Auswahlermessen, dass die Behörde begründen muss, warum sie den Haftungsschuldner anstatt des Steuerschuldners oder anderer möglicher Haftungsschuldner in Anspruch nimmt.[1336] Eine Ausnahme soll aber eben dann gelten, wenn die Ermessensentscheidung vorgeprägt ist.

§ 121 AO unterscheidet sich von § 39 VwVfG und § 35 SGB X. Während § 39 VwVfG und § 35 SGB X ausdrücklich eine Begründung von Ermessensentscheidungen verlangen, kommt es bei § 121 Abs. 1 AO nur auf das Verständnis an. Der Regelung liegen vor allem Effizienzgesichtspunkte zu Grunde. Für das Steuerrecht besteht deswegen eine abgeschwächte Begründungspflicht. Dabei ist die Begründung von der Rechtsgrundlage abhängig. Das Verständnis des Haftungsschuldners ist somit entscheidend.

Im ersten Urteil nahm der BFH auf keine Norm Bezug. Dies lag daran, dass es unter Geltung der RAO keine vergleichbare Regelung wie § 121 AO gab. Eine Begründung wurde aber aus rechtsstaatlichen Gründen gefordert.[1337] Im weiteren

---

1333 Allgemein *Scheffler*, DÖV 1977, 767 (769); in diese Richtung gehend *Wernsmann* in Hübschmann/Hepp/Spitaler, § 5 AO Rn. 140 (April 2013).

1334 BFH v. 29.09.1987 – VII R 54/84, BStBl. II 1988, 176 (177); v. 30.06.1995 – VII R 87/94, BFH/NV 1996, 3; v. 13.06.1997 – VII R 96/96, BFH/NV 1998, 4 (4 f.).

1335 BFH v. 13.09.1988 – V R 67–68/83, BFH/NV 1989, 681 (682); v. 30.06.1995 – VII R 87/94, BFH/NV 1996, 3.

1336 BFH v. 29.09.1987 – VII R 54/84, BStBl. II 1988, 176 (177); v. 30.06.1995 – VII R 87/94, BFH/NV 1996, 3 (3 f.), insbesondere mit Verweis auf die ständige Rechtsprechung des BFH v. 24.11.1987 – VII R 82/84, BFH/NV 1988, 206 (208). Siehe auch BFH v. 13.06.1997 – VII R 96/96, BFH/NV 1998, 4 (5).

1337 Siehe dazu ausführlich oben unter § 4.II.1.

Verlauf zog der BFH § 121 AO und teils auch § 39 VwVfG heran.[1338] Vor allem auf § 121 Abs. 2 Nr. 2 AO stellte der BFH häufig ab. Er wählte dabei Formulierungen wie „auf der Hand liegt“[1339] oder „offensichtlich“[1340]. In anderen Entscheidung äußerte er sich nicht zur gesetzlichen Verankerung.

Bei den Ausnahmetatbeständen des § 121 Abs. 2 AO handelt es sich aber um bloße Hilfskriterien.[1341] Mit ihnen kann ermittelt werden, was für das Verständnis erforderlich ist. Nach § 121 Abs. 2 Nr. 2 AO bedarf es einer Begründung nicht, soweit demjenigen, für den der Verwaltungsakt bestimmt ist oder der von ihm betroffen wird, die Auffassung der Finanzbehörde über die Sach- und Rechtslage bereits bekannt oder auch ohne Begründung für ihn ohne weiteres erkennbar ist.

Unbestritten ist, dass die Finanzverwaltung die Rechtsentscheidung stets begründen muss. Sie muss die Rechtsgrundlage angeben und erläutern, warum der Haftungstatbestand erfüllt ist. Deswegen muss sich die Verwaltung auch zum Verschuldensgrad äußern. Während unter Geltung der RAO ein schuldhaftes Verhalten ausreichte, muss die Verwaltung bei § 69 AO unter Geltung der AO ermitteln, ob ein schweres Verschulden gegeben ist. Nimmt sie dagegen eine Haftung nach § 71 AO an, muss u.a. der subjektive Tatbestand von § 370 AO erfüllt sein und deswegen auch Vorsatz. Auch hat die Verwaltung erkennen zu geben, dass sie sich bewusst war, eine Ermessensentscheidung treffen zu müssen. Zwingende Voraussetzung für eine Rechts- und Ermessensentscheidung ist eine ordnungsgemäße Sachverhaltsermittlung.

Kern der Rechtsprechung ist die Aussage, dass man stillschweigend von einer sachgerechten Ermessensentscheidung ausgehen könne.

Das vorprägende Element ist derweil in der Person des Haftungsschuldners verankert, sodass er bei einer vorsätzlichen Pflichtverletzung oder einer Steuerhinterziehung damit rechnen muss, durch Haftungsbescheid in Anspruch genommen zu werden. Ein Geschäftsführer muss seine steuerlichen Pflichten kennen. Verstößt er vorsätzlich gegen sie, kennt er auch den Beweggrund der Verwaltung.

Deswegen überzeugt die Rechtsprechung des BFH, die eine stillschweigende Ermessensausübung annimmt und eine Begründung nach § 121 Abs. 2 Nr. 2 AO

1338 BFH v. 03.02.1981 – VII R 86/78, BStBl. II 1981, 493.

1339 BFH v. 10.05.1983 – VII R 97/79, juris Rn. 16 – zu § 39 Abs. 2 Nr. 2 VwVfG; v. 10.04.1984 – VII R 77/81, juris Rn. 32.; v. 16.10.1984 – VII S 13/84, juris Rn. 28.; v. 29.01.1985 – VII R 15/81, BFH/NV 1987, 354 (357 f.); v. 12.06.1986 – VII R 192/83, juris Rn. 28; 16.07.1986 – I B 86/82, BFH/NV 1987, 346 (348).

1340 BFH v. 13.09.1988 – V R 67–68/83, BFH/NV 1989, 681 (682).

1341 Siehe dazu oben unter § 4.III.2.c.

für entbehrlich hält. Wegen des Hilfscharakters kann jedoch auch die mangelnde Begründungspflicht auf § 121 Abs. 1 AO gestützt werden. Für jemanden, der vorsätzlich gehandelt hat, ist es verständlich, dass er in Anspruch genommen wird. Dabei stellte die Rechtsprechung auch fest, dass der vorsätzlich handelnde Haftungsschuldner nicht verlangen kann, nicht in Anspruch genommen zu werden, wenn noch ein weiterer Haftungsschuldner in Betracht kommt. Somit ist für die Inanspruchnahme unerheblich, wenn weitere Gesamtschuldner in Betracht kommen. Wer vorsätzlich gehandelt hat, haftet grundsätzlich. Dies muss jedem Haftungsschuldner einleuchten. Liegt jedoch eine Ausnahmekonstellation vor, dann ist schon für das Verständnis eine Begründung nach § 121 Abs. 1 AO erforderlich.

Bei einem Teilnehmer i.S.d. § 71 AO kommt es dagegen auf die Konstellation im Einzelfall an, weil der Täter bereits „tatnäher“ ist.[1342]

Deswegen kann von einer stillschweigenden Ermessensausübung gesprochen werden. Das Verschulden ist bereits Tatbestandselement und muss begründet werden. Kommt es anschließend auf zweiter Entscheidungsstufe zur Ermessensentscheidung, fließt dieser Gesichtspunkt ein zweites Mal in die Entscheidungsfindung ein. Eine erneute Begründung ist deswegen nicht weiterführend. Geht die Verwaltung von Vorsatz aus, dann wägt sie dieses wesentliche Element der Ermessensentscheidung konkludent, also stillschweigend, bei der Ermessensausübung ab. Durch die Annahme eines Vorsatzes kann auf den Willen der Verwaltung geschlossen werden, den Haftungsschuldner in Anspruch zu nehmen. Anzunehmen, dass die Verwaltung das Tatbestandsmerkmal nicht bei der Ermessensentscheidung nach § 191 Abs. 1 Satz 1 AO berücksichtigt, ist abwegig.

IV. Abgrenzung des vorgeprägten Ermessens von intendiertem Ermessen

Das vorgeprägte Ermessen nach der Rechtsprechung des BFH und das intendierte Ermessen nach der Rechtsprechung des BVerwG sind voneinander abzugrenzen. Auf den ersten Blick mögen beiden Begriffe identisch sein, weil beide einen Regelfall annehmen und auf formeller Seite eine Begründung der Ermessenerwägungen für entbehrlich halten. Im Detail bestehen aber wesentliche Unterschiede.

Ein formeller Unterschied fällt bei der Begründung auf. Die Ausnahmetatbestände des § 121 Abs. 2 AO sind Hilfskriterien bei der Auslegung von Abs. 1 und nicht abschließend. Dagegen sind Ausnahmen von der Begründung nach

1342 Vgl. dazu unter § 5.II.3.c.ee.

§ 39 Abs. 1 VwVfG auf die Fälle des Abs. 2 begrenzt. Eine Ausnahme von der Begründung der Ermessenserwägungen nach § 39 Abs. 1 Satz 3 VwVfG muss sich somit aus § 39 Abs. 2 VwVfG ergeben. Eine einschlägige Nummer ist allerdings regelmäßig nicht ersichtlich,[1343] weil für ein intendiertes Ermessen kein Vorsatz als lenkendes Element vorausgesetzt ist.[1344]

Daneben kommt es beim vorgeprägten Ermessen stets auf die konkreten Umstände des Einzelfalles an, ob Vorsatz vorliegt. Dies wird auch in der Literatur als ein abweichendes Detail angesehen.[1345] Deswegen ist das intendierte Ermessen auch weitergehend, weil kein Vorsatz auf Tatbestandsebene als lenkendes Element erforderlich ist.[1346] Gleichzeitig bedeutet dies für das vorgeprägte Ermessen, dass die Anforderungen an die Sachverhaltsermittlung im Gegensatz zum intendierten Ermessen nicht eingeschränkt sein können.[1347] Vorsatz kann nicht vorschnell angenommen werden.

Ein weiterer, wesentlicher Unterschied ist, dass beim intendierten Ermessen nach der Rechtsprechung des BVerwG auf eine Abwägung verzichtet werden kann, weil sich diese von selbst ergebe.[1348] Beim vorgeprägten Ermessen dagegen ist eine – stillschweigende – Abwägung erforderlich. Wenn die Verwaltung auf den Vorsatz abstellt, den sie schließlich als Tatbestandsvoraussetzung auch begründen muss, dann ist von einem stillschweigenden Erwägen als Grund für die Inanspruchnahme auszugehen. Der Vorsatz stellt dabei den lenkenden Gesichtspunkt der Ermessensentscheidung dar.

Je nachdem, welcher dogmatischen Herleitung man beim intendierten Ermessen folgt, kann auch hier ein Unterschied gesehen werden. Das vorgeprägte Ermessen fußt auf einer teleologischen Reduktion in Kombination mit den Umständen des Einzelfalles, während beim intendierten Ermessen nach der

---

1343 *Beaucamp*, JA 2006, 74 (77).

1344 Für dieses wesentliche Merkmal spricht auch das Urteil des BFH v. 28.08.2012 – I R 10/12, BStBl. II 2013, 266 (270). Der BFH lehnte ein verschuldensunabhängiges vorgeprägtes Ermessen bei der Entscheidung über ein Verzögerungsgeld nach § 146 Abs. 2b AO ausdrücklich ab.

1345 *Rudersdorf*, Das intendierte Ermessen, S. 23; in diese Richtung *P. Stelkens*, NWVBl. 1989, 338 (339); *ders.*, Verwaltungsverfahren, Rn. 397.

1346 Als lenkende Elemente sah das BVerwG insbesondere den Grundsatz der Wirtschaftlichkeit und Sparsamkeit an, vgl. BVerwG v. v. 16.06.1997 – 3 C 22/96, BVerwGE 105, 55 (58); siehe auch BVerwG v. 26.06.2002 – 8 C 30/01, BVerwGE 116, 332 (337). Zustimmend *Beuermann*, Intendiertes Ermessen, S. 124; ablehnend *Rudersdorf*, Das intendierte Ermessen, S. 62.

1347 A.A. *Wernsmann* in Hübschmann/Hepp/Spitaler, § 5 AO Rn. 135 ff. (April 2013).

1348 Siehe dazu oben unter § 5.II.4.

Rechtsprechung des BVerwG eine Herleitung durch eine Gesetzesauslegung möglich[1349] oder eine teleologische Reduktion und eine teleologische Korrektur vorzunehmen ist[1350].

Auch wird die als intendiert angesehene Norm generell als eine Soll-Vorschrift verstanden, während § 191 Abs. 1 Satz 1 AO nur unter den erläuterten besonderen Umständen des Einzelfalles als eine Soll-Vorschrift zu verstehen ist.

V. Zusammenfassung

Das Ermessen nach § 191 Abs. 1 Satz 1 AO ist vorgeprägt, wenn eine vorsätzliche Pflichtverletzung i.S.v. § 69 AO oder ein Fall des § 71 AO vorliegt. Die Rechtsentscheidung wirkt sich auf die Ermessensentscheidung aus. Dabei ist kennzeichnend, dass das „Kann" in § 191 Abs. 1 Satz 1 AO in diesen Fällen wegen einer telelogischen Reduktion als ein „Soll" zu verstehen ist. Im Einzelfall muss die Verwaltung jedoch zu erkennen geben, dass sie sich ihres Ermessens bewusst gewesen ist und Vorsatz angenommen hat. Nur dann kann davon ausgegangen werden, dass sie stillschweigend von ihrem Ermessen sachgerecht Gebrauch gemacht hat. Auch der BFH nimmt nämlich grundsätzlich nur ein grob fahrlässiges Verschulden des Geschäftsführers an, wenn er seine steuerlichen Pflichten nicht erfüllt hat. Eine generelle Vorprägung der Ermessensentscheidung nach § 191 Abs. 1 Satz 1 AO kann daher nicht angenommen werden. Das vorgeprägte Ermessen ist somit im Ergebnis eine Frage des Einzelfalles.

Die Ermessenserwägungen müssen nach § 121 Abs. 1 (i.V.m. Abs. 2 Nr. 2) AO nicht begründet werden, weil sie bei einem vorsätzlichen Handeln des Haftungsschuldners für dessen Verständnis nicht erforderlich sind. Erforderlich ist aber weiterhin, dass die Rechtsentscheidung begründet und die Rechtsgrundlage genannt wird.

Im Ergebnis liegt kein Ermessensfehler vor, wenn die Verwaltung ihre Ermessensentscheidung im Falle eines vorgeprägten Ermessens im Sinne dieser Vorprägung getroffen und nicht begründet hat.

§ 6. Weitere mögliche Fallgruppen nach der Rechtsprechung

Die Rechtsprechung nimmt ein vorgeprägtes Ermessen nicht nur bei § 191 AO an, sondern auch bei weiteren Ermessensnormen: § 92 Satz 2 Nr. 1 i.V.m. § 93 Abs. 1 Satz 1 AO, § 129 AO, § 146 Abs. 2b AO, § 367 Abs. 2a AO, § 48a EStG und

---

1349 *Rudersdorf*, Das intendierte Ermessen, S. 44.

1350 *Kaffenberger*, Das intendierte Verwaltungsermessen, S. 160 ff.

§ 74 Abs. 1 EStG. Fraglich ist jedoch, ob die Rechtsprechung mit den gefundenen Ergebnissen bei § 191 Abs. 1 AO übereinstimmt. Die Ermessensnormen werden im folgenden Abschnitt behandelt.

I. § 92 Satz 2 Nr. 1 i.V.m. § 93 Abs. 1 Satz 1 AO

Der BFH ließ offen, ob es sich bei der Ermessensentscheidung nach § 92 Satz 1 AO i.V.m. § 93 Abs. 1 und 2 AO um eine vorgeprägte Ermessenentscheidung handeln könnte.[1351]

Die Wahl der Beweismittel steht nach § 92 Satz 1 AO im pflichtgemäßen Auswahlermessen der Finanzbehörden.[1352] Das Legalitätsprinzip schließt ein Entschließungsermessen aus.[1353] Beim Auskunftsersuchen nach § 93 AO handelt es sich um ein Beweismittel i.S.v. § 92 AO. § 93 AO normiert die Auskunftspflicht der Beteiligten und anderer Personen. Gemäß § 93 Abs. 1 Satz 1 AO haben die Beteiligten und die anderen Personen der Finanzbehörde die zur Feststellung eines für die Besteuerung erheblichen Sachverhalts erforderlichen Auskünfte zu erteilen. Gemäß § 93 Abs. 2 Satz 1 AO muss das Auskunftsersuchen angeben, worüber Auskünfte erteilt werden sollen und ob die Auskunft für die Besteuerung des Auskunftspflichtigen oder für die Besteuerung anderer Personen angefordert wird. Dies dient einer größeren Bestimmtheit, damit der Auskunftspflichtige nicht überrumpelt wird.[1354] Auf Antrag muss das Auskunftsersuchen nach § 93 Abs. 2 Satz 2 AO schriftlich ergehen. Eine Verhältnismäßigkeitsprüfung muss stets stattfinden nach § 88 Abs. 2 Satz 1 AO.

Der BFH ließ zwar die Frage eines vorgeprägten Ermessens offen, im Ergebnis nahm er aber trotzdem eine eingeschränkte Begründungspflicht an. Es reiche jedenfalls bei Vorliegen der rechtlichen Voraussetzungen des § 93 Abs. 1 Satz 1, Satz 3 AO aus, dass die Begründungserfordernisse des § 93 Abs. 2 und § 93 Abs. 1 Satz 3 AO beachtet werden.[1355] Im entschiedenen Fall war es der Auskunftspflichtigen nach Ansicht des BFH möglich gewesen, die Notwendigkeit des Auskunftsersuchens nachzuvollziehen. Die notwendigen Begründungsanforderungen des § 121 Abs. 1 AO hinsichtlich der Ermessensentscheidung

1351 BFH v. 22.02.2000 – VII R 73/98, BStBl. II 2000, 366 (371). Die Rechtsprechung aufgreifend BFH v. 04.10.2006 – VIII R 53/04, BStBl. II 2007, 227 (232); v. 04.10.2006 – VIII R 54/04, BFH/NV 2007, 190 (194).

1352 *Seer* in Tipke/Kruse, § 92 AO Rn. 5 (August 2013).

1353 *Söhn* in Hübschmann/Hepp/Spitaler, § 92 AO Rn. 20 (März 2009).

1354 *Seer* in Tipke/Kruse, § 93 AO Rn. 23 (Januar 2017); *Schuster* in Hübschmann/Hepp/Spitaler, § 93 AO Rn. 32 (März 2003).

1355 BFH v. 22.02.2000 – VII R 73/98, BStBl. II 2000, 366 (371).

seien erfüllt, eine weitergehende Begründung für die Wahrung der Rechte nicht erforderlich gewesen.[1356] Zudem können das Steuergeheimnis nach § 30 AO und der Datenschutz den Umfang der Begründung begrenzen.[1357] Dass das Auswahlermessen nicht weiter begründet werden müsse, ergebe sich bereits daraus, dass es der Finanzbehörde freistehe, welchen unter mehreren Auskunftspflichtigen sie in Anspruch nehmen wolle, sofern nicht gewichtige Anhaltspunkte dafür bestünden, dass einer von ihnen vorrangig in Anspruch zu nehmen sein könnte.[1358]

Problematisch ist an dieser Aussage, dass der Rechtsschutz des Auskunftspflichtigen dadurch berührt wird. Erfährt er die Gründe seiner Inanspruchnahme nicht, kann er sich nicht entsprechend zur Wehr setzen.[1359] Zusätzlich sind die möglichen Auskunftspflichtigen nicht von vornherein erkennbar, während bei der Haftung der Kreis der potentiellen Haftungsschuldner begrenzt ist durch die Haftungstatbestände. Die letzte Aussage des BFH vermag zwar nicht zu überzeugen.[1360] Wenn sich aber die Nachvollziehbarkeit im Einzelfall aus der restlichen Begründung ergibt, ist die Begründung für das Verständnis i.S.d. § 121 Abs. 1 AO ausreichend.

In einer weiteren Entscheidung äußerte sich der BFH unter Bezugnahme auf BFH v. 22.02.2000 – VII R 73/98 indirekt zu § 121 Abs. 2 Nr. 2 AO, indem er entschied, dass es einer weiteren Begründung nicht bedurft habe, weil die Gründe für die Inanspruchnahme für den Adressaten eindeutig erkennbar gewesen seien.[1361]

Eine Ähnlichkeit zur Rechtsprechung des BFH zum Haftungsbescheid ist erkennbar. Es bestehen jedoch wesentliche Unterschiede. Bei einem Vergleich zwischen Auskunftsersuchen und der Haftung nach § 191 AO fällt auf, dass ein Auskunftsersuchen nicht zwangsläufig wegen eines Handelns des Auskunftspflichtigen ergeht, während die Verwaltung bei der Haftung nur aufgrund eines Handelns (oder Unterlassens) des Haftungsschuldners tätig wird. Daneben ist ein Auskunftsersuchen verschuldensunabhängig. Es fehlt damit das lenkende Element für ein vorgeprägtes Ermessen, das sowohl auf Tatbestandsebene als auch auf Ermessensebene beachtet werden muss und in der in Anspruch genommenen Person begründet ist. Zusätzlich ist stets eine Verhältnismäßigkeitsprüfung

---

1356 BFH v. 22.02.2000 – VII R 73/98, BStBl. II 2000, 366 (371).

1357 BFH v. 22.02.2000 – VII R 73/98, BStBl. II 2000, 366 (371).

1358 BFH v. 22.02.2000 – VII R 73/98, BStBl. II 2000, 366 (371 f.). Diese Ansicht ablehnend *Wernsmann* in Hübschmann/Hepp/Spitaler, § 5 AO Rn. 138 (April 2013).

1359 Vgl. *Seer* in Tipke/Kruse, § 93 AO Rn. 24 (Januar 2017).

1360 *Wernsmann* in Hübschmann/Hepp/Spitaler, § 5 AO Rn. 138 (April 2013).

1361 BFH v. 04.10.2006 – VIII R 53/04, BStBl. II 2007, 227 (232 f.).

der Inanspruchnahme erforderlich, während bei § 191 AO wegen des Schadensersatzcharakters keine entsprechenden Überlegungen angestellt werden müssen.

Der BFH hätte die Frage eines vorgeprägten Ermessens vor allem wegen der Verschuldensunabhängigkeit eines Auskunftsersuchens nicht aufwerfen dürfen. Im Ergebnis kann eine begrenzte Begründungspflicht bei einem Auskunftsersuchen im Einzelfall angenommen werden. Von einem vorgeprägten Ermessen kann nicht gesprochen werden, weil auf Tatbestandsebene kein Vorsatz das Ermessen lenkt. Zudem ist eine Verhältnismäßigkeitsprüfung für ein Auskunftsersuchen kennzeichnend.

II. § 129 AO

In der Rechtsprechung wird in § 129 Satz 1 AO das Ermessen wohl als verdichtet oder vorgeprägt angesehen.[1362] Gemäß § 129 Satz 1 AO kann die Behörde Schreibfehler, Rechenfehler und ähnliche offenbare Unrichtigkeiten, die beim Erlass eines Verwaltungsaktes unterlaufen sind, jederzeit berichtigen. Nach § 129 Satz 2 AO ist bei einem berechtigten Interesse des Beteiligten zu berichtigen.

Nach dem BFH kann das Ermessen in § 129 Satz 1 AO derartig verdichtet sein, dass ein Erlass des Berichtigungsbescheids geradezu erforderlich ist. Die Ermessenserwägungen müssten in diesem Fall nicht mehr besonders begründet werden.[1363] Deswegen könne nicht ohne weiteres eine ermessensfehlerhafte Entscheidung angenommen werden, wenn keine Begründung erfolgt und eine andere Entscheidung nach den Umständen des Einzelfalles rechtsfehlerhaft wäre.[1364]

Die Ausführungen erwecken auch hier den Eindruck, dass das vorgeprägte Ermessen mit einer Ermessensreduzierung auf Null verwechselt wird. Diese Ansicht wird durch das Urteil des FG Hamburg verstärkt, nach dem ein Verschulden der Finanzverwaltung besonders zu berücksichtigen ist.[1365] Problematisch ist in

---

1362 BFH v. 28.10.1992 – II R 111/89, BFH/NV 1993, 637 (638), der von einem verdichteten Ermessen spricht; dagegen bezeichnet das FG Hamburg v. 07.08.1995 – VII 14/93, EFG 1996, 3 (4) das Ermessen als vorgeprägt. So auch *Intemann* in Koenig, § 129 AO Rn. 53. In die Richtung eines intendierten Ermessens wohl *Seer* in Tipke/Kruse, § 129 AO Rn. 31 a.E., der meint, dass die offenbare Unrichtigkeit die Begründung regelmäßig in sich trägt.

1363 BFH v. 28.10.1992 – II R 111/89, BFH/NV 1993, 637 (638).

1364 BFH v. 28.10.1992 – II R 111/89, BFH/NV 1993, 637 (638).

1365 FG Hamburg v. 07.08.1995 – VII 14/93, EFG 1996, 3 (4).

diesem Zusammenhang auch das Zusammenspiel mit § 177 AO.[1366] Nach wohl h.M. ist bei der Ermessensentscheidung § 177 AO „sinngemäß“ anzuwenden.[1367]

Unter Berücksichtigung der Rechtsprechung des BFH zum vorgeprägten Ermessen bei Haftungsbescheiden i.S.v. § 191 Abs. 1 AO fällt auf, dass die Rechtsprechung beim Ermessen in § 129 Satz 1 AO nicht von einer stillschweigend sachgerechten Ermessensausübung spricht, sondern von einer Ermessensverdichtung im Einzelfall. Deswegen bestehen hier erhebliche Differenzen im Begriffsverständnis innerhalb der Rechtsprechung.

Der BFH wendete wohl – ohne die Norm zu zitieren – § 127 AO auf die Ermessensreduzierung auf Null an.[1368]

Im Ergebnis zeigt sich, dass bei § 129 AO nicht von einem vorgeprägten Ermessen, sondern von einer Ermessensreduzierung auf Null im Einzelfall ausgegangen werden kann.

III. § 146 Abs. 2b AO

Bei § 146 Abs. 2b AO prüfte der BFH ein vorgeprägtes Entschließungsermessen, aber lehnte es zutreffend ab.[1369] Für die Festsetzung eines Verzögerungsgeldes nach § 146 Abs. 2b AO sind in jedem Einzelfall vielfältige Ermessensgesichtspunkte zu erwägen.

Unzutreffend ist auch die Gleichsetzung der Begriffe der Vorprägung des Ermessens und der Ermessensreduzierung auf Null sowie „vorgeprägt“ und „intendiert“.[1370]

§ 146 Abs. 2b AO unterscheidet sich schon auf tatbestandlicher Ebene von § 191 Abs. 1 Satz 1 AO i.V.m. § 69 bzw. § 71 AO, weil im Tatbestand für die Festsetzung eines Verzögerungsgeldes kein Verschulden des Steuerpflichtigen

---

1366 Siehe dazu *Wernsmann* in Hübschmann/Hepp/Spitaler, § 129 AO Rn. 32, 93 f. (Mai 2017) m.w.N.

1367 Zum Streit *Wernsmann* in Hübschmann/Hepp/Spitaler, § 129 AO Rn. 32, 94 (Mai 2017).

1368 Siehe zur Anwendbarkeit von § 127 AO auf die Ermessensreduzierung auf Null unter § 4.IV.1.

1369 BFH v. 28.08.2012 – I R 10/12, BStBl. II 2013, 266 (269); v. 24.04.2014 – IV R 25/11, BStBl. II 2014, 819 (823); v. 26.06.2014 – IV R 17/14, BFH/NV 2014, 1507 (1509).

1370 So aber BFH v. 24.04.2014 – IV R 25/11, BStBl. II 2014, 819 (823); v. 26.06.2014 – IV R 17/14, BFH/NV 2014, 1507 (1509). Siehe zur Abgrenzung von vorgeprägtem und intendiertem Ermessen oben unter § 5.II.4. Zur Abgrenzung von vorgeprägtem Ermessen und Ermessensreduzierung auf Null siehe auch unter § 5.II.5.c.bb.

erforderlich ist. Daneben verfolgt § 146 Abs. 2b AO einen doppelten Zweck. Einerseits kommt dem Verzögerungsgeld ein Beugecharakter zu, weil der Steuerpflichtige zur zeitnahen Erfüllung seiner Mitwirkungspflichten bewegt wird.[1371] Andererseits hat es auch einen Sanktionscharakter.[1372] Beide Zwecke unterscheiden sich vom Zweck der Haftung. Es hat damit einen präventiven und einen repressiven Charakter.[1373] Wegen des Mindestsatzes von 2.500 Euro, der keinen Bagatellbetrag darstellt,[1374] erhält der Verhältnismäßigkeitsgrundsatz bei der Ermessensausübung eine besondere Bedeutung.[1375] Die Verwaltung muss sorgfältig abwägen.[1376] Erschwert wird dies durch mangelnde gesetzliche Ermessensvorgaben.[1377] Das Verschulden stellt dafür einen wichtigen Gesichtspunkt sowohl beim Entschließungsermessen („Ob“) als auch beim Auswahlermessen über die Höhe der Inanspruchnahme dar.[1378]

Daneben gibt es für die Bemessung der Höhe weitere Kriterien, etwa die Dauer der Fristüberschreitung oder die Gründe und das Ausmaß der Pflichtverletzung.[1379] Die Begründung der Ermessenerwägungen ist wegen der Nachprüfbarkeit besonders wichtig.

Sanktionscharakter und Vorprägung des Ermessens passen deswegen nicht zusammen. Ein vorgeprägtes Ermessen ist abzulehnen.

IV. § 367 Abs. 2a AO

Bei der Teileinspruchsentscheidung nach § 367 Abs. 2a AO nimmt der BFH auch ein vorgeprägtes Ermessen an, dessen Ausübung nicht besonders begründet werden muss. Nach Ansicht des BFH liegt regelmäßig eine ermessensgerechte

---

1371 BFH v. 24.04.2014 – IV R 25/11, BStBl. II 2014, 819 (823); v. 26.06.2014 – IV R 17/14, BFH/NV 2014, 1507 (1508) mit Verweis auf BT-Drs. 16/10189, S. 81.

1372 BFH v. 24.04.2014 – IV R 25/11, BStBl. II 2014, 819 (823); v. 26.06.2014 – IV R 17/14, BFH/NV 2014, 1507 (1509). Die Haftung hat dagegen einen Schadensersatzcharakter.

1373 *Görke* in Hübschmann/Hepp/Spitaler, § 146 AO Rn. 83 (Juni 2015).

1374 BFH v. 28.08.2012 – I R 10/12, BStBl. II 2013, 266 (269); v. 26.06.2014 – IV R 17/14, BFH/NV 2014, 1507 (1509).

1375 BFH v. 28.08.2012 – I R 10/12, BStBl. II 2013, 266 (269); *Tormöhlen*, AO-StB 2013, 72 (73).

1376 BFH v. 26.06.2014 – IV R 17/14, BFH/NV 2014, 1507 (1509).

1377 So der BFH v. 24.04.2014 – IV R 25/11, BStBl. II 2014, 819 (823).

1378 *Görke* in Hübschmann/Hepp/Spitaler, § 146 AO Rn. 102 ff. (Juni 2015).

1379 *Görke* in Hübschmann/Hepp/Spitaler, § 146 AO Rn. 105 (Juni 2015) mit weiteren Kriterien.

Entscheidung vor, wenn die Sachdienlichkeit in § 367 Abs. 2a AO gegeben ist.[1380] In welchen Fällen die Sachdienlichkeit vorliegt, ist umstritten.[1381] Sie prägt den Tatbestand und die Rechtsfolgenseite, weil sie eine Koppelungsvorschrift ist.[1382] Der BFH lehnte dabei aber die Rechtsprechung des Gemeinsamen Senats der Obersten Gerichtshöfe des Bundes vom 19.10.1971 zur „einheitlichen Ermessensentscheidung" ab.[1383] Eine Teileinspruchsentscheidung ist jedenfalls dann sachdienlich, wenn sie hilft, das Verfahren zu beschleunigen. Dies ist der Fall, wenn ein Teil des Einspruchs entscheidungsreif ist.[1384]

§ 367 Abs. 2a AO unterscheidet sich von § 191 AO i.V.m. § 69 bzw. § 71 AO. Während § 191 AO i.V.m. § 69 bzw. § 71 AO ein Verschulden des Haftungsschuldners voraussetzen, trägt der Einspruchsführer nichts zum Erlass einer Teileinspruchsentscheidung bei. Sie ist verschuldensunabhängig.

Wenn eine Sachdienlichkeit gegeben ist, bleibt für eine Ermessensausübung kein Raum. Besteht die Möglichkeit über den Einspruch als solchen zu entscheiden, mangelt es an der Sachdienlichkeit, weil eine bloße Teileinspruchsentscheidung der Sache nicht weiterhilft. Es ist kein Grund ersichtlich, in diesem Fall nur über einen Teil zu entscheiden, obwohl der Einspruch entscheidungsreif ist. In diesem Fall würde es die Rechtssicherheit nicht fördern, wenn der Einspruchsführer zwei Verwaltungsakten ausgesetzt ist. Die Unsicherheiten bezüglich der Bestandskraft der Besteuerungsgrundlagen verstärken dies.[1385] Entweder dient eine Teileinspruchsentscheidung der Verfahrensbeschleunigung oder nicht. Der unbestimmte Rechtsbegriff auf Tatbestandsebene strahlt deswegen auf die Rechtsfolge derartig aus, dass von einem Ermessen nicht gesprochen werden kann. Es handelt sich um ein „Kompetenz-Kann".[1386] Ein vorgeprägtes Ermessen liegt nicht vor.

1380 BFH v. 30.09.2010 – III R 39/08, BStBl. II 2011, 11 (18); v. 14.03.2012 – X R 50/09, BStBl. II 2012, 536 (539). *Daniels* stellt indes nur fest, dass es sich um ein vorgeprägtes Ermessen handelt; *Daniels*, Bewältigung von Masseneinsprüchen, S. 109 f.

1381 Siehe dazu BFH v. 14.03.2012 – X R 50/09, BStBl. II 2012, 536 (538). Nach dem BFH können auch unbenannte Streitpunkte von einer Teileinspruchsentscheidung erfasst werden. Dies ist in der Literatur umstritten; vgl. dazu *Daniels*, Bewältigung von Masseneinsprüchen, S. 47 ff.

1382 Siehe dazu oben unter § 3.I.6.

1383 BFH v. 30.09.2010 – III R 39/08, BStBl. II 2011, 11 (17).

1384 BFH v. 14.03.2012 – X R 50/09, BStBl. II 2012, 536 (538).

1385 Siehe dazu etwa *Intemann*, DB 2008, 1005 (1007); *Bergan/Martin*, DStR 2007, 1384; *dies.*, DStZ 2010, 643 (644); *Krüger*, DStZ 2009, 810 (815); *Daniels*, Bewältigung von Masseneinsprüchen, S. 143 ff.

1386 Siehe dazu oben unter § 3.I.6.

V. § 48a EStG

Nach dem FG Hessen liegt auch bei der Haftung nach § 48a EStG ein vorgeprägtes Ermessen vor.[1387] Gemäß § 48 Abs. 3 Satz 1 EStG haftet der Leistungsempfänger für einen nicht oder zu niedrig abgeführten Abzugsbetrag. Nach § 48 Abs. 3 Satz 2 EStG haftet er nicht, wenn ihm im Zeitpunkt der Gegenleistung eine Freistellungsbescheinigung nach § 48b EStG vorgelegen hat, auf deren Rechtmäßigkeit er vertrauen konnte. Er darf gemäß § 48 Abs. 3 Satz 3 EStG insbesondere dann nicht auf eine Freistellungsbescheinigung vertrauen, wenn diese durch unlautere Mittel oder durch falsche Angaben erwirkt wurde und ihm dies bekannt oder infolge grober Fahrlässigkeit nicht bekannt war.

Die Norm dient der Sicherung des Steueraufkommens und der Vermeidung von Steuerhinterziehung.[1388] Sie hat Schadensersatz- und nicht Sanktionscharakter.[1389] Auch ist die Haftung über § 191 Abs. 1 Satz 1 AO geltend zu machen.[1390]

Beachtlich ist, dass anstelle des Haftungsbescheids auch ein Nachforderungsbescheid nach § 155 i.V.m. § 167 Abs. 1 Satz 1 AO erlassen werden kann, wodurch der Behörde ein Wahlrecht zukommt, wenn die Tatbestandsvoraussetzungen des § 48a Abs. 3 EStG erfüllt sind.[1391] Ein Nachforderungsbescheid, der ein Steuerbescheid ist,[1392] kennt keine Ermessensausübung. Die Wahl des Verfahrens ist daher nicht besonders zu begründen[1393] und damit auch keine Ermessenserwägungen.[1394] Problematisch ist, dass an sich der Haftungsanspruch geltend gemacht wird.[1395]

Nach Ansicht des FG Hessen kommt es zu keiner Benachteiligung des Entrichtungspflichtigen, weil das Entschließungsermessen vorgeprägt ist.[1396] Auch

---

1387 FG Hessen v. 16.05.2017 – 4 K 63/17, EFG 2017, 1351 (1354 f.).

1388 FG Hessen v. 16.05.2017 – 4 K 63/17, EFG 2017, 1351 (1354 f.) mit Verweis auf BT-Drs. 14/4658, 1.

1389 *Apitz* in Herrmann/Heuer/Raupach, § 48a EStG Rn. 11 (September 2013).

1390 FG Münster v. 12.07.2012 – 13 K 2592/08, EFG 2012, 1938; *Apitz* in Herrmann/Heuer/Raupach, § 48a EStG Rn. 11 (September 2013).

1391 FG Hessen v. 16.05.2017 – 4 K 63/17, EFG 2017, 1351 (1354 f.); *Apitz* in Herrmann/Heuer/Raupach, § 48a EStG Rn. 11 (September 2013).

1392 *Heuermann* in Hübschmann/Hepp/Spitaler, § 167 AO Rn. 8 (August 2016).

1393 FG Hessen v. 16.05.2017 – 4 K 63/17, EFG 2017, 1351 (1354). Vgl. zur Lösung der Rechtsprechung *Heuermann* in Hübschmann/Hepp/Spitaler, § 167 AO Rn. 9 (August 2016).

1394 *Heuermann* in Hübschmann/Hepp/Spitaler, § 167 AO Rn. 9 (August 2016).

1395 Vgl. *Heuermann* in Hübschmann/Hepp/Spitaler, § 167 AO Rn. 13 (August 2016).

1396 FG Hessen v. 16.05.2017 – 4 K 63/17, EFG 2017, 1351 (1354).

brauche das Auswahlermessen nicht besonders begründet werden, weil die Begründungspflicht nicht weiterreiche als das, was sich nach dem materiellen Recht von selbst verstehen würde. Dies entspreche dem Gedanken des § 121 Abs. 2 Nr. 2 AO.[1397]

Ein vorgeprägtes Ermessen ist abzulehnen. § 48a Abs. 3 EStG ist eine verschuldensunabhängige Haftung.[1398] Zwar haftet der Leistungsempfänger nach § 48a Abs. 3 Satz 2 EStG nicht, wenn ihm zum Zeitpunkt der Gegenleistung eine Freistellungsbescheinigung vorgelegen hatte, auf dessen Rechtmäßigkeit er vertrauen konnte. § 48a Abs. 3 Satz 3 EStG schließt das Vertrauen allerdings in bestimmten Fällen aus. § 48a Abs. 3 EStG normiert einen Haftungsanspruch, der im Regelfall ohne ein Handeln des Haftungsschuldners entsteht. Das Vertrauen des Haftungsschuldners ermöglicht nur eine Ausnahme von der Haftung. Das prägende Element auf Tatbestandsebene fehlt. Lenkung des Ermessens in § 191 Abs. 1 Satz 1 AO durch ein schuldhaftes Verhalten des Haftungsschuldners scheidet daher aus.

VI. § 74 Abs. 1 EStG

In der Rechtsprechung der Finanzgerichte ist bei § 74 Abs. 1 EStG ein vorgeprägtes Ermessen angenommen worden, indem ein Regelfall ausgemacht wurde.[1399]

§ 74 Abs. 1 Satz 1 EStG ermöglicht, dass das für ein Kind festgesetzte Kindergeld nach § 66 Abs. 1 EStG an das Kind ausgezahlt werden kann, wenn der Kindergeldberechtigte ihm gegenüber seiner gesetzlichen Unterhaltspflicht nicht nachkommt. Die Entscheidung steht nach dem Wortlaut im pflichtgemäßen Ermessen der Verwaltung. Hintergrund ist, dass nicht jede Unterhaltspflichtverletzung nach Dauer und Umfang so schwerwiegt, dass dies eine vollständige oder teilweise Abzweigung des Kindergeldes rechtfertigt.[1400] Bei ihrer Ermessensentscheidung muss die Verwaltung sowohl den Zweck des Kindergeldes als auch den Zweck der Abzweigung berücksichtigen gemäß § 5 AO.[1401] Deswegen sind bereits geringe regelmäßige Unterhaltszahlungen zu beachten, weil das Kindergeld gemäß § 31 Satz 1 und 2 EStG eine steuerliche Freistellung eines

---

1397 FG Hessen v. 16.05.2017 – 4 K 63/17, EFG 2017, 1351 (1354).

1398 *Nacke*, Haftung für Steuerschulden, Rn. 5.136; *Kaeser* in Kirchhof/Söhn/Mellinghoff, § 48a EStG Rn. D 4 (Februar 2014).

1399 FG des Landes Sachsen-Anhalt v. 29.03.2012 – 4 K 916/11, EFG 2012, 1564 (1569 f.); unklar dagegen FG München v. 02.07.2012 – 7 K 2320/11, EFG 2012, 2029.

1400 *Wendl* in Herrmann/Heuer/Raupach, § 74 EStG Rn. 13 (März 2015).

1401 BFH v. 26.08.2010 – III R 16/08, BFH/NV 2011, 668.

Einkommensbetrags in Höhe des Existenzminimums eines Kindes bezwecken und, soweit es dafür nicht erforderlich ist, die Familie fördern soll.[1402] Daneben sind die persönlichen und wirtschaftlichen Verhältnisse der Beteiligten maßgeblich.[1403] Eine schuldhafte Unterhaltspflichtverletzung des Kindergeldberechtigten ist nicht erforderlich.[1404]

Schon aus diesen Erwägungen wird deutlich, dass ein maßgebliches, das Ermessen leitende Element nicht erkennbar ist. Das Ermessen ist vielmehr durch die Umstände des Einzelfalls geprägt. Daher wird auch in der Rechtsprechung teilweise eine Ermessensreduzierung auf Null im konkreten Einzelfall geprüft.[1405]

Von einer stillschweigend sachgerechten Ermessenausübung kann deswegen nicht ausgegangen werden. Ein vorgeprägtes Ermessen in § 74 Abs. 1 EStG scheidet aus.

VII. Ergebnis

§ 92 Satz 1 AO i.V.m. § 93 Abs. 1 und 2 AO, § 129 Satz 1 AO, § 146 Abs. 2b AO und § 48a EStG sowie § 74 Abs. 1 EStG enthalten keine vorprägende Wirkung des Ermessens. Der BFH wendet die Rechtsfigur unzutreffend auch im Rahmen des § 367 Abs. 2a Satz 1 AO an.

§ 7. Zusammenfassung

Folge des vorgeprägten Ermessens ist die nicht erforderliche Begründung der Ermessenserwägungen. Der BFH nimmt diese Rechtsfolge in erster Linie bei der Inanspruchnahme eines Haftungsschuldners nach § 191 AO an, wenn dieser vorsätzlich einen Haftungstatbestand erfüllt hat. Unter einer vorgeprägten Ermessensentscheidung versteht der BFH eine stillschweigend sachgerechte

---

1402 BFH v. 17.11.2004 - VIII R 30/04, BFH/NV 2005, 692 (693); v. 23.02.2006 - III R 65/04, BStBl. II 2008, 753 (755); *Wendl* in Herrmann/Heuer/Raupach, § 74 EStG Rn. 13 (März 2015). Vgl. auch BFH v. 27.10.2004 - VIII R 65/04, BFH/NV 2005, 538 (539).

1403 Vgl. BFH v. 17.10.2013 - III R 24/13, BFH/NV 2014, 504 (505); *Wendl* in Herrmann/Heuer/Raupach, § 74 EStG Rn. 13 (März 2015); *Felix* in Kirchhof/Söhn/Mellinghoff, § 74 EStG Rn. B 30 (März 2015).

1404 BFH v. 23.02.2006 - III R 65/04, BStBl. II 2008, 753 (755); v. 26.08.2010 - III R 16/08, BFH/NV 2011, 668.

1405 BFH v. 17.11.2004 - VIII R 30/04, BFH/NV 2005, 692 (693); v. 23.02.2006 - III R 65/04, BStBl. II 2008, 753 (755); v. 09.02.2009 - III R 37/07, BStBl. II 2009, 928 (930); v. 15.07.2010 - III R 89/09, BFH/NV 2011, 121 (122); v. 17.10.2013 - III R 24/13, BFH/NV 2014, 504 (505).

Ermessensausübung, bei der die Ermessenserwägungen nicht besonders begründet werden müssen, weil die Rechtsentscheidung die Ermessensentscheidung vorprägt.

Diesem Verständnis ist zuzustimmen. Ein vorgeprägtes Ermessen liegt bei § 191 Abs. 1 Satz 1 AO vor, wenn ein Haftungsschuldner einen Haftungstatbestand (insbesondere § 69 AO und § 71 AO) vorsätzlich erfüllt hat. Das Entschließungs- und das Auswahlermessen werden vorgeprägt. Der vorsätzlich handelnde Haftungsschuldner ist regelmäßig in Anspruch zu nehmen. Die Höhe der Inanspruchnahme steht wegen des Schadensersatzcharakters der Haftung grundsätzlich nicht im Ermessen der Verwaltung.

Das vorgeprägte Ermessen ergibt sich aus einer teleologischen Reduktion des Wortlauts, weil Wortlaut und Gesetzeszweck nicht übereinstimmen. Es ist eine Frage des Einzelfalls, weil stets geprüft werden muss, ob Vorsatz gegeben ist.

Die Begründung der Ermessenserwägungen ist nach § 121 Abs. 1 (i.V.m. Abs. 2 Nr. 2) AO nicht für das Verständnis erforderlich.

Bei den anderen von der Rechtsprechung geprüften Normen scheidet ein vorgeprägtes Ermessen aus, weil keine Lenkung des Ermessens ermittelt werden konnte.

Vorgeprägtes Ermessen nach der Rechtsprechung des BFH und intendiertes Ermessen nach der Rechtsprechung des BVerwG unterscheiden sich.

Kapitel 3 – Intendiertes Ermessen im Steuerrecht

Das sog. intendierte Ermessen nach der Rechtsprechung des BVerwG wurde bereits behandelt.[1406] Vorgeprägtes Ermessen nach der Rechtsprechung des BFH und intendiertes Ermessen nach der Rechtsprechung des BVerwG stimmen nicht überein. Problematisch ist daher, dass der BFH die Begriffe des vorgeprägten und intendierten Ermessens mit Verweis auf die Rechtsprechung des BVerwG teilweise zusammen verwendet.

§ 8. Intendiertes Ermessen bei § 130 AO

Der BFH nimmt ein intendiertes Ermessen in § 130 Abs. 2 Nr. 2, 3 und 4 AO an, weil die Norm ermessenslenkende Elemente enthalte. Dies ergebe eine Auslegung der Norm.[1407] In einer älteren Entscheidung lehnte der BFH ein vorgeprägtes Ermessen ab.[1408] Bei § 130 Abs. 1 AO liege dagegen kein intendiertes Ermessen vor, weil eine Abwägung im konkreten Einzelfall zwischen den einzelnen Belangen erforderlich sei.[1409]

I. Intendiertes Ermessen

§ 130 AO regelt die Rücknahme von rechtswidrigen Steuerverwaltungsakten, soweit nicht §§ 172 ff. AO einschlägig sind. Dafür ist grundsätzlich eine Abwägung zwischen der Rechtsrichtigkeit und der Rechtssicherheit erforderlich. § 130 Abs. 1 AO ist die Ermächtigungsgrundlage für die Rücknahme rechtswidriger begünstigender und belastender Verwaltungsakte und stellt diese Entscheidung unbegrenzt ins Ermessen.[1410] Bei der Rücknahme eines rechtwidrigen begünstigenden Verwaltungsaktes ist wegen § 130 Abs. 2 AO das Vertrauen stärker geschützt als im VwVfG.[1411]

1406 Oben unter § 5.II.4.

1407 BFH v. 26.06.2007 – VII R 35/06, BStBl. II 2007, 742 (744); v. 27.10.2009 – VII R 51/08, BStBl. II 2010, 382 (386).

1408 BFH v. 03.08.1983 – II R 144/80, BStBl. II 1984, 321 (324).

1409 BFH v. 06.12.2012 – V R 1/12, BFH/NV 2013, 906.

1410 *Wernsmann* in Hübschmann/Hepp/Spitaler, § 130 AO Rn. 4 (Mai 2017).

1411 *Wernsmann* in Hübschmann/Hepp/Spitaler, Vor §§ 130–133 AO Rn. 82 (Mai 2017).

Beachtenswert ist das Urteil v. 26.06.2007 – VII R 35/06. Der BFH hatte über die Rechtmäßigkeit einer Teilrücknahme einer Anrechnungsverfügung nach § 130 Abs. 2 Nr. 4 AO zu entscheiden. Dem Urteil ist im Ergebnis zuzustimmen. Die rechtliche Begründung überzeugt hingegen nicht.[1412]

Der BFH führte aus, dass die Teilrücknahme die einzig rechtmäßige Entscheidung gewesen sei, die das Finanzamt habe treffen können.[1413] Problematisch ist, dass der BFH hier eine Ermessensreduzierung auf Null annahm. Nach Ansicht des BFH enthält § 130 Abs. 1 und 2 AO keine Grundsätze für die Ausübung des Ermessens. Deswegen müsse sich die Ermessensausübung am Zweck der Norm gemäß § 5 AO orientieren.[1414] Zweck des § 130 Abs. 1 AO sei eine Abwägung zu treffen zwischen der materiellen Gerechtigkeit und dem bei Bestandskraft eintretenden Rechtsfrieden als äußerem Rahmen für die Ausübung des eingeräumten Ermessens, wobei der Rechtsfrieden besonderes Gewicht erhalten müsse.[1415]

Erstaunlicherweise betonte der VII. Senat anschließend, dass sich im vorliegenden Fall wegen der Anwendbarkeit der Grundsätze über das gelenkte bzw. intendierte Ermessen Besonderheit ergeben würden.[1416] Der BFH nahm hier Bezug auf die bereits erläuterte Rechtsprechung des BVerwG zum intendierten Ermessen.[1417] Wenn eine Ermessen einräumende Norm dahingehend auszulegen sei, „dass sie für den Regelfall von einer Ermessensausübung in einem bestimmten Sinne ausgeht, so müssen besondere Gründe vorliegen, um eine gegenteilige Entscheidung zu rechtfertigen."[1418] Liege ein vom Regelfall abweichender Sachverhalt nicht vor, verstehe sich das Ergebnis der Abwägung von selbst; dann bedürfe es insoweit auch keiner das Selbstverständliche darstellenden Begründung.[1419]

Eine ermessenslenkende Norm stelle § 48 Abs. 2 Satz 1 VwVfG dar, die ihrem Inhalt nach § 130 Abs. 2 Nr. 4 AO entspreche, wonach Verwaltungsakte bei Vorliegen bestimmter, in der Person des von ihnen Begünstigten liegender Umstände „in der Regel mit Wirkung für die Vergangenheit" (§ 48 Abs. 2 Satz 4 VwVfG)

1412 BFH v. 26.06.2007 – VII R 35/06, BStBl. II 2007, 742.

1413 BFH v. 26.06.2007 – VII R 35/06, BStBl. II 2007, 742 (744).

1414 BFH v. 26.06.2007 – VII R 35/06, BStBl. II 2007, 742 (744).

1415 BFH v. 26.06.2007 – VII R 35/06, BStBl. II 2007, 742 (744).

1416 BFH v. 26.06.2007 – VII R 35/06, BStBl. II 2007, 742 (744).

1417 BFH v. 26.06.2007 – VII R 35/06, BStBl. II 2007, 742 (744) mit Verweis auf BVerwG v. 05.07.1985 – 8 C 22/83, BVerwGE 72, 1.

1418 BFH v. 26.06.2007 – VII R 35/06, BStBl. II 2007, 742 (744).

1419 BFH v. 26.06.2007 – VII R 35/06, BStBl. II 2007, 742 (744).

zurückzunehmen seien.[1420] Nur dann, wenn der Behörde außergewöhnliche Umstände des Falls bekannt geworden oder erkennbar seien, die eine andere Entscheidung für möglich erscheinen lassen, liege ein rechtsfehlerhafter Gebrauch des Ermessens vor, wenn diese Umstände von der Behörde nicht erwogen worden seien.[1421]

Nach Ansicht des BFH enthält deswegen auch § 130 Abs. 2 Nr. 4 AO im dargelegten Sinne ermessenslenkende Vorgaben. Im Allgemeinen komme nur die Rücknahme eines rechtswidrigen Verwaltungsakts im Interesse der Gesetzmäßigkeit und Gleichmäßigkeit der Besteuerung in Betracht, wenn kein Grund bestehe, das Vertrauen des Begünstigten zu schützen. Das Interesse des Fiskus an der Erhaltung der Steuereinnahmen und das Gebot der Gesetzmäßigkeit der Besteuerung überwiege im Allgemeinen das Interesse des Begünstigten, einen ihm zu Unrecht gewährten Vorteil behalten zu dürfen, dessen Rechtswidrigkeit er gekannt oder grob fahrlässig nicht erkannt habe.[1422]

In diesem Fall sei die Rechtsfolge der Rücknahme nicht begründungsbedürftig.[1423] Eine gesetzliche Anknüpfung für diese Folge fehlt aber im Urteil.

Die Anwendung der Entscheidung des BVerwG auf den Fall des § 130 Abs. 2 AO durch den BFH ist unzutreffend. Schon der einleitende Satz geht fehl. Das BVerwG versteht vielmehr § 48 Abs. 2 Satz 4 VwVfG als die Norm, die das Ermessen in § 48 Abs. 1 Satz 1 VwVfG lenkt, indem diese für die Fälle des Satzes 3 die Rücknahme des Verwaltungsakts mit Wirkung für die Vergangenheit als Regel festlegt. Das bedeutet also, dass in den Fällen des Satzes 3 die Rücknahme regelmäßig vorgesehen und regelmäßig mit Wirkung für die Vergangenheit vorzunehmen ist. § 130 Abs. 2 AO enthält keine derartige Regelung wie § 48 Abs. 2 Satz 4 VwVfG. Die Rechtsprechung des BVerwG kann deswegen nicht auf § 130 AO entsprechend übertragen werden.

Das ermessenslenkende Element in § 130 Abs. 2 AO ist ein anderes. § 130 Abs. 2 AO erlaubt eine Rücknahme eines rechtswidrigen begünstigenden Verwaltungsaktes in nur vier Fällen. Das Gesetz grenzt das Ermessen, das in § 130 Abs. 1 AO unbeschränkt ist,[1424] durch die „darf nur dann"-Formulierung auf diese

1420 BFH v. 26.06.2007 – VII R 35/06, BStBl. II 2007, 742 (744) mit Verweis auf BVerwG v. 23.05.1996 – 3 C 13/94, ESLR 4, ÖR 45.

1421 BFH v. 26.06.2007 – VII R 35/06, BStBl. II 2007, 742 (744) mit Verweis auf BVerwG v. 23.05.1996 – 3 C 13/94, ESLR 4, ÖR 45.

1422 BFH v. 26.06.2007 – VII R 35/06, BStBl. II 2007, 742 (744).

1423 BFH v. 26.06.2007 – VII R 35/06, BStBl. II 2007, 742 (744).

1424 BFH v. 06.12.2012 – V R 1/12, BFH/NV 2013, 906; *Wernsmann* in Hübschmann/Hepp/Spitaler, § 130 AO Rn. 4 (Mai 2017).

vier Fälle ein.[1425] Gleichzeitig muss dies bedeuten, dass der Gesetzgeber in diesen vier Fällen den begünstigenden Verwaltungsakt grundsätzlich als nicht schützenswert angesehen hat und er nur im Ausnahmefall Bestand haben darf. Die Rechtsrichtigkeit, also die Gesetzmäßigkeit und Gleichmäßigkeit der Besteuerung, überwiegt das Interesse des Steuerpflichtigen. Die Abwägung ist gesetzlich vorgezeichnet. Wortlaut und Telos sprechen für eine regelmäßige Rücknahme. Liegt ein Fall des § 130 Abs. 2 AO vor, ist eine Rücknahme regelmäßig vorzunehmen. Die Rücknahme ist dann grundsätzlich ermessensfehlerfrei.

Deswegen kann dem BFH im Ergebnis zugestimmt werden, die Begründung des BFH ist aber abzulehnen. Ein intendiertes Ermessen ergibt sich damit dogmatisch aus einer Auslegung der Norm. Das Gesetz zeichnet die Abwägung(-srichtung) vor. Ein Ermessensfehler kann daher nur im Ausnahmefall angenommen werden.

2. § 130 Abs. 2 Nr. 1, Nr. 2 und Nr. 3 AO

Überzeugen kann nach diesem Ergebnis auch die Rechtsprechung des BFH zu § 130 Abs. 2 Nr. 2 und Nr. 3 AO.[1426] Auch die Rücknahme nach § 130 Abs. 2 Nr. 1 AO kann wegen des Wortlauts regelmäßig als ermessensgerecht angesehen werden.[1427]

3. Abgrenzung zum vorgeprägten Ermessen

Der Unterschied zum vorgeprägten Ermessen, das nicht bei einer groben Fahrlässigkeit angenommen werden kann, ist bereits in der Formulierung des § 191 Abs. 1 Satz 1 AO zu sehen. Die Norm begrenzt im Wortlaut das Ermessen nicht auf bestimmte Fälle („kann"). Nur durch eine teleologische Reduktion kann im Einzelfall von einem vorgeprägten Ermessen gesprochen werden. Zudem ist ein Verschulden des Steuerpflichtigen in Nr. 1 und 3 nicht erforderlich. Das Ermessen ist in Abs. 2 generell durch den Wortlaut in eine bestimmte Richtung gelenkt und auf die Fälle des Abs. 2 beschränkt.

1425 Vgl. *U. Koenig* in Koenig, § 5 AO Rn. 11; *Pahlke* in Schwarz/Pahlke, § 5 AO Rn. 16 (September 2016) m.w.N. auf andere Normen und mit dem Hinweis, dass bei diesen Normen der Ermessensspielraum besonders eng sei.

1426 BFH v. 27.10.2009 – VII R 51/08, BStBl. II 2010, 382 (386).

1427 A.A. *Frotscher* in Schwarz/Pahlke, § 130 AO Rn. 26 (März 2012).

II. Intendiertes Ermessen und Begründung

Problematisch gestaltet sich indes die Frage nach der Begründungspflicht in den Fällen des intendierten Ermessens in § 130 Abs. 2 AO. Der BFH zitiert dazu nur eingangs das BVerwG. Auch beim intendierten Ermessen ist eine Prüfung des § 121 AO unerlässlich. Es kommt auf das Verständnis des Steuerpflichtigen an.

Bei § 130 Abs. 2 Nr. 4 AO ist mit Hilfe des § 121 Abs. 2 Nr. 2 AO eine Begründung für das Verständnis regelmäßig nicht erforderlich.

Bei § 130 Abs. 2 Nr. 2 AO ist regelmäßig auch keine Begründung erforderlich, weil stets ein vorsätzliches Handeln nötig ist. Hat der Steuerschuldner durch unlautere Mittel vorsätzlich den rechtswidrigen begünstigenden Verwaltungsakt erwirkt, ist er einerseits nicht schutzwürdig.[1428] Andererseits hat das unlautere Mittel vor allem die Entscheidungsfindung der Verwaltung stark beeinflusst.[1429] Hier wird § 121 Abs. 2 Nr. 2 AO regelmäßig anzunehmen sein.

Deswegen ist auch der Entscheidung des BFH v. 27.10.2009 – VII R 51/08 zuzustimmen. Der BFH lehnte ein intendiertes Ermessen wegen einer Ausnahmekonstellation zutreffend ab. Wegen der arglistigen Täuschung eines fremden Dritten musste eine Ermessensentscheidung stattfinden, die begründet hätte werden müssen.[1430] Die Begründung der Ermessenserwägungen war für das Verständnis des Steuerpflichtigen erforderlich. Der Vertrauensschutz überwog in diesem Fall ausnahmsweise.

Auch bei § 130 Abs. 2 Nr. 3 AO sind die Gründe der Rücknahme für den Steuerpflichtigen offensichtlich und nicht für das Verständnis erforderlich. Er ist im Regelfall nicht schutzwürdig, wenn er selbst die kausale Ursache für die unrichtigen oder unvollständigen Angaben gesetzt hat, die wesentlich für den Erlass waren.[1431]

Selbst bei § 130 Abs. 2 Nr. 1 AO ist die Begründung der Ermessenerwägungen regelmäßig für das Verständnis nicht erforderlich. Die Rechtswidrigkeit des Handelns einer sachlich unzuständigen Behörde muss einem durchschnittlichen Steuerpflichtigen einleuchten.

1428 *Loose* in Tipke/Kruse, § 130 AO Rn. 21 (Januar 2014); einschränkend *Wernsmann* in Hübschmann/Hepp/Spitaler, § 130 AO Rn. 61 (Mai 2017).

1429 *Wernsmann* in Hübschmann/Hepp/Spitaler, § 130 AO Rn. 61 (Mai 2017).

1430 BFH v. 27.10.2009 – VII R 51/08, BStBl. II 2010, 382 (386).

1431 *Wernsmann* in Hübschmann/Hepp/Spitaler, § 130 AO Rn. 68 (Mai 2017).

§ 9. Intendiertes Ermessen bei § 172 Abs. 1 Satz 1 Nr. 2 lit. a AO

Nach § 172 Abs. 1 Satz 1 Nr. 2 lit. a AO darf ein Steuerbescheid, soweit er nicht vorläufig oder unter dem Vorbehalt der Nachprüfung ergangen ist, nur aufgehoben oder geändert werden, wenn er andere Steuern als Einfuhr- oder Ausfuhrabgaben oder Verbrauchsteuern betrifft, soweit der Steuerpflichtige zustimmt oder seinem Antrag der Sache nach entsprochen wird. Nach dem Wortlaut steht die Änderungsbefugnis im Ermessen der Verwaltung.[1432]

Die Verwaltung muss bei ihrer Ermessensausübung § 85 AO beachten.[1433] Der Grundsatz der Gleichmäßigkeit und Gesetzmäßigkeit der Besteuerung bestimmt nach Ansicht des BFH die Ermessensausübung vor und reduziert diese „ggf. auf ‚Null'".[1434] Daher sei eine Aufhebung oder Änderung regelmäßig zwingend, wenn die tatbestandlichen Voraussetzungen erfüllt seien.[1435] Bemerkenswert ist somit, dass der BFH in § 172 Abs. 1 Satz 1 Nr. 2 lit. a AO wohl ein „vorbestimmtes Ermessen" durch § 85 AO annimmt. Die Terminologie und die rechtliche Begründung sind neu.

Rüsken erkennt bei der Ermessensausübung in § 172 Abs. 1 Satz 1 Nr. 2 lit. a AO ein intendiertes Ermessen und setzt es mit der Ermessensreduzierung auf Null gleich,[1436] während das FG Köln von einem „engen und gesetzlich vorgeprägten Ermessenskorridor" ausgeht.[1437] Es seien kaum Fallgestaltungen denkbar, in denen der gesetzliche Tatbestand zwar erfüllt sei, das Absehen von einer Änderung trotzdem ermessensfehlerfrei sein könnte.[1438]

Gleichwohl darf nicht von einem vorgeprägten Ermessen gesprochen werden, weil das „vorprägende Element", das vorsätzliche Verschulden, fehlt.[1439] Auch ist für ein einheitliches Verständnis der Begriff des „vorbestimmten Ermessens" verfehlt. Vielmehr ist in § 172 Abs. 1 Satz 1 Nr. 2 lit. a AO ein intendiertes Ermessen anzunehmen, wobei im Einzelfall eine Ermessensreduzierung auf Null

---

1432 St.Rspr.: Siehe nur BFH v. 11.10.2017 – IX R 2/17, juris Rn. 14 m.w.N.; a.A. *v. Groll* in Hübschmann/Hepp/Spitaler, § 172 AO Rn. 56 f. (Mai 2017).

1433 Siehe dazu bereits oben unter § 3.II.

1434 BFH v. 11.10.2017 – IX R 2/17, juris Rn. 15 m.w.N.

1435 BFH v. 11.10.2017 – IX R 2/17, juris Rn. 15 m.w.N.

1436 *Rüsken* in Klein, § 172 AO Rn. 46.

1437 FG Köln v. 29.01.2014 – 7 K 2316/13, juris Rn. 45.

1438 FG Köln v. 29.01.2014 – 7 K 2316/13, juris Rn. 45; trotz Ablehnen des Ermessens *v. Groll* in Hübschmann/Hepp/Spitaler, § 172 AO Rn. 56 (Mai 2017).

1439 Siehe dazu bereits ausführlich oben unter § 5.

vorliegen kann und regelmäßig auch wird.[1440] Die Verwaltung wird regelmäßig eine Aufhebung oder Änderung vornehmen müssen, wenn die Tatbestandsvoraussetzungen erfüllt sind. In der Tat sind kaum Fälle denkbar, in denen vom gesetzlich intendierten Regelfall ermessensfehlerfrei abgewichen werden kann. Dafür spricht auch, dass Erlass des Steuerverwaltungsaktes im Festsetzungsverfahren nicht im Ermessen der Verwaltung steht.[1441] Dies engt den Ermessensspielraum ein.

Eine Begründung der Ermessensentscheidung ist zudem nach § 121 Abs. 1 AO für das Verständnis im Regelfall nicht erforderlich, weil der Steuerpflichtige zuvor zugestimmt hat oder das Finanzamt dessen Antrag entspricht.

Im Ergebnis kann in § 172 Abs. 1 Satz 1 Nr. 2 lit. a AO ein intendiertes Ermessen angenommen werden.

§ 10. Intendiertes Ermessen bei § 284 AO a.F.

In ständiger Rechtsprechung nahm der BFH in § 284 Abs. 3 AO a.F.[1442] ein intendiertes Ermessen der Finanzbehörde an.[1443]

Im Ergebnis lenke das Gesetz das Ermessen der Behörde dahingehend, dass die Abnahme der eidesstattlichen Versicherung zur Bekräftigung eines vom Vollstreckungsschuldner vorgelegten Vermögensverzeichnisses den Regelfall darstelle, von dem abzuweichen der Behörde nur im Ausnahmefall gestattet sei.[1444] Dieser Auslegung ist (nur) im Ergebnis zuzustimmen.

Die Abnahme stellte nach dem Wortlaut sowie dem Sinn und Zweck den gesetzlichen Regelfall dar, weil die Norm in § 284 Abs. 3 Satz 1 AO a.F. von „hat abzugeben" und in § 284 Abs. 3 Satz 2 AO a.F. von „kann […] absehen" sprach. Die gesetzgeberische Wertung, bisher unbekannte Vermögenswerte des

---

1440 Vgl. auch *v. Groll* in Hübschmann/Hepp/Spitaler, § 172 AO Rn. 56 (Mai 2017).

1441 Siehe auch FG Köln v. 29.01.2014 – 7 K 2316/13, juris Rn. 47.

1442 § 284 AO ist mit Wirkung ab 01.01.2013 vollständig neu gefasst worden; Gesetz v. 29.07.2009, BGBl. I 2009, 2258 (2266). Siehe dazu *Müller-Eiselt* in Hübschmann/Hepp/Spitaler, § 284 AO Rn. 1 ff. (Oktober 2015).

1443 BFH v. 05.09.2002 – VII B 71/02, BFH/NV 2003, 139 (140); v. 26.07.2005 – VII R 57/04, BStBl. II 2005, 814 (815); v. 10.04.2006 – VII B 181/05, BFH/NV 2006, 1438 (1439); v. 29.06.2006 – VII B 19/06, BFH/NV 2006, 1795 (1796). Zuvor bereits FG des Saarlandes v. 31.05.2001 – 1 K 322/00, EFG 2001, 1174 (1175).

1444 BFH v. 05.09.2002 – VII B 71/02, BFH/NV 2003, 139; v. 26.07.2005 – VII R 57/04, BStBl. II 2005, 814 (815); in Letzterem spricht der BFH jedoch unzutreffend von einem „vorprägenden Regelfall".

Schuldners aufzudecken,[1445] kam damit im Wortlaut eindeutig zum Ausdruck. Im gesetzlichen Regelfall bestand daher kein Ermessen.[1446] Lagen keine außergewöhnlichen Umstände vor, war der Ermessensspielraum nicht eröffnet. Nach der neuen Fassung des § 284 Abs. 3 AO gibt es nun keine Ausnahmen mehr, die im Ermessen der Verwaltung liegen.[1447] Von einem intendierten Ermessen konnte nicht gesprochen werden.

Die nicht erforderliche Begründungspflicht nach § 121 Abs. 1 AO folgte aus der gesetzlichen Systematik. Wenn keine außergewöhnlichen Umstände[1448] erkennbar waren, die eine Ermessensausübung nach § 284 Abs. 3 Satz 2 AO a.F. erforderlich machten, war keine Begründung für das Verständnis erforderlich. Der BFH verwies dagegen auf die Rechtsprechung des BVerwG zum intendierten Ermessen.[1449] Dieser Verweis war jedoch nicht möglich. In der Konstellation des BVerwG-Urteils lag eine Kann-Norm vor, während in § 284 Abs. 3 Satz 1 AO a.F. von vornherein schon im gesetzlich normierten Regelfall kein Ermessen bestand. In diesem Fall bedurfte es schon keiner Abwägung, sondern nur im Ausnahmefall.

§ 11. Intendiertes Ermessen bei § 227 AO

Bei § 227 AO lehnte der BFH zutreffend ein intendiertes Ermessen ab, weil kein Regelfall ausgemacht werden kann. Vielmehr erkennt er im Absehen von der Steuererhebung aus sachlichen Billigkeitserwägungen einen Ausnahmefall i.S.v. § 227 AO. Deswegen kann hier erst recht nicht auf eine Begründung verzichtet werden. Der VII. Senat verwendete das vorgeprägte und das intendierte Ermessen synonym.[1450] Dies scheidet jedoch aus.[1451]

1445 BFH v. 26.07.2005 – VII R 57/04, BStBl. II 2005, 814 (815).

1446 A.A. BFH v. 05.09.2002 – VII B 71/02, BFH/NV 2003, 139 (140); v. 26.07.2005 – VII R 57/04, BStBl. II 2005, 814 (815); v. 10.04.2006 – VII B 181/05, BFH/NV 2006, 1438 (1439); v. 29.06.2006 – VII B 19/06, BFH/NV 2006, 1795 (1796); FG des Saarlandes v. 31.05.2001 – 1 K 322/00, EFG 2001, 1174 (1175).

1447 Das Ermessen ist nun erst eine Stufe später anzutreffen; *Müller-Eiselt* in Hübschmann/Hepp/Spitaler, § 284 AO Rn. 6 (Oktober 2015).

1448 Siehe zu den außergewöhnlichen Fallkonstellationen *Müller-Eiselt* in Hübschmann/Hepp/Spitaler, § 284 AO Rn. 59 (Juni 2008) – Altkommentierung.

1449 BFH v. 05.09.2002 – VII B 71/02, BFH/NV 2003, 139 (140).

1450 BFH v. 17.12.2013 – VII R 8/12, BFH/NV 2014, 748 (752).

1451 Siehe dazu bereits unter § 5.IV.

§ 12. Zusammenfassung

Das intendierte Ermessen nach der Rechtsprechung des BFH unterscheidet sich vom vorgeprägten Ermessen. Im Ergebnis stimmt es mit der Rechtsprechung des BVerwG überein. Dies ergibt sich aus einer Auslegung des Gesetzes.

Ein intendiertes Ermessen liegt bei § 130 Abs. 2 AO vor. Der Wortlaut des § 130 Abs. 2 AO lenkt das Ermessen in eine klar ermittelbare Richtung. Die Abwägung ist durch das Gesetz vorgezeichnet. Eine Rücknahme ist regelmäßig vorzunehmen und ermessensgerecht. Nur in Ausnahmekonstellationen ist von einer Rücknahme abzusehen.

Bei § 172 Abs. 1 Satz 1 Nr. 2 lit. a AO kann auch ein intendiertes Ermessen angenommen werden.

Auch die Begründungspflicht muss sich stets an § 121 AO messen. Regelmäßig ist eine Begründung der Ermessenserwägungen bei Anwendung des § 130 Abs. 2 AO und des § 172 Abs. 1 Satz 1 Nr. 2 lit. a AO nicht erforderlich.

Bei § 284 AO a.F. und § 227 AO liegt dagegen kein intendiertes Ermessen vor.

Kapitel 4 - Kritik und Stellungnahme

Die Rechtsprechung zum vorgeprägten Ermessen findet nicht nur Zustimmung. Sie ist auch auf Kritik gestoßen. Wegen des ähnlichen Charakters des intendierten und vorgeprägten Ermessens kann die Kritik zum intendierten Ermessen auf das vorgeprägte Ermessen übertragen und zusammen behandelt werden.

§ 13. Kritik

Das FG Hessen entschied ausdrücklich gegen die Rechtsprechung des BFH und sah die Inanspruchnahme durch den angegriffenen Haftungsbescheid wegen eines Ermessensausfalls als rechtswidrig an.[1452]

Die Kritik in der Literatur ist dagegen vielfältiger. *Stapperfend* etwa bezeichnet das vorgeprägte Ermessen als einen „untauglichen, weil systematischer Rechtfertigung entbehrenden, Versuch, der Verwaltung die Ermessenshandhabung zu erleichtern und der gerichtlichen Kontrolle (zumindest teilweise) zu entziehen."[1453]

Daneben wird eine Okkupation gesetzlich begründeter Handlungsspielräume der Verwaltung durch die Gerichte angenommen.[1454] Es widerspreche der Einzelfallgerechtigkeit.[1455] Man könne nicht mehr von Ermessen sprechen. Vielmehr komme es zu einem schematischen Gesetzesvollzug[1456] und einem „Sinnverlust des Verwaltungsverfahrens".[1457] Deswegen sei die Rechtsfigur nicht mit

---

1452 FG Hessen v. 07.11.1978 - VI 128/78, EFG 1979, 213; sich anschließend *Mittelbach*, DStZ/A 1979, 444 (449). Auch das Niedersächsische FG (v. 27.07.1982 - XI 351/81, EFG 1983, 155) lehnte ein vorgeprägtes Ermessen ab. Die Kritik konnte jedoch nicht überzeugen. Siehe dazu oben unter § 5.II.3.a.dd.

1453 *Stapperfend* in Gräber, § 102 FGO Rn. 5. Auch *Drüen* in Tipke/Kruse, § 5 AO Rn. 13 (August 2014) kritisiert, dass die Annahme eines intendierten Ermessens der Reduzierung der gerichtlichen Kontrolle auf ein Minimum diene; so auch *Peters*, DÖV 2001, 749 (757).

1454 *Sachs* in Stelkens/Bonk/Sachs, § 40 VwVfG Rn. 30; siehe auch *Pabst*, VerwArch 93 (2002), 540 (558 f.).

1455 *Drüen* in Tipke/Kruse, § 5 AO Rn. 14 (August 2014); *Volkmann*, DÖV 1996, 282 (284 f.); *Gerhardt* in Schoch/Schneider/Bier, § 114 VwGO Rn. 20 (Mai 1997); *Masloff*, UBWV 1998, 26 (32); *Sachs* in Stelkens/Bonk/Sachs, § 40 VwVfG Rn. 30.

1456 *Drüen* in Tipke/Kruse, § 5 AO Rn. 14 (August 2014).

1457 *Volkmann*, DÖV 1996, 282 (286); zuvor schon *P. Stelkens*, NWVBl. 1989, 338 (339): „Entwertung".

dem Wortlaut einer Kann-Norm zu vereinbaren,[1458] auch weil es dem Gebot der Normenklarheit zuwiderlaufe.[1459]

Daneben wird eine Gefahr für die Verfahrensgarantien erkannt, weil die Begründungspflicht „insbesondere keinen Selbstzweck" erfülle.[1460] Der betroffene Bürger würde trotz berechtigter Annahme einer Kann-Vorschrift vor Gericht verlieren, wodurch Verfahrenskosten entstehen könnten.[1461] Die „Vorhersehbarkeit und Berechenbarkeit staatlichen Handelns" würde in diesem Fall leiden.[1462] Die mangelnde Begründungspflicht sei aus rechtsstaatlicher Perspektive problematisch.[1463]

§ 14. Stellungnahme

Zwei Hauptpunkte lassen sich der Kritik entnehmen: Die Ordnungsmäßigkeit des Verwaltungsverfahrens und der Rechtsschutz des betroffenen Bürgers. Die angeführte Kritik überzeugt nicht. Das vorgeprägte und intendierte Ermessen nach der Rechtsprechung des BFH fügt sich in das Rechtssystem ein.

Jede Norm ist der Auslegung zugänglich. § 191 Abs. 1 Satz 1 AO kann – wie gezeigt – teleologisch reduziert werden. Selbst *Maurer/Waldhoff* erkennen an, dass nicht jede Norm mit einer gelenkten Rechtsfolge eine Soll-Vorschrift sein muss, wenn sie in diese Richtung ausgelegt werden kann.[1464] Deswegen verstoßen die Rechtsfiguren nicht gegen das Gebot der Normenklarheit. Der Wortlaut steht nicht entgegen. Dieser Kritikpunkt geht fehl.

Ein Schematismus des Verwaltungsverfahrens ist zwingend abzulehnen. Der Einzelfall wird beachtet. Die Annahme eines vorgeprägten Ermessens setzt einen eindeutig erkennbaren gesetzlichen Zweck in der Ermessensnorm[1465] und besondere Umstände des Einzelfalles voraus. Selbst die Rechtsprechung des BFH erkennt nur im Falle des vorsätzlichen Verschuldens eine Vorprägung an. Der Vorsatz muss stets gesondert vom Ermessen als Element des Tatbestandes im

---

1458 Vgl. *Maurer/Waldhoff*, Allgemeines Verwaltungsrecht, § 7 Rn. 12.

1459 *Peters*, DÖV 2001, 749 (757).

1460 *Wernsmann* in Hübschmann/Hepp/Spitaler, § 5 AO Rn. 141 (April 2013).

1461 Vgl. *Scheffler*, DÖV 1977, 767 (769).

1462 So *Wernsmann* in Hübschmann/Hepp/Spitaler, § 5 AO Rn. 140 (April 2013) m.w.N. Siehe dazu allgemein auch *Kopp*, Verfassungsrecht und Verwaltungsverfahrensrecht, S. 131 ff., insbesondere 137 f.

1463 *Peters*, DÖV 2001, 749 (757).

1464 *Maurer/Waldhoff*, Allgemeines Verwaltungsrecht, § 7 Rn. 12; a.A. *Peters*, DÖV 2001, 749 (757).

1465 *Pahlke* in Schwarz/Pahlke, § 5 AO Rn. 24 (September 2016).

Einzelfall festgestellt werden, weil die Rechtsprechung „zumindest" nur eine grobe Fahrlässigkeit annimmt. Dies setzt eine einwandfreie und umfassende Sachverhaltsermittlung voraus. Daneben ist zu bedenken, dass die Rechtsfigur des vorgeprägten Ermessens den Handlungsspielraum der Verwaltung nicht eingrenzt.[1466] Die Rechtsprechung stellt nur den gesetzlich bestehenden Handlungsspielraum fest, der sich mit dem Normwortlaut nur nicht deckt.[1467] Zusätzlich dient das vorgeprägte Ermessen einer gleichmäßigeren Besteuerung.

Auch stimmt die Rechtsprechung dem gefundenen Ergebnis der Verwaltung gerade zu.[1468] Eine Okkupation der gesetzlich begründeten Handlungsspielräume ist deswegen nicht zu erkennen.[1469] Nur im Falle der Ermessensreduzierung auf Null ist die Rechtsprechung befugt eine „Ermessensentscheidung" zu treffen. Ermessensreduzierung auf Null und vorgeprägtes Ermessen sind aber – bildlich gesprochen – „zwei sich überschneidende Kreise."[1470]

Es kommt zu keinem Ausfall der gerichtlichen Kontrolle der Ermessensentscheidung. Die tatbestandlichen Voraussetzungen – die Rechtsentscheidung –, die für die Annahme eines vorgeprägten Ermessens wesentlich sind, müssen weiterhin kontrolliert werden. Stellt die Rechtsprechung fest, dass ein atypischer Fall gegeben ist oder „nur" eine grobe Fahrlässigkeit, dann scheidet ein vorgeprägtes Ermessen aus. Die Annahme eines vorgeprägten Ermessens in diesem Fall wäre ermessensfehlerhaft.[1471]

Das Verwaltungsverfahren wird aber auch aus einem anderen Grund nicht entwertet, sondern vielmehr vereinfacht. Die Verwaltung unterliegt keiner Begründungspflicht der Ermessenserwägungen, wenn ein vorgeprägtes oder intendiertes Ermessen vorliegt. Dies steigert die Verwaltungseffizienz, weil das steuerrechtliche Verwaltungsverfahren ein Massenverfahren ist.[1472]

Die Verwaltung muss ihre Ressourcen möglichst schonend einsetzen i.S.d Grundsatzes der Wirtschaftlichkeit.[1473] Die Masse der Begründungen macht

---

1466 *Pahlke* in Schwarz/Pahlke, § 5 AO Rn. 24 (September 2016); *Wernsmann* in Hübschmann/Hepp/Spitaler, § 5 AO Rn. 139 (April 2013).

1467 *Schwabe*, DVBl. 1998, 147 (148); *Rudersdorf*, Das intendierte Ermessen, S. 100.

1468 *Schwabe*, DVBl. 1998, 147 (148).

1469 *Wernsmann* in Hübschmann/Hepp/Spitaler, § 5 AO Rn. 139 (April 2013); *Schwabe*, DVBl. 1998, 147 (148).

1470 Siehe dazu bereits oben unter § 5.II.3.c.bb.

1471 BFH v. 24.04.2014 – IV R 25/11, BStBl. II 2014, 819 (823); *Pahlke* in Schwarz/Pahlke, § 5 AO Rn. 24 (September 2016).

1472 Siehe dazu bereits oben unter § 4.II.4.

1473 Siehe dazu bereits oben unter § 4.II.4.

diese zeit- und kostenintensiv. Indem keine Begründung der Erwägungen gegeben werden muss, spart die Verwaltung Personalkosten. Gleichzeitig darf der effektive Rechtsschutz des Bürgers nicht durch Effizienzgesichtspunkte ungerechtfertigt verletzt werden. Beides sind Verfassungsgüter. Effizienz der Verwaltung und effektiver Rechtsschutz stehen daher in einem Spannungsverhältnis. Der Gesetzgeber muss somit die einzelnen Belange des Verwaltungsverfahrens rechtskonform im Sinne einer praktischen Konkordanz[1474] in Einklang bringen. Durch die Ausgestaltung des § 121 Abs. 1 AO hat er eine Regelung geschaffen, die die relevanten Praxisbelange beachtet und miteinander vereinbart. Einerseits muss die Verwaltung eine Begründung geben, soweit sie für das Verständnis erforderlich ist. Andererseits kann sie auf eine Begründung aber auch verzichten, soweit sie nicht erforderlich ist. Wie gesehen, ist eine Begründung der Ermessenserwägungen beim Erlass eines Haftungsbescheids im Falle des Vorsatzes grundsätzlich nicht erforderlich. Dies bedeutet, dass die Verwaltungseffizienz gestärkt, der Haftungsschuldner aber auch nicht in seinen Rechten berührt wird.

Zutreffend ist, dass die Begründung eines Verwaltungsaktes keinen Selbstzweck erfüllt. Die Begründung dient in erster Linie der Selbst- und Fremdkontrolle sowie dem Rechtsschutz.[1475] Sie informiert den Adressaten. Deswegen muss stets geprüft werden, ob bei einer gesetzlichen Intention auch tatsächlich auf eine Begründung verzichtet werden kann. Die Beantwortung dieser Frage ist mit einer Prüfung des § 121 AO zu geben. Vorgeprägtes und intendiertes Ermessen unterscheiden sich hier.

Beim vorgeprägten Ermessen liegt stets das auf beiden Seiten der Entscheidung (Tatbestand und Rechtsfolge) erhebliche Verschulden vor. Dieses ist in der Person des Haftungsschuldners begründet. Dem Haftungsschuldner müssen gemäß § 121 Abs. 1 AO nur die Gründe mitgeteilt werden, soweit sie zu seinem Verständnis erforderlich sind. Im Falle eines vorgeprägten Ermessens ist jedoch eine Begründung der Ermessenserwägungen wegen des Vorsatzes nicht erforderlich.[1476] Der effektive Rechtsschutz wird nicht berührt, weil der Haftungsschuldner in diesem Fall weiß bzw. wissen muss, warum er in Anspruch genommen wird.

Ein anderer Fall liegt beim intendierten Ermessen vor. Hier fehlt grundsätzlich ein vergleichbares Element. Der Gesetzgeber verfolgt mit jeder Regelung ein bestimmtes Ziel. Liegt dieses vor, bedeutet dies aber nicht gleichzeitig, dass eine

---

1474 Siehe dazu bereits oben unter § 4.II.4. Siehe dazu auch *Hesse*, Grundzüge, Rn. 72.

1475 Siehe dazu oben unter § 4.I.3.

1476 Siehe dazu oben unter § 5.III.

Begründung nach § 121 AO nicht erforderlich ist. Dies ist eine Frage der jeweiligen gesetzlichen Konstellation. Bei § 130 Abs. 2 AO etwa konnte eine gesetzliche Interessenlage ermittelt werden, für die der Gesetzgeber die regelmäßige Rücknahme erstrebt.[1477] Die Begründung der Ermessenserwägungen ist in diesem Fall regelmäßig nicht für das Verständnis erforderlich.[1478]

Treten allerdings bei der Sachverhaltsermittlung in beiden Figuren außergewöhnliche Umstände auf, dann kann auf die Begründung nicht verzichtet werden. Sie ist dann für das Verständnis des Verwaltungsaktes erforderlich i.S.d. § 121 Abs. 1 AO.

Im Ergebnis ist der Begriff des vorgeprägten Ermessens allerdings nicht zwingend erforderlich, weil sich die nicht erforderliche Begründungspflicht bereits aus § 121 AO ergibt. Selbst der BFH wendete § 121 Abs. 2 Nr. 2 AO in seiner Rechtsprechung zum vorgeprägten Ermessen an.[1479]

Der Begriff des vorgeprägten Ermessens kann jedoch als Schlagwort dienen für eine nicht erforderliche Begründungspflicht nach § 121 Abs. 1 (i.V.m. Abs. 2) AO im Rahmen einer Haftung nach § 191 Abs. 1 Satz 1 AO wegen des Vorsatzes. Dafür spricht auch die ständige Rechtsprechung des BFH, die Rechtssicherheit schafft und nicht (mehr) überraschen kann.

Auch der Begriff des intendierten Ermessens ist nicht zwingend erforderlich, aber ebenfalls als Schlagwort geeignet, um auf eine gesetzliche Ermessenslenkung und eine nicht erforderliche Begründungspflicht hinzuweisen.

1477 Siehe unter § 8.I.

1478 Siehe unter § 8.II.

1479 So auch *Wernsmann* in Hübschmann/Hepp/Spitaler, § 5 AO Rn. 142 (April 2013).

Kapitel 5 - Thesen

1. Der Erlass eines Haftungsbescheids nach § 191 Abs. 1 Satz 1 AO ist regelmäßig ermessensfehlerfrei und nur unter außergewöhnlichen Umständen ermessensfehlerhaft, wenn Vorsatz eine Voraussetzung eines Haftungstatbestandes ist und der Haftungsschuldner vorsätzlich den Tatbestand erfüllt. In diesem Fall prägt die Rechtsentscheidung die Ermessensentscheidung vor, sodass von einer stillschweigend sachgerechten Ermessensausübung ausgegangen werden kann. Die Ermessenserwägungen müssen nach § 121 Abs. 1 (i.V.m. Abs. 2) AO nicht besonders begründet werden.
2. Die Verwaltung muss erkennbar von Vorsatz ausgegangen sein. Anderenfalls kann der Adressat nicht erkennen, von welchem Verschulden die Verwaltung ausgegangen ist.
3. Das vorgeprägte Ermessen ergibt sich aus einer teleologischen Reduktion des § 191 Abs. 1 Satz 1 AO. Das „Kann“ ist im Falle des vorgeprägten Ermessens als „Soll“ zu verstehen. Dem Gesetzgeber ist deswegen ein rechtspolitischer Vorschlag zu machen. Er sollte zur Klarstellung eine Ausnahmevorschrift in § 191 Abs. 1 AO einzufügen für den Fall einer vorsätzlichen Pflichtverletzung i.S.d. § 69 AO oder des § 71 AO. Die Ausnahmevorschrift könnte wie folgt formuliert sein:

   „Wer kraft Gesetzes wegen einer vorsätzlichen Pflichtverletzung nach § 69 AO oder als Täter nach § 71 AO haftet, soll in Anspruch genommen werden.“

4. Die Rechtsprechung des BFH geht regelmäßig „zumindest“ nur von einer groben Fahrlässigkeit des Geschäftsführers aus, wenn er seine steuerlichen Pflichten verletzt. Deswegen kann im Gegensatz zum intendierten Ermessen nicht von einem gesetzlichen Regelfall im klassischen Sinn gesprochen werden. Es kommt auf den Einzelfall an, ob Vorsatz gegeben ist. Eine einwandfreie und erschöpfende Sachverhaltsermittlung ist stets erforderlich.
5. Das vorgeprägte Ermessen wirkt sich auch auf die Höhe der Inanspruchnahme aus. Die Höhe der Inanspruchnahme ist wegen des Schadensersatzcharakters grundsätzlich vorgegeben und steht nicht im Ermessen der Verwaltung.
6. Kommen mehrere Haftungsschuldner in Betracht, ist zwischen zwei Kategorien zu differenzieren:
   a. *Gleichrangige Haftungsschuldner*: Liegen zwei gleichrangige Haftungsschuldner vor, kommt es auf das Maß des Verschuldens an. Handeln

beide vorsätzlich, ist das Ermessen bei beiden vorgeprägt. Sie können nicht geltend machen, nicht in Anspruch genommen zu werden. Gleichzeitig ist die Verwaltung regelmäßig verpflichtet, beide in Anspruch zu nehmen. Unterlässt sie dies, muss sie diesen Ausnahmefall besonders begründen. Handelte nur einer der beiden Haftungsschuldner vorsätzlich, dann ist nur bei diesem das Ermessen vorgeprägt. Entsprechendes gilt, wenn zwei Haftungsschuldner zwei verschiedene Haftungstatbestände erfüllt haben.

b. *Unterschiedliche Haftungsschuldner*: Besteht zwischen den einzelnen Haftungsschuldnern ein unterschiedliches Rangverhältnis, also Täter und Gehilfe i.S.d. § 71 AO, dann lenkt bereits die Tatnähe des Täters das Ermessen dahingehend, dass der Gehilfe geltend machen kann, dass der Täter zuerst in Anspruch genommen werden muss. Gleichzeitig kann der Täter nicht auf die Inanspruchnahme eines Gehilfen verweisen.

   Wird der Täter in Anspruch genommen, dann kann der Gehilfe nicht geltend machen, nicht als Haftungsschuldner einstehen zu müssen, weil auch er zwangsläufig vorsätzlich gehandelt haben muss. Entsprechendes gilt zwischen den einzelnen Gehilfen wie zwischen den gleichrangigen Haftungsschuldnern.

7. Vorgeprägtes Ermessen und die Ermessensreduzierung auf Null verhalten sich wie „zwei sich überschneidende Kreise".
8. Weitere Ermessensnormen, die die Rechtsprechung als vorgeprägt bezeichnete, sind nicht vorgeprägt. § 92 Satz 1 AO i.V.m. § 93 Abs. 1 und 2 AO, § 129 Satz 1 AO, § 146 Abs. 2b AO und § 48a EStG sowie § 74 Abs. 1 EStG enthalten keine vorprägende Wirkung des Ermessens. Der BFH verwendet den Begriff unzutreffend auch in § 367 Abs. 2a Satz 1 AO.
9. Haftungstatbestände wie z.B. § 42d EStG können das Ermessen mangels Verschulden auf Tatbestandsebene nicht vorprägen.
10. Normen mit Sanktionscharakter können keine Vorprägung des Ermessens herbeiführen.
11. Vorgeprägtes Ermessen und intendiertes Ermessen unterscheiden sich. Sie bilden aber zwei Kategorien eines gelenkten Ermessens.
12. Das intendierte Ermessen ergibt sich aus einer Auslegung einer Norm, die einen gesetzlichen Regelfall enthält, von dem nur ausnahmsweise Abstand genommen werden kann. Die Abwägung ist durch das Gesetz vorgezeichnet.
13. § 130 Abs. 2 AO enthält ein gesetzlich intendiertes Ermessen. Die Ermessensentscheidung muss regelmäßig nach § 121 Abs. 1 (i.V.m. Abs. 2 Nr. 2) AO nicht begründet werden.

14. Das Ermessen in § 172 Abs. 1 Satz 1 Nr. 2 lit. a AO ist ebenfalls intendiert. Eine Begründung der Ermessensausübung ist regelmäßig nicht erforderlich nach § 121 Abs. 1 AO.
15. Die Kritik an beiden Begriffen ist nicht stichhaltig.
16. Beide Begriffe können als schlagwortartige Umschreibungen des vom Gesetz Geregelten dienen.

Literaturverzeichnis

Alexy, Robert: Ermessensfehler, JZ 1986, 701 ff.

Arndt, Adolf: Das rechtliche Gehör, NJW 1959, 6 ff.

von Arnim, Hans Herbert: Wirtschaftlichkeit als Rechtsprinzip, Berlin 1988.

Bachof, Otto: Beurteilungsspielraum, Ermessen und unbestimmter Rechtsbegriff im Verwaltungsrecht, JZ 1955, 97 ff.

–: Neue Tendenzen in der Rechtsprechung zum Ermessen und zum Beurteilungsspielraum, JZ 1972, 641 ff.

Barwitz, Werner: Verschulden im Steuerrecht, Berlin 1987 (zugl. Diss. Augsburg 1986/87).

Bax, Eckhard: Die Haftung nach allgemeinem Abgabenrecht aus steuer- und verfassungsrechtlicher Sicht, Baden-Baden 1992 (zugl. Diss. Hamburg 1992).

Beaucamp, Guy: Ermessen der Verwaltung: Frei? Pflichtgemäß? Reduziert? Intendiert? – Eine Bestandsaufnahme, JA 2006, 74 ff.

Becker, Enno: Die Reichsabgabenordnung, Kommentar, 7. Auflage Berlin 1930.

Becker, Enno/Riewald, Alfred /Koch, Carl: Reichsabgabenordnung mit Nebengesetzen, 9. Auflage Köln u.a. Band I 1963, Band II 1965, Band III 1968 (zit.: *Bearbeiter* in Becker/Riewald/Koch, RAO Band).

Beckmann, Klaus: Das intendierte Ermessen, VR 1999, 357 ff.

Beckmann, Martin: Das Verhältnis der verwaltungsgerichtlichen Kontrolldichte zur gesetzlichen Regelungslücke, DÖV 1986, 505 ff.

Beermann, Albert: AO-Geschäftsführerhaftung und ihre Grenzen nach der Rechtsprechung des BFH, DStR 1994, 805 ff.

–: Haftungsbescheid nach der AO und Entschließungsermessen, in: Kirchhof, Paul/Offerhaus, Klaus/Schöberle, Horst (Hrsg.), Festschrift für Franz Klein, Steuerrecht, Verfassungsrecht, Finanzpolitik, S. 953 ff.

Beermann, Albert/Gosch, Dietmar: Abgabenordnung – Finanzgerichtsordnung mit Nebengesetzen, EuGH-Verfahrensrecht, Kommentar (Loseblatt), Bonn, Stand September 2017, 134. Ergänzungslieferung (zit.: *Bearbeiter* in Beermann/Gosch, AO/FGO).

Berchthold, Josef: Auslegung sozialrechtlicher Normen und „eindeutiger Wortlaut“, in: von Wulffen, Matthias/Krasney, Otto Ernst (Hrsg.), Festschrift 50 Jahre Bundessozialgericht, Köln u.a. 2004, S. 97 ff.

Bergan, Maik/Martin, Sascha: Allgemeinverfügung und Teileinspruchsentscheidung – die Wunderwaffe der Finanzverwaltung im Kampf gegen Massenrechtsbehelfe?, DStR 2007, 1384 ff.

–: Die Teileinspruchsentscheidung – Kann Weniger mehr als Mehr sein?, DStZ 2010, 643 ff.

Beuermann, Jasmin: Intendiertes Ermessen, Frankfurt am Main u.a. 2002 (zugl. Diss. Göttingen 2001).

Birk, Dieter: Das Leistungsfähigkeitsprinzip als Maßstab der Steuernormen, Köln 1983 (zugl. Habil. München 1981) (zit.: Leistungsfähigkeitsprinzip).

–: Gleichheit und Gleichmäßigkeit der Besteuerung, StuW 1989, 212 ff.

Blesinger, Karl: Das Ermessen der Finanzbehörde beim Erlaß eines Haftungsbescheids, StuW 1995, 226 ff.

Borowski, Martin: Intendiertes Ermessen, DVBl. 2000, 149 ff.

Brandenburg, Hans-Friedrich: Die teleologische Reduktion – Grundlagen und Erscheinungsformen der auslegungsunterschreitenden Gesetzeseinschränkung im Privatrecht, Göttingen 1982 (zugl. Diss. 1982) (zit.: Die teleologische Reduktion).

Bredemeier, Barbara: Kommunikative Verfahrenshandlungen im deutschen und europäischen Verwaltungsrecht, Tübingen 2007 (zugl. Diss. Freiburg 2006/07).

Breuer, Friedrich: Steuerhaftung des Geschäftsführers (Teil 1) – Prüfung der Rechtmäßigkeit einer Inhaftungnahme, AO-StB 2002, 115 ff.

Brinktrine, Ralf: Verwaltungsermessen in Deutschland und England: Eine rechtsvergleichende Untersuchung von Entscheidungsspielräumen der Verwaltung im deutschen und englischen Verwaltungsrecht, Heidelberg 1998 (zugl. Diss. Münster 1997) (zit.: Verwaltungsermessen).

Brintzinger, Ottobert L.: Das Allgemeine Verwaltungsgesetz für das Land Schleswig-Holstein, DÖV 1968, 16 ff.

Brohm, Winfried: Die staatliche Verwaltung als eigenständige Gewalt und die Grenzen der Verwaltungsgerichtsbarkeit, DVBl. 1986, 321 ff.

Bullinger, Martin: Das Ermessen der öffentlichen Verwaltung, JZ 1984, 1001 ff.

Bydlinski, Franz: Juristische Methodenlehre und Rechtsbegriff, 2. Auflage Wien 1991.

–: Grundzüge der juristischen Methodenlehre, 2. Auflage Wien 2012.

Canaris, Claus-Wilhelm: Die Feststellung von Lücken im Gesetz, 2. Auflage Berlin 1983.

Daniels, Mirko: Bewältigung von Masseneinsprüchen, Frankfurt am Main 2015 (zugl. Diss. Köln 2014).

von Danwitz, Thomas: Europäisches Verwaltungsrecht, Berlin u.a. 2008.

Dechsling, Rainer: Rechtsschutz und Begründungspflicht, DÖV 1985, 714 ff.

Degenhart, Christoph: Das Verwaltungsverfahren zwischen Verwaltungseffizienz und Rechtsschutzauftrag, DVBl. 1982, 872 ff.

Di Fabio, Udo: Die Ermessensreduzierung, VerwArch 86 (1995), 214 ff.

Dolzer, Rudolf: Zum Begründungsgebot im geltenden Verwaltungsrecht, DÖV 1985, 9 ff.

Dreier, Horst (Hrsg.): Grundgesetz, Kommentar, Band 2, 3. Auflage Tübingen 2015 (zit.: *Bearbeiter* in Dreier, GG).

Drüen, Klaus-Dieter: Das finanzbehördliche Ermessen bei der Anordnung einer Außenprüfung, AO-StB 2014, 343 ff.

Ehlers, Dirk/Pünder, Hermann: Allgemeines Verwaltungsrecht, 15. Auflage Berlin u.a. 2015.

Erbguth, Wilfried: Rücknahmefrist und „intendiertes" Ermessen: Vertrauensschutz im (bayerischen) Abwind – VGH München, NVwZ 2001, 931, JuS 2002, 333 f.

Erichsen, Hans-Uwe: Die sogenannten unbestimmten Rechtsbegriffe als Steuerungs- und Kontrollmaßgaben im Verhältnis von Gesetzgebung, Verwaltung und Rechtsprechung, DVBl. 1985, 22 ff.

Erichsen, Hans-Uwe/Ehlers, Dirk: Allgemeines Verwaltungsrecht, 12. Auflage Berlin u.a. 2002 (zit.: *Bearbeiter* in Erichsen/Ehlers, Allgemeines Verwaltungsrecht).

Eyermann, Erich/Fröhler, Ludwig: Verwaltungsgerichtsordnung, Kommentar, 14. Auflage München 2014 (zit.: *Bearbeiter* in Eyermann, VwGO).

Fehling, Michael/Kastner, Berthold/Störmer, Rainer: Verwaltungsrecht, VwVfG, VwGO, Nebengesetze, Kommentar, 4. Auflage Baden-Baden 2016 (zit.: *Bearbeiter* in Fehling/Kastner/Störmer).

Felix, Günther: Ermessensausübung im Steuerrecht, Düsseldorf 1955.

–: Die steuerliche Haftung des Steuerhinterziehers und -hehlers (§ 112 AO), FR 1958, 458 ff.

Feneberg, Hermann: Zum Musterentwurf eines Verwaltungsverfahrensgesetzes, DVBl. 1965, 222 ff.

Finzel, Margareta: Kompensierung einer zu niedrigen Steuerfestsetzung beim Haftungsschuldner?, AO-StB 2015, 244 ff.

Fischer, Peter: Auslegungsziele und Verfassung, in: Lang, Joachim (Hrsg.), Festschrift für Klaus Tipke zum 70. Geburtstag, Die Steuerrechtsordnung in der Diskussion, Köln 1995, S. 187 ff.

Fleiner, Fritz: Institutionen des Deutschen Verwaltungsrechts, 2. Neudruck der 8. Auflage Tübingen 1928, Aalen 1963.

Flume, Werner: Steuerwesen und Rechtsordnung, in: Festschrift für Rudolf Smend zum 70. Geburtstag, 15. Januar 1952, Rechtsprobleme in Staat und Kirche, Göttingen 1952, S. 59 ff.

Forsthoff, Ernst: Lehrbuch des Verwaltungsrechts, Erster Band – Allgemeiner Teil, 7. Auflage München u.a. 1958.

Gast-de Haan, Brigitte: Lohnsteuerschuld und Arbeitgeberhaftung, DStJG 9 (1986), 141 ff.

Gehm, Matthias H.: Die Haftung der Vertreter gemäß § 69 AO – Risikoprofil in der Praxis, StBp 2017, 135 ff.

Gerhardt, Michael: Normkonkretisierende Verwaltungsvorschriften, NJW 1989, 2233 ff.

Gern, Alfons: Die Ermessensreduzierung auf Null, DVBl. 1987, 1194 ff.

Gersch, Eva-Maria: Ermessen im Steuerrecht, AO-StB 2007, 329 ff.

Goppel, Konrad: Ziele der Raumordnung, BayVBl. 1998, 289 ff.

Gräber, Fritz: Finanzgerichtsordnung mit Nebengesetzen, Kommentar, 8. Auflage München 2015 (zit.: *Bearbeiter* in Gräber).

Grimm, Dieter: Verfahrensfehler als Grundrechtsverstoß, NVwZ 1985, 865 ff.

Grossmann, Otto: Die ermessensfehlerfrei geltendgemachte Haftung im Steuerrecht, BB 1983, 1851 f.

Gröpl, Christoph: Ökonomisierung in Verwaltung und Verwaltungsrecht, VerwArch 93 (2002), 459 ff.

Günther, Hellmuth: § 39 Abs. 1 Satz 3 VwVfG und die Begründungen von Entscheidungen mit Beurteilungsspielraum, NWVBl. 1991, 181 ff.

Hain, Karl Eberhard/Schlette, Volker/Schmitz, Thomas: Ermessen und Ermessensreduktion – ein Problem im Schnittpunkt von Verfassungs- und Verwaltungsrecht, AöR 122 (1997), 32 ff.

Halaczinsky, Raymond: Die Haftung im Steuerrecht, 3. Auflage Herne u.a. 2004

Hannig, Tim R.: Haftung des GmbH-Geschäftsführers für Steuerschulden – Grundlagen und Strukturwissen zu § 69 AO, SteuerStud 2016, 338 ff.

Häberle, Peter: Effizienz und Verfassung, AöR 98 (1973), 625 ff.

–: Verfassungsprinzipien „im" Verwaltungsverfahrensgesetz, in: Schmitt Glaeser, Walter (Hrsg.), Festschrift zum 50jährigen Bestehen des Richard Boorberg Verlags, Stuttgart u.a. 1977, S. 47 ff.

Herdegen, Matthias: Beurteilungsspielraum und Ermessen im strukturellen Vergleich, JZ 1991, 747 ff.

Herrmann, Carl/Heuer, Gerhard/Raupach, Arndt: Einkommensteuer- und Körperschaftsteuergesetz, Kommentar (Loseblatt), Köln, Stand September 2017, 280. Ergänzungslieferung (zit.: *Bearbeiter* in Herrmann/Heuer/Raupach).

Herzog, Roman: Steuer- und Finanzpolitik im geeinten Deutschland – Die Sicht des Bundesverfassungsgerichts, in: Bund der Steuerzahler (Hrsg.), Steuer- und Finanzpolitik im geeinten Deutschland und in Europa, VI. Deutscher Steuer-Kongress 1991, S. 10 ff.

Hesse, Konrad: Grundzüge des Verfassungsrechts der Bundesrepublik Deutschland, 20. Auflage Heidelberg 1995 (zit.: Grundzüge).

–: Funktionelle Grenzen der Verfassungsgerichtsbarkeit, in Festschrift für Hans Huber zum 80. Geburtstag, Recht als Prozess und Gefüge, Bern 1981, S. 262 ff.

Hetzer, Wolfgang: Zur Haftung des Hauptverpflichteten im gemeinschaftlichen Versandverfahren (gVV), ZfZ 1985, 162 ff.

Hill, Herrmann: Verfahrensermessen der Verwaltung, NVwZ 1985, 449 ff.

Hoffmann-Riem, Wolfgang: Effizienz als Herausforderung an das Verwaltungsrecht – Einleitende Problemskizze, in: Hoffmann-Riem, Wolfgang/Schmidt-Aßmann, Eberhard (Hrsg.), Effizienz als Herausforderung an das Verwaltungsrecht, Baden-Baden 1998, S. 11 ff.

Hoffmann-Riem, Wolfgang/Schmidt-Aßmann, Eberhard/Voßkuhle, Andreas (Hrsg.): Grundlagen des Verwaltungsrechts, Band I, 2. Auflage München 2012; Band III, 2. Auflage München 2013 (zit.: *Bearbeiter* in Hoffmann-Riem/Schmidt-Aßmann/Voßkuhle, Grundlagen, Band).

Hoppe, Werner: Durch Soll-Vorschriften „intendierte" Ziele der Raumordnung und ihre Bezüge zu „intendiertem Ermessen", in: Geis, Max-Emanuel/Lorenz, Dieter (Hrsg.), Festschrift für Hartmut Maurer zum 70. Geburtstag, Staat – Kirche – Verwaltung, München 2001, S. 625 ff.

Hübschmann, Walter/Hepp, Ernst/Spitaler, Armin: Abgabenordnung – Finanzgerichtsordnung, Kommentar (Loseblatt), Köln, Stand August 2017, 243. Ergänzungslieferung (zit.: *Bearbeiter* in Hübschmann/Hepp/Spitaler).

Idel, W.: Anmerkung zu VGH Freiburg v. 05.12.1955 – 31/55, NJW 1957, 36.

Intemann, Jens: Ausgewählte Probleme der Teileinspruchsentscheidung, DB 2008, 1005 ff.

Isensee, Josef: Die typisierende Verwaltung, Berlin 1976.

Jarass, Hans D./Pieroth, Bodo: Grundgesetz für die Bundesrepublik Deutschland, 14. Auflage München 2016 (*Bearbeiter* in Jarass/Pieroth, GG).

Jehke, Christian: Bestimmtheit und Klarheit im Steuerrecht, Berlin 2005 (zugl. Diss. Münster 2004).

Kaffenberger, Knut: Das intendierte Verwaltungsermessen, München 2002 (zugl. Diss. Mainz 2002).

Kahl, Wolfgang/Waldhoff, Christian/Walter, Christian (Hrsg.): Bonner Kommentar zum Grundgesetz (Loseblatt), Heidelberg, Stand September 2017, 186. Ergänzungslieferung (zit.: *Bearbeiter* in Bonner Kommentar).

Kanzler, Ralf-Dieter: Der Einwand finanzbehördlichen Mitverschuldens gegenüber Haftungsansprüchen aus dem Steuerschuldverhältnis, DStR 1985, 339 ff.

Kaufmann, Franz Xaver (Hrsg.): Bürgernahe Sozialpolitik, Frankfurt am Main u.a. 1979.

Kirchhof, Paul: Steuergleichheit, StuW 1984, 297 ff.

–: Richterliche Rechtsfindung, gebunden an „Gesetz und Recht", NJW 1986, 2275 ff.

–: Mittel staatlichen Handelns, in: Isensee, Josef/Kirchhof, Paul (Hrsg.), Handbuch des Staatsrechts der Bundesrepublik Deutschland, Band V, 3. Auflage Heidelberg 2007, § 99, S. 3 ff. (zit.: HStR V, § 99).

–: Die Steuern, in: Isensee, Josef/Kirchhof, Paul (Hrsg.), Handbuch des Staatsrechts der Bundesrepublik Deutschland, Band V, 3. Auflage Heidelberg 2007, § 118, S. 959 ff. (zit.: HStR V, § 118).

Kirchhof, Paul/Söhn, Hartmut/Mellinghoff, Rudolf: Einkommensteuerrecht, Kommentar (Loseblatt), Heidelberg, Stand Juli 2017, 281. Ergänzungslieferung (zit.: *Bearbeiter* in Kirchhof/Söhn/Mellinghoff).

Kischel, Uwe: Die Begründung – Zur Erläuterung staatlicher Entscheidungen gegenüber dem Bürger, Tübingen 2003 (zugl. Habil. Mannheim 2001/2002).

Klein, Franz: Abgabenordnung, Kommentar, 13. Auflage München 2016 (zit.: *Bearbeiter* in Klein).

Kment, Martin/Vorwalter, Sebastian: Beurteilungsspielraum und Ermessen, JuS 2015, 193 ff.

Knack, Hans Joachim/Henneke, Hans-Günter: Verwaltungsverfahrensgesetz (VwVfG), Kommentar, 10. Auflage Köln 2014 (zit.: *Bearbeiter* in Knack/Henneke).

Knickrehm, Sabine/Kreikebohm, Ralf/Waltermann, Raimund (Hrsg.): Kommentar zum Sozialrecht, 5. Auflage München 2017 (zit.: *Bearbeiter* in Knickrehm/Kreikebohm/Waltermann, Sozialrecht).

Koch, Hans-Joachim: Unbestimmte Rechtsbegriffe und Ermessensermächtigungen im Verwaltungsrecht – Eine logische und semantische Studie zur Gesetzesbindung der Verwaltung, Frankfurt am Main 1979 (zit.: Unbestimmte Rechtsbegriffe und Ermessensermächtigungen im Verwaltungsrecht).

Koch, Karl/Scholtz, Rolf-Detlev: Abgabenordnung AO, Kommentar, 5. Auflage Köln u.a. 1996 (zit.: *Bearbeiter* in Koch/Scholtz).

Koenig, Christian: Der Begründungszwang in mehrpoligen Verwaltungsrechtsverhältnissen am Beispiel umweltrelevanter Entscheidungen, AöR 117 (1992), 513 ff.

Koenig, Ulrich: Abgabenordnung, Kommentar, 3. Auflage München 2014 (zit.: *Bearbeiter* in Koenig).

Kopp, Ferdinand: Verfassungsrecht und Verwaltungsrecht, München 1971.

Kopp, Ferdinand/Ramsauer, Ulrich: Verwaltungsverfahrensgesetz, Kommentar, 18. Auflage München 2017 (zit.: *Bearbeiter* in Kopp/Ramsauer).

Kopp, Ferdinand/Schenke, Wolf-Rüdiger: Verwaltungsgerichtsordnung, Kommentar, 23. Auflage München 2017 (zit.: *Bearbeiter* in Kopp/Schenke).

Körner, Anne/Leitherer, Stephan/Mutschler, Bernd (Hrsg.): Kasseler Kommentar Sozialversicherungsrecht (Loseblatt), München, Stand Mai 2017, 94. Ergänzungslieferung (zit.: *Bearbeiter* in KassKomm, SGB X)

Kratzer, J.: Nochmals, zum Musterentwurf eines Verwaltungsverfahrensgesetzes, BayVBl. 1965, 15 ff.

Krämer, Rolf: Bestimmtheit und Begründung von Haftungs- und Pauschalierungsbescheiden, Frankfurt am Main u.a. 1994 (zugl. Diss. Bochum 1993).

Krebs, Walter: Verwaltungskontrolle durch Verwaltungsgerichte?, Die Verwaltung 21 (1988), 155 ff.

Kruse, Heinrich Wilhelm: Lehrbuch des Steuerrechts, Band I, Allgemeiner Teil, München 1991.

–: Über das Ermessen im Verwaltungs- und Steuerrecht, in: Krebs, Walter (Hrsg.), Liber amicorum Hans-Uwe Erichsen zum 70. Geburtstag am 15. Oktober 2004, Köln u.a. 2004, S. 77 ff.

Krüger, Elmar: Zum Für und Wider der Teileinspruchsentscheidung gem. § 367 Abs. 2a AO, DStZ 2009, 810 ff.

Krüger, Herbert: Die Auflage als Instrument der Wirtschaftsverwaltung, DVBl. 1955, 518 ff.

Kunig, Philip: Das Rechtsstaatsprinzip, Tübingen 1986 (zugl. Habil. Hamburg 1985).

Kühn, Rolf/Kutter, Heinz/Hofmann, Ruth: Abgabenordnung – Finanzgerichtsordnung – Nebengesetze, 16. Auflage Stuttgart 1990 (zit.: *Kühn/Kutter/Hofmann*).

Kühn, Rolf/von Wedelstädt, Alexander: Abgabenordnung und Finanzgerichtsordnung, 21. Auflage Stuttgart 2015 (zit.: *Bearbeiter* in Kühn/von Wedelstädt).

Künstler, Bodo: Die Ermessensentscheidungen im materiellen Steuerrecht, Göttingen 1961 (zugl. Diss. 1960).

Lampert, Stephen: Die Pflicht zur Begründung von Verwaltungsakten gemäß § 39 Abs. 1 VwVfG und die Folgen ihrer Verletzung, DVP 2000, 390 ff.

Lang, Joachim: Konkretisierungen und Restriktionen des Leistungsfähigkeitsprinzips, in: Drenseck, Walter/Seer, Roman (Hrsg.), Festschrift für Heinrich Wilhelm Kruse zum 70. Geburtstag, Köln 2001, S. 313 ff.

Lange, Hans-Friedrich: Ergänzung der Ermessenserwägungen im finanzgerichtlichen Verfahren (§ 102 Satz 2 FGO), DB 2001, 2680 ff.

Larenz, Karl: Methodenlehre der Rechtswissenschaft, 6. Auflage Berlin u.a. 1991.

Laub, Karin: Die Ermessensreduzierung in der verwaltungsgerichtlichen Rechtsprechung, München 2000 (zugl. Diss. 2000).

Leibholz, Gerhard/von Mangoldt, Hermann: Jahrbuch des öffentlichen Rechts der Gegenwart, Band 1, 1. Auflage Tübingen 1951 (zit.: *Bearbeiter* in Jahrbuch des öffentlichen Rechts).

Leisner, Walter: Effizienz als Rechtsprinzip, Tübingen 1971.

Lippross, Otto-Gerd: Zur Vereinbarkeit von Steuerschuld und Haftungsschuld bei „mehrstufigen" Haftungsschulden, DB 1985, 838 ff.

Loose, Matthias: Anmerkung zum Urteil FG Baden-Württemberg v. 27.01.2005 – 3 K 40/02, EFG 2005, 662 f.

Luhmann, Niklas: Legitimation durch Verfahren, 9. Auflage Frankfurt am Main 2013.

Lücke, Jörg: Begründungszwang und Verfassung, Tübingen 1987.

Malorny, Michael: Die Pflicht zur Begründung von Verwaltungsakten, Speyer 1981 (zugl. Diss. 1981).

Masloff, Malte: Das „intendierte" Ermessen, UBWV 1998, 26 ff.

Maunz, Theodor/Dürig, Günter: Kommentar zum Grundgesetz (Loseblatt), München, Stand Juni 2017, 80. Ergänzungslieferung (zit.: *Bearbeiter* in Maunz/Dürig).

Maurer, Hartmut/Waldhoff, Christian: Allgemeines Verwaltungsrecht, 19. Auflage München 2017.

Mayer, Otto: Deutsches Verwaltungsrecht, Erster Band, Unveränderter Nachdruck der 1924 erschienenen 3. Auflage, Berlin 1969 (zit.: Deutsches Verwaltungsrecht I).

Melichar, Erwin: Das Verwaltungsverfahren, VVDStRL 17 (1967), 184 ff.

Menger, Christian Friedrich: Höchstrichterliche Rechtsprechung zum Verwaltungsrecht, VerwArch 56 (1965), 177 ff.

Merz, Peter: Tatbestandsmäßigkeitsgrundsatz und Verwaltungsermessen im Steuerrecht, Berlin 2009 (zugl. Diss. Heidelberg 2009).

Mittelbach, Rolf: Zur Haftung des gesetzlichen Vertreters für Steuerschulden, DStZ/A 1979, 444 ff.

–: Haftung der Geschäftsführer für Steuerschulden der GmbH, DStZ 1984, 211 ff.

Mösbauer, Heinz: Inanspruchnahme durch Steuerhaftungsbescheid, DStR 1984, 94 ff.

–: Entschließungs- und Auswahlermessen bei der haftungsmäßigen Inanspruchnahme des (mittelbaren) Geschäftsführers einer GmbH & Co. KG für einbehaltene und angemeldete, aber nicht abgeführte Lohnsteuer, GmbHR 1988, 400 ff.

–: Die Haftung für die Steuerschuld, Köln u.a. 1990.

von Mutius, Albert: Grundrechtsschutz contra Verwaltungseffizienz im Verwaltungsverfahren?, NJW 1982, 2150 ff.

Müller, Arnold: Die Akzessorietät der Haftung – Wie kann der Haftungsschuldner in welchem Stadium seine Rechte wahren?, AO-StB 2006, 153 ff.

Müller-Ibold, Till: Die Begründungspflicht im europäischen Gemeinschaftsrecht und im deutschen Recht: eine rechtsvergleichende Untersuchung, Frankfurt am Main u.a. 1990 (zugl. Diss. Hamburg 1989) (zit.: Begründungspflicht).

Nacke, Alois Th.: Haftung für Steuerschulden, 4. Auflage Köln 2017.

–: Zu den Haftungstatbeständen der §§ 13c und 25d UStG, UR 2017, 830 ff.

Naumann, Richard: Allgemeine Verwaltungsgerichtsbarkeit und Finanzgerichtsbarkeit, DÖV 1953, 535 ff.

Noll, Michael: Haushalt und Verfassung, Stuttgart u.a. 2000.

Obermayer, Klaus/Funke-Kaiser, Michael: Kommentar zum Verwaltungsverfahrensgesetz, 4. Auflage Köln 2014 (zit.: *Bearbeiter* in Obermayer/Funke-Kaiser, VwVfG).

Ossenbühl, Fritz: Verwaltungsvorschriften und Grundgesetz, Bad Homburg v.d.H. u.a. 1968 (zugl. Habil. Köln 1967/68).

–: Verwaltungsverfahren zwischen Verwaltungseffizienz und Rechtsschutzauftrag, NVwZ 1982, 465 ff.

–: Gedanken zur Kontrolldichte in der verwaltungsgerichtlichen Rechtsprechung, in: Bender, Bernd/Breuer, Rüdiger/Ossenbühl, Fritz/Sendler, Horst (Hrsg.), Festschrift für Konrad Redeker zum 70. Geburtstag, Rechtsstaat zwischen Sozialgestaltung und Rechtsschutz, München 1993, S. 55 ff.

–: Vorrang und Vorbehalt des Gesetzes, in: Isensee, Josef/Kirchhof, Paul (Hrsg.), Handbuch des Staatsrechts der Bundesrepublik Deutschland, Band V, 3. Auflage Heidelberg u.a. 2007, § 101, S. 183 ff. (zit.: HStR V, § 101).

Oster, Jan: Normative Ermächtigungen im Regulierungsrecht, Baden-Baden 2010 (zugl. Diss. Mainz 2009).

Osterloh, Lerke: Gesetzesbindung und Typisierungsspielräume bei der Anwendung der Steuergesetze, Baden-Baden 1992 (zugl. Habil. Berlin 1988/89).

Paal: Der praktische Fall, SKV 1973, 345 ff.

Pabst, Heinz-Joachim: Intendiertes Ermessen und Normauslegung, VerwArch 93 (2002), 540 ff.

Pache, Eckhard: Tatbestandliche Abwägung und Beurteilungsspielraum, Tübingen 2001 (zugl. Habil. Hamburg 2001).

Padberg, Klaus: Die Bedeutung der sinngemäßen Geltung des § 160 AO 1977 (§ 205 a AO) nach § 96 Abs. 1 Satz 1 zweiter Halbsatz FGO, StuW 1978, 47 ff.

Papier, Hans-Jürgen: Die finanzrechtlichen Gesetzesvorbehalte und das grundgesetzliche Demokratieprinzip, Berlin 1973 (zugl. Habil. 1973) (zit.: Die finanzrechtlichen Gesetzesvorbehalte).

–: Zur verwaltungsgerichtlichen Kontrolldichte, DÖV 1986, 621 ff.

–: Rechtsschutzgarantie gegen die öffentliche Gewalt, in: Isensee, Josef/Kirchhof, Paul (Hrsg.), Handbuch des Staatsrechts der Bundesrepublik Deutschland, Band V, 3. Auflage Heidelberg u.a. 2010, § 177, S. 507 ff. (zit.: HStR V, § 177).

Peters, Anne: Die Ausfüllung von Spielräumen der Verwaltung durch Wirtschaftlichkeitserwägungen, DÖV 2001, 749 ff.

Piduch, Erwin Adolf: Bundeshaushaltsrecht, Kommentar (Loseblatt), Stuttgart, Stand Februar 2015, 18. Ergänzungslieferung der 2. Auflage (zit.: *Bearbeiter* in Piduch, Bundeshaushaltsrecht).

Pietzcker, Jost: Verwaltungsverfahren zwischen Verwaltungseffizienz und Rechtsschutzauftrag, VVDStRL 41 (1983), 193 ff.

Poscher, Ralf: Geteilte Missverständnisse, in: Appel, Ivo/Hermes, Georg/Schönberger, Christoph (Hrsg.), Festschrift für Rainer Wahl zum 70. Geburtstag, Öffentliches Recht im offenen Staat, Berlin 2011, S. 527 ff.

Pump, Hermann/Leibner, Wolfgang: Das Ermessen im Steuerrecht, StBp 2006, 37 ff.

Redeker, Konrad/von Oertzen, Hans-Joachim: Verwaltungsgerichtsordnung, Kommentar, 16. Auflage Stuttgart 2014.

Reimer, Franz: Juristische Methodenlehre, Baden-Baden 2016.

Rode, Lars-Henrik: § 40 VwVfG und die deutsche Ermessenslehre, Frankfurt am Main 2003 (zugl. Diss. Marburg 2002).

Rößler, Gerhard: Entschließungsermessen und Haftungsbescheid, DStZ 1990, 64 ff.

Rudersdorf, Michael: Das intendierte Ermessen, Hamburg 2012 (zugl. Diss. Köln 2011).

Rüthers, Bernd/Fischer, Christian/Birk, Axel: Rechtstheorie mit Juristischer Methodenlehre, 9. Auflage München 2016 (zit.: *Rüthers/Fischer/Birk*, Rechtstheorie).

Sachs, Michael: Grundgesetz, Kommentar, 7. Auflage München 2014 (zit.: *Bearbeiter* in Sachs).

Saurer, Johannes: Die Begründung im deutschen, europäischen und US-amerikanischen Verwaltungsverfahrensrecht, VerwArch 100 (2009), 364 ff.

Scheffler, Hans-Hermann: Die Pflicht zur Begründung von Maßnahmen nach den europäischen Gemeinschaftsverträgen, Berlin 1974 (zit.: Pflicht zur Begründung).

–: Die allgemeine Pflicht zur Begründung von Verwaltungsakten, DÖV 1977, 767 ff.

Schenke, Ralf P.: Das Nachschieben von Ermessenserwägungen – BVerwGE 106, 351, JuS 2000, 230 ff.

Schenke, Wolf-Rüdiger: Das Verwaltungsverfahren zwischen Verwaltungseffizienz und Rechtsschutzauftrag, VBlBW. 1982, 313 ff.

Schick, Walter: Notwendigkeit und Funktion der Begründung bei Verwaltungsakten, JuS 1971, 1 ff.

–: Die Verfahren des Steuerrechts, StuW 1992, 197 ff.

Schmidt, Jürgen: Wirtschaftlichkeit in der öffentlichen Verwaltung, 5. Auflage Berlin 1996.

Schmidt-Aßmann, Eberhard: Die Grundgedanken des Verwaltungsverfahrens und das neue Verwaltungsverfahrensrecht, Jura 1979, 505 ff.

–: Effizienz als Herausforderung an das Verwaltungsrecht – Perspektiven der verwaltungsrechtlichen Systembildung, in: Hoffmann-Riem, Wolfgang/Schmidt-Aßmann, Eberhard (Hrsg.), Effizienz als Herausforderung an das Verwaltungsrecht, Baden-Baden 1998, S. 245 ff.

–: Das allgemeine Verwaltungsrecht als Ordnungsidee, 2. Auflage Berlin u.a. 2004 (zit.: Ordnungsidee).

–: Der Rechtsstaat, in: Isensee, Josef/Kirchhof, Paul (Hrsg.), Handbuch des Staatsrechts der Bundesrepublik Deutschland, Band II, 3. Auflage Heidelberg 2004, § 26, S. 541 ff. (zit.: HStR II, § 26).

Schmidt-Aßmann, Eberhard/Groß, Thomas: Zur verwaltungsgerichtlichen Kontrolldichte nach der Privatgrundschul-Entscheidung des BVerfG, NVwZ 1993, 617 ff.

Schoch, Friedrich K.: Nachholen der Begründung und Nachschieben von Gründen, DÖV 1984, 401 ff.

–: Das verwaltungsbehördliche Ermessen, Jura 2004, 462 ff.

–: Der unbestimmte Rechtsbegriff im Verwaltungsrecht, Jura 2004, 612 ff.

–: Das „intendierte" Ermessen, Jura 2010, 358 ff.

Schoch, Friedrich K./Schneider, Jens-Peter/Bier, Wolfgang: Verwaltungsgerichtsordnung, Kommentar (Loseblatt), München, Stand Oktober 2016, 32. Ergänzungslieferung (zit.: *Bearbeiter* in Schoch/Schneider/Bier).

Schulze-Fielitz, Helmut: Neue Kriterien für die verwaltungsgerichtliche Kontrolldichte bei der Anwendung unbestimmter Rechtsbegriffe, JZ 1993, 772 ff.

Schwabe, Jürgen: Anmerkung zum Urteil des BVerwG v. 16.06.1997 - 3 C 22/96, DVBl. 1998, 145 ff.

Schwarz, Bernhard/Pahlke, Armin: Abgabenordnung – Finanzgerichtsordnung, Kommentar (Loseblatt), Freiburg, Stand September 2017, 178. Ergänzungslieferung (*Bearbeiter* in Schwarz/Pahlke).

Schwarze, Jürgen: Administrative Leistungsfähigkeit als verwaltungsrechtliches Problem, DÖV 1980, 581 ff.

Seer, Roman: Der Vollzug von Steuergesetzen unter den Bedingungen einer Massenverwaltung, DStJG 31 (2008), S. 7 ff.

–: Tax Compliance und Außenprüfung, in: Binnewies, Burkhard/Spatscheck, Rainer (Hrsg.), Festschrift für Michael Streck zum 70. Geburtstag, Köln 2011, S. 403 ff.

Seiler, Christian: Der einheitliche Parlamentsvorbehalt, Berlin 2000 (zugl. Diss. Heidelberg 1999) (zit.: Parlamentsvorbehalt).

Sendler, Horst: Zum Stand der Erörterungen über ein Verwaltungsverfahrensgesetz, AöR 94 (1969), 130 ff.

Söhn, Hartmut: Sonderausgaben (§10 EStG) und Besteuerung nach der Leistungsfähigkeit, StuW 1985, 395 ff.

Spanner, Hans: Grundsätzliches zum Verwaltungsverfahren, DÖV 1958, 651 ff.

–: Die Prüfung von Ermessensentscheidungen in der Rechtsprechung des Bundesfinanzhofs, in: Klein, Franz/Vogel, Klaus (Hrsg.), Festschrift für Hugo von Wallis, Der Bundesfinanzhof und seine Rechtsprechung: Grundfragen – Grundlagen, Bonn 1985, S. 215 ff.

Spindler, Wolfgang: Richterliche Rechtsfortbildung und Rechtssicherheit, in: Kube, Hanno/Mellinghoff, Rudolf/Morgenthaler, Gerd/Palm, Ulrich/Puhl, Thomas/Seiler, Christian (Hrsg.), Paul Kirchhof zum 70. Geburtstag, Leitgedanken des Rechts, Band II, Heidelberg u.a. 2013, § 165.

Spriegel, Helmut/Jokisch, Andreas: Die steuerrechtliche Haftung des GmbH- Geschäftsführers und der Grundsatz der anteiligen Haftung, DStR 1990, 433 ff.

Starck, Christian: Das Verwaltungsermessen und dessen gerichtliche Kontrolle, in: Franßen, Everhardt/Redeker, Konrad/Schlichter, Otto/Wilke, Dieter (Hrsg.), Festschrift für Horst Sendler zum Abschied aus seinem Amt, Bürger – Richter – Staat, München 1991, S. 167 ff.

Steinberg, Rudolf: Komplexe Verwaltungsverfahren zwischen Verwaltungseffizienz und Rechtsschutzauftrag, DÖV 1982, 619 ff.

Stelkens, Paul: Die Rolle der Verwaltungsgerichte bei der Umsetzung der Verwaltungsverfahrensgesetze, NWVBl. 1989, 335 ff.

–: Verwaltungsverfahren, München 1991.

Stelkens, Paul/Bonk, Heinz Joachim/Sachs, Michael: Verwaltungsverfahrensgesetz, Kommentar, 9. Auflage München 2018 (zit.: *Bearbeiter* in Stelkens/Bonk/Sachs).

Stern, Klaus: Ermessen und unzulässige Ermessensausübung – Eine Analyse der subjektiven und objektiven Elemente, Berlin 1964.

–: Staatsrecht der Bundesrepublik Deutschland, Band I, 2. Auflage München 1984.

Tipke, Klaus: Zur Reform der Reichsabgabenordnung – Stellungnahme zum Reformentwurf – 5. Teil: Haftung, Gesamtschuld, FR 1970, 482 ff.

–: Zwischen materiellem Steuerrecht und Steuerverfahrensrecht, StuW 2004, 3 ff.

Tipke, Klaus/Kruse, Heinrich Wilhelm: Abgabenordnung – Finanzgerichtsordnung, Kommentar (Loseblatt), Köln, Stand August 2017, 149. Ergänzungslieferung (zit.: *Bearbeiter* in Tipke/Kruse).

Tipke, Klaus/Lang, Joachim: Steuerrecht, 22. Auflage Köln 2015 (zit.: *Bearbeiter* in Tipke/Lang, Steuerrecht).

Tormöhlen, Helmut: Zur Ermessensausübung bei der Festsetzung von Verzögerungsgeld, AO-StB 2013, 72 ff.

Ule, Carl Hermann: Zur Anwendung unbestimmter Rechtsbegriffe im Verwaltungsrecht, in: Bachof, Otto/Drath, Martin/Gönnenwein, Otto/Walz, Ernst (Hrsg.), Gedächtnisschrift für Walter Jellinek, 12 Juli 1885 – 9. Juni 1955, Forschungen und Berichte aus dem öffentlichen Recht, 1. Auflage München 1955, S. 309 ff.

–: Zur Bedeutung des Rechtsstaatsbegriffs in der Rechtsprechung des Bundesverwaltungsgerichts, DVBl. 1963, 475 ff.

–: Das allgemeine Verwaltungsrecht im Deutschen Verwaltungsblatt, DVBl. 1968, 781 ff.

–: Verwaltungsverfahren und Verwaltungsprozeß, VerwArch 62 (1971), 130 ff.

–: Rechtsstaat und Verwaltung, VerwArch 76 (1985), 1 ff.

–: Verwaltungsprozeßrecht, 9. Auflage München 1987.

Volkmann, Uwe: Das „intendierte" Verwaltungsermessen, DÖV 1996, 282 ff.

Voßkuhle, Andreas: „Schlüsselbegriffe" der Verwaltungsrechtsreform – Eine kritische Bestandsaufnahme –, VerwArch 92 (2001), 184 ff.

Voucko, Manfred: Die Pflicht zur Begründung von Verwaltungsakten, Frankfurt am Main 1967 (zugl. Diss. 1967).

Völlmeke, Monika: Das Entschließungsermessen beim Haftungsbescheid, DStR 1991, 1001 ff.

Wahl, Rainer: Verwaltungsverfahren zwischen Verwaltungseffizienz und Rechtsschutzauftrag, VVDStRL 41 (1983), 151 ff.

–: Risikobewertung der Exekutive und richterliche Kontrolldichte – Auswirkungen auf das Verwaltungs- und das gerichtliche Verfahren, NVwZ 1991, 409 ff.

von Walcke-Wulffen, Dirk-Joachim: Begründungszwang bei Verwaltungsakten, München 1974 (zugl. Diss. 1974).

Weber, Rolf/Luger, Herbert: Handbuch zur Reichsabgabenordnung, 2. Auflage Nürnberg 1951.

von Welck, Stephan: Die Begründung von Ermessensentscheidungen nach dem Entwurf eines Verwaltungsverfahrensgesetzes des Bundes, ZRP 1971, 124 ff.

Werner, Fritz: „Verwaltungsrecht als konkretisiertes Verfassungsrecht", NJW 1950, 799 ff.

Wernsmann, Rainer: Verhaltenslenkung in einem rationalen Steuersystem, Tübingen 2005 (zugl. Habil. Münster 2003).

–: Die Steuer als Eigentumsbeeinträchtigung?, NJW 2006, 1169 ff.

–: Anmerkung zu BVerfG v. 13.4.2017 – 2 BvL 6/13, JZ 2017, 954 ff.

Wilhelm, Hermann: Ermessen ohne Ende..., DVP 2011, 310 ff.

Wilke, Heinz-Joachim: Die Steuerhaftung des GmbH-Geschäftsführers, StVj 1990, 146 ff.

Wintrich, Josef: Über Eigenart und Methode verfassungsgerichtlicher Rechtsprechung, in: Süsterhenn, Adolf/Freiherr von der Heydte, Friedrich August/Geiger, Willi (Hrsg.), Festschrift für Wilhelm Laforet anläßlich seines 75. Geburtstages, Verfassung und Verwaltung in Theorie und Wirklichkeit, München 1952, S. 227 ff.

Wittmayer, Leo: Grundsätze und Übersicht, in: Anschütz, Gerhard/Thoma, Richard (Hrsg.), Handbuch des Deutschen Staatsrechts, Zweiter Band, Tübingen 1932, § 85, S. 330 ff. (zit.: *Wittmayer* in HdbDStR II).

Wolff, Hans Julius: Verwaltungsrecht, Band 1, 7. Auflage München 1968

Wolff, Hans Julius/Bachof, Otto/Stober, Rolf/Kluth, Winfried: Verwaltungsrecht I, 13. Auflage München 2017 (zit.: *Bearbeiter* in Wolff/Bachof/Stober/Kluth, Verwaltungsrecht I).

Zschake: Die Begründung des Verwaltungsaktes und ihre Bedeutung im Verwaltungsstreitverfahren, NJW 1954, 413 ff.

Finanz- und Steuerrecht in Deutschland und Europa

Herausgegeben von Klaus-Dieter Drüen, Hanno Kube
und Rainer Wernsmann

Band 1 Gordon Dreher: Das Alterseinkünftegesetz. Systematische Darstellung und verfassungsrechtliche Zweifelsfragen. 2007.

Band 2 Nils Meyer-Sandberg: Die Duale Einkommensteuer als Modell ungleicher Besteuerung von Arbeit und Kapital. 2008.

Band 3 Alexander Pfab: Die Behandlung von Bildungsaufwendungen im deutschen Einkommensteuerrecht. 2008.

Band 4 Christian Johannes Müller: Einnahmeverzicht im Einkommensteuerrecht – insbesondere durch verbilligte Wohnungsüberlassung an nahe Angehörige. 2009.

Band 5 Melanie Falkner: Die Einkunftserzielungsabsicht als subjektives Besteuerungsmerkmal. Eine Analyse subjektiver Tatbestandsmerkmale im Steuerrecht. Zugleich ein Beitrag zur Liebhaberei im Steuerrecht. 2009.

Band 6 Steffen Ott: Die Vertreterbetriebsstätte nach OECD-MA. 2009.

Band 7 Christoph Wagner: Steuergleichheit unter Standortvorbehalt? Verfassungsrechtliche Grenzen einer ungleichen Einkommensbesteuerung von Kapital und Arbeit. 2010.

Band 8 Andreas Goetze: Die Ersetzung der sieben Einkunftsarten des EStG durch eine einzige. Zur Gleichheit aller Erwerbsgrundlagen in einem vereinfachten Steuerrecht. 2010.

Band 9 Hanno Kube: Der bundesstaatliche Finanzausgleich. Verfassungsrechtlicher Rahmen, aktuelle Ausgestaltung, Entwicklungsperspektiven. 2011.

Band 10 Katharina Brauer: Abgrenzung der Lebensmittellieferung von der Restaurationsdienstleistung im Umsatzsteuerrecht. 2011.

Band 11 Marc Schubert: Die Verfassungswidrigkeit der Erbschaft- und Schenkungsteuer und die verfassungsrechtlichen Anforderungen an eine Neuregelung. 2011.

Band 12 Martin Rehberg: Der Zuzug und Wegzug von Kapitalgesellschaften in gesellschafts- und steuerrechtlicher Hinsicht. 2011.

Band 13 Dirk Wünschig: Perspektiven eines europarechtskonformen Gemeinnützigkeits- und Zuwendungsrechts. Eine Untersuchung nach „Stauffer" und „Persche" bei gleichzeitiger Kritik an der Neufassung des Gemeinnützigkeitsrechts nach dem Jahressteuergesetz 2009. 2011.

Band 14 Sebastian Grimm: Die negative Konkurrentenklage im Steuerrecht. 2011.

Band 15 Arne von Freeden: Minder- und Mehrabführungen nach § 14 Abs. 4, § 27 Abs. 6 KStG. Ausgleichspostenlösung und Einlagelösung. 2011.

Band 16 Anne Keller: Rechtsschutz gegen Maßnahmen der steuerlichen Außenprüfung. 2011.

Band 17 Larissa Maier-Bledjian: Sondervermögen des Bundes. 2011.

Band 18 Philipp Riedl: Die internationale Doppelbesteuerung im EU-Binnenmarkt. 2012.

Band 19 Anna Schwarz: Die Pensionszusage an den Mitunternehmer der Personengesellschaft im Einkommensteuerrecht. 2012.

Band 20 Carsten Höink: Nichtsteuerbare Vermögensübertragungen im Umsatzsteuerrecht. Eine rechtssystematische Analyse der Entwicklung des Rechtsinstituts der Geschäftsveräußerung im Ganzen. 2013.

Band 21 Christian Kniese: Europarechtlicher Rahmen einer steuerlichen Förderung von Forschung und Entwicklung. 2013.

Band 22 Katarina Günther: Vertrauensschutz bei Angaben Dritter im Umsatzsteuerrecht. 2013.

Band 23 Andreas Königer: Ertragsteuerrechtliche Behandlung grenzüberschreitender Spaltungen von Rechtsträgern. Unter besonderer Beachtung der Vorgaben des Unionsrechts. 2014.

Band 24 Matthias Diete: Das obligatorische Schiedsverfahren in der deutschen DBA-Praxis. Erweiterung des zwischenstaatlichen Rechtsschutzes bei Doppelbesteuerungskonflikten. 2014.

Band 25 Friederike Grube: Der Einfluss des unionsrechtlichen Beihilfenverbots auf das deutsche Steuerrecht. Dargestellt an den Beispielen der sogenannten Sanierungsklausel und der Steuervergünstigungen für gemeinnützige Unternehmen. 2014.

Band 26 Tobias Loscher: Präventive Aufsicht der Europäischen Union über den Bundeshaushalt. 2014.

Band 27 Jochen Lutz Tillmanns: Divergenz und Konvergenz von Umsatzsteuer und Einkommensteuer. Zur problematischen Verwendung ertragsteuerlicher Konzepte und Begriffe im Umsatzsteuerrecht. 2015.

Band 28 Cornelia Zirkl: Die Neutralität der Umsatzsteuer als europäisches Besteuerungsprinzip. Inhalt, Herleitung und der Umgang mit Neutralitätsverletzungen. 2015.

Band 29 Matthias Ernst: Die Dienstleistungsbetriebsstätte im Abkommensrecht. Begriffsbestimmung, Abgrenzung und Analyse eines alternativen Betriebsstättentatbestands. 2015.

Band 30 Michael Brandl: Mehrfachansässigkeit im Ertragsteuerrecht. 2016.

Band 31 Stephanie Krebbers-van Heek: Die mitunternehmerische Besteuerung der Komplementäre der Kommanditgesellschaft auf Aktien. 2016.

Band 32 Felix Klemt: Körperschaftsteuerliche Verluste junger innovativer Unternehmen. Rechtliche und wirtschaftliche Analyse, Alternativen de lege ferenda. 2016.

Band 33 Nina Erm: Personengesellschaften in Steuerverfahren. Verfahrensklarheit trotz Einheit und Vielheit. 2016.

Band 34 Christian Erich Rödel: Der Teilbetriebsbegriff in den Einbringungstatbeständen des Umwandlungssteuergesetzes. 2016.

Band 35 Florian Wenk: Einkünfte aus Leistungen nach § 22 Nr. 3 EStG. Eine Untersuchung zum Belastungsgrund der Einkommensteuer. 2017.

Band 36 Ralf Haendel: Treaty Overriding im Internationalen Steuerrecht als Verfassungsproblem. Insbesondere zur Reichweite der Völkerrechtsfreundlichkeit des Grundgesetzes. 2017.

Band 37 Nadine Schader: Fiskalische Immunität internationaler Organisationen und ihres Personals in der Bundesrepublik Deutschland. 2018.

Band 38 Sebastian Cloppenburg: Eine Finanztransaktionssteuer im „kleinen Kreis". Unionsrechtliche Zulässigkeit der Durchführung einer Verstärkten Zusammenarbeit im Bereich der Finanztransaktionsbesteuerung. 2018.

Band 39 Volodymyr Izrailevych: Der Begriff der Betriebsstätte im deutschen und im russischen Ertragsteuerrecht und im deutsch-russischen Doppelbesteuerungsabkommen. Ein Rechtsvergleich. 2018.

Band 40 Jan Popel: Das vorgeprägte und intendierte Ermessen im Steuerrecht. 2018.

www.peterlang.com

www.ingramcontent.com/pod-product-compliance
Ingram Content Group UK Ltd.
Pitfield, Milton Keynes, MK11 3LW, UK
UKHW041824290926
8980IPUK00002B/47

9 783631 769881